THE

ORATION OF DEMOSTHENES

ON THE CROWN.

WITH

EXTRACTS FROM THE ORATION OF ÆSCHINES AGAINST CTESIPHON, AND EXPLANATORY NOTES.

BY

MARTIN L. D'OOGE, PH. D.,
PROFESSOR OF GREEK IN THE UNIVERSITY OF MICHIGAN.

"Quid enim tam aut visendum aut audiendum fuit, quam summorum oratorum in gravissima causa accurata et inimicitiis incensa contentio?"
CIC. *de Opt. Gen. Orat.*

CHICAGO:
S. C. GRIGGS AND COMPANY.
1875.

University Press: Welch, Bigelow, & Co.,
Cambridge.

TO

JAMES R. BOISE, PH.D., LL.D.,

PROFESSOR IN THE UNIVERSITY OF CHICAGO,

THIS EDITION OF DEMOSTHENES DE CORONA IS GRATEFULLY INSCRIBED,
AS THE FRUIT OF STUDIES FIRST INSPIRED BY HIS ADMIRABLE
INSTRUCTION, AND AS A TRIBUTE OF RESPECT FOR
HIS EMINENT SERVICES IN THE CAUSE
OF CLASSICAL LEARNING.

PREFACE.

THE aim of the present edition of the *De Corona* is threefold: First, to present in the most concise form possible the latest results of study and criticism upon this masterpiece of Athenian oratory, especially as found in the best approved editions of the German scholars. Of all these editions Westermann's and Voemel's have been most freely consulted and used, particularly in points of historical and textual criticism. The text is that of Baiter and Sauppe's *Oratores Attici*, which follows most closely the reading of Σ, the oldest and best of the manuscripts. A few departures from this text are noticed as they occur.

A second aim of this edition is to lead the student to study the oration as a finished rhetorical and literary production. No encouragement is given to such as would make it mainly a vehicle for teaching grammar. The grammatical notes are, therefore, few, referring in the main only to the nature of conditional and to the structure of relative sentences. On the other hand, frequent attention is called to the rhetorical order of words, the emphasis of position, the use of metaphors, the rhythm of diction, and kindred points in rhetoric. The opportunity for using illustrative material is exceedingly limited in an ordinary text-book; but the editor hopes that the few specimens of illustration referred to in the Notes may stimulate a more general comparison of Demosthenes with other orators, both ancient and modern.

A third aim, quite akin to the second, is to enable the student to appreciate the oration as a skilful plea and a masterpiece of argumentation. To realize this aim it is essential that he have some acquaintance with the rival oration of Æschines. But in most of our colleges this oration is not read; and the student reads a speech that was made as a rejoinder to one of which he has but the slightest, if any, knowledge. To meet this difficulty, in part at least, extracts from the oration of Æschines are appended at the foot of the text to illustrate those points which Demosthenes makes directly in reply to his opponent. The editor has found, upon repeated trial, that such a comparison, almost point for point, of the rival orations, gives new interest and value to the study of the *De Corona.* It has not been thought best to make any comments upon the Æschines, as it would be difficult to fix any limit here. Generally it will be found sufficient for the illustration of the text of Demosthenes, that the pupil simply read these extracts. To supplement them, and to enable the student to follow and compare the chain of argument of each orator throughout its entire length, a brief abstract of the speech of Æschines has been added in an Appendix. The course of the argument of Demosthenes can be obtained from the divisions designated in the Notes. The student is recommended to write out for himself a full abstract of this oration. The editor allows himself one or two more suggestions. Let the pupil be required to notice carefully all the references to other parts of the oration, and so learn how certain expressions may often recur, and how the use of a word or phrase in one connection may explain its use in another. In a word, let the Notes be carefully *studied.* The student will find it greatly to his advantage to read, in preparation for the study of this oration, Chapters LXXXIX. and XC. of Grote's "History of Greece." It remains to be added, that, on account of the generally acknowledged spuriousness of the inserted documents, and their irrelevancy to the points under discussion, it has not been thought worth the while to write comments upon more than the first four, — a sufficient number from which to gain some idea of the internal evidence against their genuineness, and to illustrate peculiar and technical uses of words.

The Introduction is substantially taken from Anton Westermann's fourth edition.

While in the midst of my preparation there comes to hand Professor W. S. Tyler's excellent revision of the edition of Holmes. To both the original and the revising editor I have acknowledged repeated indebtedness for notes on the use and meaning of words. Besides the sources already named, my material has been drawn chiefly from

Whiston, Lord Brougham, Professor Larned, Reiske, Schaefer, Dissen, Bremi, Rehdantz, and from Arnold Schaefer's exhaustive work, *Demosthenes und seine Zeit.* I am also under obligations to Professor J. H. Lipsius, of the University of Leipzig, for valuable lectures on this oration. My special thanks are due to my scholarly colleague, Professor Albert H. Pattengill, for valuable suggestions and critical assistance in preparing this work for the press.

I shall esteem it a favor if any one using this book shall call my attention to any error whatsoever.

M. L. D'OOGE.

UNIVERSITY OF MICHIGAN, January, 1875.

INTRODUCTION.

THE news of the defeat at Chæronea excited no small consternation at Athens. In the supposition that Philip would prosecute his victorious career and attack Athens itself, it was determined in all haste to place the city in a better state of defence. The unexpected clemency of Philip in his dealings with the Athenians, and the peace brought about soon after through the agency of Demades, interrupted, it seems, these hurried defensive preparations. But the importance of an extensive and thorough repair of the walls and fortifications had thus been made evident; and before the close of the year 338 a proposal was successfully made by Demosthenes, without exciting opposition, as it appears, from the Macedonian party, that the building of the walls and defences be at once carried forward. The work was apportioned, as usual, by sections among the ten tribes, each of which elected a commissioner (τειχοποιός), as administrator of the funds set apart by the state for this purpose, and as general overseer of the work.

The tribe of Pandionis elected Demosthenes to discharge this trust. Demosthenes expended from his own resources a hundred minas over and above the ten talents given him by the state for this object (cf. Æsch. c. *Ctes.*, §§ 23, 31; Dem. § 113, below). This, together with his generous donation to the Theoric Fund (cf. Dem. § 113, below), furnished Ctesiphon, his personal friend and supporter, with an opportunity to obtain a public recognition of the general as well as special merits of Demosthenes as a citizen and politician. Accordingly, Ctesiphon proposes, in 337 B. C., a decree that the state should honor Demosthenes with a golden crown, not only for these benefactions, "but also especially because he constantly says and does what is for the best interest of the people" (cf. Æsch. § 49); furthermore, that the herald should proclaim this crown in the theatre before the assembled Greeks, at the time of the great Dionysia.

The Macedonian faction saw in this proposal only a stroke of policy on the side of the Patriotic party, which party interests bade them thwart at all costs. When, therefore, the Senate brought this proposal, which appears to have passed this body without serious opposition, for confirmation before the Assembly, Æschines entered protest, and declared his purpose, under oath (cf. note, § 103, below), to bring a COMPLAINT FOR ILLEGALITY (γραφὴ παρανόμων) against the author of the proposal. The immediate sequence of this declaration was the suspension of the bill until this question should be decided. The complaint, according to Æschines, § 219, was formally brought prior to the death of Philip, which occurred in July, 336.

In the bill of indictment Æschines attacks the legality of the proposal (now a προβούλευμα) at two points: (1) that the statement contained therein, that Demosthenes constantly aims in his words and deeds at the best interests of the state, is false, and to insert a false statement in the public documents is forbidden by law (cf. Æsch. § 50); (2) that the proposed crowning was a violation of the existing laws in two respects, inasmuch as Demosthenes had not yet given account of the offices for which it was alleged he had deserved so well, and again in that the proclamation was to be made in the theatre at the great Dionysia.

It is plain that Ctesiphon is not the man against whom such a formidable attack must needs be directed. The real antagonist whom Æschines wishes to encounter is Demosthenes; the man who for so many years had defiantly opposed him, had crossed and thwarted all his purposes, had compelled him to enter into a formal defence against a charge of treachery and misconduct in an embassy to Philip, had all along defended the common fatherland against the encroachments and schemes of Macedon; and who, even when the unavoidable calamity had come, and Athens, in common with the other Greek states, had fallen under the Macedonian sway, had with unwearied strength and unfailing courage devoted himself wholly to the promotion of the welfare of the state. Now, when the influence of the Patriotic party was so greatly crippled by the disastrous result of the late struggle for independence, now was the favorable moment for crushing the hated rival and for annihilating his political existence. Such was the spirit in which Æschines undertook this prosecution. His oration against Ctesiphon is, in point of rhetorical finish, one of the masterpieces of ancient oratory, but in moral tone a detestable abortion, the fruit of blind and unbridled passion. In full measure he pours upon his opponent the accumulated and distilled poison of his party hatred; every means is legitimate to assuage his thirst for revenge; not one of the measures of Demosthenes — and he passes them all in review — finds mercy in his sight. Demosthenes, he charges, has crouched before Philip; has received bribes from every quarter; the unfortunate peace of Philocrates is of his doing; to him the unhappy Phocians and Thebans owe their ruin; in short, all the calamities that have befallen Greece lie at his door, — a caricature which, in its exaggeration, reproves and corrects itself. Thus challenged, Demosthenes cannot have hesitated to enter upon the contest. For, aside from the fact that he was the natural defender of Ctesiphon, and also that even under much less provocation it was not in the nature of an Athenian to let personal injuries go unresented, nothing could have seemed to him more desirable than this opportunity to vindicate publicly his entire political career. Indeed, to destroy the fabric of lies woven by Æschines, there was no need of such powerful eloquence as Demosthenes possessed; there was, however, need of a character as pure and of as great moral dignity as was his to do this with certainty, with confidence in the good cause he espoused, and with success in the face of a credulous, fickle, and excitable populace.

To be sure, *his* oration also, perfect as it is in its structure, has its shadows. Such are the personal assaults upon Æschines, comments upon which are to be found in §§ 129, 258 ff. And here we may not pass by unnoticed the fact that Demosthenes does not always candidly and simply limit himself to the bare statement of facts, especially is this the case when he wishes to expose the weak points of his antagonist's policy or to conceal those of his own; but, on the contrary, occasionally he gives to his representation a plausible and sophistical coloring. In this, however, he differs in no wise from all his contemporaries; and, at all events, these sophisms, unjustifiable though they are when taken by themselves, employed in a good cause are not able to weaken at all the impression of truthfulness which the oration produces as a whole.

Unquestionably the weakest part of the defence lay in the answer to the technical and legal points that formed the basis of the indictment. Æschines was too wary a man to enter upon this contest without feeling sure of his ground in at least one respect. The peril of Demosthenes was really this; that his opponent would argue solely the legal question in the case, and, arguing this successfully, would seriously implicate his political career and ruin his public reputation and influence. Had Æschines limited himself to the illegality of this proposal on the score of Demosthenes's accountability (cf. §§ 112, 119, and notes), there is every reason to believe that Ctesiphon would have been condemned, and Demosthenes would have remained uncrowned. But this did not satisfy the hatred of Æschines. Blinded by his passion for revenge, he weakened the force of his legal argument not only in connecting with it a second technical question of exceedingly doubtful nature (that of the place of Proclamation), but also in concentrating the strength of his attack upon an examination of the public career of his opponent, in order to prove how unworthy he is in every point of view of the proposed distinction. Thus the legal question falls at once into the background; it is no longer Ctesiphon, but Demosthenes, who is on trial. And Demosthenes does not fail to avail himself of the advantage that is thus offered him; but, placing the legal points in the middle of his speech, to borrow the expression of the old critics, as a good general arranges his weakest troops in the centre of his line of battle, he devotes nearly all his efforts to the refutation of the personal reproaches and charges that were brought against himself.

The trial of this suit did not come off at once, but, according to various authorities (cf. Æsch. § 254; Plut. *Dem.*, § 24; Cic. *De opt. gen. orat.*, § 7), was postponed until the latter part of the summer of 330 B. C., a period of at least six years after the indictment was first brought. What occasioned this unparalleled delay is wholly unknown; neither orator makes the slightest allusion to it. Had there been on either side any artful design in this postponement, the opposite party would doubtless have mentioned it in its own favor. The time for renewing the complaint and bringing it to trial was doubtless well chosen; for Alexander's recent victories in the East, and the destruction of the Peloponnesian league by Antipater, the Macedonian general, must have newly elated the partisans of Macedon at Athens, and given Æschines and his associates fresh hopes of success in their attack upon Demosthenes.

The fame of the trial and the reputation of the rival orators attracted strangers from all parts of the Hellenic world (cf. note on § 196). Æschines, being the prosecutor, spoke first. If the usual custom was followed, Ctesiphon, as the defendant, made the first reply. What this was is unknown; it was probably nothing more than a formal denial of the charge.

The case was closed with the speech of Demosthenes on the defence.

That we possess these orations in the exact form in which they were delivered, no one supposes. But to point out the changes that were introduced in their revision is largely a matter of conjecture. Some of them may at least be inferred in comparing the two orations; especially is this true of the speech of Æschines. Demosthenes, on the one hand, alludes to topics which his opponent has just treated (cf. §§ 95, 238), but which are not found in the oration of Æschines; while, again, the speech of Æschines contains quite a number of points for a reply to which we search Demosthenes in vain. It must not, of course, be expected that Demosthenes would discuss all the statements of his rival, point for point; a few charges in the great number may have escaped his notice, many deserved no attention, and the right to pass by such as were of minor importance was doubtless exercised. But that he should have left unanswered entire portions of the speech of Æschines, as, for example, that in which the latter depicts the last of the four periods into which he divides his rival's public career (cf. Abstract in Appendix), and have passed by in silence those scornful insinuations of Æschines in treating this period, not even noticing them so much as to say that their consideration was wholly irrelevant to the case, — this exceeds all probability.

These considerations lead to the suspicion that Æschines subsequently rewrote his speech, omitting in the revised edition what best suited his purpose (cf. note, § 95), and adding to it parts which in their full extent can no longer be definitely distinguished. This suspicion is fully confirmed in the case of two passages. One of the most common artifices of the ancient orators was the use of what is called ὑποφορά or *subjectio*, by which the arguments or illustrations of an opponent are anticipated either as a matter of conjecture or of report, and the attack or defence is thereby made more difficult. Æschines makes frequent use of this rhetorical artifice; but in two places, §§ 189, 225, the apparent artifice is really plagiarism. Upon comparing these two passages with § 319 and § 243 of Demosthenes (in which connection they are cited), we find the closest similarity. Now, all due allowance being made for what each orator may have heard in advance of the other's line of argument, through the discussions of their adherents and the reports of talebearers, to suppose that in such unessential and minute respects as the form of an illustration one orator should exactly anticipate the other, is most improbable, not to say impossible. It admits, therefore, of hardly a doubt that Æschines copied both the similes in the passages referred to from the speech of his rival after its publication. Demosthenes, it is believed, published his oration, if not word for word, certainly in substance, as he spoke it, soon after the trial was over; Æschines, as it appears, published his somewhat later, taking advantage of the earlier publication of his opponent's speech. Could Demosthenes, when he published his own, have had before him the speech of Æschines in its *revised* form, we may suppose that his also would in some points have read differently.

The final issue of the trial makes some atonement for the malice to which it owes its origin. Æschines did not receive a fifth part of the votes, and was accordingly condemned to pay the fine established by law of one thousand drachmas, and to suffer inability ever again to institute a similar suit. His influence and reputation were destroyed; and unable to endure the sight of the hated victor, he went to Rhodes into voluntary exile. It is related that here he read his speech against Ctesiphon; and when his Rhodian audience expressed surprise that such a masterly oration should not have gained him the day, he gracefully remarked, "You would cease to wonder, if you had heard Demosthenes."

ΔΗΜΟΣΘΕΝΗΣ.

ΔΗΜΟΣΘΕΝΗΣ.

ΥΠΕΡ ΚΤΗΣΙΦΩΝΤΟΣ ΠΕΡΙ ΤΟΥ ΣΤΕΦΑΝΟΥ.

ΠΡΩΤΟΝ μὲν, ὦ ἄνδρες Ἀθηναῖοι, τοῖς θεοῖς
εὔχομαι πᾶσι καὶ πάσαις, ὅσην εὔνοιαν
ἔχων ἐγὼ διατελῶ τῇ τε πόλει καὶ πᾶσιν ὑμῖν,
τοσαύτην ὑπάρξαι μοι παρ' ὑμῶν εἰς τουτονὶ τὸν
ἀγῶνα, ἔπειθ' ὅ πέρ ἐστι μάλισθ' ὑπὲρ ὑμῶν
καὶ τῆς ὑμετέρας εὐσεβείας τε καὶ δόξης, τοῦτο
παραστῆσαι τοὺς θεοὺς ὑμῖν, μὴ τὸν ἀντίδικον
σύμβουλον ποιήσασθαι περὶ τοῦ πῶς ἀκούειν 2

Æsch. in Ctesiph. 205. οὕτω δὴ καὶ τὸν Δημοσθένην ἀξιώσατε ἀπολογεῖσθαι πρὸς τὸν τῶν ὑπευθύνων νόμον πρῶτον καὶ τὸν περὶ τῶν κηρυγμάτων δεύτερον, τρίτον δὲ τὸ μέγιστον λέγω, ὡς οὐδὲ ἄξιός ἐστι τῆς δωρεᾶς. ἐὰν δ' ὑμῶν δέηται συγχωρῆσαι αὐτῷ περὶ τῆς τάξεως τοῦ λόγου, κατεπαγγελλόμενος, ὡς ἐπὶ τῇ τελευτῇ τῆς ἀπολογίας λύσει τὸ παράνομον, μὴ συγχωρεῖτε, μηδ' ἀγνοεῖθ', ὅτι πάλαισμα τοῦτ' ἐστὶ δικαστηρίου· οὐ γὰρ εἰσαῦθίς ποτε βούλεται πρὸς τὸ παράνομον ἀπολογεῖσθαι, ἀλλ' οὐδὲν ἔχων δίκαιον εἰπεῖν ἑτέρων παρεμβολῇ πραγμάτων εἰς λήθην ὑμᾶς βούλεται τῆς κατηγορίας ἐμβαλεῖν. 206. ὥσπερ

ὑμᾶς ἐμοῦ δεῖ (σχέτλιον γὰρ ἂν εἴη τοῦτό γε) ἀλλὰ τοὺς νόμους καὶ τὸν ὅρκον, ἐν ᾧ πρὸς ἅπασι τοῖς ἄλλοις δικαίοις καὶ τοῦτο γέγραπται, τὸ ὁμοίως ἀμφοῖν ἀκροάσασθαι. τοῦτο δ' ἐστὶν οὐ μόνον τὸ μὴ προκατεγνωκέναι μηδέν, οὐδὲ τὸ τὴν εὔνοιαν ἴσην ἀποδοῦναι, ἀλλὰ καὶ τὸ τῇ τάξει καὶ τῇ ἀπολογίᾳ, ὡς βεβούληται καὶ προῄρηται τῶν ἀγωνιζομένων ἕκαστος, οὕτως ἐᾶσαι χρήσασθαι.

3 Πολλὰ μὲν οὖν ἔγωγ' ἐλαττοῦμαι κατὰ τουτονὶ τὸν ἀγῶνα Αἰσχίνου, δύο δ', ὦ ἄνδρες Ἀθηναῖοι, καὶ μεγάλα, ἓν μὲν ὅτι οὐ περὶ τῶν ἴσων ἀγωνίζομαι· οὐ γάρ ἐστιν ἴσον νῦν ἐμοὶ τῆς παρ' ὑμῶν εὐνοίας διαμαρτεῖν καὶ τούτῳ μὴ ἑλεῖν τὴν γραφήν, ἀλλ' ἐμοὶ μέν — οὐ βούλομαι δυσχερὲς εἰπεῖν οὐδὲν ἀρχόμενος τοῦ λόγου, οὗτος δ' ἐκ περιουσίας μου κατηγορεῖ. ἕτερον δ', ὃ φύσει πᾶσιν ἀνθρώποις ὑπάρχει, τῶν μὲν λοιδοριῶν καὶ

οὖν ἐν τοῖς γυμνικοῖς ἀγῶσιν ὁρᾶτε τοὺς πύκτας περὶ τῆς στάσεως ἀλλήλοις διαγωνιζομένους, οὕτω καὶ ὑμεῖς ὅλην τὴν ἡμέραν ὑπὲρ τῆς πόλεως περὶ τῆς τάξεως αὐτῷ τοῦ λόγου μάχεσθε, καὶ μὴ ἐᾶτε αὐτὸν ἔξω τοῦ παρανόμου περιίστασθαι, ἀλλ' ἐγκαθήμενοι καὶ ἐνεδρεύοντες ἐν τῇ ἀκροάσει εἰσελαύνετε αὐτὸν εἰς τοὺς τοῦ πράγματος λόγους, καὶ τὰς ἐκτροπὰς αὐτοῦ τῶν λόγων ἐπιτηρεῖτε.

241. Ἄξιον δ' ἐστὶ καὶ τὴν ἀπαιδευσίαν αὐτῶν θεωρῆσαι. εἰ γὰρ τολμήσει Κτησιφῶν μὲν Δημοσθένην παρακαλεῖν λέξοντα εἰς ὑμᾶς, οὗτος δ' ἀναβὰς ἑαυτὸν ἐγκωμιάσει, βαρύτερον τῶν ἔργων ὧν πεπόνθατε τὸ ἀκρόαμα γίγνεται. ὅπου γὰρ δὴ τοὺς

τῶν κατηγοριῶν ἀκούειν ἡδέως, τοῖς ἐπαινοῦσι δ' αὑτοὺς ἄχθεσθαι· τούτων τοίνυν ὃ μέν ἐστι πρὸς 4
ἡδονήν, τούτῳ δέδοται, ὃ δὲ πᾶσιν ὡς ἔπος εἰπεῖν ἐνοχλεῖ, λοιπὸν ἐμοί. κἂν μὲν εὐλαβούμενος τοῦτο μὴ λέγω τὰ πεπραγμένα ἐμαυτῷ, οὐκ ἔχειν ἀπολύσασθαι τὰ κατηγορημένα δόξω οὐδ' ἐφ' οἷς ἀξιῶ τιμᾶσθαι δεικνύναι· ἐὰν δ' ἐφ' ἃ καὶ πεποίηκα καὶ πεπολίτευμαι βαδίζω, πολλάκις λέγειν ἀναγκασθήσομαι περὶ ἐμαυτοῦ. πειράσομαι μὲν οὖν ὡς μετριώτατα τοῦτο ποιεῖν· ὅ τι δ' ἂν τὸ πρᾶγμα αὐτὸ ἀναγκάζῃ, τούτου τὴν αἰτίαν οὗτός ἐστι δίκαιος ἔχειν ὁ τοιοῦτον ἀγῶνα ἐνστησάμενος.

Οἶμαι δ' ὑμᾶς πάντας, ὦ ἄνδρες Ἀθηναῖοι, ἂν 5
ὁμολογῆσαι κοινὸν εἶναι τουτονὶ τὸν ἀγῶνα ἐμοὶ καὶ Κτησιφῶντι καὶ οὐδὲν ἐλάττονος ἄξιον σπουδῆς ἐμοί· πάντων μὲν γὰρ ἀποστερεῖσθαι λυπηρόν ἐστι καὶ χαλεπόν, ἄλλως τε κἂν ὑπ' ἐχθροῦ τῳ τοῦτο συμβαίνῃ, μάλιστα δὲ τῆς παρ' ὑμῶν

μὲν ὄντως ἄνδρας ἀγαθούς, οἷς πολλὰ καὶ καλὰ σύνισμεν ἔργα, ἐὰν τοὺς καθ' ἑαυτῶν ἐπαίνους λέγωσιν, οὐ φέρομεν· ὅταν δὲ ἄνθρωπος αἰσχύνη τῆς πόλεως γεγονὼς ἑαυτὸν ἐγκωμιάζῃ, τίς ἂν τὰ τοιαῦτα καρτερήσειεν ἀκούων;

210. ὅλως δὲ τί τὰ δάκρυα; τίς ἡ κραυγή; τίς ὁ τόνος τῆς φωνῆς; οὐχ ὁ μὲν τὴν γραφὴν φεύγων ἐστὶ Κτησιφῶν, ὁ δ' ἀγὼν οὐκ ἀτίμητος, σὺ δ' οὔτε περὶ τῆς οὐσίας οὔτε περὶ τοῦ σώματος οὔτε περὶ τῆς ἐπιτιμίας ἀγωνίζει; ἀλλὰ περὶ τίνος ἐστὶν αὐτῷ ἡ σπουδή; περὶ χρυσῶν στεφάνων καὶ κηρυγμάτων ἐν τῷ θεάτρῳ παρὰ τοὺς νόμους.

εὐνοίας καὶ φιλανθρωπίας, ὅσῳ περ καὶ τὸ τυχεῖν
6 τούτων μέγιστόν ἐστιν. περὶ τούτων δ' ὄντος
τουτουὶ τοῦ ἀγῶνος, ἀξιῶ καὶ δέομαι πάντων
ὁμοίως ὑμῶν ἀκοῦσαί μου περὶ τῶν κατηγορημένων ἀπολογουμένου δικαίως, ὥσπερ οἱ νόμοι κελεύουσιν, οὓς ὁ τιθεὶς ἐξ ἀρχῆς Σόλων, εὔνους ὢν ὑμῖν καὶ δημοτικός, οὐ μόνον τῷ γράψαι κυρίους ᾤετο δεῖν εἶναι, ἀλλὰ καὶ τῷ τοὺς δικάζοντας
7 ὀμωμοκέναι, οὐκ ἀπιστῶν ὑμῖν, ὥς γ' ἐμοὶ φαίνεται, ἀλλ' ὁρῶν ὅτι τὰς αἰτίας καὶ τὰς διαβολάς, αἷς ἐκ τοῦ πρότερος λέγειν ὁ διώκων ἰσχύει, οὐκ ἔνι τῷ φεύγοντι παρελθεῖν, εἰ μὴ τῶν δικαζόντων ἕκαστος ὑμῶν τὴν πρὸς τοὺς θεοὺς εὐσέβειαν φυλάττων καὶ τὰ τοῦ λέγοντος ὕστερον δίκαια εὐνοϊκῶς προσδέξεται, καὶ παρασχὼν ἑαυτὸν ἴσον καὶ κοινὸν ἀμφοτέροις ἀκροατήν, οὕτω τὴν διάγνωσιν ποιήσεται περὶ ἁπάντων.

8 Μέλλων δὲ τοῦ τε ἰδίου βίου παντός, ὡς ἔοικε, λόγον διδόναι τήμερον καὶ τῶν κοινῇ πεπολιτευμένων, βούλομαι πάλιν τοὺς θεοὺς παρακαλέσαι, καὶ ἐναντίον ὑμῶν εὔχομαι πρῶτον μέν, ὅσην εὔνοιαν ἔχων ἐγὼ διατελῶ τῇ τε πόλει καὶ πᾶσιν ὑμῖν, τοσαύτην ὑπάρξαι μοι εἰς τουτονὶ τὸν ἀγῶνα, ἔπειθ' ὅ τι μέλλει συνοίσειν καὶ πρὸς εὐδοξίαν κοινῇ καὶ πρὸς εὐσέβειαν ἑκάστῳ, τοῦτο παραστῆσαι πᾶσιν ὑμῖν περὶ ταυτησὶ τῆς γραφῆς γνῶναι.

Εἰ μὲν οὖν περὶ ὧν ἐδίωκε μόνον κατηγόρησεν 9
Αἰσχίνης, κἀγὼ περὶ αὐτοῦ τοῦ προβουλεύματος
εὐθὺς ἂν ἀπελογούμην· ἐπειδὴ δ' οὐκ ἐλάττω
λόγον τἆλλα διεξιὼν ἀνήλωκε καὶ τὰ πλεῖστα
κατεψεύσατό μου, ἀναγκαῖον εἶναι νομίζω καὶ
δίκαιον ἅμα βραχέα, ὦ ἄνδρες Ἀθηναῖοι, περὶ
τούτων εἰπεῖν πρῶτον, ἵνα μηδεὶς ὑμῶν τοῖς ἔξω-
θεν λόγοις ἠγμένος ἀλλοτριώτερον τῶν ὑπὲρ τῆς
γραφῆς δικαίων ἀκούῃ μου.
Περὶ μὲν δὴ τῶν ἰδίων ὅσα λοιδορούμενος βε- 10
βλασφήμηκε περὶ ἐμοῦ, θεάσασθε ὡς ἁπλᾶ καὶ
δίκαια λέγω. εἰ μὲν ἴστε με τοιοῦτον οἷον οὗτος
ᾐτιᾶτο (οὐ γὰρ ἄλλοθί που βεβίωκα ἢ παρ' ὑμῖν),
μηδὲ φωνὴν ἀνάσχησθε, μηδ' εἰ πάντα τὰ κοινὰ
ὑπέρευ πεπολίτευμαι, ἀλλ' ἀναστάντες καταψηφί-
σασθε ἤδη· εἰ δὲ πολλῷ βελτίω τούτου καὶ ἐκ
βελτιόνων, καὶ μηδενὸς τῶν μετρίων, ἵνα μηδὲν
ἐπαχθὲς λέγω, χείρονα καὶ ἐμὲ καὶ τοὺς ἐμοὺς
ὑπειλήφατε καὶ γιγνώσκετε, τούτῳ μὲν μηδ' ὑπὲρ
τῶν ἄλλων πιστεύετε (δῆλον γὰρ ὡς ὁμοίως ἅπαντ'
ἐπλάττετο), ἐμοὶ δ', ἣν παρὰ πάντα τὸν χρόνον
εὔνοιαν ἐνδέδειχθε ἐπὶ πολλῶν ἀγώνων τῶν πρό-
τερον, καὶ νυνὶ παράσχεσθε. κακοήθης δ' ὤν, 11
Αἰσχίνη, τοῦτο παντελῶς εὔηθες ᾠήθης, τοὺς περὶ
τῶν πεπραγμένων καὶ πεπολιτευμένων λόγους
ἀφέντα με πρὸς τὰς λοιδορίας τὰς παρὰ σοῦ τρέ-
ψεσθαι. οὐ δὴ ποιήσω τοῦτο· οὐχ οὕτω τετύ-

φωμαι· ἀλλ' ὑπὲρ μὲν τῶν πεπολιτευμένων ἃ κατεψεύδου καὶ διέβαλλες, ἐξετάσω, τῆς δὲ πομπείας ταύτης τῆς ἀνέδην γεγενημένης ὕστερον, ἂν βουλομένοις ἀκούειν ᾖ τουτοισί, μνησθήσομαι.

12 Τὰ μὲν οὖν κατηγορημένα πολλά, καὶ περὶ ὧν ἐνίων μεγάλας καὶ τὰς ἐσχάτας οἱ νόμοι διδόασι τιμωρίας· τοῦ δὲ παρόντος ἀγῶνος ἡ προαίρεσις αὕτη· ἐχθροῦ μὲν ἐπήρειαν ἔχει καὶ ὕβριν καὶ λοιδορίαν καὶ προπηλακισμὸν ὁμοῦ καὶ πάντα τὰ τοιαῦτα, τῶν μέντοι κατηγοριῶν καὶ τῶν αἰτιῶν τῶν εἰρημένων, εἴ περ ἦσαν ἀληθεῖς, οὐκ ἔνι τῇ
13 πόλει δίκην ἀξίαν λαβεῖν, οὐδ' ἐγγύς. οὐ γὰρ ἀφαιρεῖσθαι δεῖ τὸ προσελθεῖν τῷ δήμῳ καὶ λόγου τυχεῖν, οὐδ' ἐν ἐπηρείας τάξει καὶ φθόνου τοῦτο ποιεῖν· οὔτε μὰ τοὺς θεοὺς ὀρθῶς ἔχον οὔτε πολιτικὸν οὔτε δίκαιόν ἐστιν, ὦ ἄνδρες Ἀθηναῖοι· ἀλλ' ἐφ' οἷς ἀδικοῦντά με ἑώρα τὴν πόλιν, οὖσί γε τηλικούτοις ἡλίκα νῦν ἐτραγῴδει καὶ διεξῄει, ταῖς ἐκ τῶν νόμων τιμωρίαις παρ' αὐτὰ τἀδικήματα χρῆσθαι, εἰ μὲν εἰσαγγελίας ἄξια πράττοντά με ἑώρα, εἰσαγγέλλοντα καὶ τοῦτον τὸν τρόπον εἰς κρίσιν καθιστάντα παρ' ὑμῖν, εἰ δὲ γράφοντα παράνομα, παρανόμων γραφόμενον· οὐ γὰρ δήπου Κτησιφῶντα μὲν δύναται διώκειν δι' ἐμέ, ἐμὲ δέ, εἴ περ ἐξελέγχειν ἐνόμιζεν, αὐτὸν
14 οὐκ ἂν ἐγράψατο. καὶ μὴν εἴ τι τῶν ἄλλων ὧν νυνὶ διέβαλλε καὶ διεξῄει ἢ καὶ ἄλλ' ὁτιοῦν ἀδι-

κοῦντά με ὑμᾶς ἑώρα, εἰσὶ νόμοι περὶ πάντων καὶ
τιμωρίαι καὶ ἀγῶνες καὶ κρίσεις, καὶ τούτοις ἐξῆν
ἅπασι χρῆσθαι, καὶ ὁπηνίκα ἐφαίνετο ταῦτα πε-
ποιηκὼς καὶ τοῦτον τὸν τρόπον κεχρημένος τοῖς
πρὸς ἐμέ, ὡμολογεῖτο ἂν ἡ κατηγορία τοῖς ἔργοις
αὐτοῦ. νῦν δ' ἐκστὰς τῆς ὀρθῆς καὶ δικαίας ὁδοῦ 15
καὶ φυγὼν τοὺς παρ' αὐτὰ τὰ πράγματα ἐλέγχους,
τοσούτοις ὕστερον χρόνοις αἰτίας καὶ σκώμματα
καὶ λοιδορίας συμφορήσας ὑποκρίνεται. εἶτα κα-
τηγορεῖ μὲν ἐμοῦ, κρίνει δὲ τουτονί, καὶ τοῦ μὲν
ἀγῶνος ὅλου τὴν πρὸς ἐμὲ ἔχθραν προΐσταται,
οὐδαμοῦ δ' ἐπὶ ταύτην ἀπηντηκὼς ἐμοὶ τὴν ἑτέ-
ρου ζητῶν ἐπιτιμίαν ἀφελέσθαι φαίνεται. καίτοι 16
πρὸς ἅπασιν, ὦ ἄνδρες Ἀθηναῖοι, τοῖς ἄλλοις οἷς
ἂν εἰπεῖν τις ὑπὲρ Κτησιφῶντος ἔχοι, καὶ τοῦτ'
ἔμοιγε δοκεῖ καὶ μάλ' εἰκότως ἂν λέγειν, ὅτι τῆς
ἡμετέρας ἔχθρας ἡμᾶς ἐφ' ἡμῶν αὐτῶν δίκαιον ἦν
τὸν ἐξετασμὸν ποιεῖσθαι, οὐ τὸ μὲν πρὸς ἀλλή-
λους ἀγωνίζεσθαι παραλείπειν, ἑτέρῳ δ' ὅτῳ κα-
κόν τι δώσομεν ζητεῖν· ὑπερβολὴ γὰρ ἀδικίας
τοῦτό γε.

Πάντα μὲν τοίνυν τὰ κατηγορημένα ὁμοίως ἐκ 17
τούτων ἄν τις ἴδοι οὔτε δικαίως οὔτ' ἐπ' ἀληθείας

54. Περὶ δὲ τῶν δημοσίων ἀδικημάτων πειράσομαι σαφέστερον εἰπεῖν. καὶ γὰρ πυνθάνομαι μέλλειν Δημοσθένην, ἐπειδὰν αὐτοῖς ὁ λόγος ἀποδοθῇ, καταριθμεῖσθαι πρὸς ὑμᾶς, ὡς ἄρα τῇ πόλει τέτταρες ἤδη γεγένηνται καιροί, ἐν οἷς αὐτὸς πεπολίτευται.

οὐδεμιᾶς εἰρημένα· βούλομαι δὲ καὶ καθ' ἓν ἕκαστον αὐτῶν ἐξετάσαι, καὶ μάλισθ' ὅσα ὑπὲρ τῆς εἰρήνης καὶ τῆς πρεσβείας κατεψεύσατό μου, τὰ πεπραγμένα ἑαυτῷ μετὰ Φιλοκράτους ἀνατιθεὶς ἐμοί. ἔστι δ' ἀναγκαῖον, ὦ ἄνδρες Ἀθηναῖοι, καὶ προσῆκον ἴσως, ὡς κατ' ἐκείνους τοὺς χρόνους εἶχε τὰ πράγματα ἀναμνῆσαι, ἵνα πρὸς τὸν ὑπάρχοντα καιρὸν ἕκαστα θεωρῆτε.

18 Τοῦ γὰρ Φωκικοῦ συστάντος πολέμου, οὐ δι' ἐμέ (οὐ γὰρ δὴ ἔγωγε ἐπολιτευόμην πω τότε), πρῶτον μὲν ὑμεῖς οὕτω διέκεισθε ὥστε Φωκέας μὲν βούλεσθαι σωθῆναι, καίπερ οὐ δίκαια ποι-

---

ὧν ἕνα μὲν καὶ πρῶτον, ὡς ἔγωγε ἀκούω, καταλογίζεται ἐκεῖνον τὸν χρόνον, ἐν ᾧ πρὸς Φίλιππον ὑπὲρ Ἀμφιπόλεως ἐπολεμοῦμεν· τοῦτον δ' ἀφορίζεται τῇ γενομένῃ εἰρήνῃ καὶ συμμαχίᾳ, ἣν Φιλοκράτης ὁ Ἁγνούσιος ἔγραψε καὶ αὐτὸς οὗτος μετ' ἐκείνου, ὡς ἐγὼ δείξω. 55. δεύτερον δέ φησι γενέσθαι ὃν ἤγομεν χρόνον τὴν εἰρήνην, δηλονότι μέχρι τῆς ἡμέρας ἐκείνης, ἐν ᾗ καταλύσας τὴν ὑπάρχουσαν εἰρήνην τῇ πόλει ὁ αὐτὸς οὗτος ῥήτωρ ἔγραψε τὸν πόλεμον· τρίτον δὲ ὃν ἐπολεμοῦμεν χρόνον μέχρι τῆς ἀτυχίας τῆς ἐν Χαιρωνείᾳ, τέταρτον δὲ τὸν νῦν παρόντα καιρόν. 60. εἴ τινες ὑμῶν ἐκ τῶν ἔμπροσθεν χρόνων ἥκουσιν οἴκοθεν τοιαύτην ἔχοντες τὴν δόξαν, ὡς ἄρα ὁ Δημοσθένης οὐδὲν πώποτε εἴρηκεν ὑπὲρ Φιλίππου συστὰς μετὰ Φιλοκράτους, — ὅστις οὕτω διάκειται, μήτ' ἀπογνώτω μηδὲν μήτε καταγνώτω, πρὶν ἂν ἀκούσῃ· οὐ γὰρ δίκαιον. ἀλλ' ἐὰν ἐμοῦ διὰ βραχέων ἀκούσητε ὑπομιμνήσκοντος τοὺς καιροὺς καὶ τὸ ψήφισμα παρεχομένου, ὃ μετὰ Φιλοκράτους ἔγραψε Δημοσθένης, ἐὰν αὐτὸς ὁ τῆς ἀληθείας λογισμὸς ἐγκαταλαμβάνῃ τὸν Δημοσθένην πλείω μὲν γεγραφότα ψηφίσματα Φιλοκράτους περὶ τῆς ἐξ ἀρχῆς εἰρήνης καὶ συμμαχίας.

οῦντας ὁρῶντες, Θηβαίοις δ' ὁτιοῦν ἂν ἐφησθῆναι παθοῦσιν, οὐκ ἀλόγως οὐδ' ἀδίκως αὐτοῖς ὀργιζόμενοι· οἷς γὰρ εὐτυχήκεσαν ἐν Λεύκτροις, οὐ μετρίως ἐκέχρηντο· ἔπειθ' ἡ Πελοπόννησος ἅπασα διειστήκει, καὶ οὔθ' οἱ μισοῦντες Λακεδαιμονίους οὕτως ἴσχυον ὥστε ἀνελεῖν αὐτούς, οὔθ' οἱ πρότερον δι' ἐκείνων ἄρχοντες κύριοι τῶν πόλεων ἦσαν, ἀλλά τις ἦν ἄκριτος καὶ παρὰ τούτοις καὶ
παρὰ τοῖς ἄλλοις ἅπασιν ἔρις καὶ ταραχή. ταῦτα 19
δ' ὁρῶν ὁ Φίλιππος (οὐ γὰρ ἦν ἀφανῆ) τοῖς παρ' ἑκάστοις προδόταις χρήματα ἀναλίσκων πάντας συνέκρουε καὶ πρὸς αὑτοὺς ἐτάραττεν· εἶτ' ἐν οἷς ἡμάρτανον ἄλλοι καὶ κακῶς ἐφρόνουν, αὐτὸς παρεσκευάζετο καὶ κατὰ πάντων ἐφύετο. ὡς δὲ ταλαιπωρούμενοι τῷ μήκει τοῦ πολέμου οἱ τότε μὲν βαρεῖς νῦν δ' ἀτυχεῖς Θηβαῖοι φανεροὶ πᾶσιν ἦσαν ἀναγκασθησόμενοι καταφεύγειν ἐφ' ὑμᾶς, Φίλιππος, ἵνα μὴ τοῦτο γένοιτο μηδὲ συνέλθοιεν αἱ πόλεις, ὑμῖν μὲν εἰρήνην ἐκείνοις δὲ βοήθειαν
ἐπηγγείλατο. τί οὖν συνηγωνίσατο αὐτῷ πρὸς 20
τὸ λαβεῖν ὀλίγου δεῖν ὑμᾶς ἑκόντας ἐξαπατωμένους; ἡ τῶν ἄλλων Ἑλλήνων, εἴτε χρὴ κακίαν εἴτ' ἄγνοιαν εἴτε καὶ ἀμφότερα ταῦτ' εἰπεῖν, οἳ πόλεμον συνεχῆ καὶ μακρὸν πολεμούντων ὑμῶν, καὶ τοῦτον ὑπὲρ τῶν πᾶσι συμφερόντων, ὡς ἔργῳ φανερὸν γέγονεν, οὔτε χρήμασιν οὔτε σώμασιν οὔτ' ἄλλῳ οὐδενὶ τῶν ἁπάντων συνελάμβανον

ὑμῖν· οἷς καὶ δικαίως καὶ προσηκόντως ὀργιζό-
μενοι ἑτοίμως ὑπηκούσατε τῷ Φιλίππῳ. ἡ μὲν
οὖν τότε συγχωρηθεῖσα εἰρήνη διὰ ταῦτ', οὐ δι'
ἐμέ, ὡς οὗτος διέβαλλεν, ἐπράχθη· τὰ δὲ τούτων
ἀδικήματα καὶ δωροδοκήματα ἐν αὐτῇ τῶν νυνὶ
παρόντων πραγμάτων, ἄν τις ἐξετάζῃ δικαίως,
21 αἴτια εὑρήσει. καὶ ταυτὶ πάνθ' ὑπὲρ τῆς ἀλη-
θείας ἀκριβολογοῦμαι καὶ διεξέρχομαι. εἰ γὰρ
εἶναί τι δοκοίη τὰ μάλιστα ἐν τούτοις ἀδίκημα,
οὐδέν ἐστι δήπου πρὸς ἐμέ, ἀλλ' ὁ μὲν πρῶτος
εἰπὼν καὶ μνησθεὶς ὑπὲρ τῆς εἰρήνης Ἀριστό-

62. Ἔγραψε Φιλοκράτης ἐξεῖναι Φιλίππῳ δεῦρο κήρυκα καὶ πρέσβεις πέμπειν περὶ εἰρήνης· τοῦτο τὸ ψήφισμα ἐγράφη παρανόμων. ἧκον οἱ τῆς κρίσεως χρόνοι· κατηγόρει μὲν Λυκῖνος ὁ γραψάμενος, ἀπελογεῖτο δὲ Φιλοκράτης, συναπελογεῖτο δὲ καὶ Δημοσθένης· ἀπέφυγε Φιλοκράτης. μετὰ ταῦτα ἐπῄει χρόνος Θεμιστοκλῆς ἄρχων· ἐνταῦθ' εἰσέρχεται βουλευτὴς εἰς τὸ βουλευτήριον Δημοσθένης, οὔτε λαχὼν οὔτ' ἐπιλαχών, ἀλλ' ἐκ παρασκευῆς πριάμενος, ἵν' εἰς ὑποδοχὴν ἅπαντα καὶ λέγοι καὶ πράττοι Φιλοκράτει, ὡς αὐτὸ ἔδειξε τὸ ἔργον. 63. νικᾷ γὰρ ἕτερον ψήφισμα Φιλοκράτης, ἐν ᾧ κελεύει ἑλέσθαι δέκα πρέσβεις, οἵτινες ἀφικόμενοι πρὸς Φίλιππον ἀξιώσουσιν αὐτὸν δεῦρο πρέσβεις αὐτοκράτορας πέμπειν ὑπὲρ τῆς εἰρήνης. Τούτων εἷς ἦν Δημοσθένης. Κἀκεῖθεν ἐπανήκων ἐπαινέτης ἦν τῆς εἰρήνης, καὶ ταὐτὰ τοῖς ἄλλοις πρέσβεσιν ἀπήγγειλε, καὶ μόνος τῶν βουλευτῶν ἔγραψε σπείσασθαι τῷ κήρυκι τῷ ἀπὸ τοῦ Φιλίππου καὶ τοῖς πρέσβεσιν, ἀκόλουθα γράφων Φιλοκράτει· ὁ μέν γε τὴν ἐξουσίαν ἔδωκε τοῦ δεῦρο κήρυκα καὶ πρέσβεις πέμπεσθαι, ὁ δὲ τῇ πρεσβείᾳ σπένδεται. 64. Τὰ δὲ μετὰ ταῦτα ἤδη σφόδρα μοι τὸν νοῦν προσέχετε. Ἐπράττετο γὰρ οὐ πρὸς τοὺς ἄλλους πρέσβεις τοὺς πολλὰ συκοφαντηθέντας

δημος ἦν ὁ ὑποκριτής, ὁ δ᾿ ἐκδεξάμενος καὶ γρά-
ψας καὶ ἑαυτὸν μετὰ τούτου μισθώσας ἐπὶ ταῦτα
Φιλοκράτης ὁ Ἁγνούσιος, ὁ σὸς, Αἰσχίνη, κοινω-
νός, οὐχ ὁ ἐμός, οὐδ᾿ ἂν σὺ διαρραγῇς ψευδό-
μενος, οἱ δὲ συνειπόντες ὅτου δήποτε ἕνεκα (ἐῶ
γὰρ τοῦτό γ᾿ ἐν τῷ παρόντι) Εὔβουλος καὶ Κηφι-
σοφῶν· ἐγὼ δ᾿ οὐδὲν οὐδαμοῦ. ἀλλ᾿ ὅμως, τού- 22
των τοιούτων ὄντων καὶ ἐπ᾿ αὐτῆς τῆς ἀληθείας
οὕτω δεικνυμένων, εἰς τοῦθ᾿ ἧκεν ἀναιδείας, ὥστ᾿
ἐτόλμα λέγειν ὡς ἄρα ἐγὼ πρὸς τῷ τῆς εἰρήνης
αἴτιος γεγενῆσθαι καὶ κεκωλυκὼς εἴην τὴν πόλιν
μετὰ κοινοῦ συνεδρίου τῶν Ἑλλήνων ταύτην ποιή-

ὕστερον ἐκ μεταβολῆς ὑπὸ Δημοσθένους, ἀλλὰ πρὸς Φιλοκράτην καὶ Δημοσθένην, εἰκότως, τοὺς ἅμα μὲν πρεσβεύοντας, ἅμα δὲ τὰ ψηφίσματα γράφοντας, πρῶτον μὲν ὅπως μὴ περιμείνητε τοὺς πρέσβεις οὓς ἦτε ἐκπεπομφότες παρακαλοῦντες ἐπὶ Φίλιππον, ἵνα μὴ μετὰ τῶν ἄλλων Ἑλλήνων, ἀλλ᾿ ἰδίᾳ ποιήσησθε τὴν εἰρήνην. 68. Μετὰ δὲ ταῦτα, ὦ ἄνδρες Ἀθηναῖοι, ἧκον οἱ Φιλίππου πρέσβεις· οἱ δὲ ὑμέτεροι ἀπεδήμουν παρακαλοῦντες τοὺς Ἕλληνας ἐπὶ Φίλιππον. Ἐνταῦθ᾿ ἕτερον ψήφισμα νικᾷ Δημοσθένης, ἐν ᾧ γράφει μὴ μόνον ὑπὲρ τῆς εἰρήνης, ἀλλὰ καὶ συμμαχίας ὑμᾶς βουλεύσασθαι, μὴ περιμείναντας τοὺς πρέσβεις τοὺς ὑμετέρους. 72. Οὐ γὰρ ἔφη δεῖν (καὶ γὰρ τὸ ῥῆμα μέμνημαι ὡς εἶπε, διὰ τὴν ἀηδίαν τοῦ λέγοντος ἅμα καὶ τοῦ ὀνόματος), ἀποῤῥῆξαι τῆς εἰρήνης τὴν συμμαχίαν, οὐδὲ τὰ τῶν Ἑλλήνων ἀναμένειν μελλήματα, ἀλλ᾿ ἢ πολεμεῖν αὐτοὺς ἢ τὴν εἰρήνην ἰδίᾳ ποιεῖσθαι. καὶ τελευτῶν ἐπὶ τὸ βῆμα παρακαλέσας Ἀντίπατρον ἐρώτημά τι ἠρώτα, προειπὼν μὲν ἃ ἐρήσεται, προδιδάξας δὲ ἃ χρὴ κατὰ τῆς πόλεως ἀποκρίνασθαι. Καὶ τέλος ταῦτ᾿ ἐνίκα, τῷ μὲν λόγῳ προβιασαμένου Δημοσθένους, τὸ δὲ ψήφισμα γράψαντος Φιλοκράτους.

σασθαι. εἶτ' ὦ — τί ἂν εἰπών σέ τις ὀρθῶς προσ-
είποι; ἔστιν ὅπου σὺ παρών, τηλικαύτην πρᾶ-
ξιν καὶ συμμαχίαν, ἡλίκην νυνὶ διεξῄεις, ὁρῶν
ἀφαιρούμενόν με τῆς πόλεως ἠγανάκτησας ἢ πα-
ρελθὼν ταῦτα ἃ νυνὶ κατηγορεῖς ἐδίδαξας καὶ
23 διεξῆλθες; καὶ μὴν εἰ τὸ κωλῦσαι τὴν τῶν Ἑλ-
λήνων κοινωνίαν ἐπεπράκειν ἐγὼ Φιλίππῳ, σοὶ τὸ
μὴ σιγῆσαι λοιπὸν ἦν, ἀλλὰ βοᾶν καὶ διαμαρτύ-
ρεσθαι καὶ δηλοῦν τουτοισί. οὐ τοίνυν ἐποίησας
οὐδαμοῦ τοῦτο, οὐδ' ἤκουσέ σου ταύτην τὴν φω-
νὴν οὐδείς· οὔτε γὰρ ἦν πρεσβεία πρὸς οὐδένα
ἀπεσταλμένη τότε τῶν Ἑλλήνων, ἀλλὰ πάλαι πάν-
τες ἦσαν ἐξεληλεγμένοι, οὔθ' οὗτος ὑγιὲς περὶ
24 τούτων εἴρηκεν οὐδέν. χωρὶς δὲ τούτων καὶ δια-
βάλλει τὴν πόλιν τὰ μέγιστα ἐν οἷς ψεύδεται· εἰ
γὰρ ὑμεῖς ἅμα τοὺς μὲν Ἕλληνας εἰς πόλεμον
παρεκαλεῖτε, αὐτοὶ δὲ πρὸς Φίλιππον περὶ τῆς
εἰρήνης πρέσβεις ἐπέμπετε, Εὐρυβάτου πρᾶγμα,
οὐ πόλεως ἔργον οὐδὲ χρηστῶν ἀνθρώπων διε-
πράττεσθε. ἀλλ' οὐκ ἔστι ταῦτα, οὐκ ἔστιν·
τί γὰρ καὶ βουλόμενοι μετεπέμπεσθ' ἂν αὐτοὺς
ἐν τούτῳ τῷ καιρῷ; ἐπὶ τὴν εἰρήνην; ἀλλ'
ὑπῆρχεν ἅπασιν. ἀλλ' ἐπὶ τὸν πόλεμον; ἀλλ'
αὐτοὶ περὶ εἰρήνης ἐβουλεύεσθε. Οὔκουν οὔτε
τῆς ἐξ ἀρχῆς εἰρήνης ἡγεμὼν οὐδ' αἴτιος ὢν ἐγὼ
φαίνομαι, οὔτε τῶν ἄλλων ὧν κατεψεύσατό μου
οὐδὲν ἀληθὲς ὂν δείκνυται.

Ἐπειδὴ τοίνυν ἐποιήσατο τὴν εἰρήνην ἡ πόλις, 25
ἐνταῦθα πάλιν σκέψασθε τί ἡμῶν ἑκάτερος προ-
είλετο πράττειν· καὶ γὰρ ἐκ τούτων εἴσεσθε τίς
ἦν ὁ Φιλίππῳ πάντα συναγωνιζόμενος, καὶ τίς ὁ
πράττων ὑπὲρ ὑμῶν καὶ τὸ τῇ πόλει συμφέρον
ζητῶν. ἐγὼ μὲν τοίνυν ἔγραψα βουλεύων ἀπο-
πλεῖν τὴν ταχίστην τοὺς πρέσβεις ἐπὶ τοὺς τό-
πους, ἐν οἷς ἂν ὄντα Φίλιππον πυνθάνωνται, καὶ
τοὺς ὅρκους ἀπολαμβάνειν· οὗτοι δὲ οὐδὲ γρά-
ψαντος ἐμοῦ ταῦτα ποιεῖν ἠθέλησαν. τί δὲ τοῦτ' 26
ἠδύνατο, ὦ ἄνδρες Ἀθηναῖοι; ἐγὼ διδάξω. Φι-
λίππῳ μὲν ἦν συμφέρον ὡς πλεῖστον τὸν μεταξὺ
χρόνον γενέσθαι τῶν ὅρκων, ὑμῖν δ' ὡς ἐλάχι-
στον. διὰ τί; ὅτι ὑμεῖς μὲν οὐκ ἀφ' ἧς ὠμόσατε
ἡμέρας μόνον, ἀλλ' ἀφ' ἧς ἠλπίσατε τὴν εἰρήνην
ἔσεσθαι, πάσας ἐξελύσατε τὰς παρασκευὰς τὰς
τοῦ πολέμου, ὁ δὲ τοῦτο ἐκ παντὸς τοῦ χρόνου
μάλιστα ἐπραγματεύετο, νομίζων, ὅπερ ἦν ἀλη-
θές, ὅσα τῆς πόλεως προλάβοι πρὸ τοῦ τοὺς
ὅρκους ἀποδοῦναι, πάντα ταῦτα βεβαίως ἕξειν·
οὐδένα γὰρ τὴν εἰρήνην λύσειν τούτων ἕνεκα.
ἃ ἐγὼ προορώμενος, ἄνδρες Ἀθηναῖοι, καὶ λογι- 27
ζόμενος τὸ ψήφισμα τοῦτο γράφω, πλεῖν ἐπὶ τοὺς
τόπους ἐν οἷς ἂν ᾖ Φίλιππος, καὶ τοὺς ὅρκους τὴν

82. οὗτός ἐστιν, ὦ Ἀθηναῖοι, ὁ πρῶτος ἐξευρὼν Σέρριον τεῖχος καὶ Δορίσκον καὶ Ἐργίσκην καὶ Μυρτίσκην καὶ Γάνος καὶ Γανίδα, χωρία, ὧν οὐδὲ τὰ ὀνόματα ᾔδειμεν πρότερον.

ταχίστην ἀπολαμβάνειν, ἵν᾽ ἐχόντων τῶν Θρᾳκῶν,
τῶν ὑμετέρων συμμάχων, ταῦτα τὰ χωρία ἃ νῦν
οὗτος διέσυρε, τὸ Σέρριον καὶ τὸ Μυρτηνὸν καὶ
τὴν Ἐργίσκην, οὕτω γίγνοιντ᾽ οἱ ὅρκοι, καὶ μὴ
προλαβὼν ἐκεῖνος τοὺς ἐπικαίρους τῶν τόπων κύ-
ριος τῆς Θρᾴκης κατασταίη, μηδὲ πολλῶν μὲν
χρημάτων πολλῶν δὲ στρατιωτῶν εὐπορήσας ἐκ
τούτων ῥᾳδίως τοῖς λοιποῖς ἐπιχειροίη πράγμα-
28 σιν. εἶτα τοῦτο μὲν οὐχὶ λέγει τὸ ψήφισμα,
οὐδ᾽ ἀναγιγνώσκει· εἰ δὲ βουλεύων ἐγὼ προσά-
γειν τοὺς πρέσβεις ᾤμην δεῖν, τοῦτό μου δια-
βάλλει. ἀλλὰ τί ἐχρῆν με ποιεῖν; μὴ προσάγειν
γράψαι τοὺς ἐπὶ τοῦθ᾽ ἥκοντας, ἵν᾽ ὑμῖν διαλε-
χθῶσιν; ἢ θέαν μὴ κατανεῖμαι τὸν ἀρχιτέκτονα
αὐτοῖς κελεῦσαι; ἀλλ᾽ ἐν τοῖν δυοῖν ὀβολοῖν
ἐθεώρουν ἄν, εἰ μὴ τοῦτ᾽ ἐγράφη. τὰ μικρὰ
συμφέροντα τῆς πόλεως ἔδει με φυλάττειν, τὰ
δ᾽ ὅλα, ὥσπερ οὗτοι, πεπρακέναι; οὐ δήπου.
Λέγε τοίνυν μοι τὸ ψήφισμα τουτὶ λαβών, ὃ
σαφῶς οὗτος εἰδὼς παρέβη. λέγε.

---

76. Ὑπόλοιπον δέ μοι ἐστὶ τὴν κολακείαν αὐτοῦ διεξελθεῖν. Δημοσθένης γὰρ ἐνιαυτὸν βουλεύσας οὐδεμίαν πώποτε φανεῖται πρεσβείαν εἰς προεδρίαν καλέσας, ἀλλὰ τότε μόνον καὶ πρῶτον πρέσβεις εἰς προεδρίαν ἐκάλεσε καὶ προσκεφάλαια ἔθηκε καὶ φοινικίδας περιεπέτασε καὶ ἅμα τῇ ἡμέρᾳ ἡγεῖτο τοῖς πρέσβεσιν εἰς τὸ θέατρον, ὥστε καὶ συρίττεσθαι διὰ τὴν ἀσχημοσύνην καὶ κολακείαν. καὶ ὅτ᾽ ἀπῄεσαν, ἐμισθώσατο αὐτοῖς τρία ζεύγη ὀρικὰ καὶ προὔπεμψεν εἰς Θήβας, καταγέλαστον τὴν πόλιν ποιῶν.

ΨΗΦΙΣΜΑ.

[Ἐπὶ ἄρχοντος Μνησιφίλου, ἑκατομβαιῶνος ἕνῃ καὶ νέᾳ, φυ- 29
λῆς πρυτανευούσης Πανδιονίδος, Δημοσθένης Δημοσθένους Παιανιεὺς εἶπεν, ἐπειδὴ Φίλιππος ἀποστείλας πρέσβεις περὶ τῆς εἰρήνης ὁμολογουμένας πεποίηται συνθήκας, δεδόχθαι τῇ βουλῇ καὶ τῷ δήμῳ τῷ Ἀθηναίων, ὅπως ἂν ἡ εἰρήνη ἐπιτελεσθῇ ἡ ἐπιχειροτονηθεῖσα ἐν τῇ πρώτῃ ἐκκλησίᾳ, πρέσβεις ἑλέσθαι ἐκ πάντων Ἀθηναίων ἤδη πέντε, τοὺς δὲ χειροτονηθέντας ἀποδημεῖν μηδεμίαν ὑπερβολὴν ποιουμένους, ὅπου ἂν ὄντα πυνθάνωνται τὸν Φίλιππον, καὶ τοὺς ὅρκους λαβεῖν τε παρ' αὐτοῦ καὶ δοῦναι τὴν ταχίστην ἐπὶ ταῖς ὡμολογημέναις συνθήκαις αὐτῷ πρὸς τὸν Ἀθηναίων δῆμον, συμπεριλαμβάνοντας καὶ τοὺς ἑκατέρων συμμάχους. πρέσβεις ᾑρέθησαν Εὔβουλος Ἀναφλύστιος, Αἰσχίνης Κοθωκίδης, Κηφισοφῶν Ῥαμνούσιος, Δημοκράτης Φλυεύς, Κλέων Κοθωκίδης.]

Ταῦτα γράψαντος ἐμοῦ τότε, καὶ τὸ τῇ πόλει 30
συμφέρον, οὐ τὸ Φιλίππῳ ζητοῦντος, βραχὺ φροντίσαντες οἱ χρηστοὶ πρέσβεις οὗτοι καθῆντο ἐν Μακεδονίᾳ τρεῖς ὅλους μῆνας, ἕως ἦλθε Φίλιππος ἐκ Θρᾴκης πάντα καταστρεψάμενος, ἐξὸν ἡμερῶν δέκα, μᾶλλον δὲ τριῶν ἢ τεττάρων, εἰς τὸν Ἑλλήσποντον ἀφῖχθαι καὶ τὰ χωρία σῶσαι, λαβόντας τοὺς ὅρκους πρὶν ἐκεῖνον ἐξελεῖν αὐτά· οὐ γὰρ ἂν ἥψατ' αὐτῶν παρόντων ἡμῶν, ἢ οὐκ ἂν ὡρκίζομεν αὐτόν, ὥστε τῆς εἰρήνης ἂν διημαρτήκει καὶ οὐκ ἂν ἀμφότερα εἶχε, καὶ τὴν εἰρήνην καὶ τὰ χωρία.

Τὸ μὲν τοίνυν ἐν τῇ πρεσβείᾳ πρῶτον κλέμμα 31
μὲν Φιλίππου δωροδόκημα δὲ τῶν ἀδίκων τούτων

ἀνθρώπων τοιοῦτον ἐγένετο· ὑπὲρ οὗ καὶ τότε
καὶ νῦν καὶ ἀεὶ ὁμολογῶ καὶ πολεμεῖν καὶ δια-
φέρεσθαι τούτοις· ἕτερον δ' εὐθὺς ἐφεξῆς ἔτι
32 τούτου μεῖζον κακούργημα θεάσασθε. ἐπειδὴ
γὰρ ὤμοσε τὴν εἰρήνην ὁ Φίλιππος προλαβὼν
τὴν Θρᾴκην διὰ τούτους οὐχὶ πεισθέντας τῷ ἐμῷ
ψηφίσματι, πάλιν ὠνεῖται παρ' αὐτῶν ὅπως μὴ
ἀπίωμεν ἐκ Μακεδονίας, ἕως τὰ τῆς στρατείας
τῆς ἐπὶ τοὺς Φωκέας εὐτρεπῆ ποιήσαιτο, ἵνα μή,
δεῦρ' ἀπαγγειλάντων ἡμῶν ὅτι μέλλει καὶ παρα-
σκευάζεται πορεύεσθαι, ἐξέλθοιτε ὑμεῖς καὶ περι-
πλεύσαντες ταῖς τριήρεσιν εἰς Πύλας ὥσπερ πρό-
τερον κλείσαιτε τὸν τόπον, ἀλλ' ἅμ' ἀκούοιτε
ταῦτα ἀπαγγελλόντων ἡμῶν κἀκεῖνος ἐντὸς εἴη
33 Πυλῶν καὶ μηδὲν ἔχοιθ' ὑμεῖς ποιῆσαι. οὕτω δ'
ἦν ὁ Φίλιππος ἐν φόβῳ καὶ πολλῇ ἀγωνίᾳ μὴ
καὶ ταῦτα προειληφότος αὐτοῦ, εἰ πρὸ τοῦ τοὺς
Φωκέας ἀπολέσθαι ψηφίσαισθε βοηθεῖν, ἐκφύγοι
τὰ πράγματ' αὐτόν, ὥστε μισθοῦται τὸν κατάπτυ-
στον τουτονί, οὐκέτι κοινῇ μετὰ τῶν ἄλλων πρέ-
σβεων ἀλλ' ἰδίᾳ καθ' αὑτόν, τοιαῦτα πρὸς ὑμᾶς
εἰπεῖν καὶ ἀπαγγεῖλαι, δι' ὧν ἅπαντ' ἀπώλετο.
34 ἀξιῶ δέ, ὦ ἄνδρες Ἀθηναῖοι, καὶ δέομαι τοῦτο
μεμνῆσθαι παρ' ὅλον τὸν ἀγῶνα, ὅτι μὴ κατη-
γορήσαντος Αἰσχίνου μηδὲν ἔξω τῆς γραφῆς οὐδ'
ἂν ἐγὼ λόγον οὐδένα ἐποιούμην ἕτερον, πάσαις
δ' αἰτίαις καὶ βλασφημίαις ἅμα τούτου κεχρη-

μένου ἀνάγκη κἀμοὶ πρὸς ἕκαστα τῶν κατηγορου-
μένων μικρὰ ἀποκρίνασθαι. τίνες οὖν ἦσαν οἱ 35
παρὰ τούτου λόγοι τότε ῥηθέντες, καὶ δι' οὓς
ἅπαντ' ἀπώλετο; ὡς οὐ δεῖ θορυβεῖσθαι τῷ
παρεληλυθέναι Φίλιππον εἴσω Πυλῶν· ἔσται
γὰρ ἅπανθ' ὅσα βούλεσθ' ὑμεῖς, ἐὰν ἔχηθ' ἡσυ-
χίαν, καὶ ἀκούσεσθε δυοῖν ἢ τριῶν ἡμερῶν, οἷς
μὲν ἐχθρὸς ἥκει, φίλον αὐτὸν γεγενημένον, οἷς
δὲ φίλος, τοὐναντίον ἐχθρόν. οὐ γὰρ τὰ ῥήματα
τὰς οἰκειότητας ἔφη βεβαιοῦν, μάλα σεμνῶς ὀνο-
μάζων, ἀλλὰ τὸ ταὐτὰ συμφέρειν· συμφέρειν δὲ
Φιλίππῳ καὶ Φωκεῦσι καὶ ὑμῖν ὁμοίως ἅπασι τῆς
ἀναλγησίας καὶ τῆς βαρύτητος ἀπαλλαγῆναι τῆς
τῶν Θηβαίων. ταῦτα δ' ἀσμένως τινὲς ἤκουον 36
αὐτοῦ διὰ τὴν τόθ' ὑποῦσαν ἀπέχθειαν πρὸς τοὺς
Θηβαίους. τί οὖν συνέβη μετὰ ταῦτ' εὐθύς, οὐκ
εἰς μακράν; τοὺς μὲν Φωκέας ἀπολέσθαι καὶ
κατασκαφῆναι τὰς πόλεις αὐτῶν, ὑμᾶς δ' ἡσυχίαν
ἀγαγόντας καὶ τούτῳ πεισθέντας μικρὸν ὕστερον
σκευαγωγεῖν ἐκ τῶν ἀγρῶν, τοῦτον δὲ χρυσίον
λαβεῖν, καὶ ἔτι πρὸς τούτοις τὴν μὲν ἀπέχθειαν
τὴν πρὸς Θηβαίους καὶ Θετταλοὺς τῇ πόλει γενέ-
σθαι, τὴν δὲ χάριν τὴν ὑπὲρ τῶν πεπραγμένων
Φιλίππῳ. ὅτι δ' οὕτω ταῦτ' ἔχει, λέγε μοι τό τε 37
τοῦ Καλλισθένους ψήφισμα καὶ τὴν ἐπιστολὴν
τοῦ Φιλίππου, ἐξ ὧν ἀμφοτέρων ταῦθ' ἅπανθ'
ὑμῖν ἔσται φανερά. λέγε.

ΨΗΦΙΣΜΑ.

[Ἐπὶ Μνησιφίλου ἄρχοντος, συγκλήτου ἐκκλησίας ὑπὸ στρατηγῶν καὶ πρυτάνεων, καὶ βουλῆς γνώμῃ, μαιμακτηριῶνος δεκάτῃ ἀπιόντος, Καλλισθένης Ἐτεονίκου Φαληρεὺς εἶπε, μηδένα Ἀθηναίων μηδεμιᾷ παρευρέσει ἐν τῇ χώρᾳ κοιταῖον γίγνεσθαι ἀλλ' ἐν ἄστει καὶ Πειραιεῖ, ὅσοι μὴ ἐν τοῖς φρουρίοις εἰσὶν ἀποτεταγμένοι· τούτων δ' ἑκάστους, ἣν παρέλαβον τάξιν, διατηρεῖν μήτε
38 ἀφημερεύοντας μήτε ἀποκοιτοῦντας. ὃς ἂν δὲ ἀπειθήσῃ τῷδε τῷ ψηφίσματι, ἔνοχος ἔστω τοῖς τῆς προδοσίας ἐπιτιμίοις, ἐὰν μή τι ἀδύνατον ἐπιδεικνύῃ περὶ ἑαυτόν· περὶ δὲ τοῦ ἀδυνάτου ἐπικρινέτω ὁ ἐπὶ τῶν ὅπλων στρατηγὸς καὶ ὁ ἐπὶ τῆς διοικήσεως καὶ ὁ γραμματεὺς τῆς βουλῆς. κατακομίζειν δὲ καὶ τὰ ἐκ τῶν ἀγρῶν πάντα τὴν ταχίστην, τὰ μὲν ἐντὸς σταδίων ἑκατὸν εἴκοσι εἰς ἄστυ καὶ Πειραιᾶ, τὰ δὲ ἐκτὸς σταδίων ἑκατὸν εἴκοσι Ἐλευσῖνα καὶ Φυλὴν καὶ Ἄφιδναν καὶ Ῥαμνοῦντα καὶ Σούνιον.]

Ἆρ' ἐπὶ ταύταις ταῖς ἐλπίσι τὴν εἰρήνην ἐποιεῖσθε, ἢ ταῦτ' ἐπηγγέλλεθ' ὑμῖν οὗτος ὁ μισθωτός;
39 Λέγε δὴ τὴν ἐπιστολὴν ἣν ἔπεμψε Φίλιππος μετὰ ταῦτα.

ΕΠΙΣΤΟΛΗ ΦΙΛΙΠΠΟΥ.

[Βασιλεὺς Μακεδόνων Φίλιππος Ἀθηναίων τῇ βουλῇ καὶ τῷ δήμῳ χαίρειν. ἴστε ἡμᾶς παρεληλυθότας εἴσω Πυλῶν καὶ τὰ κατὰ τὴν Φωκίδα ὑφ' ἑαυτοὺς πεποιημένους, καὶ ὅσα μὲν ἑκουσίως προσετίθετο τῶν πολισμάτων, φρουρὰς εἰσαγηοχότας εἰς αὐτά, τὰ δὲ μὴ ὑπακούοντα κατὰ κράτος λαβόντες καὶ ἐξανδραποδισάμενοι κατεσκάψαμεν. ἀκούων δὲ καὶ ὑμᾶς παρασκευάζεσθαι βοηθεῖν αὐτοῖς γέγραφα ὑμῖν, ἵνα μὴ πλεῖον ἐνοχλῆσθε περὶ τούτων· τοῖς μὲν γὰρ ὅλοις οὐδὲ μέτριόν μοι δοκεῖτε ποιεῖν, τὴν εἰρήνην συνθέμενοι καὶ ὁμοίως ἀντιπαρεξάγοντες, καὶ ταῦτα οὐδὲ συμπεριειλημμένων τῶν Φωκέων ἐν ταῖς κοιναῖς ἡμῶν συνθήκαις. ὥστε ἐὰν μὴ ἐμμένητε τοῖς ὡμολογημένοις, οὐδὲν προτερήσετε ἔξω τοῦ ἐφθακέναι ἀδικοῦντες.]

Ἀκούετε ὡς σαφῶς δηλοῖ καὶ διορίζεται ἐν τῇ 40
πρὸς ὑμᾶς ἐπιστολῇ πρὸς τοὺς ἑαυτοῦ συμμάχους ὅτι "ἐγὼ ταῦτα πεποίηκα ἀκόντων Ἀθηναίων καὶ λυπουμένων, ὥστ' εἴ περ εὖ φρονεῖτε, ὦ Θηβαῖοι καὶ Θετταλοί, τούτους μὲν ἐχθροὺς ὑπολήψεσθε, ἐμοὶ δὲ πιστεύσετε," οὐ τούτοις τοῖς ῥήμασι γράψας, ταῦτα δὲ βουλόμενος δεικνύναι. τοιγαροῦν ἐκ τούτων ᾤχετο ἐκείνους λαβὼν εἰς τὸ μηδ' ὁτιοῦν προορᾶν τῶν μετὰ ταῦτα μηδ' αἰσθάνεσθαι, ἀλλ' ἐᾶσαι πάντα τὰ πράγματα ἐκεῖνον ὑφ' ἑαυτῷ ποιήσασθαι· ἐξ ὧν ταῖς παρούσαις συμφοραῖς
οἱ ταλαίπωροι κέχρηνται. ὁ δὲ ταύτης τῆς πί- 41
στεως αὐτῷ συνεργὸς καὶ συναγωνιστὴς καὶ ὁ δεῦρ' ἀπαγγείλας τὰ ψευδῆ καὶ φενακίσας ὑμᾶς οὗτός ἐστιν ὁ τὰ Θηβαίων ὀδυρόμενος νῦν πάθη καὶ διεξιὼν ὡς οἰκτρά, καὶ τούτων καὶ τῶν ἐν

---

133. Θῆβαι δέ, Θῆβαι, πόλις ἀστυγείτων, μεθ' ἡμέραν μίαν ἐκ μέσης τῆς Ἑλλάδος ἀνήρπασται, εἰ καὶ δικαίως, περὶ τῶν ὅλων οὐκ ὀρθῶς βουλευσάμενοι, ἀλλὰ τήν γε θεοβλάβειαν καὶ τὴν ἀφροσύνην οὐκ ἀνθρωπίνως, ἀλλὰ δαιμονίως κτησάμενοι. 156. μηδ' ὑπομιμνήσκετε τῶν ἀνιάτων καὶ ἀνηκέστων κακῶν τοὺς ταλαιπώρους Θηβαίους, οὓς φυγόντας διὰ τοῦτον ὑποδέδεχθε τῇ πόλει, ὧν ἱερὰ καὶ τέκνα καὶ τάφους ἀπώλεσεν ἡ Δημοσθένους δωροδοκία καὶ τὸ βασιλικὸν χρυσίον· 157. ἀλλ' ἐπειδὴ τοῖς σώμασιν οὐ παρεγένεσθε, ἀλλὰ ταῖς γε διανοίαις ἀποβλέψατ' αὐ-

Φωκεῦσι κακῶν καὶ ὅσ' ἄλλα πεπόνθασιν οἱ
Ἕλληνες ἁπάντων αὐτὸς ὢν αἴτιος. δῆλον γὰρ
ὅτι σὺ μὲν ἀλγεῖς ἐπὶ τοῖς συμβεβηκόσιν, Αἰσχί-
νη, καὶ τοὺς Θηβαίους ἐλεεῖς, κτῆμ' ἔχων ἐν τῇ
Βοιωτίᾳ καὶ γεωργῶν τὰ ἐκείνων, ἐγὼ δὲ χαίρω,
ὃς εὐθὺς ἐξῃτούμην ὑπὸ τοῦ ταῦτα πράξαντος.
42 Ἀλλὰ γὰρ ἐμπέπτωκα εἰς λόγους, οὓς αὐτίκα
μᾶλλον ἴσως ἁρμόσει λέγειν. ἐπάνειμι δὴ πάλιν
ἐπὶ τὰς ἀποδείξεις, ὡς τὰ τούτων ἀδικήματα τῶν
νυνὶ παρόντων πραγμάτων γέγονεν αἴτια.
Ἐπειδὴ γὰρ ἐξηπάτησθε μὲν ὑμεῖς ὑπὸ τοῦ
Φιλίππου διὰ τούτων τῶν ἐν ταῖς πρεσβείαις
μισθωσάντων ἑαυτοὺς τῷ Φιλίππῳ καὶ οὐδὲν
ἀληθὲς ὑμῖν ἀπαγγειλάντων, ἐξηπάτηντο δὲ οἱ
ταλαίπωροι Φωκεῖς καὶ ἀνῄρηντο αἱ πόλεις αὐ-
43 τῶν, τί ἐγένετο; οἱ μὲν κατάπτυστοι Θετταλοὶ
καὶ ἀναίσθητοι Θηβαῖοι φίλον εὐεργέτην σωτῆρα
τὸν Φίλιππον ἡγοῦντο· πάντ' ἐκεῖνος ἦν αὐτοῖς·
οὐδὲ φωνὴν ἤκουον, εἴ τις ἄλλο τι βούλοιτο λέ-
γειν. ὑμεῖς δὲ ὑφορώμενοι τὰ πεπραγμένα καὶ

τῶν εἰς τὰς συμφοράς, καὶ νομίσαθ' ὁρᾶν ἁλισκομένην τὴν πόλιν, τειχῶν κατασκαφάς, ἐμπρήσεις οἰκιῶν, ἀγομένας γυναῖκας καὶ παῖδας εἰς δουλείαν, πρεσβύτας ἀνθρώπους, πρεσβύτιδας γυναῖκας, ὀψὲ μεταμανθάνοντας τὴν ἐλευθερίαν, κλαίοντας, ἱκετεύοντας ὑμᾶς, ὀργιζομένους οὐ τοῖς τιμωρουμένοις, ἀλλὰ τοῖς τούτων αἰτίοις, ἐπισκήπτοντας μηδενὶ τρόπῳ τὸν τῆς Ἑλλάδος ἀλιτήριον στεφανοῦν, ἀλλὰ καὶ τὸν δαίμονα καὶ τὴν τύχην τὴν συμπαρακολουθοῦσαν τῷ ἀνθρώπῳ φυλάξασθαι.

δυσχεραίνοντες ἤγετε τὴν εἰρήνην ὅμως· οὐ γὰρ
ἦν ὅ τι ἂν ἐποιεῖτε. καὶ οἱ ἄλλοι δὲ Ἕλληνες,
ὁμοίως ὑμῖν πεφενακισμένοι καὶ διημαρτηκότες
ὧν ἤλπισαν, ἦγον τὴν εἰρήνην, αὐτοὶ τρόπον τινὰ
ἐκ πολλοῦ πολεμούμενοι. ὅτε γὰρ περιιὼν Φίλιπ- 44
πος Ἰλλυριοὺς καὶ Τριβαλλούς, τινὰς δὲ καὶ τῶν
Ἑλλήνων κατεστρέφετο, καὶ δυνάμεις πολλὰς καὶ
μεγάλας ἐποιεῖθ' ὑφ' ἑαυτῷ, καί τινες τῶν ἐκ τῶν
πόλεων ἐπὶ τῇ τῆς εἰρήνης ἐξουσίᾳ βαδίζοντες
ἐκεῖσε διεφθείροντο, ὧν εἷς οὗτος ἦν, τότε πάν-
τες, ἐφ' οὓς ταῦτα παρεσκευάζετ' ἐκεῖνος, ἐπο-
λεμοῦντο. εἰ δὲ μὴ ᾐσθάνοντο, ἕτερος ὁ λόγος
οὗτος, οὐ πρὸς ἐμέ. ἐγὼ μὲν γὰρ προὔλεγον καὶ 45
διεμαρτυρόμην καὶ παρ' ὑμῖν ἀεὶ καὶ ὅποι πεμ-
φθείην· αἱ δὲ πόλεις ἐνόσουν τῶν μὲν ἐν τῷ
πολιτεύεσθαι καὶ πράττειν δωροδοκούντων καὶ
διαφθειρομένων ἐπὶ χρήμασι, τῶν δὲ ἰδιωτῶν καὶ
πολλῶν τὰ μὲν οὐ προορωμένων, τὰ δὲ τῇ καθ'
ἡμέραν ῥᾳστώνῃ καὶ σχολῇ δελεαζομένων, καὶ
τοιουτονί τι πάθος πεπονθότων ἁπάντων, πλὴν
οὐκ ἐφ' ἑαυτοὺς ἑκάστων οἰομένων τὸ δεινὸν
ἥξειν, καὶ διὰ τῶν ἑτέρων κινδύνων τὰ ἑαυτῶν
ἀσφαλῶς σχήσειν, ὅταν βούλωνται. εἶτ' οἶμαι 46
συμβέβηκε τοῖς μὲν πλήθεσιν ἀντὶ τῆς πολλῆς
καὶ ἀκαίρου ῥᾳθυμίας τὴν ἐλευθερίαν ἀπολωλεκέ-
ναι, τοῖς δὲ προεστηκόσι καὶ τἆλλα πλὴν ἑαυ-
τοὺς οἰομένοις πωλεῖν πρώτους ἑαυτοὺς πεπρα-

κόσιν αἰσθέσθαι· ἀντὶ γὰρ φίλων καὶ ξένων, ἃ
τότε ὠνομάζοντο ἡνίκα ἐδωροδόκουν, νῦν κόλακες
καὶ θεοῖς ἐχθροὶ καὶ τἄλλ' ἃ προσήκει πάντ'
47 ἀκούουσιν. οὐδεὶς γάρ, ἄνδρες Ἀθηναῖοι, τὸ
τοῦ προδιδόντος συμφέρον ζητῶν χρήματ' ἀναλίσκει, οὐδ' ἐπειδὰν ὧν ἂν πρίηται κύριος γένηται, τῷ προδότῃ συμβούλῳ περὶ τῶν λοιπῶν ἔτι χρῆται· οὐδὲν γὰρ ἂν ἦν εὐδαιμονέστερον προδότου. ἀλλ' οὐκ ἔστι ταῦτα· πόθεν; πολλοῦ γε καὶ δεῖ. ἀλλ' ἐπειδὰν τῶν πραγμάτων ἐγκρατὴς ὁ ζητῶν ἄρχειν καταστῇ, καὶ τῶν ταῦτα ἀποδομένων δεσπότης ἐστί, τὴν δὲ πονηρίαν εἰδώς, τότε δή, τότε καὶ μισεῖ καὶ ἀπιστεῖ καὶ προπη-
48 λακίζει. σκοπεῖτε δέ· καὶ γὰρ εἰ παρεληλυθεν
ὁ τῶν πραγμάτων καιρός, ὁ τοῦ γε εἰδέναι τὰ τοιαῦτα καιρὸς ἀεὶ πάρεστι τοῖς εὖ φρονοῦσιν. μέχρι τούτου Λασθένης φίλος ὠνομάζετο, ἕως προὔδωκεν Ὄλυνθον· μέχρι τούτου Τιμόλαος, ἕως ἀπώλεσε Θήβας· μέχρι τούτου Εὔδικος καὶ Σῖμος ὁ Λαρισαῖος, ἕως Θετταλίαν ὑπὸ Φιλίππῳ ἐποίησαν. εἶτ' ἐλαυνομένων καὶ ὑβριζομένων καὶ τί κακὸν οὐχὶ πασχόντων πᾶσα ἡ οἰκουμένη μεστὴ γέγονεν. τί δ' Ἀρίστρατος ἐν Σικυῶνι,
49 καὶ τί Περίλαος ἐν Μεγάροις; οὐκ ἀπερριμ-
μένοι; ἐξ ὧν καὶ σαφέστατ' ἄν τις ἴδοι ὅτι ὁ μάλιστα φυλάττων τὴν ἑαυτοῦ πατρίδα καὶ πλεῖστα ἀντιλέγων τούτοις, οὗτος ὑμῖν, Αἰσχίνη, τοῖς

προδιδοῦσι καὶ μισθαρνοῦσι τὸ ἔχειν ἐφ' ὅτῳ
δωροδοκήσετε περιποιεῖ, καὶ διὰ τοὺς πολλοὺς
τουτωνὶ καὶ τοὺς ἀνθισταμένους τοῖς ὑμετέροις
βουλήμασιν ὑμεῖς ἐστε σῷοι καὶ ἔμμισθοι, ἐπεὶ
διά γε ὑμᾶς αὐτοὺς πάλαι ἂν ἀπολώλειτε.

Καὶ περὶ μὲν τῶν τότε πραχθέντων ἔχων ἔτι 50
πολλὰ λέγειν, καὶ ταῦτα ἡγοῦμαι πλείω τῶν ἱκα-
νῶν εἰρῆσθαι· αἴτιος δ' οὗτος, ὥσπερ ἑωλοκρα-
σίαν τινά μου τῆς πονηρίας τῆς ἑαυτοῦ καὶ τῶν
ἀδικημάτων κατασκεδάσας, ἣν ἀναγκαῖον ἦν πρὸς
τοὺς νεωτέρους τῶν πεπραγμένων ἀπολύσασθαι.
παρηνώχλησθε δὲ ἴσως, οἳ καὶ πρὶν ἐμὲ εἰπεῖν
ὁτιοῦν εἰδότες τὴν τούτου τότε μισθαρνίαν. καί- 51
τοι φιλίαν γε καὶ ξενίαν αὐτὴν ὀνομάζει, καὶ νῦν
εἶπέ που λέγων "ὁ τὴν Ἀλεξάνδρου ξενίαν ὀνει-
δίζων ἐμοί." ἐγώ σοι ξενίαν Ἀλεξάνδρου; πό-
θεν λαβόντι ἢ πῶς ἀξιωθέντι; οὔτε Φιλίππου
ξένον οὔτ' Ἀλεξάνδρου φίλον εἴποιμ' ἂν ἐγώ σε,
οὐχ οὕτω μαίνομαι, εἰ μὴ καὶ τοὺς θεριστὰς καὶ
τοὺς ἄλλο τι μισθοῦ πράττοντας φίλους καὶ ξέ-
νους δεῖ καλεῖν τῶν μισθωσαμένων. ἀλλ' οὐκ 52
ἔστι ταῦτα· πόθεν; πολλοῦ γε καὶ δεῖ. ἀλλὰ
μισθωτὸν ἐγώ σε Φιλίππου πρότερον καὶ νῦν
Ἀλεξάνδρου καλῶ, καὶ οὗτοι πάντες. εἰ δ' ἀπι-

66. ὁ γὰρ μισαλέξανδρος νυνὶ φάσκων εἶναι καὶ τότε μισοφίλιππος Δημοσθένης, ὁ τὴν ξενίαν ἐμοὶ προφέρων τὴν Ἀλεξάνδρου, γράφει ψήφισμα.

στεῖς, ἐρώτησον αὐτούς. μᾶλλον δ' ἐγὼ τοῦθ' ὑπὲρ σοῦ ποιήσω. πότερον ὑμῖν, ὦ ἄνδρες Ἀθηναῖοι, δοκεῖ μισθωτὸς Αἰσχίνης ἢ ξένος εἶναι Ἀλεξάνδρου; ἀκούεις ἃ λέγουσιν.

53 Βούλομαι τοίνυν ἤδη καὶ περὶ τῆς γραφῆς αὐτῆς ἀπολογήσασθαι καὶ διεξελθεῖν τὰ πεπραγμέν' ἐμαυτῷ, ἵνα καίπερ εἰδὼς Αἰσχίνης ὅμως ἀκούσῃ δι' ἅ φημι καὶ τούτων τῶν προβεβουλευμένων καὶ πολλῷ μειζόνων ἔτι τούτων δωρεῶν δίκαιος εἶναι τυγχάνειν. Καί μοι λέγε τὴν γραφὴν αὐτὴν λαβών.

ΓΡΑΦΗ.

54 [Ἐπὶ Χαιρώνδου ἄρχοντος, ἐλαφηβολιῶνος ἕκτῃ ἱσταμένου, Αἰσχίνης Ἀτρομήτου Κοθωκίδης ἀπήνεγκε πρὸς τὸν ἄρχοντα παρανόμων κατὰ Κτησιφῶντος τοῦ Λεωσθένους Ἀναφλυστίου, ὅτι ἔγραψε παράνομον ψήφισμα, ὡς ἄρα δεῖ στεφανῶσαι Δημοσθένην Δημοσθένους Παιανιέα χρυσῷ στεφάνῳ, καὶ ἀναγορεῦσαι ἐν τῷ θεάτρῳ Διονυσίοις τοῖς μεγάλοις, τραγῳδοῖς καινοῖς, ὅτι στεφανοῖ ὁ δῆμος Δημοσθένην Δημοσθένους Παιανιέα χρυσῷ στεφάνῳ ἀρετῆς ἕνεκα, καὶ εὐνοίας ἧς ἔχων διατελεῖ εἴς τε τοὺς Ἕλληνας ἅπαντας καὶ τὸν δῆμον τῶν Ἀθηναίων, καὶ ἀνδραγαθίας, καὶ διότι διατελεῖ πράττων καὶ λέγων τὰ βέλτιστα τῷ δήμῳ καὶ πρόθυμός ἐστι ποιεῖν ὅ τι ἂν δύνηται ἀγαθόν,
55 πάντα ταῦτα ψευδῆ γράψας καὶ παράνομα, τῶν νόμων οὐκ ἐώντων πρῶτον μὲν ψευδεῖς γραφὰς εἰς τὰ δημόσια γράμματα καταβάλλεσθαι, εἶτα τὸν ὑπεύθυνον στεφανοῦν (ἔστι Δημοσθένης τειχοποιὸς καὶ ἐπὶ τῶν θεωρικῶν τεταγμένος), ἔτι δὲ μὴ ἀναγορεύειν τὸν στέφανον ἐν τῷ θεάτρῳ Διονυσίοις τραγῳδῶν τῇ καινῇ, ἀλλ' ἐὰν μὲν ἡ βουλὴ στεφανοῖ, ἐν τῷ βουλευτηρίῳ ἀνειπεῖν, ἐὰν δὲ

ἡ πόλις, ἐν Πυκνὶ ἐν τῇ ἐκκλησίᾳ. τίμημα τάλαντα πεντήκοντα. κλήτορες Κηφισοφῶν Κηφισοφῶντος Ῥαμνούσιος, Κλέων Κλέωνος Κοθωκίδης.]

Ἃ μὲν διώκει τοῦ ψηφίσματος, ὦ ἄνδρες Ἀθη- 56
ναῖοι, ταῦτ' ἐστίν. ἐγὼ δ' ἀπ' αὐτῶν τούτων πρῶτον οἶμαι δῆλον ὑμῖν ποιήσειν ὅτι πάντα δικαίως ἀπολογήσομαι· τὴν γὰρ αὐτὴν τούτῳ ποιησάμενος τῶν γεγραμμένων τάξιν περὶ πάντων ἐρῶ καθ' ἕκαστον ἐφεξῆς καὶ οὐδὲν ἑκὼν
παραλείψω. τοῦ μὲν οὖν γράψαι πράττοντα καὶ 57
λέγοντα τὰ βέλτιστά με τῷ δήμῳ διατελεῖν καὶ πρόθυμον εἶναι ποιεῖν ὅ τι δύναμαι ἀγαθόν, καὶ ἐπαινεῖν ἐπὶ τούτοις, ἐν τοῖς πεπολιτευμένοις τὴν κρίσιν εἶναι νομίζω· ἀπὸ γὰρ τούτων ἐξεταζομένων εὑρεθήσεται εἴτε ἀληθῆ περὶ ἐμοῦ γέγραφε Κτησιφῶν ταῦτα καὶ προσήκοντα εἴτε καὶ ψευδῆ·
τὸ δὲ μὴ προσγράψαντα "ἐπειδὰν τὰς εὐθύνας 58
δῷ" στεφανοῦν, καὶ ἀνειπεῖν ἐν τῷ θεάτρῳ τὸν

11. κατιδὼν δέ τις ταῦτα νομοθέτης τίθησι νόμον καὶ μάλα καλῶς ἔχοντα, τὸν διαρρήδην ἀπαγορεύοντα τοὺς ὑπευθύνους μὴ στεφανοῦν. καὶ ταῦτα οὕτως εὖ προκατειληφότος τοῦ νομοθέτου εὕρηνται κρείττονες λόγοι τῶν νόμων, οὓς εἰ μή τις ὑμῖν ἐρεῖ, λήσετε ἐξαπατηθέντες. τούτων γάρ τινες τῶν τοὺς ὑπευθύνους στεφανούντων παρὰ τοὺς νόμους οἱ μὲν φύσει μέτριοί εἰσιν, εἰ δή τις ἐστὶ μέτροις τῶν τὰ παράνομα γραφόντων· ἀλλ' οὖν προβάλλονταί γε τι πρὸ τῆς αἰσχύνης. προσεγγράφουσι γὰρ πρὸς τὰ ψηφίσματα στεφανοῦν τὸν ὑπεύθυνον, ἐπειδὰν λόγον καὶ εὐθύνας τῆς ἀρχῆς δῷ. 12. καὶ ἡ μὲν πόλις τὸ ἴσον ἀδίκημα ἀδικεῖ-

στέφανον κελεῦσαι, κοινωνεῖν μὲν ἡγοῦμαι καὶ
τοῦτο τοῖς πεπολιτευμένοις, εἴτε ἄξιός εἰμι τοῦ
στεφάνου καὶ τῆς ἀναρρήσεως τῆς ἐν τούτοις εἴτε
καὶ μή, ἔτι μέντοι καὶ τοὺς νόμους δεικτέον εἶναί
μοι δοκεῖ, καθ' οὓς ταῦτα γράφειν ἐξῆν τούτῳ.
οὑτωσὶ μέν, ὦ ἄνδρες Ἀθηναῖοι, δικαίως καὶ
ἁπλῶς τὴν ἀπολογίαν ἔγνωκα ποιεῖσθαι, βαδιοῦ-
59 μαι δ' ἐπ' αὐτὰ ἃ πέπρακταί μοι. καί με μηδεὶς
ὑπολάβῃ ἀπαρτᾶν τὸν λόγον τῆς γραφῆς, ἐὰν εἰς
Ἑλληνικὰς πράξεις καὶ λόγους ἐμπέσω· ὁ γὰρ
διώκων τοῦ ψηφίσματος τὸ λέγειν καὶ πράττειν
τὰ ἄριστά με καὶ γεγραμμένος ταῦτα ὡς οὐκ
ἀληθῆ, οὗτός ἐστιν ὁ τοὺς περὶ ἁπάντων τῶν
ἐμοὶ πεπολιτευμένων λόγους οἰκείους καὶ ἀναγ-
καίους τῇ γραφῇ πεποιηκώς. εἶτα καὶ πολλῶν
προαιρέσεων οὐσῶν τῆς πολιτείας τὴν περὶ τὰς
Ἑλληνικὰς πράξεις εἱλόμην ἐγώ, ὥστε καὶ τὰς
ἀποδείξεις ἐκ τούτων δίκαιός εἰμι ποιεῖσθαι.

60 Ἃ μὲν οὖν πρὸ τοῦ πολιτεύεσθαι καὶ δημηγορεῖν ἐμὲ προὔλαβε καὶ κατέσχε Φίλιππος, ἐάσω· οὐδὲν γὰρ ἡγοῦμαι τούτων εἶναι πρὸς ἐμέ· ἃ δ'

ται· προκαταλαμβάνονται γὰρ ἐπαίνοις καὶ στεφάνοις αἱ εὔθυναι· ὁ δὲ τὸ ψήφισμα γράφων ἐνδείκνυται τοῖς ἀκούουσιν, ὅτι γέγραφε μὲν παράνομα, αἰσχύνεται δὲ ἐφ' οἷς ἡμάρτηκε. Κτησιφῶν δέ, ὦ Ἀθηναῖοι, ὑπερπηδήσας τὸν νόμον τὸν περὶ τῶν ὑπευθύνων κείμενον καὶ τὴν πρόφασιν, ἣν ἐγὼ ἀρτίως προεῖπον ὑμῖν, ἀνελών, πρὶν λόγον, πρὶν εὐθύνας δοῦναι, γέγραφε μεταξὺ Δημοσθένην ἄρχοντα στεφανοῦν.

ἀφ᾽ ἧς ἡμέρας ἐπὶ ταῦτα ἐπέστην ἐγὼ καὶ διεκω-
λύθη, ταῦτα ἀναμνήσω καὶ τούτων ὑφέξω λόγον,
τοσοῦτον ὑπειπών. πλεονέκτημα, ὦ ἄνδρες Ἀθη-
ναῖοι, μέγα ὑπῆρξε Φιλίππῳ. παρὰ γὰρ τοῖς 61
Ἕλλησιν, οὐ τισὶν ἀλλ᾽ ἅπασιν ὁμοίως, φορὰν
προδοτῶν καὶ δωροδόκων καὶ θεοῖς ἐχθρῶν ἀνθρώ-
πων συνέβη γενέσθαι τοσαύτην, ὅσην οὐδείς πω
πρότερον μέμνηται γεγονυῖαν· οὓς συναγωνιστὰς
καὶ συνεργοὺς λαβὼν καὶ πρότερον κακῶς τοὺς
Ἕλληνας ἔχοντας πρὸς ἑαυτοὺς καὶ στασιαστικῶς
ἔτι χεῖρον διέθηκε, τοὺς μὲν ἐξαπατῶν, τοῖς δὲ
διδούς, τοὺς δὲ πάντα τρόπον διαφθείρων, καὶ
διέστησεν εἰς μέρη πολλὰ ἑνὸς τοῦ συμφέροντος
ἅπασιν ὄντος, κωλύειν ἐκεῖνον μέγαν γίγνεσθαι.
ἐν τοιαύτῃ δὲ καταστάσει καὶ ἔτι ἀγνοίᾳ τοῦ συν- 62
ισταμένου καὶ φυομένου κακοῦ τῶν ἁπάντων Ἑλ-
λήνων ὄντων δεῖ σκοπεῖν ὑμᾶς, ἄνδρες Ἀθηναῖοι,
τί προσῆκον ἦν ἑλέσθαι πράττειν καὶ ποιεῖν τὴν
πόλιν, καὶ τούτων λόγον παρ᾽ ἐμοῦ λαβεῖν· ὁ γὰρ
ἐνταῦθα ἑαυτὸν τάξας τῆς πολιτείας εἰμὶ ἐγώ. πό- 63
τερον αὐτὴν ἐχρῆν, Αἰσχίνη, τὸ φρόνημα ἀφεῖσαν
καὶ τὴν ἀξίαν τὴν αὑτῆς ἐν τῇ Θετταλῶν καὶ Δο-
λόπων τάξει συγκατακτᾶσθαι Φιλίππῳ τὴν τῶν
Ἑλλήνων ἀρχὴν καὶ τὰ τῶν προγόνων καλὰ καὶ
δίκαια ἀναιρεῖν; ἢ τοῦτο μὲν μὴ ποιεῖν, δεινὸν
γὰρ ὡς ἀληθῶς, ἃ δ᾽ ἑώρα συμβησόμενα, εἰ μηδεὶς
κωλύσει, καὶ προῃσθάνεθ᾽, ὡς ἔοικεν, ἐκ πολλοῦ,

64 ταῦτα περιιδεῖν γιγνόμενα; ἀλλὰ νῦν ἔγωγε τὸν
μάλιστα ἐπιτιμῶντα τοῖς πεπραγμένοις ἡδέως ἂν
ἐροίμην, τῆς ποίας μερίδος γενέσθαι τὴν πόλιν
ἐβούλετ᾽ ἄν, πότερον τῆς συναιτίας τῶν συμβε-
βηκότων τοῖς Ἕλλησι κακῶν καὶ αἰσχρῶν, ἧς ἂν
Θετταλοὺς καὶ τοὺς μετὰ τούτων εἴποι τις, ἢ τῆς
περιεωρακυίας ταῦτα γιγνόμενα ἐπὶ τῇ τῆς ἰδίας
πλεονεξίας ἐλπίδι, ἧς ἂν Ἀρκάδας καὶ Μεσσηνί-
65 ους καὶ Ἀργείους θείημεν. ἀλλὰ καὶ τούτων
πολλοί, μᾶλλον δὲ πάντες, χεῖρον ἡμῶν ἀπηλλά-
χασιν. καὶ γὰρ εἰ μὲν ὡς ἐκράτησε Φίλιππος
ᾤχετ᾽ εὐθέως ἀπιὼν καὶ μετὰ ταῦτ᾽ ἦγεν ἡσυχίαν,
μήτε τῶν αὑτοῦ συμμάχων μήτε τῶν ἄλλων Ἑλ-
λήνων μηδένα μηδὲν λυπήσας, ἦν ἄν τις κατὰ
τῶν ἐναντιωθέντων οἷς ἔπραττεν ἐκεῖνος μέμψις
καὶ κατηγορία· εἰ δὲ ὁμοίως ἁπάντων τὸ ἀξίωμα,
τὴν ἡγεμονίαν, τὴν ἐλευθερίαν περιείλετο, μᾶλλον
δὲ καὶ τὰς πολιτείας, ὅσων ἠδύνατο, πῶς οὐχ
ἁπάντων ἐνδοξότατα ὑμεῖς ἐβουλεύσασθε ἐμοὶ
πεισθέντες;

66 Ἀλλ᾽ ἐκεῖσε ἐπανέρχομαι. τί τὴν πόλιν, Αἰ-
σχίνη, προσῆκε ποιεῖν ἀρχὴν καὶ τυραννίδα τῶν
Ἑλλήνων ὁρῶσαν ἑαυτῷ κατασκευαζόμενον Φί-
λιππον; ἢ τί τὸν σύμβουλον ἔδει λέγειν ἢ
γράφειν, τὸν Ἀθήνησι (καὶ γὰρ τοῦτο πλεῖστον
διαφέρει), ὃς συνῄδειν μὲν ἐκ παντὸς τοῦ χρόνου
μέχρι τῆς ἡμέρας, ἀφ᾽ ἧς αὐτὸς ἐπὶ τὸ βῆμα ἀνέ-

βην, ἀεὶ περὶ πρωτείων καὶ τιμῆς καὶ δόξης ἀγω-
νιζομένην τὴν πατρίδα, καὶ πλείω καὶ χρήματα
καὶ σώματα ἀνηλωκυῖαν ὑπὲρ φιλοτιμίας καὶ τῶν
πᾶσι συμφερόντων ἢ τῶν ἄλλων Ἑλλήνων ὑπὲρ
αὑτῶν ἀνηλώκασιν ἕκαστοι, ἑώρων δ' αὐτὸν τὸν 67
Φίλιππον, πρὸς ὃν ἦν ἡμῖν ὁ ἀγών, ὑπὲρ ἀρχῆς
καὶ δυναστείας τὸν ὀφθαλμὸν ἐκκεκομμένον, τὴν
κλεῖν κατεαγότα, τὴν χεῖρα, τὸ σκέλος πεπηρω-
μένον, πᾶν ὅ τι βουληθείη μέρος ἡ τύχη τοῦ σώ-
ματος παρελέσθαι, τοῦτο προϊέμενον, ὥστε τῷ
λοιπῷ μετὰ τιμῆς καὶ δόξης ζῆν; καὶ μὴν οὐδὲ 68
τοῦτό γε οὐδεὶς ἂν εἰπεῖν τολμήσαι, ὡς τῷ μὲν
ἐν Πέλλῃ τραφέντι, χωρίῳ ἀδόξῳ τότε γε ὄντι
καὶ μικρῷ, τοσαύτην μεγαλοψυχίαν προσῆκεν
ἐγγενέσθαι, ὥστε τῆς τῶν Ἑλλήνων ἀρχῆς ἐπι-
θυμῆσαι καὶ τοῦτ' εἰς τὸν νοῦν ἐμβαλέσθαι, ὑμῖν
δ' οὖσιν Ἀθηναίοις καὶ κατὰ τὴν ἡμέραν ἑκάστην
ἐν πᾶσι καὶ λόγοις καὶ θεωρήμασι τῆς τῶν προ-
γόνων ἀρετῆς ὑπόμνημα θεωροῦσι τοσαύτην κα-
κίαν ὑπάρξαι, ὥστε τῆς ἐλευθερίας αὐτεπαγγέλ-
τους ἐθελοντὰς παραχωρῆσαι Φιλίππῳ. οὐδ' ἂν
εἷς ταῦτα φήσειεν. λοιπὸν τοίνυν ἦν καὶ ἀναγ- 69
καῖον ἅμα πᾶσιν οἷς ἐκεῖνος ἔπραττεν ἀδικῶν
ὑμᾶς ἐναντιοῦσθαι δικαίως. τοῦτ' ἐποιεῖτε μὲν
ὑμεῖς ἐξ ἀρχῆς, εἰκότως καὶ προσηκόντως, ἔγρα-
φον δὲ καὶ συνεβούλευον καὶ ἐγὼ καθ' οὓς ἐπολι-
τευόμην χρόνους. ὁμολογῶ. ἀλλὰ τί ἐχρῆν με

ποιεῖν; ἤδη γάρ σ' ἐρωτῶ, πάντα τἆλλ' ἀφείς,
Ἀμφίπολιν, Πύδναν, Ποτίδαιαν, Ἁλόννησον· οὐ-
70 δενὸς τούτων μέμνημαι· Σέρριον δὲ καὶ Δορίσκον
καὶ τὴν Πεπαρήθου πόρθησιν καὶ ὅσ' ἄλλα ἡ
πόλις ἠδικεῖτο, οὐδ' εἰ γέγονεν οἶδα. καίτοι σύ
γ' ἔφησθά με ταῦτα λέγοντα εἰς ἔχθραν ἐμβαλεῖν
τουτουσί, Εὐβούλου καὶ Ἀριστοφῶντος καὶ Διο-
πείθους τῶν περὶ τούτων ψηφισμάτων ὄντων,
οὐκ ἐμῶν, ὦ λέγων εὐχερῶς ὅ τι ἂν βουληθῇς.
71 οὐδὲ νῦν περὶ τούτων ἐρῶ. ἀλλ' ὁ τὴν Εὔβοιαν
ἐκεῖνος σφετεριζόμενος καὶ κατασκευάζων ἐπι-
τείχισμα ἐπὶ τὴν Ἀττικήν, καὶ Μεγάροις ἐπιχει-
ρῶν, καὶ καταλαμβάνων Ὠρεόν, καὶ κατασκάπτων
Πορθμόν, καὶ καθιστὰς ἐν μὲν Ὠρεῷ Φιλιστίδην
τύραννον ἐν δ' Ἐρετρίᾳ Κλείταρχον, καὶ τὸν Ἑλ-
λήσποντον ὑφ' ἑαυτῷ ποιούμενος, καὶ Βυζάντιον
πολιορκῶν, καὶ πόλεις Ἑλληνίδας ἃς μὲν ἀναιρῶν,
εἰς ἃς δὲ τοὺς φυγάδας κατάγων, πότερον ταῦτα
πάντα ποιῶν ἠδίκει καὶ παρεσπόνδει καὶ ἔλυε
τὴν εἰρήνην ἢ οὔ; καὶ πότερον φανῆναί τινα
τῶν Ἑλλήνων τὸν ταῦτα κωλύσοντα ποιεῖν αὐτὸν
72 ἐχρῆν ἢ μή; εἰ μὲν γὰρ μὴ ἐχρῆν, ἀλλὰ τὴν
Μυσῶν λείαν καλουμένην τὴν Ἑλλάδα οὖσαν
ὀφθῆναι ζώντων καὶ ὄντων Ἀθηναίων, περιείρ-
γασμαι μὲν ἐγὼ περὶ τούτων εἰπών, περιείργα-
σται δ' ἡ πόλις ἡ πεισθεῖσα ἐμοί, ἔστω δὲ
ἀδικήματα πάντα ἃ πέπρακται καὶ ἁμαρτήματα

ἐμά. εἰ δὲ ἔδει τινὰ τούτων κωλυτὴν φανῆναι, τίνα ἄλλον ἢ τὸν Ἀθηναίων δῆμον προσῆκε γενέσθαι; ταῦτα τοίνυν ἐπολιτευόμην ἐγώ, καὶ ὁρῶν καταδουλούμενον πάντας ἀνθρώπους ἐκεῖνον ἠναντιούμην, καὶ προλέγων καὶ διδάσκων μὴ προΐεσθαι διετέλουν.

Καὶ μὴν τὴν εἰρήνην γ' ἐκεῖνος ἔλυσε τὰ πλοῖα 73
λαβών, οὐχ ἡ πόλις, Αἰσχίνη. Φέρε δὲ αὐτὰ τὰ ψηφίσματα καὶ τὴν ἐπιστολὴν τὴν τοῦ Φιλίππου, καὶ λέγε ἐφεξῆς· ἀπὸ γὰρ τούτων, τίς τίνος αἴτιός ἐστι, γενήσεται φανερόν.

ΨΗΦΙΣΜΑ.

[Ἐπὶ ἄρχοντος Νεοκλέους, μηνὸς Βοηδρομιῶνος, ἐκκλησία σύγκλητος ὑπὸ στρατηγῶν, Εὔβουλος Μνησιθέου Κόπριος εἶπεν, ἐπειδὴ προσήγγειλαν οἱ στρατηγοὶ ἐν τῇ ἐκκλησίᾳ ὡς ἄρα Λεωδάμαντα τὸν ναύαρχον καὶ τὰ μετ' αὐτοῦ ἀποσταλέντα σκάφη εἴκοσι ἐπὶ τὴν τοῦ σίτου παραπομπὴν εἰς Ἑλλήσποντον ὁ παρὰ Φιλίππου στρατηγὸς Ἀμύντας καταγήοχεν εἰς Μακεδονίαν καὶ ἐν φυλακῇ ἔχει, ἐπιμεληθῆναι τοὺς πρυτάνεις καὶ τοὺς στρατηγοὺς ὅπως ἡ βουλὴ συναχθῶσι καὶ αἱρεθῶσι πρέσβεις πρὸς Φίλιππον,
οἳ παραγενόμενοι διαλέξονται πρὸς αὐτὸν περὶ τοῦ ἀφεθῆναι τὸν 74
ναύαρχον καὶ τὰ πλοῖα καὶ τοὺς στρατιώτας. καὶ εἰ μὲν δι' ἄγνοιαν ταῦτα πεποίηκεν ὁ Ἀμύντας, ὅτι οὐ μεμψιμοιρεῖ ὁ δῆμος οὐδέν· εἰ δέ τι πλημμελοῦντα παρὰ τὰ ἐπεσταλμένα λαβών, ὅτι ἐπισκεψάμενοι Ἀθηναῖοι ἐπιτιμήσουσι κατὰ τὴν τῆς ὀλιγωρίας ἀξίαν. εἰ δὲ μηδέτερον τούτων ἐστίν, ἀλλ' ἰδίᾳ ἀγνωμονοῦσιν ἢ ὁ ἀποστείλας ἢ ὁ ἀπεσταλμένος, καὶ λέγειν, ἵνα αἰσθανόμενος ὁ δῆμος βουλεύσηται τί δεῖ ποιεῖν.]

75 Τοῦτο μὲν τοίνυν τὸ ψήφισμα Εὔβουλος ἔγραψεν, οὐκ ἐγώ, τὸ δ' ἐφεξῆς Ἀριστοφῶν, εἶθ' Ἡγήσιππος, εἶτ' Ἀριστοφῶν πάλιν, εἶτα Φιλοκράτης, εἶτα Κηφισοφῶν, εἶτα πάντες· ἐγὼ δ' οὐδὲν περὶ τούτων. Λέγε.

ΨΗΦΙΣΜΑΤΑ.

[Ἐπὶ Νεοκλέους ἄρχοντος, βοηδρομιῶνος ἔνῃ καὶ νέᾳ, βουλῆς γνώμῃ, πρυτάνεις καὶ στρατηγοὶ ἐχρημάτισαν τὰ ἐκ τῆς ἐκκλησίας ἀνενεγκόντες, ὅτι ἔδοξε τῷ δήμῳ πρέσβεις ἑλέσθαι πρὸς Φίλιππον περὶ τῆς τῶν πλοίων ἀνακομιδῆς καὶ ἐντολὰς δοῦναι κατὰ τὰ ἐκ τῆς ἐκκλησίας ψηφίσματα. καὶ εἵλοντο τούσδε, Κηφισοφῶντα Κλέωνος Ἀναφλύστιον, Δημόκριτον Δημοφῶντος Ἀναγυράσιον, Πολύκριτον Ἀπημάντου Κοθωκίδην. πρυτανεία φυλῆς Ἱπποθοωντίδος, Ἀριστοφῶν Κολυττεὺς πρόεδρος εἶπεν.]

76 Ὥσπερ τοίνυν ἐγὼ ταῦτα δεικνύω τὰ ψηφίσματα, οὕτω σὺ δεῖξον, Αἰσχίνη, ὁποῖον ἐγὼ γράψας ψήφισμα αἴτιός εἰμι τοῦ πολέμου. ἀλλ' οὐκ ἂν ἔχοις· εἰ γὰρ εἶχες, οὐδὲν ἂν αὐτοῦ πρότερον νυνὶ παρέσχου. καὶ μὴν οὐδ' ὁ Φίλιππος οὐδὲν αἰτιᾶται ἐμὲ ὑπὲρ τοῦ πολέμου, ἑτέροις ἐγκαλῶν. Λέγε δ' αὐτὴν τὴν ἐπιστολὴν τὴν τοῦ Φιλίππου.

ΕΠΙΣΤΟΛΗ ΦΙΛΙΠΠΟΥ.

77 [Βασιλεὺς Μακεδόνων Φίλιππος Ἀθηναίων τῇ βουλῇ καὶ τῷ δήμῳ χαίρειν. παραγενόμενοι πρὸς ἐμὲ οἱ παρ' ὑμῶν πρεσβευταί, Κηφισοφῶν καὶ Δημόκριτος καὶ Πολύκριτος, διελέγοντο

περὶ τῆς τῶν πλοίων ἀφέσεως ὧν ἐναυάρχει Λαομέδων. καθ'
ὅλου μὲν οὖν ἔμοιγε φαίνεσθε ἐν μεγάλῃ εὐηθείᾳ ἔσεσθαι, εἴ γ'
οἴεσθ' ἐμὲ λανθάνειν ὅτι ἐξαπεστάλη ταῦτα τὰ πλοῖα πρόφασιν
μὲν ὡς τὸν σῖτον παραπέμψοντα ἐκ τοῦ Ἑλλησπόντου εἰς Λῆμ-
νον, βοηθήσοντα δὲ Σηλυμβριανοῖς τοῖς ὑπ' ἐμοῦ μὲν πολιορκου-
μένοις, οὐ συμπεριειλημμένοις δὲ ἐν ταῖς τῆς φιλίας κοινῇ κειμέ-
ναις ἡμῖν συνθήκαις. καὶ ταῦτα συνετάχθη τῷ ναυάρχῳ ἄνευ μὲν 78
τοῦ δήμου τοῦ Ἀθηναίων, ὑπὸ δέ τινων ἀρχόντων καὶ ἑτέρων ἰδιω-
τῶν μὲν νῦν ὄντων, ἐκ παντὸς δὲ τρόπου βουλομένων τὸν δῆμον
ἀντὶ τῆς νῦν ὑπαρχούσης πρὸς ἐμὲ φιλίας τὸν πόλεμον ἀναλαβεῖν,
πολλῷ μᾶλλον φιλοτιμουμένων τοῦτο συντετελέσθαι ἢ τοῖς Ση-
λυμβριανοῖς βοηθῆσαι. καὶ ὑπολαμβάνουσιν αὑτοῖς τὸ τοιοῦτο
πρόσοδον ἔσεσθαι· οὐ μέντοι μοι δοκεῖ τοῦτο χρήσιμον ὑπάρχειν
οὔθ' ὑμῖν οὔτ' ἐμοί. διόπερ τά τε νῦν καταχθέντα πλοῖα πρὸς
ἡμᾶς ἀφίημι ὑμῖν, καὶ τοῦ λοιποῦ, ἐὰν βούλησθε μὴ ἐπιτρέπειν
τοῖς προεστηκόσιν ὑμῶν κακοήθως πολιτεύεσθαι, ἀλλ' ἐπιτιμᾶτε,
πειράσομαι κἀγὼ διαφυλάττειν τὴν εἰρήνην. εὐτυχεῖτε.]

Ἐνταῦθ' οὐδαμοῦ Δημοσθένην γέγραφεν, οὐδ' 79
αἰτίαν οὐδεμίαν κατ' ἐμοῦ. τί ποτ' οὖν τοῖς ἄλ-
λοις ἐγκαλῶν τῶν ἐμοὶ πεπραγμένων οὐχὶ μέμνη-
ται; ὅτι τῶν ἀδικημάτων ἂν ἐμέμνητο τῶν αὑτοῦ,
εἴ τι περὶ ἐμοῦ γεγράφει· τούτων γὰρ εἰχόμην
ἐγὼ καὶ τούτοις ἠναντιούμην. καὶ πρῶτον μὲν
τὴν εἰς Πελοπόννησον πρεσβείαν ἔγραψα, ὅτε
πρῶτον ἐκεῖνος εἰς Πελοπόννησον παρεδύετο, εἶτα
τὴν εἰς Εὔβοιαν, ἡνίκ' Εὐβοίας ἥπτετο, εἶτα τὴν
ἐπ' Ὠρεὸν ἔξοδον, οὐκέτι πρεσβείαν, καὶ τὴν εἰς
Ἐρέτριαν, ἐπειδὴ τυράννους ἐκεῖνος ἐν ταύταις
ταῖς πόλεσι κατέστησεν. μετὰ ταῦτα δὲ τοὺς 80

ἀποστόλους ἅπαντας ἀπέστειλα, καθ᾽ οὓς Χερ-
ρόνησος ἐσώθη καὶ Βυζάντιον καὶ πάντες οἱ σύμ-
μαχοι. ἐξ ὧν ὑμῖν μὲν τὰ κάλλιστα, ἔπαινοι
δόξαι τιμαὶ στέφανοι χάριτες, παρὰ τῶν εὖ πε-
πονθότων ὑπῆρχον, τῶν δ᾽ ἀδικουμένων τοῖς μὲν
ὑμῖν τότε πεισθεῖσιν ἡ σωτηρία περιεγένετο, τοῖς
δ᾽ ὀλιγωρήσασι τὸ πολλάκις ὧν ὑμεῖς προείπατε
μεμνῆσθαι, καὶ νομίζειν ὑμᾶς μὴ μόνον εὔνους
ἑαυτοῖς ἀλλὰ καὶ φρονίμους ἀνθρώπους καὶ μάν-
τεις εἶναι· πάντα γὰρ ἐκβέβηκεν ἃ προείπατε.
81 καὶ μὴν ὅτι πολλὰ μὲν ἂν χρήματα ἔδωκε Φιλι-
στίδης ὥστ᾽ ἔχειν Ὠρεόν, πολλὰ δὲ Κλείταρχος
ὥστ᾽ ἔχειν Ἐρέτριαν, πολλὰ δ᾽ αὐτὸς ὁ Φίλιππος
ὥστε ταῦθ᾽ ὑπάρχειν ἐφ᾽ ὑμᾶς αὐτῷ καὶ περὶ τῶν
ἄλλων μηδὲν ἐξελέγχεσθαι μηδ᾽ ἃ ποιῶν ἠδίκει
μηδένα ἐξετάζειν πανταχοῦ, οὐδεὶς ἀγνοεῖ, καὶ
82 πάντων ἥκιστα σύ· οἱ γὰρ παρὰ τοῦ Κλειτάρχου
καὶ τοῦ Φιλιστίδου τότε πρέσβεις δεῦρ᾽ ἀφικνού-
μενοι παρὰ σοὶ κατέλυον, Αἰσχίνη, καὶ σὺ προὐ-
ξένεις αὐτῶν· οὓς ἡ μὲν πόλις ὡς ἐχθροὺς καὶ

---

218. τὴν δ᾽ ἐμὴν σιωπήν, ὦ Δημόσθενες, ἡ τοῦ βίου μετριότης παρεσκεύασεν· ἀρκεῖ γάρ μοι μικρὰ καὶ μειζόνων αἰσχρῶς οὐκ ἐπιθυμῶ, ὥστε καὶ σιγῶ καὶ λέγω βουλευσάμενος, ἀλλ᾽ οὐκ ἀναγκαζόμενος ὑπὸ τῆς ἐν τῇ φύσει δαπάνης. σὺ δ᾽, οἶμαι, λαβὼν μὲν σεσίγηκας, ἀναλώσας δὲ κέκραγας. λέγεις δὲ οὐχ ὁπόταν σοι δοκῇ οὐδ᾽ ἃ βούλει, ἀλλ᾽ ὁπόταν οἱ μισθοδόται σοι προστάττωσιν· οὐκ αἰσχύνῃ δὲ ἀλαζονευόμενος, ἃ παραχρῆμα ἐξελέγχῃ ψευδόμενος.

οὔτε δίκαια οὔτε συμφέροντα λέγοντας ἀπήλασε, σοὶ δ' ἦσαν φίλοι. οὐ τοίνυν ἐπράχθη τούτων οὐδέν, ὦ βλασφημῶν περὶ ἐμοῦ καὶ λέγων ὡς σιωπῶ μὲν λαβών, βοῶ δ' ἀναλώσας. ἀλλ' οὐ σύ, ἀλλὰ βοᾷς μὲν ἔχων, παύσει δὲ οὐδέποτ', ἐὰν μή σε οὗτοι παύσωσιν ἀτιμώσαντες τήμερον.
στεφανωσάντων τοίνυν ὑμῶν ἐμὲ ἐπὶ τούτοις τότε, 83
καὶ γράψαντος Ἀριστονίκου τὰς αὐτὰς συλλαβὰς ἅσπερ οὑτοσὶ Κτησιφῶν νῦν γέγραφε, καὶ ἀναρρηθέντος ἐν τῷ θεάτρῳ τοῦ στεφάνου, καὶ δευτέρου κηρύγματος ἤδη μοι τούτου γιγνομένου, οὔτ' ἀντεῖπεν Αἰσχίνης παρὼν οὔτε τὸν εἰπόντα ἐγράψατο. Καί μοι λέγε καὶ τοῦτο τὸ ψήφισμα λαβών.

ΨΗΦΙΣΜΑ.

[Ἐπὶ Χαιρώνδου Ἡγέμονος ἄρχοντος, γαμηλιῶνος ἕκτῃ ἀπιόν- 84
τος, φυλῆς πρυτανευούσης Λεοντίδος, Ἀριστόνικος Φρεάρριος εἶπεν, ἐπειδὴ Δημοσθένης Δημοσθένους Παιανιεὺς πολλὰς καὶ μεγάλας χρείας παρέσχηται τῷ δήμῳ τῷ Ἀθηναίων καὶ πολλοῖς τῶν συμμάχων καὶ πρότερον, καὶ ἐν τῷ παρόντι καιρῷ βεβοήθηκε διὰ τῶν ψηφισμάτων καί τινας τῶν ἐν τῇ Εὐβοίᾳ πόλεων ἠλευθέρωκε, καὶ διατελεῖ εὔνους ὢν τῷ δήμῳ τῷ Ἀθηναίων, καὶ λέγει καὶ πράττει ὅ τι ἂν δύνηται ἀγαθὸν ὑπέρ τε αὐτῶν Ἀθηναίων καὶ τῶν ἄλλων Ἑλλήνων, δεδόχθαι τῇ βουλῇ καὶ τῷ δήμῳ τῷ Ἀθηναίων ἐπαινέσαι Δημοσθένην Δημοσθένους Παιανιέα καὶ στεφανῶσαι χρυσῷ στεφάνῳ, καὶ ἀναγορεῦσαι τὸν στέφανον ἐν τῷ θεάτρῳ, τραγῳδοῖς καινοῖς, τῆς δὲ ἀναγορεύσεως τοῦ στεφάνου ἐπιμεληθῆναι τὴν πρυτανεύουσαν φυλὴν καὶ τὸν ἀγωνοθέτην. εἶπεν Ἀριστόνικος Φρεάρριος.]

85 Ἔστιν οὖν ὅστις ὑμῶν οἶδέ τινα αἰσχύνην τῇ πόλει συμβᾶσαν διὰ τοῦτο τὸ ψήφισμα ἢ χλευασμὸν ἢ γέλωτα, ἃ νῦν οὗτος ἔφη συμβήσεσθαι, ἐὰν ἐγὼ στεφανῶμαι; καὶ μὴν ὅταν ᾖ νέα καὶ γνώριμα πᾶσι τὰ πράγματα, ἐάν τε καλῶς ἔχῃ, χάριτος τυγχάνει, ἐάν θ' ὡς ἑτέρως, τιμωρίας. φαίνομαι τοίνυν ἐγὼ χάριτος τετυχηκὼς τότε, καὶ οὐ μέμψεως οὐδὲ τιμωρίας.

86 Οὐκοῦν μέχρι μὲν τῶν χρόνων ἐκείνων, ἐν οἷς ταῦτ' ἐπράχθη, πάντας ἀνωμολόγημαι τὰ ἄριστα πράττειν τῇ πόλει, τῷ νικᾶν, ὅτ' ἐβουλεύεσθε, λέγων καὶ γράφων, τῷ καταπραχθῆναι τὰ γραφέντα καὶ στεφάνους ἐξ αὐτῶν τῇ πόλει καὶ ἐμοὶ καὶ πᾶσι γενέσθαι, τῷ θυσίας τοῖς θεοῖς καὶ προσόδους ὡς ἀγαθῶν τούτων ὄντων ὑμᾶς πεποιῆσθαι.

87 Ἐπειδὴ τοίνυν ἐκ τῆς Εὐβοίας ὁ Φίλιππος ὑφ' ὑμῶν ἐξηλάθη, τοῖς μὲν ὅπλοις, τῇ δὲ πολιτείᾳ καὶ τοῖς ψηφίσμασι, κἂν διαρραγῶσί τινες τούτων, ὑπ' ἐμοῦ, ἕτερον κατὰ τῆς πόλεως ἐπιτειχισμὸν ἐζήτει. ὁρῶν δ' ὅτι σίτῳ πάντων ἀνθρώπων πλείστῳ χρώμεθ' ἐπεισάκτῳ, βουλόμενος τῆς σιτοπομπίας κύριος γενέσθαι, παρελθὼν ἐπὶ Θρᾴκης Βυζαντίους συμμάχους ὄντας αὑτῷ τὸ μὲν πρῶτον ἠξίου συμπολεμεῖν τὸν πρὸς ὑμᾶς πόλεμον, ὡς δ' οὐκ ἤθελον οὐδ' ἐπὶ τούτοις ἔφασαν τὴν συμμαχίαν πεποιῆσθαι, λέγοντες ἀληθῆ, χάρακα βαλόμενος πρὸς τῇ πόλει καὶ μηχανήματ'

ἐπιστήσας ἐπολιόρκει. τούτων δὲ γιγνομένων 88
ὅ τι μὲν προσῆκε ποιεῖν ὑμᾶς, οὐκ ἐπερωτήσω·
δῆλον γάρ ἐστιν ἅπασιν. ἀλλὰ τίς ἦν ὁ βοηθή-
σας τοῖς Βυζαντίοις καὶ σώσας αὐτούς; τίς ὁ
κωλύσας τὸν Ἑλλήσποντον ἀλλοτριωθῆναι κατ'
ἐκείνους τοὺς χρόνους; ὑμεῖς, ὦ ἄνδρες Ἀθη-
ναῖοι. τὸ δ' ὑμεῖς ὅταν λέγω, τὴν πόλιν λέγω.
τίς δ' ὁ τῇ πόλει λέγων καὶ γράφων καὶ πράττων
καὶ ἁπλῶς ἑαυτὸν εἰς τὰ πράγματα ἀφειδῶς δούς;
ἐγώ. ἀλλὰ μὴν ἡλίκα ταῦτα ὠφέλησεν ἅπαντας, 89
οὐκέτ' ἐκ τοῦ λόγου δεῖ μαθεῖν, ἀλλ' ἔργῳ πεπεί-
ρασθε· ὁ γὰρ τότε ἐνστὰς πόλεμος ἄνευ τοῦ
καλὴν δόξαν, ἐνεγκεῖν ἐν πᾶσι τοῖς κατὰ τὸν βίον
ἀφθονωτέροις καὶ εὐωνοτέροις διῆγεν ὑμᾶς τῆς
νῦν εἰρήνης, ἣν οὗτοι κατὰ τῆς πατρίδος τηροῦ-
σιν οἱ χρηστοὶ ἐπὶ ταῖς μελλούσαις ἐλπίσιν, ὧν
διαμάρτοιεν, καὶ μετάσχοιεν ὧν ὑμεῖς οἱ τὰ βέλ-
τιστα βουλόμενοι τοὺς θεοὺς αἰτεῖτε, μὴ μετα-
δοῖεν ὑμῖν ὧν αὐτοὶ προῄρηνται. Λέγε δ' αὐτοῖς
καὶ τοὺς τῶν Βυζαντίων στεφάνους καὶ τοὺς
τῶν Περινθίων, οἷς ἐστεφάνουν ἐκ τούτων τὴν
πόλιν.

---

256. ἀλλ' εἰς τὴν ἀλαζονείαν ἀποβλέψαντες, ὅταν φῇ Βυζαντίους μὲν ἐκ τῶν χειρῶν πρεσβεύσας ἐξελέσθαι τοῦ Φιλίππου, ἀποστῆσαι δὲ Ἀκαρνᾶνας, ἐκπλῆξαι δὲ Θηβαίους δημηγορήσας· οἴεται γὰρ ὑμᾶς εἰς τοσοῦτον εὐηθείας ἤδη προβεβηκέναι, ὥστε καὶ ταῦτα ἀναπεισθήσεσθαι, ὥσπερ Πειθὼ τρέφοντας, ἀλλ' οὐ συκοφάντην ἄνθρωπον ἐν τῇ πόλει.

ΨΗΦΙΣΜΑ ΒΥΖΑΝΤΙΩΝ.

90 [Ἐπὶ ἱερομνάμονος Βοσπορίχω Δαμάγητος ἐν τᾷ ἁλίᾳ ἔλεξεν, ἐκ τᾶς βωλᾶς λαβὼν ῥήτραν. Ἐπειδὴ ὁ δᾶμος ὁ Ἀθηναίων ἔν τε τοῖς προγεγεναμένοις καιροῖς εὐνοέων διατελεῖ Βυζαντίοις καὶ τοῖς συμμάχοις καὶ συγγενέσι Περινθίοις καὶ πολλὰς καὶ μεγάλας χρείας παρέσχηται, ἔν τε τῷ παρεστακότι καιρῷ Φιλίππω τῶ Μακεδόνος ἐπιστρατεύσαντος ἐπὶ τὰν χώραν καὶ τὰν πόλιν ἐπ' ἀναστάσει Βυζαντίων καὶ Περινθίων καὶ τὰν χώραν δαίοντος καὶ δενδροκοπέοντος, βοηθήσας πλοίοις ἑκατὸν καὶ εἴκοσι καὶ σίτῳ καὶ βέλεσι καὶ ὁπλίταις ἐξείλετο ἁμὲ ἐκ τῶν μεγάλων κινδύνων καὶ ἀποκατέστασε τὰν πάτριον πολιτείαν καὶ τὼς νόμως καὶ τὼς
91 τάφως, δεδόχθω τῷ δάμῳ τῷ Βυζαντίων καὶ Περινθίων Ἀθηναίοις δόμεν ἐπιγαμίαν, πολιτείαν, ἔγκτασιν γᾶς καὶ οἰκιᾶν, προεδρίαν ἐν τοῖς ἀγῶσι, πόθοδον ποτὶ τὰν βωλὰν καὶ τὸν δᾶμον πράτοις μετὰ τὰ ἱερά, καὶ τοῖς κατοικεῖν ἐθέλουσι τὰν πόλιν ἀλειτουργήτοις ἦμεν πασᾶν τᾶν λειτουργιᾶν· στᾶσαι δὲ καὶ εἰκόνας τρεῖς ἑκκαιδεκαπήχεις ἐν τῷ Βοσπορίῳ, στεφανούμενον τὸν Δᾶμον τὸν Ἀθηναίων ὑπὸ τῶ δάμω τῶ Βυζαντίων καὶ Περινθίων· ἀποστεῖλαι δὲ καὶ θεωρίας ἐς τὰς ἐν τᾷ Ἑλλάδι πανηγύριας, Ἴσθμια καὶ Νέμεα καὶ Ὀλύμπια καὶ Πύθια, καὶ ἀνακαρῦξαι τὼς στεφάνως ὡς ἐστεφάνωται ὁ δᾶμος ὁ Ἀθηναίων ὑφ' ἡμῶν, ὅπως ἐπιστέωνται οἱ Ἕλλανες πάντες Ἀθηναίων ἀρετὰν καὶ τὰν Βυζαντίων καὶ Περινθίων εὐχαριστίαν.]

92 Λέγε καὶ τοὺς παρὰ τῶν ἐν Χερρονήσῳ στεφάνους.

ΨΗΦΙΣΜΑ ΧΕΡΡΟΝΗΣΙΤΩΝ.

[Χερρονησιτῶν οἱ κατοικοῦντες Σηστὸν Ἐλεοῦντα Μάδυτον Ἀλωπεκόννησον στεφανοῦσιν Ἀθηναίων τὴν βουλὴν καὶ τὸν δῆμον χρυσῷ στεφάνῳ ἀπὸ ταλάντων ἑξήκοντα, καὶ Χάριτος βωμὸν ἱδρύονται καὶ Δήμου Ἀθηναίων, ὅτι πάντων μεγίστου ἀγαθῶν παραίτιος γέγονε Χερρονησίταις, ἐξελόμενος ἐκ τῆς Φιλίππου καὶ ἀποδοὺς τὰς πατρίδας, τοὺς νόμους, τὴν ἐλευθερίαν, τὰ ἱερά. καὶ ἐν τῷ μετὰ ταῦτα αἰῶνι παντὶ οὐκ ἐλλείψει εὐχαριστῶν καὶ ποιῶν ὅ τι ἂν δύνηται ἀγαθόν. ταῦτα ἐψηφίσαντο ἐν τῷ κοινῷ βουλευτηρίῳ.]

Οὐκοῦν οὐ μόνον τὸ Χερρόνησον καὶ Βυζάντιον 93
σῶσαι, οὐδὲ τὸ κωλῦσαι τὸν Ἑλλήσποντον ὑπὸ Φιλίππῳ γενέσθαι τότε, οὐδὲ τὸ τιμᾶσθαι τὴν πόλιν ἐκ τούτων ἡ προαίρεσις ἡ ἐμὴ καὶ ἡ πολιτεία διεπράξατο, ἀλλὰ καὶ πᾶσιν ἔδειξεν ἀνθρώποις τήν τε τῆς πόλεως καλοκαγαθίαν καὶ τὴν Φιλίππου κακίαν. ὁ μὲν γὰρ σύμμαχος ὢν τοῖς Βυζαντίοις πολιορκῶν αὐτοὺς ἑωρᾶτο ὑπὸ πάντων,
οὗ τί γένοιτ' ἂν αἴσχιον ἢ μιαρώτερον; ὑμεῖς δ' 94
οἱ καὶ μεμψάμενοι πολλὰ καὶ δίκαια ἂν ἐκείνοις εἰκότως περὶ ὧν ἠγνωμονήκεσαν εἰς ὑμᾶς ἐν τοῖς ἔμπροσθεν χρόνοις, οὐ μόνον οὐ μνησικακοῦντες οὐδὲ προϊέμενοι τοὺς ἀδικουμένους ἀλλὰ καὶ σώζοντες ἐφαίνεσθε, ἐξ ὧν δόξαν καὶ εὔνοιαν παρὰ πάντων ἐκτᾶσθε. καὶ μὴν ὅτι μὲν πολλοὺς ἐστεφανώκατ' ἤδη τῶν πολιτευομένων, ἅπαντες ἴσασι· δι' ὅντινα δ' ἄλλον ἡ πόλις ἐστεφάνωται, σύμβουλον λέγω καὶ ῥήτορα, πλὴν δι' ἐμέ, οὐδ' ἂν εἷς εἰπεῖν ἔχοι.

Ἵνα τοίνυν καὶ τὰς βλασφημίας, ἃς κατὰ τῶν 95
Εὐβοέων καὶ τῶν Βυζαντίων ἐποιήσατο, εἴ τι δυσχερὲς αὐτοῖς ἐπέπρακτο πρὸς ὑμᾶς ὑπομιμνή-

σκων, συκοφαντίας οὔσας ἐπιδείξω μὴ μόνον τῷ ψευδεῖς εἶναι (τοῦτο μὲν γὰρ ὑπάρχειν ὑμᾶς εἰδότας ἡγοῦμαι) ἀλλὰ καὶ τῷ, εἰ τὰ μάλιστ᾿ ἦσαν ἀληθεῖς, οὕτως ὡς ἐγὼ κέχρημαι τοῖς πράγμασι συμφέρειν χρήσασθαι, ἓν ἢ δύο βούλομαι τῶν καθ᾿ ὑμᾶς πεπραγμένων καλῶν τῇ πόλει διεξελθεῖν, καὶ ταῦτ᾿ ἐν βραχέσιν· καὶ γὰρ ἄνδρα ἰδίᾳ καὶ πόλιν κοινῇ πρὸς τὰ κάλλιστα τῶν ὑπαρχόν-
96 των ἀεὶ δεῖ πειρᾶσθαι τὰ λοιπὰ πράττειν. ὑμεῖς τοίνυν, ἄνδρες Ἀθηναῖοι, Λακεδαιμονίων γῆς καὶ θαλάττης ἀρχόντων καὶ τὰ κύκλῳ τῆς Ἀττικῆς κατεχόντων ἁρμοσταῖς καὶ φρουραῖς, Εὔβοιαν, Τάναγραν, τὴν Βοιωτίαν ἅπασαν, Μέγαρα, Αἴγιναν, Κλεωνάς, ἄλλας νήσους, οὐ ναῦς, οὐ τείχη τῆς πόλεως τότε κτησαμένης, ἐξήλθετε εἰς Ἁλίαρτον καὶ πάλιν οὐ πολλαῖς ἡμέραις ὕστερον εἰς Κόρινθον, τῶν τότε Ἀθηναίων πόλλ᾿ ἂν ἐχόντων μνησικακῆσαι καὶ Κορινθίοις καὶ Θηβαίοις τῶν περὶ τὸν Δεκελεικὸν πόλεμον πραχθέντων· ἀλλ᾿
97 οὐκ ἐποίουν τοῦτο, οὐδ᾿ ἐγγύς. καίτοι τότε ταῦτα ἀμφότερα, Αἰσχίνη, οὔθ᾿ ὑπὲρ εὐεργετῶν ἐποίουν οὔτ᾿ ἀκίνδυνα ἑώρων. ἀλλ᾿ οὐ διὰ ταῦτα προΐεντο τοὺς καταφεύγοντας ἐφ᾿ ἑαυτούς, ἀλλ᾿ ὑπὲρ εὐδοξίας καὶ τιμῆς ἤθελον τοῖς δεινοῖς αὑτοὺς διδόναι, ὀρθῶς καὶ καλῶς βουλευόμενοι. πέρας μὲν γὰρ ἅπασιν ἀνθρώποις ἐστὶ τοῦ βίου θάνατος, κἂν ἐν οἰκίσκῳ τις αὑτὸν καθείρξας τηρῇ· δεῖ δὲ τοὺς

ἀγαθοὺς ἄνδρας ἐγχειρεῖν μὲν ἅπασιν ἀεὶ τοῖς
καλοῖς, τὴν ἀγαθὴν προβαλλομένους ἐλπίδα, φέ-
ρειν δ' ὅ τι ἂν ὁ θεὸς διδῷ γενναίως. ταῦτ' ἐποί- 98
ουν οἱ ὑμέτεροι πρόγονοι, ταῦθ' ὑμεῖς οἱ πρεσβύ-
τεροι, οἳ Λακεδαιμονίους οὐ φίλους ὄντας οὐδ'
εὐεργέτας, ἀλλὰ πολλὰ τὴν πόλιν ἡμῶν ἠδικηκό-
τας καὶ μεγάλα, ἐπειδὴ Θηβαῖοι κρατήσαντες ἐν
Λεύκτροις ἀνελεῖν ἐπεχείρουν, διεκωλύσατε, οὐ
φοβηθέντες τὴν τότε Θηβαίοις ῥώμην καὶ δόξαν
ὑπάρχουσαν, οὐδ' ὑπὲρ οἷα πεποιηκότων ἀνθρώ-
πων κινδυνεύσετε διαλογισάμενοι. καὶ γάρ τοι 99
πᾶσι τοῖς Ἕλλησιν ἐδείξατε ἐκ τούτων ὅτι κἂν
ὁτιοῦν τις εἰς ὑμᾶς ἐξαμάρτῃ, τούτων τὴν ὀργὴν
εἰς τἄλλα ἔχετε, ἂν δ' ὑπὲρ σωτηρίας ἢ ἐλευ-
θερίας κίνδυνός τις αὐτοὺς καταλαμβάνῃ, οὔτε
μνησικακήσετε οὔθ' ὑπολογιεῖσθε. καὶ οὐκ ἐπὶ
τούτων μόνον οὕτως ἐσχήκατε, ἀλλὰ πάλιν σφε-
τεριζομένων Θηβαίων τὴν Εὔβοιαν οὐ περιείδετε,
οὐδ' ὧν ὑπὸ Θεμίσωνος καὶ Θεοδώρου περὶ Ὠρω-
πὸν ἠδίκησθε ἀνεμνήσθητε, ἀλλ' ἐβοηθήσατε καὶ
τούτοις, τῶν ἐθελοντῶν τότε τριηράρχων πρῶτον
γενομένων τῇ πόλει, ὧν εἷς ἦν ἐγώ. ἀλλ' οὔπω
περὶ τούτων. καὶ καλὸν μὲν ἐποιήσατε καὶ τὸ 100
σῶσαι τὴν νῆσον, πολλῷ δ' ἔτι τούτου κάλλιον
τὸ καταστάντες κύριοι καὶ τῶν σωμάτων καὶ τῶν
πόλεων ἀποδοῦναι ταῦτα δικαίως αὐτοῖς τοῖς ἐξη-
μαρτηκόσιν εἰς ὑμᾶς, μηδὲν ὧν ἠδίκησθε ὑπολο-

γισάμενοι. μυρία τοίνυν ἕτερα εἰπεῖν ἔχων παρα-
λείπω, ναυμαχίας, ἐξόδους πεζάς, στρατείας καὶ
πάλαι γεγονυίας καὶ νῦν ἐφ' ἡμῶν αὐτῶν, ἃς ἁπά-
σας ἡ πόλις τῆς τῶν ἄλλων Ἑλλήνων ἐλευθερίας
101 καὶ σωτηρίας πεποίηται. εἶτ' ἐγὼ τεθεωρηκὼς
ἐν τοσούτοις καὶ τοιούτοις τὴν πόλιν ὑπὲρ τῶν
τοῖς ἄλλοις συμφερόντων ἐθέλουσαν ἀγωνίζε-
σθαι, ὑπὲρ αὐτῆς τρόπον τινὰ τῆς βουλῆς οὔσης
τί ἔμελλον κελεύσειν ἢ τί συμβουλεύσειν αὐτῇ
ποιεῖν; μνησικακεῖν νὴ Δία πρὸς τοὺς βουλο-
μένους σώζεσθαι, καὶ προφάσεις ζητεῖν δι' ἃς
ἅπαντα προησόμεθα. καὶ τίς οὐκ ἂν ἀπέκτεινέ
με δικαίως, εἴ τι τῶν ὑπαρχόντων τῇ πόλει καλῶν
λόγῳ μόνον καταισχύνειν ἐπεχείρησα; ἐπεὶ τό
γε ἔργον οὐκ ἂν ἐποιήσαθ' ὑμεῖς, ἀκριβῶς οἶδ'
ἐγώ· εἰ γὰρ ἠβούλεσθε, τί ἦν ἐμποδών; οὐκ
ἐξῆν; οὐχ ὑπῆρχον οἱ ταῦτ' ἐροῦντες οὗτοι;
102 Βούλομαι τοίνυν ἐπανελθεῖν ἐφ' ἃ τούτων ἑξῆς
ἐπολιτευόμην· καὶ σκοπεῖτε ἐν τούτοις πάλιν αὖ,
τί τὸ τῇ πόλει βέλτιστον ἦν. ὁρῶν γάρ, ὦ ἄνδρες
Ἀθηναῖοι, τὸ ναυτικὸν ὑμῶν καταλυόμενον, καὶ
τοὺς μὲν πλουσίους ἀτελεῖς ἀπὸ μικρῶν ἀναλω-
μάτων γιγνομένους, τοὺς δὲ μέτρια ἢ μικρὰ κε-
κτημένους τῶν πολιτῶν ἀπολλύοντας, ἔτι δ' ὑστε-
ρίζουσαν ἐκ τούτων τὴν πόλιν τῶν καιρῶν, ἔθηκα
νόμον καθ' ὃν μὲν τὰ δίκαια ποιεῖν ἠνάγκασα
τοὺς πλουσίους, τοὺς δὲ πένητας ἔπαυσ' ἀδικου-

μένους, τῇ πόλει δ' ὅπερ ἦν χρησιμώτατον, ἐν
καιρῷ γίγνεσθαι τὰς παρασκευὰς ἐποίησα. καὶ 103
γραφεὶς τὸν ἀγῶνα τοῦτον εἰς ὑμᾶς εἰσῆλθον καὶ
ἀπέφυγον, καὶ τὸ μέρος τῶν ψήφων ὁ διώκων
οὐκ ἔλαβεν. καίτοι πόσα χρήματα τοὺς ἡγεμό-
νας τῶν συμμοριῶν ἢ τοὺς δευτέρους καὶ τρίτους
οἴεσθέ μοι διδόναι, ὥστε μάλιστα μὲν μὴ θεῖναι
τὸν νόμον τοῦτον, εἰ δὲ μή, καταβάλλοντα ἐᾶν ἐν
ὑπωμοσίᾳ; τοσαῦτ', ὦ ἄνδρες Ἀθηναῖοι, ὅσα
ὀκνήσαιμ' ἂν πρὸς ὑμᾶς εἰπεῖν. καὶ ταῦτ' εἰκό- 104
τως ἔπραττον ἐκεῖνοι. ἦν γὰρ αὐτοῖς ἐκ μὲν τῶν
προτέρων νόμων συνεκκαίδεκα λειτουργεῖν, αὐτοῖς
μὲν μικρὰ καὶ οὐδὲν ἀναλίσκουσι, τοὺς δ' ἀπό-
ρους τῶν πολιτῶν ἐπιτρίβουσιν, ἐκ δὲ τοῦ ἐμοῦ
νόμου τὸ γιγνόμενον κατὰ τὴν οὐσίαν ἕκαστον
τιθέναι, καὶ δυοῖν ἐφάνη τριήραρχος ὁ τῆς μιᾶς
ἕκτος καὶ δέκατος πρότερον συντελής· οὐδὲ γὰρ
τριηράρχους ἔτι ὠνόμαζον ἑαυτούς, ἀλλὰ συν-
τελεῖς. ὥστε δὴ ταῦτα λυθῆναι καὶ μὴ τὰ δίκαια
ποιεῖν ἀναγκασθῆναι, οὐκ ἔσθ' ὅ τι οὐκ ἐδίδοσαν.
Καί μοι λέγε πρῶτον μὲν τὸ ψήφισμα καθ' ὃ 105
εἰσῆλθον τὴν γραφήν, εἶτα τοὺς καταλόγους, τόν
τ' ἐκ τοῦ προτέρου νόμου καὶ τὸν κατὰ τὸν ἐμόν.
λέγε.

ΨΗΦΙΣΜΑ.

[Ἐπὶ ἄρχοντος Πολυκλέους, μηνὸς βοηδρομιῶνος ἕκτῃ ἐπὶ δέκα, φυλῆς πρυτανευούσης Ἱπποθοωντίδος, Δημοσθένης Δημοσθένους Παιανιεὺς εἰσήνεγκε νόμον εἰς τὸ τριηραρχικὸν ἀντὶ τοῦ πρότερον, καθ' ὃν αἱ συντέλειαι ἦσαν τῶν τριηράρχων· καὶ ἐπεχειροτόνησεν ἡ βουλὴ καὶ ὁ δῆμος· καὶ ἀπήνεγκε παρανόμων Δημοσθένει Πατροκλῆς Φλυεύς, καὶ τὸ μέρος τῶν ψήφων οὐ λαβὼν ἀπέτισε τὰς πεντακοσίας δραχμάς.]

106 Φέρε δὴ καὶ τὸν καλὸν κατάλογον.

ΚΑΤΑΛΟΓΟΣ.

[Τοὺς τριηράρχους καλεῖσθαι ἐπὶ τὴν τριήρη συνεκκαίδεκα ἐκ τῶν ἐν τοῖς λόχοις συντελειῶν, ἀπὸ εἴκοσι καὶ πέντε ἐτῶν εἰς τετταράκοντα, ἐπὶ ἴσον τῇ χορηγίᾳ χρωμένους.]

Φέρε δὴ παρὰ τοῦτον τὸν ἐκ τοῦ ἐμοῦ νόμου κατάλογον.

ΚΑΤΑΛΟΓΟΣ.

[Τοὺς τριηράρχους αἱρεῖσθαι ἐπὶ τὴν τριήρη ἀπὸ τῆς οὐσίας κατὰ τίμησιν, ἀπὸ ταλάντων δέκα· ἐὰν δὲ πλειόνων ἡ οὐσία ἀποτετιμημένη ᾖ χρημάτων, κατὰ τὸν ἀναλογισμὸν ἕως τριῶν πλοίων καὶ ὑπηρετικοῦ ἡ λειτουργία ἔστω. κατὰ τὴν αὐτὴν δὲ ἀναλογίαν ἔστω καὶ οἷς ἐλάττων οὐσία ἐστὶ τῶν δέκα ταλάντων, εἰς συντέλειαν συναγομένοις εἰς τὰ δέκα τάλαντα.]

107 Ἆρα μικρὰ βοηθῆσαι τοῖς πένησιν ὑμῶν δοκῶ, ἢ μικρὰ ἀναλῶσαι ἂν τοῦ μὴ τὰ δίκαια ποιεῖν ἐθέλειν οἱ πλούσιοι; οὐ τοίνυν μόνον τῷ μὴ καθυφεῖναι ταῦτα σεμνύνομαι, οὐδὲ τῷ γραφεὶς ἀποφεύγειν, ἀλλὰ καὶ τῷ συμφέροντα θεῖναι τὸν νόμον καὶ τῷ πεῖραν ἔργῳ δεδωκέναι. πάντα γὰρ τὸν πόλεμον τῶν ἀποστόλων γιγνομένων

κατὰ τὸν νόμον τὸν ἐμὸν οὐχ ἱκετηρίαν ἔθηκε τριήραρχος οὐδεὶς πώποτ' ἀδικούμενος παρ' ὑμῖν, οὐκ ἐν Μουνυχίᾳ ἐκαθέζετο, οὐχ ὑπὸ τῶν ἀποστολέων ἐδέθη, οὐ τριήρης οὔτ' ἔξω καταλειφθεῖσα ἀπώλετο τῇ πόλει, οὔτ' αὐτοῦ ἀπελείφθη οὐ δυναμένη ἀνάγεσθαι. καίτοι κατὰ τοὺς προτέρους 108
νόμους ἅπαντα ταῦτα ἐγίγνετο. τὸ δ' αἴτιον, ἐν τοῖς πένησιν ἦν τὸ λειτουργεῖν· πολλὰ δὴ τὰ ἀδύνατα συνέβαινεν. ἐγὼ δ' ἐκ τῶν ἀπόρων εἰς τοὺς εὐπόρους μετήνεγκα τὰς τριηραρχίας· πάντ' οὖν τὰ δέοντα ἐγίγνετο. καὶ μὴν καὶ κατ' αὐτὸ τοῦτο ἄξιός εἰμι ἐπαίνου τυχεῖν, ὅτι πάντα τὰ τοιαῦτα προῃρούμην πολιτεύματα, ἀφ' ὧν ἅμα δόξαι καὶ τιμαὶ καὶ δυνάμεις συνέβαινον τῇ πόλει, βάσκανον δὲ καὶ πικρὸν καὶ κακόηθες οὐδέν ἐστι πολίτευμα ἐμόν, οὐδὲ ταπεινόν, οὐδὲ τῆς πόλεως ἀνάξιον. ταὐτὸ τοίνυν ἦθος ἔχων ἔν τε 109
τοῖς κατὰ τὴν πόλιν πολιτεύμασι καὶ ἐν τοῖς Ἑλληνικοῖς φανήσομαι· οὔτε γὰρ ἐν τῇ πόλει τὰς παρὰ τῶν πλουσίων χάριτας μᾶλλον ἢ τὰ τῶν πολλῶν δίκαια εἱλόμην, οὔτ' ἐν τοῖς Ἑλληνικοῖς τὰ Φιλίππου δῶρα καὶ τὴν ξενίαν ἠγάπησα ἀντὶ τῶν κοινῇ πᾶσι τοῖς Ἕλλησι συμφερόντων.

Ἡγοῦμαι τοίνυν λοιπὸν εἶναί μοι περὶ τοῦ κη- 110
ρύγματος εἰπεῖν καὶ τῶν εὐθυνῶν· τὸ γὰρ ὡς τὰ ἄριστά τε ἔπραττον καὶ διὰ παντὸς εὔνους εἰμὶ καὶ πρόθυμος εὖ ποιεῖν ὑμᾶς ἱκανῶς ἐκ τῶν εἰρη-

μένων δεδηλῶσθαί μοι νομίζω. καίτοι τὰ μέγιστά γε τῶν πεπολιτευμένων καὶ πεπραγμένων ἐμαυτῷ παραλείπω, ὑπολαμβάνων πρῶτον μὲν ἐφεξῆς τοὺς περὶ αὐτοῦ τοῦ παρανόμου λόγους ἀποδοῦναί με δεῖν, εἶτα, κἂν μηδὲν εἴπω περὶ τῶν λοιπῶν πολιτευμάτων, ὁμοίως παρ' ὑμῶν ἑκάστῳ τὸ συνειδὸς ὑπάρχειν μοι.

111 *Τῶν μὲν οὖν λόγων, οὓς οὗτος ἄνω καὶ κάτω διακυκῶν ἔλεγε περὶ τῶν παραγεγραμμένων νόμων, οὔτε μὰ τοὺς θεοὺς οἶμαι ὑμᾶς μανθάνειν οὔτ' αὐτὸς ἠδυνάμην συνεῖναι τοὺς πολλούς· ἁπλῶς δὲ τὴν ὀρθὴν περὶ τῶν δικαίων διαλέξομαι. τοσούτου γὰρ δέω λέγειν ὡς οὐκ εἰμὶ ὑπεύθυνος, ὃ νῦν οὗτος διέβαλλε καὶ διωρίζετο,*

---

13. Λέξουσι δέ, ὦ Ἀθηναῖοι, καὶ ἕτερον λόγον ὑπεναντίον τῷ ἀρτίως εἰρημένῳ, ὡς ἄρα, ὅσα τις αἱρετὸς ὢν πράττει κατὰ ψήφισμα, οὐκ ἔστι ταῦτα ἀρχή, ἀλλ' ἐπιμέλειά τις καὶ διακονία· ἀρχὰς δὲ φήσουσιν ἐκείνας εἶναι, ἃς οἱ θεσμοθέται ἀποκληροῦσιν ἐν τῷ Θησείῳ, κἀκείνας, ἃς ὁ δῆμος εἴωθε χειροτονεῖν ἐν ἀρχαιρεσίαις, στρατηγοὺς καὶ ἱππάρχους καὶ τὰς μετὰ τούτων ἀρχάς, τὰς δ' ἄλλας ταύτας πραγματείας προστεταγμένας κατὰ ψήφισμα. 14. ἐγὼ δὲ πρὸς τοὺς λόγους τοὺς τούτων νόμον ὑμέτερον παρέξομαι, ὃν ὑμεῖς ἐνομοθετήσατε λύσειν ἡγούμενοι τὰς τοιαύτας προφάσεις, ἐν ᾧ διαρρήδην γέγραπται, "τὰς χειροτονητάς" φησιν "ἀρχὰς" ἁπάσας ἑνὶ περιλαβὼν ὀνόματι ὁ νομοθέτης, καὶ προσειπὼν ἀρχὰς ἁπάσας εἶναι ἃς ὁ δῆμος χειροτονεῖ, "καὶ τοὺς ἐπιστάτας" φησὶ "τῶν δημοσίων ἔργων·" ἔστι δὲ ὁ Δημοσθένης τειχοποιός, ἐπιστάτης τοῦ μεγίστου τῶν ἔργων· "καὶ πάντας, ὅσοι διαχειρίζουσί τι τῶν τῆς πόλεως πλέον ἢ τριάκονθ' ἡμέρας, καὶ ὅσοι λαμβάνουσιν ἡγεμονίας δικαστηρίων."

ὥσθ' ἅπαντα τὸν βίον ὑπεύθυνος εἶναι ὁμολογῶ ὧν ἢ διακεχείρικα ἢ πεπολίτευμαι παρ' ὑμῖν. ὧν μέντοι γε ἐκ τῆς ἰδίας οὐσίας ἐπαγγειλάμενος 112 δέδωκα τῷ δήμῳ, οὐδεμίαν ἡμέραν ὑπεύθυνος εἶναί φημι (ἀκούεις Αἰσχίνη;) οὐδ' ἄλλον οὐδένα, οὐδ' ἂν τῶν ἐννέα ἀρχόντων τις ὢν τύχῃ. τίς γάρ ἐστι νόμος τοσαύτης ἀδικίας καὶ μισανθρωπίας μεστός, ὥστε τὸν δόντα τι τῶν ἰδίων καὶ ποιήσαντα πρᾶγμα φιλάνθρωπον καὶ φιλόδωρον τῆς χάριτος μὲν ἀποστερεῖν, εἰς τοὺς συκοφάντας δὲ ἄγειν, καὶ τούτους ἐπὶ τὰς εὐθύνας ὧν ἔδωκεν ἐφιστάναι; οὐδὲ εἷς. εἰ δέ φησιν οὗτος, δειξάτω, κἀγὼ στέρξω καὶ σιωπήσομαι. ἀλλ' οὐκ 113 ἔστιν, ἄνδρες Ἀθηναῖοι, ἀλλ' οὗτος συκοφαντῶν, ὅτι ἐπὶ τῷ θεωρικῷ τότε ὢν ἐπέδωκα τὰ χρήματα, ἐπήνεσεν αὐτόν φησιν ὑπεύθυνον ὄντα. οὐ περὶ τούτων γε οὐδενός, ὧν ὑπεύθυνος ἦν, ἀλλ' ἐφ' οἷς

17. Πρὸς δὲ δὴ τὸν ἄφυκτον λόγον, ὅν φησι Δημοσθένης, βραχέα βούλομαι προειπεῖν. Λέξει γὰρ οὗτος, "τειχοποιός εἰμι· ὁμολογῶ· ἀλλ' ἐπιδέδωκα τῇ πόλει μνᾶς ἑκατὸν καὶ τὸ ἔργον μεῖζον ἐξείργασμαι. Τίνος οὖν εἰμὶ ὑπεύθυνος, εἰ μή τίς ἐστιν εὐνοίας εὐθύνη;" Πρὸς δὴ ταύτην τὴν πρόφασιν ἀκούσατέ μου λέγοντος καὶ δίκαια καὶ ὑμῖν συμφέροντα. Ἐν γὰρ ταύτῃ τῇ πόλει οὕτως ἀρχαίᾳ οὔσῃ καὶ τηλικαύτῃ τὸ μέγεθος οὐδείς ἐστιν ἀνυπεύθυνος τῶν καὶ ὁπωσοῦν πρὸς τὰ κοινὰ προσεληλυθότων.
23. Ὅταν τοίνυν μάλιστα θρασύνηται Δημοσθένης λέγων, ὡς διὰ τὴν ἐπίδοσιν οὐκ ἔστιν ὑπεύθυνος, ἐκεῖνο αὐτῷ ὑποβάλλετε· "οὐκ οὖν ἐχρῆν σε, ὦ Δημόσθενες, ἐᾶσαι τὸν τῶν λογιστῶν κήρυκα κηρῦξαι τὸ πάτριον καὶ ἔννομον κήρυγμα τοῦτο, τίς

ἐπέδωκα, ὦ συκοφάντα. ἀλλὰ καὶ τειχοποιὸς ἦσθα. καὶ διά γε τοῦτο ὀρθῶς ἐπῃνούμην, ὅτι τἀνηλωμένα ἔδωκα καὶ οὐκ ἐλογιζόμην. ὁ μὲν γὰρ λογισμὸς εὐθυνῶν καὶ τῶν ἐξετασόντων προσδεῖται, ἡ δὲ δωρεὰ χάριτος καὶ ἐπαίνου δικαία ἐστὶ τυγχάνειν· διόπερ ταῦτ' ἔγραψεν
114 ὁδὶ περὶ ἐμοῦ. ὅτι δ' οὕτω ταῦτα οὐ μόνον ἐν τοῖς νόμοις ἀλλὰ καὶ ἐν τοῖς ὑμετέροις ἤθεσιν ὥρισται, ἐγὼ ῥᾳδίως πολλαχόθεν δείξω. πρῶτον μὲν γὰρ Ναυσικλῆς στρατηγῶν, ἐφ' οἷς ἀπὸ τῶν ἰδίων προεῖτο, πολλάκις ἐστεφάνωται ὑφ' ὑμῶν· εἶθ' ὅτε τὰς ἀσπίδας Διότιμος ἔδωκε καὶ πάλιν Χαρίδημος, ἐστεφανοῦντο· εἶθ' οὑτοσὶ Νεοπτόλεμος πολλῶν ἔργων ἐπιστάτης ὤν, ἐφ' οἷς ἐπέδωκε, τετίμηται. σχέτλιον γὰρ ἂν εἴη τοῦτό γε, εἰ τῷ τινα ἀρχὴν ἄρχοντι ἢ διδόναι τῇ πόλει τὰ ἑαυτοῦ διὰ τὴν ἀρχὴν μὴ ἐξέσται, ἢ τῶν δοθέντων ἀντὶ τοῦ κομίσασθαι χάριν εὐθύνας
115 ὑφέξει. Ὅτι τοίνυν ταῦτ' ἀληθῆ λέγω, λέγε τὰ ψηφίσματά μοι τὰ τούτοις γεγενημένα αὐτὰ λαβών. λέγε.

βούλεται κατηγορεῖν; ἔασον ἀμφισβητῆσαί σοι τὸν βουλόμενον τῶν πολιτῶν, ὡς οὐκ ἐπέδωκας, ἀλλ' ἀπὸ πολλῶν ὧν ἔχεις εἰς τὴν τῶν τειχῶν οἰκοδομίαν μικρὰ κατέθηκας, δέκα τάλαντα εἰς ταῦτα ἐκ τῆς πόλεως εἰληφώς. μὴ ἅρπαζε τὴν φιλοτιμίαν, μηδὲ ἐξαιροῦ τῶν δικαστῶν τὰς ψήφους ἐκ τῶν χειρῶν, μηδ' ἔμπροσθεν τῶν νόμων, ἀλλ' ὕστερος πολιτεύου. ταῦτα γὰρ ὀρθοῖ τὴν δημοκρατίαν."

ΨΗΦΙΣΜΑΤΑ.

[Ἄρχων Δημόνικος Φλυεύς, βοηδρομιῶνος ἕκτῃ μετ' εἰκάδα, γμώμῃ βουλῆς καὶ δήμου, Καλλίας Φρεάρριος εἶπεν ὅτι δοκεῖ τῇ βουλῇ καὶ τῷ δήμῳ στεφανῶσαι Ναυσικλέα τὸν ἐπὶ τῶν ὅπλων, ὅτι Ἀθηναίων ὁπλιτῶν δισχιλίων ὄντων ἐν Ἴμβρῳ καὶ βοηθούντων τοῖς κατοικοῦσιν Ἀθηναίων τὴν νῆσον, οὐ δυναμένου Φίλωνος τοῦ ἐπὶ τῆς διοικήσεως κεχειροτονημένου διὰ τοὺς χειμῶνας πλεῦσαι καὶ μισθοδοτῆσαι τοὺς ὁπλίτας, ἐκ τῆς ἰδίας οὐσίας ἔδωκε καὶ οὐκ εἰσέπραξε τὸν δῆμον, καὶ ἀναγορεῦσαι τὸν στέφανον Διονυσίοις τραγῳδοῖς καινοῖς.]

ΕΤΕΡΟΝ ΨΗΦΙΣΜΑ.

116 [Εἶπε Καλλίας Φρεάρριος, πρυτάνεων λεγόντων βουλῆς γνώμη, ἐπειδὴ Χαρίδημος ὁ ἐπὶ τῶν ὁπλιτῶν, ἀποσταλεὶς εἰς Σαλαμῖνα, καὶ Διότιμος ὁ ἐπὶ τῶν ἱππέων, ἐν τῇ ἐπὶ τοῦ ποταμοῦ μάχῃ τῶν στρατιωτῶν τινῶν ὑπὸ τῶν πολεμίων σκυλευθέντων, ἐκ τῶν ἰδίων ἀναλωμάτων καθώπλισαν τοὺς νεανίσκους ἀσπίσιν ὀκτακοσίαις, δεδόχθαι τῇ βουλῇ καὶ τῷ δήμῳ στεφανῶσαι Χαρίδημον καὶ Διότιμον χρυσῷ στεφάνῳ, καὶ ἀναγορεῦσαι Παναθηναίοις τοῖς μεγάλοις ἐν τῷ γυμνικῷ ἀγῶνι καὶ Διονυσίοις τραγῳδοῖς καινοῖς· τῆς δὲ ἀναγορεύσεως ἐπιμεληθῆναι θεσμοθέτας, πρυτάνεις, ἀγωνοθέτας.]

117 Τούτων ἕκαστος, Αἰσχίνη, τῆς μὲν ἀρχῆς ἧς ἦρχεν ὑπεύθυνος ἦν, ἐφ' οἷς δ' ἐστεφανοῦτο, οὐχ ὑπεύθυνος. οὐκοῦν οὐδ' ἐγώ· ταὐτὰ γὰρ δίκαιά ἐστί μοι περὶ τῶν αὐτῶν τοῖς ἄλλοις δήπου. ἐπέδωκα; ἐπαινοῦμαι διὰ ταῦτα, οὐκ ὢν ὧν ἔδωκα ὑπεύθυνος. ἦρχον; καὶ δέδωκά γε εὐθύνας ἐκείνων, οὐχ ὧν ἐπέδωκα. νὴ Δί', ἀλλ'

ἀδίκως ἦρξα; εἶτα παρών, ὅτε με εἰσῆγον οἱ λογισταί, οὐ κατηγόρεις;

118 Ἵνα τοίνυν ἴδητε ὅτι αὐτὸς οὗτός μοι μαρτυρεῖ ἐφ᾽ οἷς οὐχ ὑπεύθυνος ἦν ἐστεφανῶσθαι, λαβὼν ἀνάγνωθι τὸ ψήφισμα ὅλον τὸ γραφέν μοι. οἷς γὰρ οὐκ ἐγράψατο τοῦ προβουλεύματος, τούτοις, ἃ διώκει, συκοφαντῶν φανήσεται. λέγε.

ΨΗΦΙΣΜΑ.

[Ἐπὶ ἄρχοντος Εὐθυκλέους, πυανεψιῶνος ἐνάτῃ ἀπιόντος, φυλῆς πρυτανευούσης Οἰνηίδος, Κτησιφῶν Λεωσθένους Ἀναφλύστιος εἶπεν, ἐπειδὴ Δημοσθένης Δημοσθένους Παιανιεὺς γενόμενος ἐπιμελητὴς τῆς τῶν τειχῶν ἐπισκευῆς καὶ προσαναλώσας εἰς τὰ ἔργα ἀπὸ τῆς ἰδίας οὐσίας τρία τάλαντα ἐπέδωκε ταῦτα τῷ δήμῳ, καὶ ἐπὶ τοῦ θεωρικοῦ κατασταθεὶς ἐπέδωκε τοῖς ἐκ πασῶν τῶν φυλῶν θεωρικοῖς ἑκατὸν μνᾶς εἰς θυσίας, δεδόχθαι τῇ βουλῇ καὶ τῷ δήμῳ τῷ Ἀθηναίων ἐπαινέσαι Δημοσθένην Δημοσθένους Παιανιᾶ ἀρετῆς ἕνεκα καὶ καλοκαγαθίας ἧς ἔχων διατελεῖ ἐν παντὶ καιρῷ εἰς τὸν δῆμον τὸν Ἀθηναίων, καὶ στεφανῶσαι χρυσῷ στεφάνῳ, καὶ ἀναγορεῦσαι τὸν στέφανον ἐν τῷ θεάτρῳ Διονυσίοις τραγῳδοῖς καινοῖς· τῆς δὲ ἀναγορεύσεως ἐπιμεληθῆναι τὸν ἀγωνοθέτην.]

119 Οὐκοῦν ἃ μὲν ἐπέδωκα, ταῦτ᾽ ἐστίν, ὧν οὐδὲν σὺ γέγραψαι· ἃ δέ φησιν ἡ βουλὴ δεῖν ἀντὶ τούτων γενέσθαι μοι, ταῦτ᾽ ἔσθ᾽ ἃ διώκεις. τὸ λαβεῖν οὖν τὰ διδόμενα ὁμολογῶν ἔννομον εἶναι, τὸ χάριν τούτων ἀποδοῦναι παρανόμων γράφῃ. ὁ δὲ παμπόνηρος ἄνθρωπος καὶ θεοῖς ἐχθρὸς καὶ

βάσκανος ὄντως ποῖός τις ἂν εἴη πρὸς θεῶν; οὐχ ὁ τοιοῦτος;

Καὶ μὴν περὶ τοῦ γ' ἐν τῷ θεάτρῳ κηρύττε- 120
σθαι, τὸ μὲν μυριάκις μυρίους κεκηρῦχθαι παραλείπω καὶ τὸ πολλάκις αὐτὸς ἐστεφανῶσθαι πρό-

---

32. Ὡς τοίνυν καὶ τὴν ἀνάρρησιν τοῦ στεφάνου παρανόμως ἐν τῷ ψηφίσματι κελεύει γίγνεσθαι, καὶ τοῦθ' ὑμᾶς διδάξω. ὁ γὰρ νόμος διαρρήδην κελεύει, ἐὰν μέν τινα στεφανοῖ ἡ βουλή, ἐν τῷ βουλευτηρίῳ ἀνακηρύττεσθαι, ἐὰν δὲ ὁ δῆμος, ἐν τῇ ἐκκλησίᾳ, ἄλλοθι δὲ μηδαμοῦ. καί μοι λέγε τὸν νόμον.

ΝΟΜΟΣ.

33. Οὗτος ὁ νόμος, ὦ Ἀθηναῖοι, καὶ μάλα καλῶς ἔχει. οὐ γάρ, οἶμαι, ᾤετο δεῖν ὁ νομοθέτης τὸν ῥήτορα σεμνύνεσθαι πρὸς τοὺς ἔξωθεν, ἀλλ' ἀγαπᾶν ἐν αὐτῇ τῇ πόλει τιμώμενον ὑπὸ τοῦ δήμου καὶ μὴ ἐργολαβεῖν ἐν τοῖς κηρύγμασιν. ὁ μὲν οὖν νομοθέτης οὕτως· ὁ δὲ Κτησιφῶν πῶς; ἀναγίγνωσκε τὸ ψήφισμα.

ΨΗΦΙΣΜΑ.

34. Ἀκούετε, ὦ Ἀθηναῖοι, ὅτι ὁ μὲν νομοθέτης κελεύει ἐν τῷ δήμῳ ἐν Πυκνὶ τῇ ἐκκλησίᾳ ἀνακηρύττειν τὸν ὑπὸ τοῦ δήμου στεφανούμενον, ἄλλοθι δὲ μηδαμοῦ, Κτησιφῶν δὲ ἐν τῷ θεάτρῳ, οὐ τοὺς νόμους μόνον ὑπερβάς, ἀλλὰ καὶ τὸν τόπον μετενεγκών, οὐδὲ ἐκκλησιαζόντων Ἀθηναίων, ἀλλὰ τραγῳδῶν ἀγωνιζομένων καινῶν, οὐδ' ἐναντίον τοῦ δήμου, ἀλλ' ἐναντίον τῶν Ἑλλήνων, ἵν' ἡμῖν συνειδῶσιν, οἷον ἄνδρα τιμῶμεν. 35. οὕτω τοίνυν περιφανῶς παράνομα γεγραφώς, παραταχθεὶς μετὰ Δημοσθένους ἐποίσει τέχνας τοῖς νόμοις· ἃς ἐγὼ δηλώσω καὶ προερῶ ὑμῖν, ἵνα μὴ λάθητε ἐξαπατηθέντες. Οὗτοι γάρ, ὡς μὲν οὐκ ἀπαγορεύουσιν οἱ νόμοι τὸν ὑπὸ τοῦ δήμου στεφανούμενον μὴ κηρύττειν ἔξω τῆς ἐκκλησίας, οὐχ ἕξουσι λέγειν, οἴσουσι δὲ εἰς τὴν ἀπολογίαν τὸν Διονυσιακὸν νόμον, καὶ χρήσονται τοῦ νόμου μέρει τινὶ κλέπτοντες τὴν ἀκρόασιν

τερον. ἀλλὰ πρὸς θεῶν οὕτω σκαιὸς εἶ καὶ ἀναίσθητος, Αἰσχίνη, ὥστ' οὐ δύνασαι λογίσασθαι ὅτι τῷ μὲν στεφανουμένῳ τὸν αὐτὸν ἔχει ζῆλον ὁ στέφανος, ὅπου ἂν ἀναρρηθῇ, τοῦ δὲ τῶν στεφανούντων ἕνεκα συμφέροντος ἐν τῷ

ὑμῶν. 36. καὶ παρέξονται νόμον οὐδὲν προσήκοντα τῇδε τῇ γραφῇ, καὶ λέξουσιν ὡς εἰσὶ τῇ πόλει δύο νόμοι κείμενοι περὶ τῶν κηρυγμάτων, εἷς μὲν ὃν νῦν ἐγὼ παρέχομαι διαρρήδην ἀπαγορεύοντα τὸν ὑπὸ τοῦ δήμου στεφανούμενον μὴ κηρύττεσθαι ἔξω τῆς ἐκκλησίας, ἕτερον δ' εἶναι νόμον φήσουσιν ἐναντίον τούτῳ, τὸν δεδωκότα ἐξουσίαν ποιεῖσθαι τὴν ἀνάρρησιν τοῦ στεφάνου τραγῳδοῖς ἐν τῷ θεάτρῳ, ἐὰν ψηφίσηται ὁ δῆμος· κατὰ δὴ τοῦτον τὸν νόμον φήσουσι γεγραφέναι τὸν Κτησιφῶντα. 40. Εἰ τοίνυν, ὦ Ἀθηναῖοι, ἀληθὴς ἦν ὁ παρὰ τούτων λόγος καὶ ἦσαν δύο κείμενοι νόμοι περὶ τῶν κηρυγμάτων, ἐξ ἀνάγκης, οἶμαι, τῶν μὲν θεσμοθετῶν ἐξευρόντων, τῶν δὲ πρυτάνεων ἀποδόντων τοῖς νομοθέταις ἀνῄρητ' ἂν ὁ ἕτερος τῶν νόμων, ἤτοι ὁ τὴν ἐξουσίαν δεδωκὼς ἀνειπεῖν ἢ ὁ ἀπαγορεύων· ὁπότε δὲ μηδὲν τούτων γεγένηται, φανερῶς δή που ἐξελέγχονται οὐ μόνον ψευδῆ λέγοντες, ἀλλὰ καὶ παντελῶς ἀδύνατα γενέσθαι. 44. Συνιδὼν δή τις ταῦτα νομοθέτης τίθησι νόμον οὐδὲν ἐπικοινωνοῦντα τῷ περὶ τῶν ὑπὸ τοῦ δήμου στεφανουμένων νόμῳ, οὔτε λύσας ἐκεῖνον (οὐδὲ γὰρ ἡ ἐκκλησία ἠνωχλεῖτο, ἀλλὰ τὸ θέατρον), οὔτ' ἐναντίον τοῖς πρότερον κειμένοις νόμοις τιθείς (οὐ γὰρ ἔξεστιν), ἀλλὰ περὶ τῶν ἄνευ ψηφίσματος ὑμετέρου στεφανουμένων ὑπὸ τῶν φυλετῶν καὶ δημοτῶν καὶ περὶ τῶν τοὺς οἰκέτας ἀπελευθερούντων καὶ περὶ τῶν ξενικῶν στεφάνων, καὶ διαρρήδην ἀπαγορεύει μήτ' οἰκέτην ἀπελευθεροῦν ἐν τῷ θεάτρῳ μήθ' ὑπὸ τῶν φυλετῶν ἢ δημοτῶν ἀναγορεύεσθαι στεφανούμενον, μήθ' ὑπ' ἄλλου, φησί, μηδενός, ἢ ἄτιμον εἶναι τὸν κήρυκα. 45. Ὅταν οὖν ἀποδείξῃ τοῖς μὲν ὑπὸ τῆς βουλῆς στεφανουμένοις εἰς τὸ βουλευτήριον ἀναρρηθῆναι, τοῖς δ' ὑπὸ τοῦ δήμου στεφανουμένοις εἰς τὴν ἐκκλησίαν, τοῖς δ' ὑπὸ τῶν δημοτῶν στεφανουμέ-

θεάτρῳ γίγνεται τὸ κήρυγμα; οἱ γὰρ ἀκούσαντες ἅπαντες εἰς τὸ ποιεῖν εὖ τὴν πόλιν προτρέπονται, καὶ τοὺς ἀποδιδόντας τὴν χάριν μᾶλλον ἐπαινοῦσι τοῦ στεφανουμένου· διόπερ τὸν νόμον τοῦτον ἡ πόλις γέγραφεν. Λέγε δ' αὐτόν μοι τὸν νόμον λαβών.

ΝΟΜΟΣ.

[Ὅσους στεφανοῦσί τινες τῶν δήμων, τὰς ἀναγορεύσεις τῶν στεφάνων ποιεῖσθαι ἐν αὐτοῖς ἑκάστους τοῖς ἰδίοις δήμοις, ἐὰν μή τινας ὁ δῆμος ὁ τῶν Ἀθηναίων ἢ ἡ βουλὴ στεφανοῖ· τούτους δ' ἐξεῖναι ἐν τῷ θεάτρῳ Διονυσίοις ἀναγορεύεσθαι.]

Ἀκούεις, Αἰσχίνη, τοῦ νόμου λέγοντος σαφῶς, 121
πλὴν ἐάν τινας ὁ δῆμος ἢ ἡ βουλὴ ψηφίσηται· τούτους δὲ ἀναγορευέτω. τί οὖν, ὦ ταλαίπωρε, συκοφαντεῖς; τί λόγους πλάττεις; τί σαυτὸν οὐκ ἐλλεβορίζεις ἐπὶ τούτοις; ἀλλ' οὐδ' αἰσχύνῃ

νοις καὶ φυλετῶν ἀπείπῃ μὴ κηρύττεσθαι τοῖς τραγῳδοῖς, ἵνα μηδεὶς ἐρανίζων στεφάνους καὶ κηρύγματα ψευδῆ φιλοτιμίαν κτᾶται, προσαπείπῃ δ' ἐν τῷ νόμῳ μηδ' ὑπὸ ἄλλου μηδενὸς ἀνακηρύττεσθαι ἀπούσης βουλῆς καὶ δήμου καὶ φυλετῶν καὶ δημοτῶν, — ὅταν δέ τις ταῦτα ἀφέλῃ, τί τὸ καταλειπόμενόν ἐστι πλὴν οἱ ξενικοὶ στέφανοι; 48. Ἐπειδὰν τοίνυν ἐξαπατῶντες ὑμᾶς λέγωσιν, ὡς προσγέγραπται ἐν τῷ νόμῳ ἐξεῖναι στεφανοῦν, ἐὰν ψηφίσηται ὁ δῆμος, ἀπομνημονεύετε αὐτοῖς ὑποβάλλειν· ναί, εἴ γε σέ τις ἄλλη πόλις στεφανοῖ· εἰ δὲ ὁ δῆμος ὁ Ἀθηναίων, ἀποδέδεικταί σοι τόπος, ὅπου δεῖ τοῦτο γενέσθαι, ἀπείρηταί σοι ἔξω τῆς ἐκκλησίας μὴ κηρύττεσθαι. τὸ γὰρ "ἄλλοθι δὲ μηδαμοῦ" ὅ τι ἐστιν, ὅλην τὴν ἡμέραν λέγε· οὐ γὰρ ἀποδείξεις, ὡς ἔννομα γέγραφας.

φθόνου δίκην εἰσάγειν, οὐκ ἀδικήματος οὐδενός, καὶ νόμους μεταποιῶν, τῶν δ' ἀφαιρῶν μέρη, οὓς ὅλους δίκαιον ἦν ἀναγιγνώσκεσθαι τοῖς γε ὀμω-
122 μοκόσι κατὰ τοὺς νόμους ψηφιεῖσθαι. ἔπειτα τοιαῦτα ποιῶν λέγεις ἃ δεῖ προσεῖναι τῷ δημοτικῷ, ὥσπερ ἀνδριάντα ἐκδεδωκὼς κατὰ συγγραφήν, εἶτ' οὐκ ἔχοντα ἃ προσῆκεν ἐκ τῆς συγγρα-

---

168. Ναί, ἀλλὰ δημοτικός ἐστιν. ἐὰν μὲν τοίνυν πρὸς τὴν εὐφημίαν τῶν λόγων αὐτοῦ ἀποβλέπητε, ἐξαπατηθήσεσθε, ὥσπερ καὶ πρότερον, ἐὰν δ' εἰς τὴν φύσιν καὶ τὴν ἀλήθειαν, οὐκ ἐξαπατηθήσεσθε. ἐκείνως δὲ ἀπολάβετε παρ' αὐτοῦ τὸν λόγον. ἐγὼ μὲν μεθ' ὑμῶν λογιοῦμαι, ἃ δεῖ ὑπάρξαι ἐν τῇ φύσει τῷ δημοτικῷ ἀνδρὶ καὶ σώφρονι, καὶ πάλιν ἀντιθήσω, ποῖόν τινα εἰκός ἐστιν εἶναι τὸν ὀλιγαρχικὸν ἄνθρωπον καὶ φαῦλον· ὑμεῖς δ' ἀντιθέντες ἑκάτερα τούτων θεωρήσατ' αὐτὸν, μὴ ὁποτέρου τοῦ λόγου, ἀλλ' ὁποτέρου τοῦ βίου ἐστίν. 169. οἶμαι τοίνυν ἅπαντας ἂν ὁμολογήσειν ὑμᾶς τάδε δεῖν ὑπάρξαι τῷ δημοτικῷ, πρῶτον μὲν ἐλεύθερον αὐτὸν εἶναι καὶ πρὸς πατρὸς καὶ πρὸς μητρὸς, ἵνα μὴ διὰ τὴν περὶ τὸ γένος ἀτυχίαν δυσμενὴς ᾖ τοῖς νόμοις, οἳ σώζουσι τὴν δημοκρατίαν, δεύτερον δ' ἀπὸ τῶν προγόνων εὐεργεσίαν τινὰ αὐτῷ πρὸς τὸν δῆμον ὑπάρχειν, ἢ τό γ' ἀναγκαιότατον μηδεμίαν ἔχθραν, ἵνα μὴ βοηθῶν τοῖς τῶν προγόνων ἀτυχήμασι κακῶς ἐπιχειρῇ ποιεῖν τὴν πόλιν. 170. τρίτον σώφρονα καὶ μέτριον χρὴ πεφυκέναι αὐτὸν πρὸς τὴν καθ' ἡμέραν δίαιταν, ὅπως μὴ διὰ τὴν ἀσέλγειαν τῆς δαπάνης δωροδοκῇ κατὰ τοῦ δήμου, τέταρτον εὐγνώμονα καὶ δυνατὸν εἰπεῖν· καλὸν γὰρ τὴν μὲν διάνοιαν προαιρεῖσθαι τὰ βέλτιστα, τὴν δὲ παιδείαν τὴν τοῦ ῥήτορος καὶ τὸν λόγον πείθειν τοὺς ἀκούοντας· εἰ δὲ μή, τήν γ' εὐγνωμοσύνην ἀεὶ προτακτέον τοῦ λόγου. πέμπτον ἀνδρεῖον εἶναι τὴν ψυχήν, ἵνα μὴ παρὰ τὰ δεινὰ καὶ τοὺς πολέμους ἐγκαταλείπῃ τὸν δῆμον. τὸν δ' ὀλιγαρχικὸν πάντα δεῖ τἀναντία τούτων ἔχειν· τί γὰρ δεῖ πάλιν διεξιέναι; σκέψασθε δή, τί τούτων ὑπάρχει Δημοσθένει· ὁ δὲ λογισμὸς ἔστω ἐπὶ πᾶσι δικαίοις.

φῆς κομιζόμενος, ἢ λόγῳ τοὺς δημοτικοὺς ἀλλ' οὐ τοῖς πράγμασι καὶ τοῖς πολιτεύμασι γιγνωσκομένους. καὶ βοᾷς ῥητὰ καὶ ἄρρητα ὀνομάζων, ὥσπερ ἐξ ἁμάξης, ἃ σοὶ καὶ τῷ σῷ γένει πρόσεστιν, οὐκ ἐμοί. καίτοι καὶ τοῦτο, ὦ ἄνδρες 123
Ἀθηναῖοι. ἐγὼ λοιδορίαν κατηγορίας τούτῳ διαφέρειν ἡγοῦμαι, τῷ τὴν μὲν κατηγορίαν ἀδικήματ' ἔχειν, ὧν ἐν τοῖς νόμοις εἰσὶν αἱ τιμωρίαι, τὴν δὲ λοιδορίαν βλασφημίας, ἃς κατὰ τὴν αὑτῶν φύσιν τοῖς ἐχθροῖς περὶ ἀλλήλων συμβαίνει λέγειν. οἰκοδομῆσαι δὲ τοὺς προγόνους ταυτὶ τὰ δικαστήρια ὑπείληφα οὐχ ἵνα συλλέξαντες ὑμᾶς εἰς ταῦτα ἀπὸ τῶν ἰδίων κακῶς τὰ ἀπόρρητα λέγωμεν ἀλλήλους, ἀλλ' ἵνα ἐξελέγχωμεν, ἐάν τις ἠδικηκώς τι τυγχάνῃ τὴν πόλιν. ταῦτα τοίνυν εἰδὼς 124
Αἰσχίνης οὐδὲν ἧττον ἐμοῦ πομπεύειν ἀντὶ τοῦ κατηγορεῖν εἵλετο. οὐ μὴν οὐδ' ἐνταῦθα ἔλαττον ἔχων δίκαιός ἐστιν ἀπελθεῖν. ἤδη δ' ἐπὶ ταῦτα πορεύσομαι, τοσοῦτον αὐτὸν ἐρωτήσας. πότερόν σέ τις, Αἰσχίνη, τῆς πόλεως ἐχθρὸν ἢ ἐμὸν εἶναι φῇ; ἐμὸν δῆλον ὅτι. εἶτα οὗ μὲν ἦν παρ' ἐμοῦ δίκην κατὰ τοὺς νόμους ὑπὲρ τούτων λαβεῖν, εἴπερ ἠδίκουν, ἐξέλειπες, ἐν ταῖς εὐθύναις, ἐν ταῖς γραφαῖς, ἐν ταῖς ἄλλαις κρίσεσιν· οὗ δ' ἐγὼ μὲν 125
ἀθῷος ἅπασι, τοῖς νόμοις, τῷ χρόνῳ, τῇ προθεσμίᾳ, τῷ κεκρίσθαι περὶ πάντων πολλάκις πρότερον, τῷ μηδεπώποτε ἐξελεγχθῆναι μηδὲν ὑμᾶς

ἀδικῶν, τῇ πόλει δ' ἢ πλέον ἢ ἔλαττον ἀνάγκη τῶν γε δημοσίᾳ πεπραγμένων μετεῖναι τῆς δόξης, ἐνταῦθα ἀπήντηκας; ὅρα μὴ τούτων μὲν ἐχθρὸς ᾖς, ἐμοὶ δὲ προσποιῇ.

126 Ἐπειδὴ τοίνυν ἡ μὲν εὐσεβὴς καὶ δικαία ψῆφος ἅπασι δέδεικται, δεῖ δέ με, ὡς ἔοικε, καίπερ οὐ φιλολοίδορον ὄντα, διὰ τὰς ὑπὸ τούτου βλασφημίας εἰρημένας ἀντὶ πολλῶν καὶ ψευδῶν αὐτὰ τἀναγκαιότατ' εἰπεῖν περὶ αὐτοῦ, καὶ δεῖξαι τίς ὢν καὶ τίνων ῥᾳδίως οὕτως ἄρχει τοῦ κακῶς λέγειν, καὶ λόγους τίνας διασύρει, αὐτὸς εἰρηκὼς ἃ τίς οὐκ ἂν ὤκνησε τῶν μετρίων ἀνθρώπων φθέγ-
127 ξασθαι; — εἰ γὰρ Αἰακὸς ἢ Ῥαδάμανθυς ἢ Μίνως ἦν ὁ κατηγορῶν, ἀλλὰ μὴ σπερμολόγος, περίτριμμα ἀγορᾶς, ὄλεθρος γραμματεύς, οὐκ ἂν αὐτὸν οἶμαι ταῦτ' εἰπεῖν οὐδ' ἂν οὕτως ἐπαχθεῖς λόγους πορίσασθαι, ὥσπερ ἐν τραγῳδίᾳ βοῶντα ὦ γῆ καὶ ἥλιε καὶ ἀρετὴ καὶ τὰ τοιαῦτα, καὶ

166. Οὐ μέμνησθε αὐτοῦ τὰ μιαρὰ καὶ ἀπίθανα ῥήματα, ἃ πῶς ποθ' ὑμεῖς, ὦ σιδήρεοι, ἐκαρτερεῖτε ἀκροώμενοι; Ὅτ' ἔφη παρελθὼν "ἀμπελουργοῦσί τινες τὴν πόλιν, ἀνατετμήκασί τινες τὰ κλήματα τοῦ δήμου, ὑποτέτμηται τὰ νεῦρα τῶν πραγμάτων, φορμορραφούμεθα ἐπὶ τὰ στενά, τινὲς πρῶτον ὥσπερ τὰς βελόνας διείρουσι." 167. Ταῦτα δὲ τί ἐστιν, ὦ κίναδος; ῥήματα ἢ θαύματα; καὶ πάλιν ὅτε κύκλῳ περιδινῶν σεαυτὸν ἐπὶ τοῦ βήματος ἔλεγες ὡς ἀντιπράττων Ἀλεξάνδρῳ.

260. Ἐγὼ μὲν οὖν, ὦ γῆ καὶ ἥλιε καὶ ἀρετὴ καὶ σύνεσις καὶ παιδεία, ᾗ διαγιγνώσκομεν τὰ καλὰ καὶ τὰ αἰσχρά, βεβοήθηκα καὶ εἴρηκα.

πάλιν σύνεσιν καὶ παιδείαν ἐπικαλούμενον, ᾗ τὰ
καλὰ καὶ τὰ αἰσχρὰ διαγιγνώσκεται· ταῦτα γὰρ
δήπουθεν ἠκουέτ᾽ αὐτοῦ λέγοντος. σοὶ δὲ ἀρετῆς,
ὦ κάθαρμα, ἢ τοῖς σοῖς τίς μετουσία; ἢ καλῶν 128
ἢ μὴ τοιούτων τίς διάγνωσις; πόθεν ἢ πῶς
ἀξιωθέντι; ποῦ δὲ παιδείας σοι θέμις μνησθῆ-
ναι, ἧς τῶν μὲν ὡς ἀληθῶς τετυχηκότων οὐδ᾽ ἂν
εἷς εἴποι περὶ αὐτοῦ τοιοῦτον οὐδέν, ἀλλὰ κἂν
ἑτέρου λέγοντος ἐρυθριάσειεν, τοῖς δ᾽ ἀπολει-
φθεῖσι μὲν ὥσπερ σύ, προσποιουμένοις δ᾽ ὑπ᾽
ἀναισθησίας τὸ τοὺς ἀκούοντας ἀλγεῖν ποιεῖν,
ὅταν λέγωσιν, οὐ τὸ δοκεῖν τοιούτοις εἶναι περί-
εστιν.

Οὐκ ἀπορῶν δ᾽ ὅ τι χρὴ περὶ σοῦ καὶ τῶν σῶν 129
εἰπεῖν, ἀπορῶ τοῦ πρώτου μνησθῶ, πότερ᾽ ὡς ὁ
πατήρ σου Τρόμης ἐδούλευε παρ᾽ Ἐλπίᾳ τῷ πρὸς
τῷ Θησείῳ διδάσκοντι γράμματα, χοίνικας πα-
χείας ἔχων καὶ ξύλον, ἢ ὡς ἡ μήτηρ τοῖς μεθη-
μερινοῖς γάμοις ἐν τῷ κλεισίῳ τῷ πρὸς τῷ Καλα-
μίτῃ ἥρωι χρωμένη τὸν καλὸν ἀνδριάντα καὶ
τριταγωνιστὴν ἄκρον ἐξέθρεψέ σε; ἀλλ᾽ ὡς ὁ
τριηραύλης Φορμίων, ὁ Δίωνος τοῦ Φρεαρρίου
δοῦλος, ἀνέστησεν αὐτὴν ἀπὸ ταύτης τῆς καλῆς
ἐργασίας; ἀλλὰ νὴ τὸν Δία καὶ τοὺς θεοὺς
ὀκνῶ μὴ περὶ σοῦ τὰ προσήκοντα λέγων αὐτὸς
οὐ προσήκοντας ἐμαυτῷ δόξω προῃρῆσθαι λό-
γους. ταῦτα μὲν οὖν ἐάσω, ἀπ᾽ αὐτῶν δὲ ὧν 130

αὐτὸς βεβίωκεν ἄρξομαι· οὐδὲ γὰρ ὧν ἔτυχεν ἦν, ἀλλ' οἷς ὁ δῆμος καταρᾶται. ὀψὲ γάρ ποτε —, ὀψὲ λέγω; χθὲς μὲν οὖν καὶ πρῴην ἅμ' Ἀθηναῖος καὶ ῥήτωρ γέγονε, καὶ δύο συλλαβὰς προσθεὶς τὸν μὲν πατέρα ἀντὶ Τρόμητος ἐποίησεν Ἀτρόμητον, τὴν δὲ μητέρα σεμνῶς πάνυ Γλαυκοθέαν, ἣν Ἔμπουσαν ἅπαντες ἴσασι καλουμένην, ἐκ τοῦ πάντα ποιεῖν καὶ πάσχειν καὶ γίγνεσθαι δηλονότι ταύτης τῆς ἐπωνυμίας τυχοῦσαν· πόθεν
131 γὰρ ἄλλοθεν; ἀλλ' ὅμως οὕτως ἀχάριστος εἶ καὶ πονηρὸς φύσει, ὥστ' ἐλεύθερος ἐκ δούλου καὶ πλούσιος ἐκ πτωχοῦ διὰ τουτουσὶ γεγονὼς οὐχ ὅπως χάριν αὐτοῖς ἔχεις, ἀλλὰ μισθώσας σαυτὸν κατὰ τουτωνὶ πολιτεύῃ. καὶ περὶ ὧν μέν ἐστί τις ἀμφισβήτησις, ὡς ἄρα ὑπὲρ τῆς πόλεως εἴρηκεν, ἐάσω· ἃ δ' ὑπὲρ τῶν ἐχθρῶν φανερῶς ἀπεδείχθη πράττων, ταῦτα ἀναμνήσω.

132 Τίς γὰρ ὑμῶν οὐκ οἶδε τὸν ἀποψηφισθέντα Ἀντιφῶντα, ὃς ἐπαγγειλάμενος Φιλίππῳ τὰ νεώρια ἐμπρήσειν εἰς τὴν πόλιν ἦλθεν; ὃν λαβόντος ἐμοῦ κεκρυμμένον ἐν Πειραιεῖ καὶ καταστήσαντος εἰς τὴν ἐκκλησίαν βοῶν ὁ βάσκανος οὗτος καὶ κεκραγώς, ὡς ἐν δημοκρατίᾳ δεινὰ ποιῶ τοὺς ἠτυχηκότας τῶν πολιτῶν ὑβρίζων καὶ ἐπ' οἰκίας βαδίζων ἄνευ ψηφίσματος, ἀφεθῆναι
133 ἐποίησεν. καὶ εἰ μὴ ἡ βουλὴ ἡ ἐξ Ἀρείου πάγου τὸ πρᾶγμα αἰσθομένη καὶ τὴν ὑμετέραν

ἄγνοιαν ἐν οὐ δέοντι συμβεβηκυῖαν ἰδοῦσα ἐπε-
ζήτησε τὸν ἄνθρωπον καὶ συλλαβοῦσα ἐπανή-
γαγεν ὡς ὑμᾶς, ἐξήρπαστ' ἂν ὁ τοιοῦτος καὶ τὸ
δίκην δοῦναι διαδὺς ἐξεπέμπετ' ἂν ὑπὸ τοῦ σε-
μνολόγου τουτουί· νῦν δ' ὑμεῖς στρεβλώσαντες
αὐτὸν ἀπεκτείνατε, ὡς ἔδει γε καὶ τοῦτον. τοι- 134
γαροῦν εἰδυῖα ταῦτα ἡ βουλὴ ἡ ἐξ Ἀρείου πάγου
τότε τούτῳ πεπραγμένα, χειροτονησάντων αὐτὸν
ὑμῶν σύνδικον ὑπὲρ τοῦ ἱεροῦ τοῦ ἐν Δήλῳ ἀπὸ
τῆς αὐτῆς ἀγνοίας ἧσπερ πολλὰ προΐεσθε τῶν
κοινῶν, ὡς προσείλεσθε κἀκείνην καὶ τοῦ πράγ-
ματος κυρίαν ἐποιήσατε, τοῦτον μὲν εὐθὺς ἀπή-
λασεν ὡς προδότην. Ὑπερείδῃ δὲ λέγειν προσέ-
ταξεν· καὶ ταῦτα ἀπὸ τοῦ βωμοῦ φέρουσα τὴν
ψῆφον ἔπραξε, καὶ οὐδεμία ψῆφος ἠνέχθη τῷ
μιαρῷ τούτῳ. Καὶ ὅτι ταῦτ' ἀληθῆ λέγω, κάλει 135
τούτων τοὺς μάρτυρας.

ΜΑΡΤΥΡΕΣ.

[Μαρτυροῦσι Δημοσθένει ὑπὲρ ἁπάντων οἵδε, Καλλίας Σουνιεύς, Ζήνων Φλυεύς, Κλέων Φαληρεύς, Δημόνικος Μαραθώνιος, ὅτι τοῦ δήμου ποτὲ χειροτονήσαντος Αἰσχίνην σύνδικον ὑπὲρ τοῦ ἱεροῦ τοῦ ἐν Δήλῳ εἰς τοὺς Ἀμφικτύονας συνεδρεύσαντες ἡμεῖς ἐκρίναμεν Ὑπερείδην ἄξιον εἶναι μᾶλλον ὑπὲρ τῆς πόλεως λέγειν, καὶ ἀπεστάλη Ὑπερείδης.]

Οὐκοῦν ὅτε τούτου μέλλοντος λέγειν ἀπήλασεν ἡ βουλὴ καὶ προσέταξεν ἑτέρῳ, τότε καὶ προδότην εἶναι καὶ κακόνουν ὑμῖν ἀπέφηνεν.

136 Ἓν μὲν τοίνυν τοῦτο τοιοῦτο πολίτευμα τοῦ νεανίου τούτου, ὅμοιόν γε, οὐ γάρ; οἷς ἐμοῦ κατηγορεῖ· ἕτερον δὲ ἀναμιμνήσκεσθε. ὅτε γὰρ Πύθωνα Φίλιππος ἔπεμψε τὸν Βυζάντιον καὶ παρὰ τῶν αὑτοῦ συμμάχων πάντων συνέπεμψε πρέσβεις, ὡς ἐν αἰσχύνῃ ποιήσων τὴν πόλιν καὶ δείξων ἀδικοῦσαν, τότε ἐγὼ μὲν τῷ Πύθωνι θρασυνομένῳ καὶ πολλῷ ῥέοντι καθ' ὑμῶν οὐχ ὑπεχώρησα, ἀλλ' ἀναστὰς ἀντεῖπον καὶ τὰ τῆς πόλεως δίκαια οὐχὶ προὔδωκα, ἀλλ' ἀδικοῦντα Φίλιππον ἐξήλεγξα φανερῶς οὕτως ὥστε τοὺς ἐκείνου συμμάχους αὐτοὺς ἀνισταμένους ὁμολογεῖν· οὗτος δὲ συνηγωνίζετο καὶ τἀναντία ἐμαρτύρει τῇ πατρίδι, καὶ ταῦτα ψευδῆ.

137 Καὶ οὐκ ἀπέχρη ταῦτα, ἀλλὰ πάλιν μετὰ ταῦθ' ὕστερον Ἀναξίνῳ τῷ κατασκόπῳ συνιὼν εἰς τὴν Θράσωνος οἰκίαν ἐλήφθη. καίτοι ὅστις τῷ ὑπὸ τῶν πολεμίων πεμφθέντι μόνος μόνῳ συνῄει καὶ ἐκοινολογεῖτο, οὗτος αὐτὸς ὑπῆρχε τῇ φύσει κατάσκοπος καὶ πολέμιος τῇ πατρίδι. Καὶ ὅτι ταῦτ' ἀληθῆ λέγω, κάλει μοι τούτων τοὺς μάρτυρας.

ΜΑΡΤΥΡΕΣ.

[Τελέδημος Κλέωνος, Ὑπερείδης Καλλαίσχρου, Νικόμαχος Διοφάντου μαρτυροῦσι Δημοσθένει καὶ ἐπωμόσαντο ἐπὶ τῶν στρατηγῶν εἰδέναι Αἰσχίνην Ἀτρομήτου Κοθωκίδην συνερχόμενον νυκτὸς εἰς τὴν Θράσωνος οἰκίαν καὶ κοινολογούμενον

Ἀναξίνῳ, ὃς ἐκρίθη εἶναι κατάσκοπος παρὰ Φιλίππου. αὗται ἀπεδόθησαν αἱ μαρτυρίαι ἐπὶ Νικίου, ἑκατομβαιῶνος τρίτῃ ἱσταμένου.]

Μυρία τοίνυν ἕτερ᾿ εἰπεῖν ἔχων περὶ αὐτοῦ 138
παραλείπω. καὶ γὰρ οὕτω πως ἔχει. πολλὰ ἂν ἐγὼ ἔτι τούτων ἔχοιμι δεῖξαι, ὧν οὗτος κατ᾿ ἐκείνους τοὺς χρόνους τοῖς μὲν ἐχθροῖς ὑπηρετῶν ἐμοὶ δ᾿ ἐπηρεάζων εὑρέθη. ἀλλ᾿ οὐ τίθεται ταῦτα παρ᾿ ὑμῖν εἰς ἀκριβῆ μνήμην οὐδ᾿ ἣν προσῆκεν ὀργήν, ἀλλὰ δεδώκατε ἔθει τινὶ φαύλῳ πολλὴν ἐξουσίαν τῷ βουλομένῳ τὸν λέγοντά τι τῶν ὑμῖν συμφερόντων ὑποσκελίζειν καὶ συκοφαντεῖν, τῆς ἐπὶ ταῖς λοιδορίαις ἡδονῆς καὶ χάριτος τὸ τῆς πόλεως συμφέρον ἀνταλλαττόμενοι· διόπερ ῥᾷόν ἐστι καὶ ἀσφαλέστερον ἀεὶ τοῖς ἐχθροῖς ὑπηρετοῦντα μισθαρνεῖν ἢ τὴν ὑπὲρ ὑμῶν ἑλόμενον τάξιν πολιτεύεσθαι.

Καὶ τὸ μὲν δὴ πρὸ τοῦ πολεμεῖν φανερῶς συν- 139
αγωνίζεσθαι Φιλίππῳ δεινὸν μέν, ὦ γῆ καὶ θεοί, πῶς γὰρ οὔ; κατὰ τῆς πατρίδος· δότε δ᾿, εἰ βούλεσθε, δότε αὐτῷ τοῦτο. ἀλλ᾿ ἐπειδὴ φανερῶς ἤδη τὰ πλοῖα ἐσεσύλητο, Χερρόνησος ἐπορθεῖτο, ἐπὶ τὴν Ἀττικὴν ἐπορεύεθ᾿ ἅνθρωπος, οὐκέτ᾿ ἐν ἀμφισβητησίμῳ τὰ πράγματα ἦν ἀλλ᾿ ἐνεστήκει πόλεμος, ὅ τι μὲν πώποτ᾿ ἔπραξεν ὑπὲρ ὑμῶν ὁ βάσκανος οὑτοσὶ ἰαμβειογράφος, οὐκ ἂν ἔχοι δεῖξαι, οὐδ᾿ ἔστιν οὔτε μεῖζον οὔτ᾿ ἔλαττον ψήφισμα

οὐδὲν Αἰσχίνῃ ὑπὲρ τῶν συμφερόντων τῇ πόλει· εἰ δέ φησι, νῦν δειξάτω ἐν τῷ ἐμῷ ὕδατι. ἀλλ' οὐκ ἔστιν οὐδέν. καίτοι δυοῖν αὐτὸν ἀνάγκη θάτερον ἢ μηδὲν τοῖς πραττομένοις ὑπ' ἐμοῦ τότ' ἔχοντ' ἐγκαλεῖν μὴ γράφειν παρὰ ταῦθ' ἕτερα, ἢ τὸ τῶν ἐχθρῶν συμφέρον ζητοῦντα μὴ φέρειν εἰς μέσον τὰ τούτων ἀμείνω.

140 Ἆρ' οὖν οὐδ' ἔλεγεν, ὥσπερ οὐδ' ἔγραφεν, ἡνίκα ἐργάσασθαί τι δέοι κακόν; οὐ μὲν οὖν ἦν εἰπεῖν ἑτέρῳ. καὶ τὰ μὲν ἄλλα καὶ φέρειν ἠδύναθ', ὡς ἔοικεν, ἡ πόλις καὶ ποιῶν οὗτος λανθάνειν· ἓν δ' ἐπεξειργάσατο, ἄνδρες Ἀθηναῖοι, τοιοῦτον, ὃ πᾶσι τοῖς προτέροις ἐπέθηκε τέλος·

---

113. Ταύτης τῆς ἀρᾶς καὶ τῶν ὅρκων καὶ τῆς μαντείας γενομένης, ἀναγεγραμμένων ἔτι καὶ νῦν, οἱ Λοκροὶ οἱ Ἀμφισσεῖς, μᾶλλον δὲ οἱ προεστηκότες αὐτῶν, ἄνδρες παρανομώτατοι, ἐπειργάζοντο τὸ πεδίον, καὶ τὸν λιμένα τὸν ἐξάγιστον καὶ ἐπάρατον πάλιν ἐτείχισαν καὶ συνῴκισαν, καὶ τέλη τοὺς καταπλέοντας ἐξέλεγον, καὶ τῶν ἀφικνουμένων εἰς Δελφοὺς πυλαγόρων ἐνίους χρήμασι διέφθειραν, ὧν εἷς ἦν Δημοσθένης. 114. χειροτονηθεὶς γὰρ ὑφ' ὑμῶν πυλαγόρας λαμβάνει δισχιλίας δραχμὰς παρὰ τῶν Ἀμφισσέων ὑπὲρ τοῦ μηδεμίαν μνείαν περὶ αὐτῶν ἐν τοῖς Ἀμφικτύοσι ποιήσασθαι. διωμολογήθη δ' αὐτῷ καὶ εἰς τὸν λοιπὸν χρόνον ἀποσταλήσεσθαι Ἀθήναζε τοῦ ἐνιαυτοῦ ἑκάστου μνᾶς εἴκοσι τῶν ἐξαγίστων καὶ ἐπαράτων χρημάτων, ἐφ' ᾧτε βοηθήσειν τοῖς Ἀμφισσεῦσιν Ἀθήνησι κατὰ πάντα τρόπον· 116. Ἐξηγγέλλετο δ' ἡμῖν παρὰ τῶν βουλομένων. εὔνοιαν ἐνδείκνυσθαι τῇ πόλει, ὅτι οἱ Ἀμφισσεῖς ὑποπεπτωκότες τότε καὶ δεινῶς θεραπεύοντες τοὺς Θηβαίους εἰσέφερον δόγμα κατὰ τῆς ὑμετέρας πόλεως, πεντήκοντα ταλάντοις ζημιῶσαι τὸν δῆμον τῶν Ἀθηναίων, ὅτι χρυσᾶς ἀσπίδας ἀνέθεμεν πρὸς τὸν καινὸν νεὼν πρὶν ἐξειργάσθαι, καὶ

περὶ οὗ τοὺς πολλοὺς ἀνάλωσε λόγους, τὰ τῶν Ἀμφισσέων τῶν Λοκρῶν διεξιὼν δόγματα, ὡς διαστρέψων τἀληθές. τὸ δ' οὐ τοιοῦτόν ἐστι· πόθεν; οὐδέποτ' ἐκνίψῃ σὺ τἀκεῖ πεπραγμένα σαυτῷ· οὐχ οὕτω πολλὰ ἐρεῖς.

Καλῶ δ' ἐναντίον ὑμῶν, ὦ ἄνδρες Ἀθηναῖοι, 141
τοὺς θεοὺς ἅπαντας καὶ πάσας, ὅσοι τὴν χώραν
ἔχουσι τὴν Ἀττικήν, καὶ τὸν Ἀπόλλω τὸν Πύ-
θιον, ὃς πατρῷός ἐστι τῇ πόλει, καὶ ἐπεύχομαι
πᾶσι τούτοις, εἰ μὲν ἀληθῆ πρὸς ὑμᾶς εἴποιμι
καὶ εἶπον καὶ τότ' εὐθὺς ἐν τῷ δήμῳ, ὅτε πρῶτον
εἶδον τουτονὶ τὸν μιαρὸν τούτου τοῦ πράγματος
ἁπτόμενον (ἔγνων γάρ, εὐθέως ἔγνων), εὐτυχίαν

ἐπεγράψαμεν τὸ προσῆκον ἐπίγραμμα "Ἀθηναῖοι ἀπὸ Μήδων καὶ Θηβαίων ὅτε τἀναντία τοῖς Ἕλλησιν ἐμάχοντο." Μεταπεμψάμενος δ' ἐμὲ ὁ ἱερομνήμων ἠξίου εἰσελθεῖν εἰς τὸ συνέδριον καὶ εἰπεῖν τι πρὸς τοὺς Ἀμφικτύονας ὑπὲρ τῆς πόλεως, καὶ αὐτὸν οὕτω προῃρημένον. 117. Ἀρχομένου δέ μου λέγειν καὶ προθυμότερόν πως εἰσεληλυθότος εἰς τὸ συνέδριον, τῶν ἄλλων πυλαγόρων μεθεστηκότων, ἀναβοήσας τις τῶν Ἀμφισσέων, ἄνθρωπος ἀσελγέστατος καί, ὡς ἐμοὶ ἐφαίνετο, οὐδεμιᾶς παιδείας μετεσχηκώς, ἴσως δὲ καὶ δαιμονίου τινὸς ἐξαμαρτάνειν αὐτὸν προαγομένου, "ἀρχὴν δέ γε," ἔφη, "ὦ ἄνδρες Ἕλληνες, εἰ ἐσωφρονεῖτε, οὐδ' ἂν ὠνομάζετε τοὔνομα τοῦ δήμου τῶν Ἀθηναίων ἐν ταῖσδε ταῖς ἡμέραις, ἀλλ' ὡς ἐναγεῖς ἐξείργετ' ἂν ἐκ τοῦ ἱεροῦ." 118. Ἅμα δὲ ἐμέμνητο τῆς τῶν Φωκέων συμμαχίας, ἣν ὁ Κρώβυλος ἐκεῖνος ἔγραψε, καὶ ἄλλα πολλὰ καὶ δυσχερῆ κατὰ τῆς πόλεως διεξῄει λέγων, ἃ ἐγὼ οὔτε τότ' ἐκαρτέρουν ἀκούων οὔτε νῦν ἡδέως μέμνημαι αὐτῶν. ἀκούσας δὲ οὕτω παρωξύνθην ὡς οὐδεπώποτ' ἐν τῷ ἐμαυτοῦ βίῳ. καὶ τοὺς μὲν ἄλλους λόγους ὑπερβήσομαι· ἐπῆλθε δ' οὖν μοι ἐπὶ τὴν γνώμην μνησθῆναι τῆς τῶν Ἀμφισσέων περὶ

μοι δοῦναι καὶ σωτηρίαν, εἰ δὲ πρὸς ἔχθραν ἢ φιλονεικίας ἰδίας ἕνεκ' αἰτίαν ἐπάγω τούτῳ ψευδῆ, πάντων τῶν ἀγαθῶν ἀνόνητόν με ποιῆσαι.

142 Τί οὖν ταῦτ' ἐπήραμαι καὶ διετεινάμην οὑτωσὶ σφοδρῶς; ὅτι γράμματ' ἔχων ἐν τῷ δημοσίῳ κείμενα, ἐξ ὧν ταῦτ' ἐπιδείξω σαφῶς, καὶ ὑμᾶς εἰδὼς τὰ πεπραγμένα μνημονεύσοντας, ἐκεῖνο φοβοῦμαι, μὴ τῶν εἰργασμένων αὐτῷ κακῶν ὑποληφθῇ οὗτος ἐλάττων· ὅπερ πρότερον συνέβη, ὅτε τοὺς ταλαιπώρους Φωκέας ἐποίησεν ἀπολέσθαι

τὴν γῆν τὴν ἱερὰν ἀσεβείας, καὶ αὐτόθεν ἑστηκὼς ἐδείκνυον τοῖς Ἀμφικτύοσιν (ὑπόκειται γὰρ τὸ Κιρραῖον πεδίον τῷ ἱερῷ καὶ ἔστιν εὐσύνοπτον). 124. Τῇ δὲ ἐπιούσῃ ἡμέρᾳ Κόττυφος ὁ τὰς γνώμας ἐπιψηφίζων ἐκκλησίαν ἐποίει τῶν Ἀμφικτυόνων· ἐκκλησίαν γὰρ ὀνομάζουσιν, ὅταν μὴ μόνον τοὺς πυλαγόρους καὶ τοὺς ἱερομνήμονας συγκαλέσωσιν, ἀλλὰ καὶ τοὺς συνθύοντας καὶ χρωμένους τῷ θεῷ. ἐνταῦθ' ἤδη πολλαὶ μὲν ἐγίγνοντο τῶν Ἀμφισσέων κατηγορίαι, πολὺς δ' ἔπαινος ἦν κατὰ τῆς ἡμετέρας πόλεως· τέλος δὲ παντὸς τοῦ λόγου ψηφίζονται ἥκειν τοὺς ἱερομνήμονας πρὸ τῆς ἐπιούσης πυλαίας ἐν ῥητῷ χρόνῳ εἰς Πύλας, ἔχοντας δόγμα, καθ' ὅ τι δίκην δώσουσιν οἱ Ἀμφισσεῖς ὑπὲρ ὧν εἰς τὸν θεὸν καὶ τὴν γῆν τὴν ἱερὰν καὶ τοὺς Ἀμφικτύονας ἐξήμαρτον. ὅτι δὲ ἀληθῆ λέγω, ἀναγνώσεται ὑμῖν ὁ γραμματεὺς τὸ ψήφισμα.

ΨΗΦΙΣΜΑ.

125. Τοῦ δόγματος τούτου ἀποδοθέντος ὑφ' ἡμῶν ἐν τῇ βουλῇ καὶ πάλιν ἐν τῇ ἐκκλησίᾳ, καὶ τὰς πράξεις ἡμῶν ἀποδεξαμένου τοῦ δήμου καὶ τῆς πόλεως πάσης προαιρουμένης εὐσεβεῖν, καὶ Δημοσθένους ὑπὲρ τοῦ μεσεγγυήματος τοῦ ἐξ Ἀμφίσσης ἀντιλέγοντος καὶ ἐμοῦ φανερῶς ἐναντίον ὑμῶν ἐξελέγχοντος, ἐπειδὴ ἐκ τοῦ φανεροῦ τὴν πόλιν ἄνθρωπος οὐκ ἐδύνατο σφῆλαι, εἰσελ-

τὰ ψευδῆ δεῦρ' ἀπαγγείλας. τὸν γὰρ ἐν Ἀμ- 143
φίσσῃ πόλεμον, δι' ὃν εἰς Ἐλάτειαν ἦλθε Φίλιπ-
πος καὶ δι' ὃν ᾑρέθη τῶν Ἀμφικτυόνων ἡγεμών,
ὃς ἅπαντ' ἀνέτρεψε τὰ τῶν Ἑλλήνων, οὗτός ἐστιν
ὁ συγκατασκευάσας καὶ πάντων εἷς ἀνὴρ τῶν
μεγίστων αἴτιος κακῶν. καὶ τότ' εὐθὺς ἐμοῦ δια-
μαρτυρομένου καὶ βοῶντος ἐν τῇ ἐκκλησίᾳ "πό-
λεμον εἰς τὴν Ἀττικὴν εἰσάγεις, Αἰσχίνη, πόλε-
μον Ἀμφικτυονικόν" οἱ μὲν ἐκ παρακλήσεως
συγκαθήμενοι οὐκ εἴων με λέγειν, οἱ δ' ἐθαύ-

θὼν εἰς τὸ βουλευτήριον καὶ μεταστησάμενος τοὺς ἰδιώτας ἐκφέρεται προβούλευμα εἰς τὴν ἐκκλησίαν, προσλαβὼν τὴν τοῦ γράψαντος ἀπειρίαν· 126. τὸ δ' αὐτὸ τοῦτο καὶ ἐν τῇ ἐκκλησίᾳ διεπράξατο ἐπιψηφισθῆναι καὶ γενέσθαι δήμου ψήφισμα ἤδη ἐπαναστάσης τῆς ἐκκλησίας, ἀπεληλυθότος ἐμοῦ, οὐ γὰρ ἄν ποτε ἐπέτρεψα, καὶ τῶν πολλῶν δὲ ἀφειμένων· οὗ τὸ κεφάλαιόν ἐστι "τὸν ἱερομνήμονα," φησί, "τῶν Ἀθηναίων καὶ τοὺς πυλαγόρους τοὺς ἀεὶ πυλαγοροῦντας πορεύεσθαι εἰς Πύλας καὶ εἰς Δελφοὺς ἐν τοῖς τεταγμένοις χρόνοις ὑπὸ τῶν προγόνων," εὐπρεπῶς γε τῷ ὀνόματι, ἀλλὰ τῷ ἔργῳ αἰσχρῶς· κωλύει γὰρ εἰς τὸν σύλλογον τὸν ἐν Πύλαις ἀπαντᾶν, ὃς ἐξ ἀνάγκης πρὸ τοῦ καθήκοντος ἔμελλε χρόνου γίγνεσθαι. 127. καὶ πάλιν ἐν τῷ αὐτῷ ψηφίσματι πολὺ καὶ σαφέστερον καὶ πικρότερον σύγγραμμα γράφει "τὸν ἱερομνήμονα," φησί, "τῶν Ἀθηναίων καὶ τοὺς πυλαγόρους τοὺς ἀεὶ πυλαγοροῦντας μὴ μετέχειν τοῖς ἐκεῖ συλλεγομένοις μήτε λόγων μήτε ἔργων μήτε δογμάτων μήτε πράξεως μηδεμιᾶς." τὸ δὲ μὴ μετέχειν τί ἐστι; πότερα τἀληθὲς εἴπω ἢ τὸ ἥδιστον ἀκοῦσαι; τὸ ἀληθὲς ἐρῶ· τὸ γὰρ ἀεὶ πρὸς ἡδονὴν λεγόμενον οὑτωσὶ τὴν πόλιν διατέθεικεν. οὐκ ἐᾷ μεμνῆσθαι τῶν ὅρκων, οὓς ἡμῶν οἱ πρόγονοι ὤμοσαν, οὐδὲ τῆς ἀρᾶς οὐδὲ τῆς τοῦ θεοῦ μαντείας. 128. Ἡμεῖς μὲν οὖν, ὦ Ἀθηναῖοι, κατεμείναμεν διὰ τοῦτο τὸ

μαζον καὶ κενὴν αἰτίαν διὰ τὴν ἰδίαν ἔχθραν
144 ἐπάγειν με ὑπελάμβανον αὐτῷ. ἥτις δ᾽ ἡ φύσις,
ὦ ἄνδρες Ἀθηναῖοι, γέγονε τούτων τῶν πραγμά-
των, καὶ τίνος εἵνεκα ταῦτα συνεσκευάσθη καὶ
πῶς ἐπράχθη, νῦν ὑπακούσατε, ἐπειδὴ τότε ἐκω-
λύθητε· καὶ γὰρ εὖ πρᾶγμα συντεθὲν ὄψεσθε, καὶ
μεγάλα ὠφελήσεσθε πρὸς ἱστορίαν τῶν κοινῶν,
καὶ ὅση δεινότης ἦν ἐν τῷ Φιλίππῳ, θεάσεσθε.

145 Οὐκ ἦν τοῦ πρὸς ὑμᾶς πολέμου πέρας οὐδ᾽
ἀπαλλαγὴ Φιλίππῳ, εἰ μὴ Θηβαίους καὶ Θετταλοὺς ἐχθροὺς ποιήσειε τῇ πόλει· ἀλλὰ καίπερ ἀθλίως καὶ κακῶς τῶν στρατηγῶν τῶν ὑμετέρων πολεμούντων αὐτῷ ὅμως ὑπ᾽ αὐτοῦ τοῦ πολέμου καὶ τῶν λῃστῶν μυρία ἔπασχε κακά. οὔτε γὰρ ἐξήγετο τῶν ἐκ τῆς χώρας γιγνομένων οὐδέν, οὔτ᾽
146 εἰσήγετο ὧν ἐδεῖτ᾽ αὐτῷ· ἦν δὲ οὔτ᾽ ἐν τῇ θαλάττῃ τότε κρείττων ὑμῶν, οὔτ᾽ εἰς τὴν Ἀττικὴν ἐλθεῖν δυνατὸς μήτε Θετταλῶν ἀκολουθούντων μήτε

ψήφισμα, οἱ δ᾽ ἄλλοι Ἀμφικτύονες συνελέγησαν εἰς Πύλας πλὴν μιᾶς πόλεως, ἧς ἐγὼ οὔτ᾽ ἂν τοὔνομα εἴποιμι, μήθ᾽ αἱ συμφοραὶ παραπλήσιοι γένοιντο αὐτῆς μηδενὶ τῶν Ἑλλήνων. καὶ συνελθόντες ἐψηφίσαντο ἐπιστρατεύειν ἐπὶ τοὺς Ἀμφισσέας, καὶ στρατηγὸν εἵλοντο Κόττυφον τὸν Φαρσάλιον τὸν τότε τὰς γνώμας ἐπιψηφίζοντα, οὐκ ἐπιδημοῦντος ἐν Μακεδονίᾳ Φιλίππου, ἀλλ᾽ οὐδ᾽ ἐν τῇ Ἑλλάδι παρόντος, ἀλλ᾽ ἐν Σκύθαις οὕτω μακρὰν ἀπόντος· ὃν αὐτίκα μάλα τολμήσει λέγειν Δημοσθένης ὡς ἐγὼ ἐπὶ τοὺς Ἕλληνας ἐπήγαγον. 129. Καὶ παρελθόντες τῇ πρώτῃ στρατείᾳ καὶ μάλα μετρίως ἐχρήσαντο τοῖς Ἀμφισσεῦσιν· ἀντὶ

Θηβαίων διιέντων· συνέβαινε δὲ αὐτῷ τῷ πο-
λέμῳ κρατοῦντι τοὺς ὁποιουσδήποθ' ὑμεῖς ἐξε-
πέμπετε στρατηγούς (ἐῶ γὰρ τοῦτό γε) αὐτῇ τῇ
φύσει τοῦ τόπου καὶ τῶν ὑπαρχόντων ἑκατέροις
κακοπαθεῖν. εἰ μὲν οὖν τῆς ἰδίας ἕνεκ' ἔχθρας ἢ 147
τοὺς Θετταλοὺς ἢ τοὺς Θηβαίους συμπείθοι βαδί-
ζειν ἐφ' ὑμᾶς, οὐδέν' ἂν ἡγεῖτο προσέξειν αὐτῷ
τὸν νοῦν· ἐὰν δὲ τὰς ἐκείνων κοινὰς προφάσεις
λαβὼν ἡγεμὼν αἱρεθῇ, ῥᾷον ἤλπιζε τὰ μὲν παρα-
κρούσεσθαι τὰ δὲ πείσειν. τί οὖν; ἐπιχειρεῖ,
θεάσασθ' ὡς εὖ, πόλεμον ποιῆσαι τοῖς Ἀμφι-
κτύοσι καὶ περὶ τὴν Πυλαίαν ταραχήν· εἰς γὰρ
ταῦθ' εὐθὺς αὐτοὺς ὑπελάμβανεν αὐτοῦ δεήσε-
σθαι. εἰ μὲν τοίνυν τοῦτο ἢ τῶν παρ' ἑαυτοῦ 148
πεμπομένων ἱερομνημόνων ἢ τῶν ἐκείνου συμ-
μάχων εἰσηγοῖτό τις, ὑπόψεσθαι τὸ πρᾶγμα ἐνό-
μιζε καὶ τοὺς Θηβαίους καὶ τοὺς Θετταλοὺς καὶ
πάντας φυλάξεσθαι, ἂν δ' Ἀθηναῖος ᾖ καὶ παρ'

γὰρ τῶν μεγίστων ἀδικημάτων χρήμασιν αὐτοὺς ἐζημίωσαν, καὶ ταῦτ' ἐν ῥητῷ χρόνῳ προεῖπον τῷ θεῷ καταθεῖναι, καὶ τοὺς μὲν ἐναγεῖς καὶ τῶν πεπραγμένων αἰτίους μετεστήσαντο, τοὺς δὲ δι' εὐσέβειαν φυγόντας κατήγαγον. Ἐπειδὴ δὲ οὔτε τὰ χρήματα ἐξέτινον τῷ θεῷ τούς τ' ἐναγεῖς κατήγαγον καὶ τοὺς εὐσεβεῖς κατελθόντας διὰ τῶν Ἀμφικτυόνων ἐξέβαλον, οὕτως ἤδη τὴν δευτέραν ἐπὶ τοὺς Ἀμφισσέας στρατείαν ἐποιήσαντο, πολλῷ χρόνῳ ὕστερον, ἐπανεληλυθότος Φιλίππου ἐκ τῆς ἐπὶ τοὺς Σκύθας στρατείας, τῶν μὲν θεῶν τὴν ἡγεμονίαν τῆς εὐσεβείας ἡμῖν παραδεδωκότων, τῆς δὲ Δημοσθένους δωροδοκίας ἐμποδὼν γεγενημένης.

ὑμῶν τῶν ὑπεναντίων ὁ τοῦτο ποιῶν, εὐπόρως λή-
σειν· ὅπερ συνέβη. πῶς οὖν ταῦτ᾽ ἐποίησεν;
149 μισθοῦται τουτονί. οὐδενὸς δὲ προειδότος, οἶμαι,
τὸ πρᾶγμα οὐδὲ φυλάττοντος, ὥσπερ εἴωθε τὰ
τοιαῦτα παρ᾽ ὑμῖν γίγνεσθαι, προβληθεὶς πυλά-
γορος οὗτος καὶ τριῶν ἢ τεττάρων χειροτονη-
σάντων αὐτὸν ἀνερρήθη. ὡς δὲ τὸ τῆς πόλεως
ἀξίωμα λαβὼν ἀφίκετο εἰς τοὺς Ἀμφικτύονας,
πάντα τἆλλ᾽ ἀφεὶς καὶ παριδὼν ἐπέραινεν ἐφ᾽ οἷς
ἐμισθώθη, καὶ λόγους εὐπροσώπους καὶ μύθους,
ὅθεν ἡ Κιρραία χώρα καθιερώθη, συνθεὶς καὶ
διεξελθὼν ἀνθρώπους ἀπείρους λόγων καὶ τὸ μέλ-
150 λον οὐ προορωμένους, τοὺς ἱερομνήμονας, πείθει
ψηφίσασθαι περιελθεῖν τὴν χώραν ἣν οἱ μὲν Ἀμ-
φισσεῖς σφῶν αὐτῶν οὖσαν γεωργεῖν ἔφασαν,
οὗτος δὲ τῆς ἱερᾶς χώρας ᾐτιᾶτο εἶναι, οὐδεμίαν
δίκην τῶν Λοκρῶν ἐπαγόντων ἡμῖν, οὐδ᾽ ἃ νῦν
οὗτος προφασίζεται, λέγων οὐκ ἀληθῆ. γνώ-
σεσθε δ᾽ ἐκεῖθεν. οὐκ ἐνῆν ἄνευ τοῦ προσκαλέ-
σασθαι δήπου τοῖς Λοκροῖς δίκην κατὰ τῆς πό-
λεως τελέσασθαι. τίς οὖν ἐκλήτευσεν ἡμᾶς;
ἀπὸ ποίας ἀρχῆς; εἰπὲ τὸν εἰδότα, δεῖξον. ἀλλ᾽
οὐκ ἂν ἔχοις, ἀλλὰ κενῇ προφάσει ταύτῃ κατε-
151 χρῶ καὶ ψευδεῖ. περιιόντων τοίνυν τὴν χώραν
τῶν Ἀμφικτυόνων κατὰ τὴν ὑφήγησιν τὴν τού-
του, προσπεσόντες οἱ Λοκροὶ μικροῦ κατηκόν-
τισαν ἅπαντας, τινὰς δὲ καὶ συνήρπασαν τῶν

ἱερομνημόνων. ὡς δ' ἅπαξ ἐκ τούτων ἐγκλήματα καὶ πόλεμος πρὸς τοὺς Ἀμφισσεῖς ἐταράχθη, τὸ μὲν πρῶτον ὁ Κόττυφος αὐτῶν τῶν Ἀμφικτυόνων ἤγαγε στρατιάν, ὡς δ' οἱ μὲν οὐκ ἦλθον, οἱ δ' ἐλθόντες οὐδὲν ἐποίουν, εἰς τὴν ἐπιοῦσαν Πυλαίαν ἐπὶ τὸν Φίλιππον εὐθὺς ἡγεμόνα ἦγον οἱ κατεσκευασμένοι καὶ πάλαι πονηροὶ τῶν Θετταλῶν καὶ τῶν ἐν ταῖς ἄλλαις πόλεσιν. καὶ 152
προφάσεις εὐλόγους εἰλήφεσαν· ἢ γὰρ αὐτοὺς εἰσφέρειν καὶ ξένους τρέφειν ἔφασαν δεῖν καὶ ζημιοῦν τοὺς μὴ ταῦτα ποιοῦντας, ἢ ἐκεῖνον αἱρεῖσθαι. τί δεῖ τὰ πολλὰ λέγειν; ᾑρέθη γὰρ ἐκ τούτων ἡγεμών. καὶ μετὰ ταῦτ' εὐθέως δύναμιν συλλέξας καὶ παρελθὼν ὡς ἐπὶ τὴν Κιρραίαν, ἐρρῶσθαι φράσας πολλὰ Κιρραίοις καὶ Λοκροῖς, τὴν Ἐλάτειαν καταλαμβάνει. εἰ μὲν 153
οὖν μὴ μετέγνωσαν εὐθέως, ὡς τοῦτ' εἶδον, οἱ Θηβαῖοι καὶ μεθ' ἡμῶν ἐγένοντο, ὥσπερ χειμάρρους ἂν ἅπαν τοῦτο τὸ πρᾶγμα εἰς τὴν πόλιν εἰσέπεσεν· νῦν δὲ τό γ' ἐξαίφνης ἐπέσχον αὐτὸν ἐκεῖνοι, μάλιστα μέν, ὦ ἄνδρες Ἀθηναῖοι, θεῶν τινὸς εὐνοίᾳ πρὸς ὑμᾶς, εἶτα μέντοι, καὶ ὅσον καθ' ἕνα ἄνδρα, καὶ δι' ἐμέ. Δὸς δέ μοι τὰ δόγματα ταῦτα καὶ τοὺς χρόνους ἐν οἷς ἕκαστα πέπρακται, ἵν' εἰδῆτε ἡλίκα πράγματα ἡ μιαρὰ κεφαλὴ ταράξασα αὕτη δίκην οὐκ ἔδωκεν. λέγε μοι τὰ δόγματα.

ΔΟΓΜΑΤΑ ΑΜΦΙΚΤΥΟΝΩΝ.

154 [Ἐπὶ ἱερέως Κλειναγόρου, ἐαρινῆς Πυλαίας, ἔδοξε τοῖς πυλαγόροις καὶ τοῖς συνέδροις τῶν Ἀμφικτυόνων καὶ τῷ κοινῷ τῶν Ἀμφικτυόνων, ἐπειδὴ Ἀμφισσεῖς ἐπιβαίνουσιν ἐπὶ τὴν ἱερὰν χώραν καὶ σπείρουσι καὶ βοσκήμασι κατανέμουσιν, ἐπελθεῖν τοὺς πυλαγόρους καὶ τοὺς συνέδρους, καὶ στήλαις διαλαβεῖν τοὺς ὅρους, καὶ ἀπειπεῖν τοῖς Ἀμφισσεῦσι τοῦ λοιποῦ μὴ ἐπιβαίνειν.]

ΕΤΕΡΟΝ ΔΟΓΜΑ.

155 [Ἐπὶ ἱερέως Κλειναγόρου, ἐαρινῆς Πυλαίας, ἔδοξε τοῖς πυλαγόροις καὶ τοῖς συνέδροις τῶν Ἀμφικτυόνων καὶ τῷ κοινῷ τῶν Ἀμφικτυόνων, ἐπειδὴ οἱ ἐξ Ἀμφίσσης τὴν ἱερὰν χώραν καταγειμάμενοι γεωργοῦσι καὶ βοσκήματα νέμουσι, καὶ κωλυόμενοι τοῦτο ποιεῖν, ἐν τοῖς ὅπλοις παραγενόμενοι, τὸ κοινὸν τῶν Ἑλλήνων συνέδριον κεκωλύκασι μετὰ βίας, τινὰς δὲ καὶ τετραυματίκασιν, τὸν στρατηγὸν τὸν ᾑρημένον τῶν Ἀμφικτυόνων Κόττυφον τὸν Ἀρκάδα πρεσβεῦσαι πρὸς Φίλιππον τὸν Μακεδόνα, καὶ ἀξιοῦν ἵνα βοηθήσῃ τῷ τε Ἀπόλλωνι καὶ τοῖς Ἀμφικτύοσιν, ὅπως μὴ περιίδῃ ὑπὸ τῶν ἀσεβῶν Ἀμφισσέων τὸν θεὸν πλημμελούμενον· καὶ διότι αὐτὸν στρατηγὸν αὐτοκράτορα αἱροῦνται οἱ Ἕλληνες οἱ μετέχοντες τοῦ συνεδρίου τῶν Ἀμφικτυόνων.]

Λέγε δὴ καὶ τοὺς χρόνους ἐν οἷς ταῦτ' ἐγίγνετο· εἰσὶ γὰρ καθ' οὓς ἐπυλαγόρησεν οὗτος. λέγε.

ΧΡΟΝΟΙ.

[Ἄρχων Μνησιθείδης, μηνὸς ἀνθεστηριῶνος ἕκτῃ ἐπὶ δεκάτῃ.]

Δὸς δὴ τὴν ἐπιστολὴν ἥν, ὡς οὐχ ὑπήκουον 156 οἱ Θηβαῖοι, πέμπει πρὸς τοὺς ἐν Πελοποννήσῳ συμμάχους ὁ Φίλιππος, ἵν' εἰδῆτε καὶ ἐκ ταύτης σαφῶς ὅτι τὴν μὲν ἀληθῆ πρόφασιν τῶν πραγμάτων, τὸ ταῦτ' ἐπὶ τὴν Ἑλλάδα καὶ τοὺς Θηβαίους καὶ ὑμᾶς πράττειν, ἀπεκρύπτετο, κοινὰ δὲ καὶ τοῖς Ἀμφικτύοσι δόξαντα ποιεῖν προσεποιεῖτο· ὁ δὲ τὰς ἀφορμὰς ταύτας καὶ τὰς προφάσεις αὐτῷ παρασχὼν οὗτος ἦν. λέγε.

ΕΠΙΣΤΟΛΗ.

[Βασιλεὺς Μακεδόνων Φίλιππος Πελοποννησίων τῶν ἐν τῇ 157 συμμαχίᾳ τοῖς δημιουργοῖς καὶ τοῖς συνέδροις καὶ τοῖς ἄλλοις συμμάχοις πᾶσι χαίρειν. ἐπειδὴ Λοκροὶ οἱ καλούμενοι Ὀζόλαι, κατοικοῦντες ἐν Ἀμφίσσῃ, πλημμελοῦσιν εἰς τὸ ἱερὸν τοῦ Ἀπόλλωνος τοῦ ἐν Δελφοῖς καὶ τὴν ἱερὰν χώραν ἐρχόμενοι μεθ' ὅπλων λεηλατοῦσι, βούλομαι τῷ θεῷ μεθ' ὑμῶν βοηθεῖν καὶ ἀμύνασθαι τοὺς παραβαίνοντάς τι τῶν ἐν ἀνθρώποις εὐσεβῶν· ὥστε συναντᾶτε μετὰ τῶν ὅπλων εἰς τὴν Φωκίδα, ἔχοντες ἐπισιτισμὸν ἡμερῶν τεσσαράκοντα, τοῦ ἐνεστῶτος μηνὸς λῴου, ὡς ἡμεῖς ἄγομεν, ὡς δὲ Ἀθηναῖοι, βοηδρομιῶνος, ὡς δὲ Κορίνθιοι, πανέμου. τοῖς δὲ μὴ συναντήσασι πανδημεὶ χρησόμεθα, τοῖς δὲ συμβούλοις ἡμῖν κειμένοις ἐπιζημίοις. εὐτυχεῖτε.]

Ὁρᾶθ' ὅτι φεύγει τὰς ἰδίας προφάσεις, εἰς δὲ 158 τὰς Ἀμφικτυονικὰς καταφεύγει. τίς οὖν ὁ ταῦτα συμπαρασκευάσας αὐτῷ; τίς ὁ τὰς προφάσεις ταύτας ἐνδούς; τίς ὁ τῶν κακῶν τῶν γεγενημένων μάλιστα αἴτιος; οὐχ οὗτος; μὴ τοίνυν

λέγετε, ὦ ἄνδρες Ἀθηναῖοι, περιιόντες ὡς ὑφ' ἑνὸς τοιαῦτα πέπονθεν ἡ Ἑλλὰς ἀνθρώπου. οὐχ ὑφ' ἑνός, ἀλλ' ὑπὸ πολλῶν καὶ πονηρῶν παρ'
159 ἑκάστοις, ὦ γῆ καὶ θεοί· ὧν εἷς οὑτοσί, ὅν, εἰ μηδὲν εὐλαβηθέντα τἀληθὲς εἰπεῖν δέοι, οὐκ ἂν ὀκνήσαιμι ἔγωγε κοινὸν ἀλιτήριον τῶν μετὰ ταῦτα ἀπολωλότων ἁπάντων εἰπεῖν, ἀνθρώπων, τόπων, πόλεων· ὁ γὰρ τὸ σπέρμα παρασχών, οὗτος τῶν φύντων κακῶν αἴτιος. ὃν ὅπως ποτὲ οὐκ εὐθὺς ἰδόντες ἀπεστράφητε, θαυμάζω· πλὴν πολύ τι σκότος, ὡς ἔοικεν, ἐστὶ παρ' ὑμῖν πρὸ τῆς ἀληθείας.

160 Συμβέβηκε τοίνυν μοι τῶν κατὰ τῆς πατρίδος τούτῳ πεπραγμένων ἁψαμένῳ εἰς ἃ τούτοις ἐναντιούμενος αὐτὸς πεπολίτευμαι ἀφῖχθαι· ἃ πολλῶν μὲν ἕνεκ' ἂν εἰκότως ἀκούσαιτέ μου, μάλιστα δ' ὅτι αἰσχρόν ἐστιν, ὦ ἄνδρες Ἀθηναῖοι, εἰ ἐγὼ μὲν τὰ ἔργα τῶν ὑπὲρ ὑμῶν πόνων ὑπέμεινα, ὑμεῖς δὲ μηδὲ τοὺς λόγους αὐτῶν ἀνέξεσθε.
161 ὁρῶν γὰρ ἐγὼ Θηβαίους, σχεδὸν δὲ καὶ ὑμᾶς ὑπὸ τῶν τὰ Φιλίππου φρονούντων καὶ διεφθαρμένων παρ' ἑκατέροις ὃ μὲν ἦν ἀμφοτέροις φοβερὸν καὶ φυλακῆς πολλῆς δεόμενον, τὸ τὸν Φίλιππον ἐᾶν αὐξάνεσθαι, παρορῶντας καὶ οὐδὲ καθ' ἓν φυλαττομένους, εἰς ἔχθραν δὲ καὶ τὸ προσκρούειν ἀλλήλοις ἑτοίμως ἔχοντας, ὅπως τοῦτο μὴ γένοιτο παρατηρῶν διετέλουν, οὐκ ἀπὸ τῆς

ἐμαυτοῦ γνώμης μόνον ταῦτα συμφέρειν ὑπολαμβάνων, ἀλλ' εἰδὼς Ἀριστοφῶντα καὶ πάλιν Εὔ- 162
βουλον πάντα τὸν χρόνον βουλομένους πρᾶξαι ταύτην τὴν φιλίαν, καὶ περὶ τῶν ἄλλων πολλάκις ἀντιλέγοντας τοῦθ' ὁμογνωμονοῦντας ἀεί. οὓς σὺ ζῶντας μέν, ὦ κίναδος, κολακεύων παρηκολούθεις, τεθνεώτων δ' οὐκ αἰσθάνει κατηγορῶν· ἃ γὰρ περὶ Θηβαίων ἐπιτιμᾷς ἐμοί, ἐκείνων πολὺ μᾶλλον ἢ ἐμοῦ κατηγορεῖς, τῶν πρότερον ἢ ἐγὼ ταύτην τὴν συμμαχίαν δοκιμασάντων. ἀλλ' 163
ἐκεῖσε ἐπάνειμι, ὅτι τὸν ἐν Ἀμφίσσῃ πόλεμον τούτου μὲν ποιήσαντος, συμπεραναμένων δὲ τῶν ἄλλων τῶν συνεργῶν αὐτῷ τὴν πρὸς Θηβαίους ἔχθραν, συνέβη τὸν Φίλιππον ἐλθεῖν ἐφ' ἡμᾶς, οὗπερ ἕνεκα τὰς πόλεις οὗτοι συνέκρουον, καὶ εἰ μὴ προεξανέστημεν μικρόν, οὐδ' ἀναλαβεῖν ἂν ἠδυνήθημεν· οὕτω μέχρι πόρρω προήγαγον οὗτοι τὴν ἔχθραν. ἐν οἷς δ' ἦτε ἤδη τὰ πρὸς ἀλλήλους, τουτωνὶ τῶν ψηφισμάτων ἀκούσαντες καὶ τῶν ἀποκρίσεων εἴσεσθε. Καί μοι λέγε ταῦτα λαβών.

ΨΗΦΙΣΜΑΤΑ.

[Ἐπὶ ἄρχοντος Ἡροπύθου, μηνὸς ἐλαφηβολιῶνος ἕκτῃ φθί- 164
νοντος, φυλῆς πρυτανευούσης Ἐρεχθηΐδος, βουλῆς καὶ στρατηγῶν γνώμῃ, ἐπειδὴ Φίλιππος ἃς μὲν κατείληφε πόλεις τῶν ἀστυγειτόνων, τινὰς δὲ πορθεῖ, κεφαλαίῳ δὲ ἐπὶ τὴν Ἀττικὴν παρασκευάζεται παραγίγνεσθαι, παρ' οὐδὲν ἡγούμενος τὰς ἡμετέρας συνθήκας, καὶ τοὺς ὅρκους λύειν ἐπιβάλλεται καὶ τὴν

εἰρήνην, παραβαίνων τὰς κοινὰς πίστεις, δεδόχθαι τῇ βουλῇ καὶ τῷ δήμῳ πέμπειν πρὸς αὐτὸν πρέσβεις, οἵτινες αὐτῷ διαλέξονται καὶ παρακαλέσουσιν αὐτὸν μάλιστα μὲν τὴν πρὸς ἡμᾶς ὁμόνοιαν διατηρεῖν καὶ τὰς συνθήκας, εἰ δὲ μή, πρὸς τὸ βουλεύσασθαι δοῦναι χρόνον τῇ πόλει καὶ τὰς ἀνοχὰς ποιήσασθαι μέχρι τοῦ θαργηλιῶνος μηνός. ᾑρέθησαν ἐκ βουλῆς Σῖμος Ἀναγυράσιος, Εὐθύδημος Φλυάσιος, Βουλαγόρας Ἀλωπεκῆθεν.]

ΨΗΦΙΣΜΑ.

165 [Ἐπὶ ἄρχοντος Ἡροπύθου, μηνὸς μουνυχιῶνος ἕνῃ καὶ νέᾳ, πολεμάρχου γνώμῃ, ἐπειδὴ Φίλιππος εἰς ἀλλοτριότητα Θηβαίους πρὸς ἡμᾶς ἐπιβάλλεται καταστῆσαι, παρεσκεύασται δὲ καὶ παντὶ τῷ στρατεύματι πρὸς τοὺς ἔγγιστα τῆς Ἀττικῆς παραγίγνεσθαι τόπους, παραβαίνων τὰς πρὸς ἡμᾶς ὑπαρχούσας αὐτῷ συνθήκας, δεδόχθαι τῇ βουλῇ καὶ τῷ δήμῳ πέμψαι πρὸς αὐτὸν κήρυκα καὶ πρέσβεις, οἵτινες ἀξιώσουσι καὶ παρακαλέσουσιν αὐτὸν ποιήσασθαι τὰς ἀνοχάς, ὅπως ἐνδεχομένως ὁ δῆμος βουλεύσηται· καὶ γὰρ νῦν οὐ κέκρικε βοηθεῖν ἐν οὐδενὶ τῶν μετρίων. ᾑρέθησαν ἐκ βουλῆς Νέαρχος Σωσινόμου, Πολυκράτης Ἐπίφρονος, καὶ κῆρυξ Εὔνομος Ἀναφλύστιος ἐκ τοῦ δήμου.]

166 Λέγε δὴ καὶ τὰς ἀποκρίσεις.

ΑΠΟΚΡΙΣΙΣ ΑΘΗΝΑΙΟΙΣ.

[Βασιλεὺς Μακεδόνων Φίλιππος Ἀθηναίων τῇ βουλῇ καὶ τῷ δήμῳ χαίρειν. ἣν μὲν ἀπ' ἀρχῆς εἴχετε πρὸς ἡμᾶς αἵρεσιν, οὐκ ἀγνοῶ, καὶ τίνα σπουδὴν ποιεῖσθε προσκαλέσασθαι βουλόμενοι Θετταλοὺς καὶ Θηβαίους, ἔτι δὲ καὶ Βοιωτούς· βέλτιον δ' αὐτῶν φρονούντων καὶ μὴ βουλομένων ἐφ' ὑμῖν ποιήσασθαι τὴν ἑαυτῶν αἵρεσιν, ἀλλὰ κατὰ τὸ συμφέρον ἱσταμένων, νῦν ἐξ ὑποστροφῆς ἀποστείλαντες ὑμεῖς πρός με πρέσβεις καὶ κήρυκα συνθηκῶν μνημονεύετε καὶ τὰς ἀνοχὰς αἰτεῖσθε, κατ' οὐδὲν ὑφ' ἡμῶν πεπλημμελημένοι. ἐγὼ μέντοι ἀκούσας τῶν πρεσβευτῶν συγκατατίθεμαι τοῖς παρακαλουμένοις καὶ ἕτοιμός εἰμι ποιεῖσθαι τὰς ἀνοχάς, ἄν περ τοὺς οὐκ ὀρθῶς συμβουλεύοντας ὑμῖν παραπέμψαντες τῆς προσηκούσης ἀτιμίας ἀξιώσητε. ἔρρωσθε.

ΑΠΟΚΡΙΣΙΣ ΘΗΒΑΙΟΙΣ.

[Βασιλεὺς Μακεδόνων Φίλιππος Θηβαίων τῇ βουλῇ καὶ τῷ 167
δήμῳ χαίρειν. ἐκομισάμην τὴν παρ' ὑμῶν ἐπιστολήν, δι' ἧς μοι τὴν ὁμόνοιαν καὶ τὴν εἰρήνην ἀνανεοῦσθε. πυνθάνομαι μέντοι διότι πᾶσαν ὑμῖν Ἀθηναῖοι προσφέρονται φιλοτιμίαν βουλόμενοι ὑμᾶς συγκαταίνους γενέσθαι τοῖς ὑπ' αὐτῶν παρακαλουμένοις. πρότερον μὲν οὖν ὑμῶν κατεγίγνωσκον ἐπὶ τῷ μέλλειν πείθεσθαι ταῖς ἐκείνων ἐλπίσι καὶ ἐπακολουθεῖν αὐτῶν τῇ προαιρέσει. νῦν δ' ἐπιγνοὺς ὑμᾶς τὰ πρὸς ἡμᾶς ἐζητηκότας ἔχειν εἰρήνην μᾶλλον ἢ ταῖς ἑτέρων ἐπακολουθεῖν γνώμαις, ἥσθην καὶ μᾶλλον ὑμᾶς ἐπαινῶ κατὰ πολλά, μάλιστα δ' ἐπὶ τῷ βουλεύσασθαι περὶ τούτων ἀσφαλέστερον καὶ τὰ πρὸς ἡμᾶς ἔχειν ἐν εὐνοίᾳ· ὅπερ οὐ μικρὰν ὑμῖν οἴσειν ἐλπίζω ῥοπήν, ἐάν περ ἐπὶ ταύτης μένητε τῆς προθέσεως. ἔρρωσθε.]

Οὕτω διαθεὶς ὁ Φίλιππος τὰς πόλεις πρὸς ἀλ- 168
λήλας διὰ τούτων, καὶ τούτοις ἐπαρθεὶς τοῖς ψηφίσμασι καὶ ταῖς ἀποκρίσεσιν, ἧκεν ἔχων τὴν δύναμιν καὶ τὴν Ἐλάτειαν κατέλαβεν, ὡς οὐδ' ἂν εἴ τι γένοιτο ἔτι συμπνευσάντων ἂν ἡμῶν καὶ τῶν Θηβαίων. ἀλλὰ μὴν τὸν τότε συμβάντα ἐν τῇ πόλει θόρυβον ἴστε μὲν ἅπαντες, μικρὰ δ' ἀκούσατε ὅμως, αὐτὰ τἀναγκαιότατα.

Ἑσπέρα μὲν γὰρ ἦν, ἧκε δ' ἀγγέλλων τις ὡς 169

τοὺς πρυτάνεις ὡς Ἐλάτεια κατείληπται. καὶ
μετὰ ταῦτα οἱ μὲν εὐθὺς ἐξαναστάντες μεταξὺ
δειπνοῦντες τούς τ' ἐκ τῶν σκηνῶν τῶν κατὰ τὴν
ἀγορὰν ἐξεῖργον καὶ τὰ γέρρα ἐνεπίμπρασαν, οἱ
δὲ τοὺς στρατηγοὺς μετεπέμποντο καὶ τὸν σαλ-
πιγκτὴν ἐκάλουν, καὶ θορύβου πλήρης ἦν ἡ πόλις.
τῇ δ' ὑστεραίᾳ ἅμα τῇ ἡμέρᾳ οἱ μὲν πρυτάνεις
τὴν βουλὴν ἐκάλουν εἰς τὸ βουλευτήριον, ὑμεῖς δ'
εἰς τὴν ἐκκλησίαν ἐπορεύεσθε, καὶ πρὶν ἐκείνην
χρηματίσαι καὶ προβουλεῦσαι πᾶς ὁ δῆμος ἄνω
170 καθῆτο. καὶ μετὰ ταῦτα ὡς ἦλθεν ἡ βουλὴ καὶ
ἀπήγγειλαν οἱ πρυτάνεις τὰ προσηγγελμένα ἑαυ-
τοῖς καὶ τὸν ἥκοντα παρήγαγον κἀκεῖνος εἶπεν,
ἠρώτα μὲν ὁ κῆρυξ "τίς ἀγορεύειν βούλεται;"
παρῄει δ' οὐδείς. πολλάκις δὲ τοῦ κήρυκος ἐρω-
τῶντος οὐδὲν μᾶλλον ἀνίστατ' οὐδείς, ἁπάντων
μὲν τῶν στρατηγῶν παρόντων, ἁπάντων δὲ τῶν
ῥητόρων, καλούσης δὲ τῆς κοινῆς πατρίδος φωνῆς
τὸν ἐροῦνθ' ὑπὲρ σωτηρίας· ἣν γὰρ ὁ κῆρυξ
κατὰ τοὺς νόμους φωνὴν ἀφίησι, ταύτην κοινὴν
171 τῆς πατρίδος δίκαιόν ἐστιν ἡγεῖσθαι. καίτοι εἰ
μὲν τοὺς σωθῆναι τὴν πόλιν βουλομένους παρελ-
θεῖν ἔδει, πάντες ἂν ὑμεῖς καὶ οἱ ἄλλοι Ἀθη-
ναῖοι ἀναστάντες ἐπὶ τὸ βῆμα ἐβαδίζετε· πάντες
γὰρ οἶδ' ὅτι σωθῆναι αὐτὴν ἐβούλεσθε· εἰ δὲ
τοὺς πλουσιωτάτους, οἱ τριακόσιοι· εἰ δὲ τοὺς
ἀμφότερα ταῦτα, καὶ εὔνους τῇ πόλει καὶ πλου-

σίους, οἱ μετὰ ταῦτα τὰς μεγάλας ἐπιδόσεις ἐπι-
δόντες· καὶ γὰρ εὐνοίᾳ καὶ πλούτῳ τοῦτ᾽ ἐποίη-
σαν. ἀλλ᾽ ὡς ἔοικεν, ἐκεῖνος ὁ καιρὸς καὶ ἡ 172
ἡμέρα ἐκείνη οὐ μόνον εὔνουν καὶ πλούσιον ἄν-
δρα ἐκάλει, ἀλλὰ καὶ παρηκολουθηκότα τοῖς πράγμασιν ἐξ ἀρχῆς, καὶ συλλελογισμένον ὀρθῶς τίνος ἕνεκα ταῦτ᾽ ἔπραττεν ὁ Φίλιππος καὶ τί βουλόμενος· ὁ γὰρ μὴ ταῦτ᾽ εἰδὼς μηδ᾽ ἐξητακὼς πόρρωθεν, οὔτ᾽ εἰ εὔνους ἦν οὔτ᾽ εἰ πλούσιος, οὐδὲν μᾶλλον ἤμελλεν ὅ τι χρὴ ποιεῖν εἴσεσθαι οὐδ᾽
ὑμῖν ἕξειν συμβουλεύειν. ἐφάνην τοίνυν οὗτος 173
ἐν ἐκείνῃ τῇ ἡμέρᾳ ἐγώ, καὶ παρελθὼν εἶπον εἰς ὑμᾶς, ἅ μου δυοῖν ἕνεκ᾽ ἀκούσατε προσσχόντες τὸν νοῦν, ἑνὸς μέν, ἵν᾽ εἰδῆτε ὅτι μόνος τῶν λεγόντων καὶ πολιτευομένων ἐγὼ τὴν τῆς εὐνοίας τάξιν ἐν τοῖς δεινοῖς οὐκ ἔλιπον, ἀλλὰ καὶ λέγων καὶ γράφων ἐξηταζόμην τὰ δέονθ᾽ ὑπὲρ ὑμῶν ἐν αὐτοῖς τοῖς φοβεροῖς, ἑτέρου δέ, ὅτι μικρὸν ἀναλώσαντες χρόνον πολλῷ πρὸς τὰ λοιπὰ τῆς πάσης
πολιτείας ἔσεσθ᾽ ἐμπειρότεροι. εἶπον τοίνυν ὅτι 174
"τοὺς μὲν ὡς ὑπαρχόντων Θηβαίων Φιλίππῳ λίαν θορυβουμένους ἀγνοεῖν τὰ παρόντα πράγμαθ᾽ ἡγοῦμαι· εὖ γὰρ οἶδ᾽ ὅτι, εἰ τοῦθ᾽ οὕτως ἐτύγχανεν ἔχον, οὐκ ἂν αὐτὸν ἠκούομεν ἐν Ἐλατείᾳ ὄντα, ἀλλ᾽ ἐπὶ τοῖς ἡμετέροις ὁρίοις. ὅτι μέντοι, ἵν᾽ ἕτοιμα ποιήσηται τά ἐν Θήβαις ἥκει, σαφῶς
ἐπίσταμαι. ὡς δ᾽ ἔχει," ἔφην, "ταῦτα, ἀκούσατέ 175

μου. ἐκεῖνος ὅσους ἢ πεῖσαι χρήμασι Θηβαίων ἢ ἐξαπατῆσαι ἐνῆν, ἅπαντας εὐτρέπισται, τοὺς δ' ἀπ' ἀρχῆς ἀνθεστηκότας αὐτῷ καὶ νῦν ἐναντιουμένους οὐδαμῶς πεῖσαι δύναται. τί οὖν βούλεται, καὶ τίνος ἕνεκα τὴν Ἐλάτειαν κατείληφεν; πλησίον δύναμιν δείξας καὶ παραστήσας τὰ ὅπλα τοὺς μὲν ἑαυτοῦ φίλους ἐπᾶραι καὶ θρασεῖς ποιῆσαι, τοὺς δ' ἐναντιουμένους καταπλῆξαι, ἵν' ἢ συγχωρήσωσι φοβηθέντες ἃ νῦν οὐκ ἐθέλουσιν,
176 ἢ βιασθῶσιν. εἰ μὲν τοίνυν προαιρησόμεθ' ἡμεῖς," ἔφην, "ἐν τῷ παρόντι, εἴ τι δύσκολον πέπρακται Θηβαίοις πρὸς ἡμᾶς, τούτου μεμνῆσθαι καὶ ἀπιστεῖν αὐτοῖς ὡς ἐν τῇ τῶν ἐχθρῶν οὖσι μερίδι, πρῶτον μὲν ἃ ἂν εὔξαιτο Φίλιππος ποιήσομεν, εἶτα φοβοῦμαι μὴ προσδεξαμένων τῶν νῦν ἀνθεστηκότων αὐτῷ καὶ μιᾷ γνώμῃ πάντων φιλιππισάντων εἰς τὴν Ἀττικὴν ἔλθωσιν ἀμφότεροι. ἂν μέντοι πεισθῆτ' ἐμοὶ καὶ πρὸς τῷ σκοπεῖν ἀλλὰ μὴ φιλονεικεῖν περὶ ὧν ἂν λέγω γένησθε, οἶμαι καὶ τὰ δέοντα λέγειν δόξειν καὶ τὸν ἐφεστηκότα κίνδυνον τῇ πόλει δια-
177 λύσειν. τί οὖν φημι δεῖν; πρῶτον μὲν τὸν παρόντα ἐπανεῖναι φόβον, εἶτα μεταθέσθαι καὶ φοβεῖσθαι πάντας ὑπὲρ Θηβαίων· πολὺ γὰρ τῶν δεινῶν εἰσιν ἡμῶν ἐγγυτέρω, καὶ προτέροις αὐτοῖς ἐστιν ὁ κίνδυνος· ἔπειτ' ἐξελθόντας Ἐλευσῖνάδε τοὺς ἐν ἡλικίᾳ καὶ τοὺς ἱππέας δεῖξαι

πᾶσιν ὑμᾶς αὐτοὺς ἐν τοῖς ὅπλοις ὄντας, ἵνα τοῖς ἐν Θήβαις φρονοῦσι τὰ ὑμέτερα ἐξ ἴσου γένηται τὸ παρρησιάζεσθαι περὶ τῶν δικαίων, ἰδοῦσιν ὅτι, ὥσπερ τοῖς πωλοῦσι Φιλίππῳ τὴν πατρίδα πάρεσθ' ἡ βοηθήσουσα δύναμις ἐν Ἐλατείᾳ, οὕτω τοῖς ὑπὲρ τῆς ἐλευθερίας ἀγωνίζεσθαι βουλομένοις ὑπάρχεθ' ὑμεῖς ἕτοιμοι καὶ βοηθήσετ', ἐάν τις ἐπ' αὐτοὺς ἴῃ. μετὰ ταῦτα χειροτονῆσαι 178
κελεύω δέκα πρέσβεις, καὶ ποιῆσαι τούτους κυρίους μετὰ τῶν στρατηγῶν καὶ τοῦ πότε δεῖ βαδίζειν ἐκεῖσε καὶ τῆς ἐξόδου. ἐπειδὰν δ' ἔλθωσιν οἱ πρέσβεις εἰς Θήβας, πῶς χρήσασθαι τῷ πράγματι παραινῶ; τούτῳ πάνυ μοι προσέχετε τὸν νοῦν. μὴ δεῖσθαι Θηβαίων μηδέν (αἰσχρὸς γὰρ ὁ καιρός) ἀλλ' ἐπαγγέλλεσθαι βοηθήσειν, ἐὰν κελεύωσιν, ὡς ἐκείνων ὄντων ἐν τοῖς ἐσχάτοις, ἡμῶν δὲ ἄμεινον ἢ 'κεῖνοι προορωμένων, ἵν' ἐὰν μὲν δέξωνται ταῦτα καὶ πεισθῶσιν ἡμῖν, καὶ ἃ βουλόμεθα ὦμεν διῳκημένοι καὶ μετὰ προσχήματος ἀξίου τῆς πόλεως ταῦτα πράξωμεν, ἐὰν δ' ἄρα μὴ συμβῇ κατατυχεῖν, ἐκεῖνοι μὲν ἑαυτοῖς ἐγκαλῶσιν, ἄν τι νῦν ἐξαμαρτάνωσιν, ἡμῖν δὲ μηδὲν αἰσχρὸν μηδὲ ταπεινὸν ᾖ πεπραγμένον." Ταῦτα καὶ παραπλήσια τούτοις εἰπὼν 179
κατέβην. συνεπαινεσάντων δὲ πάντων καὶ οὐδενὸς εἰπόντος ἐναντίον οὐδὲν οὐκ εἶπον μὲν ταῦτα, οὐκ ἔγραψα δέ, οὐδ' ἔγραψα μέν, οὐκ ἐπρέσβευσα

δέ, οὐδ᾽ ἐπρέσβευσα μέν, οὐκ ἔπεισα δὲ Θηβαίους· ἀλλ᾽ ἀπὸ τῆς ἀρχῆς ἄχρι τῆς τελευτῆς διεξῆλθον, καὶ ἔδωκ᾽ ἐμαυτὸν ὑμῖν ἁπλῶς εἰς τοὺς περιεστηκότας τῇ πόλει κινδύνους. Καί μοι φέρε τὸ ψήφισμα τὸ τότε γενόμενον.

180 Καίτοι τίνα βούλει σέ, Αἰσχίνη, καὶ τίνα ἐμαυτὸν ἐκείνην τὴν ἡμέραν εἶναι θῶ; βούλει ἐμαυτὸν μέν, ὃν ἂν σὺ λοιδορούμενος καὶ διασύρων καλέσαις, Βάτταλον, σὲ δὲ μηδ᾽ ἥρωα τὸν τυχόντα ἀλλὰ τούτων τινὰ τῶν ἀπὸ τῆς σκηνῆς, Κρεσφόντην ἢ Κρέοντα ἢ ὃν ἐν Κολλυτῷ ποτε Οἰνόμαον κακῶς ἐπέτριψας; τότε τοίνυν κατ᾽ ἐκεῖνον τὸν καιρὸν ὁ Παιανιεὺς ἐγὼ Βάτταλος Οἰνομάου τοῦ Κοθωκίδου σοῦ πλείονος ἄξιος ὢν ἐφάνην τῇ πατρίδι. σὺ μέν γε οὐδὲν οὐδαμοῦ χρήσιμος ἦσθα· ἐγὼ δὲ πάντα, ὅσα προσῆκε τὸν ἀγαθὸν πολίτην, ἔπραττον. Λέγε τὸ ψήφισμά μοι.

ΨΗΦΙΣΜΑ ΔΗΜΟΣΘΕΝΟΥΣ.

181 [Ἐπὶ ἄρχοντος Ναυσικλέους, φυλῆς πρυτανευούσης Αἰαντίδος, σκιροφοριῶνος ἕκτῃ ἐπὶ δέκα, Δημοσθένης Δημοσθένους Παιανιεὺς εἶπεν, ἐπειδὴ Φίλιππος ὁ Μακεδόνων βασιλεὺς ἔν τε τῷ παρεληλυθότι χρόνῳ παραβαίνων φαίνεται τὰς γεγενημένας αὐτῷ συνθήκας πρὸς τὸν Ἀθηναίων δῆμον περὶ τῆς εἰρήνης, ὑπεριδὼν τοὺς ὅρκους καὶ τὰ παρὰ πᾶσι τοῖς Ἕλλησι νομιζόμενα εἶναι δίκαια, καὶ πόλεις παραιρεῖται οὐδὲν αὐτῷ προσηκούσας, τινὰς δὲ καὶ Ἀθηναίων οὔσας δοριαλώτους πεποίηκεν οὐδὲν προαδικηθεὶς ὑπὸ τοῦ δήμου τοῦ Ἀθηναίων, ἔν τε τῷ παρόντι ἐπὶ πολὺ προ-

ἄγει τῇ τε βίᾳ καὶ τῇ ὠμότητι· καὶ γὰρ Ἑλληνίδας πόλεις ἃς 182
μὲν ἐμφρούρους ποιεῖ καὶ τὰς πολιτείας καταλύει, τινὰς δὲ καὶ
ἐξανδραποδιζόμενος κατασκάπτει, εἰς ἐνίας δὲ καὶ ἀντὶ Ἑλλήνων
βαρβάρους κατοικίζει ἐπὶ τὰ ἱερὰ καὶ τοὺς τάφους ἐπάγων, οὐδὲν
ἀλλότριον ποιῶν οὔτε τῆς ἑαυτοῦ πατρίδος οὔτε τοῦ τρόπου, καὶ
τῇ νῦν αὐτῷ παρούσῃ τύχῃ κατακόρως χρώμενος, ἐπιλελησμένος
ἑαυτοῦ ὅτι ἐκ μικροῦ καὶ τοῦ τυχόντος γέγονεν ἀνελπίστως μέγας.
καὶ ἕως μὲν πόλεις ἑώρα παραιρούμενον αὐτὸν βαρβάρους καὶ 183
ἰδίας, ὑπελάμβανεν ἔλαττον εἶναι ὁ δῆμος ὁ Ἀθηναίων τὸ εἰς
αὑτὸν πλημμελεῖσθαι· νῦν δὲ ὁρῶν Ἑλληνίδας πόλεις τὰς μὲν
ὑβριζομένας τὰς δὲ ἀναστάτους γιγνομένας, δεινὸν ἡγεῖται εἶναι
καὶ ἀνάξιον τῆς τῶν προγόνων δόξης τὸ περιορᾶν τοὺς Ἕλληνας
καταδουλουμένους. διὸ δέδοκται τῇ βουλῇ καὶ τῷ δήμῳ τῷ Ἀθη- 184
ναίων, εὐξαμένους καὶ θύσαντας τοῖς θεοῖς καὶ ἥρωσι τοῖς κατέ-
χουσι τὴν πόλιν καὶ τὴν χώραν τὴν Ἀθηναίων, καὶ ἐνθυμηθέντας
τῆς τῶν προγόνων ἀρετῆς, διότι περὶ πλείονος ἐποιοῦντο τὴν τῶν
Ἑλλήνων ἐλευθερίαν διατηρεῖν ἢ τὴν ἰδίαν πατρίδα, διακοσίας
ναῦς καθέλκειν εἰς τὴν θάλατταν καὶ τὸν ναύαρχον ἀναπλεῖν
ἐντὸς Πυλῶν, καὶ τὸν στρατηγὸν καὶ τὸν ἵππαρχον τὰς πεζὰς
καὶ τὰς ἱππικὰς δυνάμεις Ἐλευσῖναδε ἐξάγειν, πέμψαι δὲ καὶ
πρέσβεις πρὸς τοὺς ἄλλους Ἕλληνας, πρῶτον δὲ πάντων πρὸς
Θηβαίους διὰ τὸ ἐγγυτάτω εἶναι τὸν Φίλιππον τῆς ἐκείνων χώρας,
παρακαλεῖν δὲ αὐτοὺς μηδὲν καταπλαγέντας τὸν Φίλιππον ἀντέ- 185
χεσθαι τῆς ἑαυτῶν καὶ τῆς τῶν ἄλλων Ἑλλήνων ἐλευθερίας, καὶ
ὅτι ὁ Ἀθηναίων δῆμος, οὐδὲν μνησικακῶν εἴ τι πρότερον γέγονεν
ἀλλότριον ταῖς πόλεσι πρὸς ἀλλήλας, βοηθήσει καὶ δυνάμεσι καὶ
χρήμασι καὶ βέλεσι καὶ ὅπλοις, εἰδὼς ὅτι αὐτοῖς μὲν πρὸς ἀλλή-
λους διαμφισβητεῖν περὶ τῆς ἡγεμονίας οὖσιν Ἕλλησι καλόν,
ὑπὸ δὲ ἀλλοφύλου ἀνθρώπου ἄρχεσθαι καὶ τῆς ἡγεμονίας ἀπο-
στερεῖσθαι ἀνάξιον εἶναι καὶ τῆς τῶν Ἑλλήνων δόξης καὶ τῆς
τῶν προγόνων ἀρετῆς. ἔτι δὲ οὐδὲ ἀλλότριον ἡγεῖται εἶναι ὁ 186
Ἀθηναίων δῆμος τὸν Θηβαίων δῆμον οὔτε τῇ συγγενείᾳ οὔτε τῷ

ὁμοφύλῳ. ἀναμιμνήσκεται δὲ καὶ τὰς τῶν προγόνων τῶν ἑαυτοῦ εἰς τοὺς Θηβαίων προγόνους εὐεργεσίας· καὶ γὰρ τοὺς Ἡρακλέους παῖδας ἀποστερουμένους ὑπὸ Πελοποννησίων τῆς πατρῴας ἀρχῆς κατήγαγον, τοῖς ὅπλοις κρατήσαντες τοὺς ἀντιβαίνειν πειρωμένους τοῖς Ἡρακλέους ἐκγόνοις, καὶ τὸν Οἰδίπουν καὶ τοὺς μετ᾽ ἐκείνου ἐκπεσόντας ὑπεδεξάμεθα, καὶ ἕτερα πολλὰ ἡμῖν
187 ὑπάρχει φιλάνθρωπα καὶ ἔνδοξα πρὸς Θηβαίους· διόπερ οὐδὲ νῦν ἀποστήσεται ὁ Ἀθηναίων δῆμος τῶν Θηβαίοις τε καὶ τοῖς ἄλλοις Ἕλλησι συμφερόντων. συνθέσθαι δὲ πρὸς αὐτοὺς καὶ συμμαχίαν καὶ ἐπιγαμίαν ποιήσασθαι καὶ ὅρκους δοῦναι καὶ λαβεῖν. πρέσβεις Δημοσθένης Δημοσθένους Παιανιεύς, Ὑπερείδης Κλεάνδρου Σφήττιος, Μνησιθείδης Ἀντιφάνους Φρεάρριος, Δημοκράτης Σωφίλου Φλυεύς, Κάλλαισχρος Διοτίμου Κοθωκίδης.]

188 Αὕτη τῶν περὶ Θήβας ἐγίγνετο πραγμάτων ἀρχὴ καὶ κατάστασις πρώτη, τὰ πρὸ τούτων εἰς ἔχθραν καὶ μῖσος καὶ ἀπιστίαν τῶν πόλεων ὑπηγμένων ὑπὸ τούτων. τοῦτο τὸ ψήφισμα τὸν τότε

---

141. Ὁ δ᾽ εἰσάγων ἦν ὑμᾶς εἰς τὰς Θήβας καιρὸς καὶ φόβος καὶ χρεία συμμαχίας, ἀλλ᾽ οὐ Δημοσθένης, ἐπεὶ περί γε ταύτας τὰς πράξεις τρία τὰ πάντων μέγιστα Δημοσθένης εἰς ὑμᾶς ἐξημάρτηκε, πρῶτον μέν, ὅτι Φιλίππου τῷ μὲν ὀνόματι πολεμοῦντος ὑμῖν, τῷ δ᾽ ἔργῳ πολὺ μᾶλλον μισοῦντος Θηβαίους, ὡς αὐτὰ τὰ πράγματα δεδήλωκε, καὶ τί δεῖ τὰ πλείω λέγειν; ταῦτα μὲν τὰ τηλικαῦτα τὸ μέγεθος ἀπεκρύψατο, προσποιησάμενος δὲ μέλλειν τὴν συμμαχίαν γενήσεσθαι οὐ διὰ τοὺς καιρούς, ἀλλὰ διὰ τὰς αὑτοῦ πρεσβείας πρῶτον μὲν συνέπεισε τὸν δῆμον μηκέτι βουλεύεσθαι, 142. ἐπὶ τίσι δεῖ ποιεῖσθαι τὴν συμμαχίαν, ἀλλ᾽ ἀγαπᾶν μόνον, εἰ γίγνεται, τοῦτο δὲ προλαβὼν ἔκδοτον μὲν τὴν Βοιωτίαν πᾶσαν ἐποίησε Θηβαίοις, γράψας ἐν τῷ ψηφίσματι, ἐάν τις ἀφιστῆται πόλις ἀπὸ Θηβαίων, βοηθεῖν Ἀθηναίους Βοιωτοῖς τοῖς ἐν Θήβαις, τοῖς ὀνόμασι κλέπτων καὶ μεταφέρων τὰ πράγματα,

τῇ πόλει περιστάντα κίνδυνον παρελθεῖν ἐποίη-
σεν ὥσπερ νέφος. ἦν μὲν τοίνυν τοῦ δικαίου
πολίτου τότε δεῖξαι πᾶσιν, εἴ τι τούτων εἶχεν
ἄμεινον, μὴ νῦν ἐπιτιμᾶν. ὁ γὰρ σύμβουλος καὶ 189
ὁ συκοφάντης, οὐδὲ τῶν ἄλλων οὐδὲν ἐοικότες,
ἐν τούτῳ πλεῖστον ἀλλήλων διαφέρουσιν· ὁ μέν
γε πρὸ τῶν πραγμάτων γνώμην ἀποφαίνεται, καὶ
δίδωσιν αὑτὸν ὑπεύθυνον τοῖς πεισθεῖσι, τῇ τύχῃ,
τῷ καιρῷ, τῷ βουλομένῳ· ὁ δὲ σιγήσας ἡνίκ'
ἔδει λέγειν, ἄν τι δύσκολον συμβῇ, τοῦτο βα-
σκαίνει. ἦν μὲν οὖν, ὅπερ εἶπον, ἐκεῖνος ὁ και- 190
ρὸς τοῦ γε φροντίζοντος ἀνδρὸς τῆς πόλεως καὶ
τῶν δικαίων λόγων· ἐγὼ δὲ τοσαύτην ὑπερβολὴν
ποιοῦμαι, ὥστε ἂν νῦν ἔχῃ τις δεῖξαί τι βέλτιον,

ὥσπερ εἴωθεν, ὡς τοὺς Βοιωτοὺς ἔργῳ κακῶς πάσχοντας τὴν τῶν ὀνομάτων σύνθεσιν τῶν Δημοσθένους ἀγαπήσοντας, ἀλλ' οὐ μᾶλλον ἐφ' οἷς κακῶς πεπόνθεσαν ἀγανακτήσοντας· 143. δεύτερον δὲ τῶν εἰς τὸν πόλεμον ἀναλωμάτων τὰ μὲν δύο μέρη ὑμῖν ἀνέθηκεν, οἷς ἦσαν ἀπωτέρω οἱ κίνδυνοι, τὸ δὲ τρίτον μέρος Θηβαίοις, δωροδοκῶν ἐφ' ἑκάστοις τούτων, καὶ τὴν ἡγεμονίαν τὴν μὲν κατὰ θάλατταν ἐποίησε κοινήν, τὸ δ' ἀνάλωμα ἴδιον ὑμέτερον, τὴν δὲ κατὰ γῆν, εἰ μὴ δεῖ ληρεῖν, ἄρδην φέρων ἀνέθηκε Θηβαίοις, ὥστε παρὰ τὸν γενόμενον πόλεμον μὴ κύριον γενέσθαι Στρατοκλέα τὸν ἡμέτερον στρατηγὸν βουλεύσασθαι περὶ τῆς τῶν στρατιωτῶν σωτηρίας. 144. καὶ ταῦτ' οὐκ ἐγὼ μὲν κατηγορῶ, ἕτεροι δὲ παραλείπουσιν, ἀλλὰ κἀγὼ λέγω καὶ πάντες ἐπιτιμῶσι καὶ ὑμεῖς σύνιστε καὶ οὐκ ὀργίζεσθε. ἐκεῖνο γὰρ πεπόνθατε πρὸς Δημοσθένην· συνειθίσθε ἤδη τἀδικήματα τὰ τούτου ἀκούειν, ὥστε οὐ θαυμάζετε. δεῖ δὲ οὐχ οὕτως, ἀλλ' ἀγανακτεῖν καὶ τιμωρεῖσθαι, εἰ χρὴ τὰ λοιπὰ τῇ πόλει καλῶς ἔχειν.

ἢ ὅλως εἴ τι ἄλλο ἐνῆν πλὴν ὧν ἐγὼ προειλόμην,
ἀδικεῖν ὁμολογῶ. εἰ γὰρ ἔσθ' ὅ τι τις νῦν ἑώρα-
κεν, ὃ συνήνεγκεν ἂν τότε πραχθέν, τοῦτ' ἐγώ
φημι δεῖν ἐμὲ μὴ λαθεῖν. εἰ δὲ μήτ' ἔστι μήτε
ἦν μήτ' ἂν εἰπεῖν ἔχοι μηδεὶς μηδέπω καὶ τήμε-
ρον, τί τὸν σύμβουλον ἐχρῆν ποιεῖν; οὐ τῶν
φαινομένων καὶ ἐνόντων τὰ κράτιστα ἑλέσθαι;
191 τοῦτο τοίνυν ἐποίησα, τοῦ κήρυκος ἐρωτῶντος,
Αἰσχίνη, "τίς ἀγορεύειν βούλεται;" οὐ "τίς
αἰτιᾶσθαι περὶ τῶν παρεληλυθότων," οὐδὲ "τίς
ἐγγυᾶσθαι τὰ μέλλοντ' ἔσεσθαι." σοῦ δ' ἀφώ-
νου κατ' ἐκείνους τοὺς χρόνους ἐν ταῖς ἐκκλησίαις
καθημένου ἐγὼ παριὼν ἔλεγον. ἐπειδὴ δ' οὐ
τότε, ἀλλὰ νῦν δεῖξον. εἰπὲ τίς ἢ λόγος, ὅντιν'
ἐχρῆν εὐπορεῖν, ἢ καιρὸς συμφέρων ὑπ' ἐμοῦ
παρελείφθη τῇ πόλει; τίς δὲ συμμαχία, τίς
πρᾶξις, ἐφ' ἣν μᾶλλον ἔδει με ἀγαγεῖν τουτουσί;
192 Ἀλλὰ μὴν τὸ μὲν παρεληλυθὸς ἀεὶ παρὰ πᾶσιν
ἀφεῖται, καὶ οὐδεὶς περὶ τούτου προτίθησιν οὐ-
δαμοῦ βουλήν· τὸ δὲ μέλλον ἢ τὸ παρὸν τὴν τοῦ
συμβούλου τάξιν ἀπαιτεῖ. τότε τοίνυν τὰ μὲν
ἤμελλεν, ὡς ἐδόκει, τῶν δεινῶν, τὰ δ' ἤδη παρῆν,
ἐν οἷς τὴν προαίρεσίν μου σκόπει τῆς πολιτείας,
μὴ τὰ συμβάντα συκοφάντει. τὸ μὲν γὰρ πέρας,
ὡς ἂν ὁ δαίμων βουληθῇ, πάντων γίγνεται· ἡ
δὲ προαίρεσις αὐτὴ τὴν τοῦ συμβούλου διάνοιαν
193 δηλοῖ. μὴ δὴ τοῦτο ὡς ἀδίκημα ἐμὸν θῇς, εἰ

κρατῆσαι συνέβη Φιλίππῳ τῇ μάχῃ· ἐν γὰρ τῷ
θεῷ τὸ τούτου τέλος ἦν, οὐκ ἐμοί. ἀλλ' ὡς οὐχ
ἅπαντα ὅσα ἐνῆν κατ' ἀνθρώπινον λογισμὸν εἱλό-
μην, καὶ δικαίως ταῦτα καὶ ἐπιμελῶς ἔπραξα καὶ
φιλοπόνως ὑπὲρ δύναμιν, ἢ ὡς οὐ καλὰ καὶ τῆς
πόλεως ἄξια πράγματα ἐνεστησάμην καὶ ἀναγ-
καῖα, ταῦτά μοι δεῖξον, καὶ τότ' ἤδη κατηγόρει
μου. εἰ δ' ὁ συμβὰς σκηπτὸς μὴ μόνον ἡμῶν 194
ἀλλὰ καὶ πάντων τῶν ἄλλων Ἑλλήνων μείζων
γέγονε, τί χρὴ ποιεῖν; ὥσπερ ἂν εἴ τις ναύκλη-
ρον πάντ' ἐπὶ σωτηρίᾳ πράξαντα καὶ κατασκευά-
σαντα τὸ πλοῖον ἀφ' ὧν ὑπελάμβανε σωθήσε-
σθαι, εἶτα χειμῶνι χρησάμενον καὶ πονησάντων
αὐτῷ τῶν σκευῶν ἢ καὶ συντριβέντων ὅλως, τῆς
ναυαγίας αἰτιῷτο. ἀλλ' οὔτ' ἐκυβέρνων τὴν ναῦν,
φήσειεν ἄν, ὥσπερ οὐδ' ἐστρατήγουν ἐγώ, οὔτε
τῆς τύχης κύριος ἦν, ἀλλ' ἐκείνη τῶν πάντων.
ἀλλ' ἐκεῖνο λογίζου καὶ ὅρα· εἰ μετὰ Θηβαίων 195
ἡμῖν ἀγωνιζομένοις οὕτως εἵμαρτο πρᾶξαι, τί
χρῆν προσδοκᾶν, εἰ μηδὲ τούτους ἔσχομεν συμ-
μάχους ἀλλὰ Φιλίππῳ προσέθεντο, ὑπὲρ οὗ τότ'
ἐκεῖνος πάσας ἀφῆκε φωνάς; καὶ εἰ νῦν τριῶν
ἡμερῶν ἀπὸ τῆς Ἀττικῆς ὁδὸν τῆς μάχης γενο-
μένης τοσοῦτος κίνδυνος καὶ φόβος περιέστη τὴν
πόλιν, τί ἄν, εἴ που τῆς χώρας ταὐτὸ τοῦτο πάθος
συνέβη, προσδοκῆσαι χρῆν; ἆρ' οἶσθ' ὅτι νῦν
μὲν στῆναι, συνελθεῖν, ἀναπνεῦσαι, πολλὰ μία

ἡμέρα καὶ δύο καὶ τρεῖς ἔδοσαν τῶν εἰς σωτηρίαν τῇ πόλει, τότε δ', — οὐκ ἄξιον εἰπεῖν, ἅ γε μηδὲ πεῖραν ἔδωκε θεῶν τινος εὐνοίᾳ καὶ τῷ προβάλλεσθαι τὴν πόλιν ταύτην τὴν συμμαχίαν, ἧς σὺ κατηγορεῖς.

196 Ἔστι δὲ ταυτὶ πάντα μοι τὰ πολλὰ πρὸς ὑμᾶς, ἄνδρες δικασταί, καὶ τοὺς περιεστηκότας ἔξωθεν καὶ ἀκροωμένους, ἐπεὶ πρός γε τοῦτον τὸν κατάπτυστον βραχὺς καὶ σαφὴς ἐξήρκει λόγος. εἰ μὲν γὰρ ἦν σοι πρόδηλα τὰ μέλλοντα, Αἰσχίνη, μόνῳ τῶν ἄλλων, ὅτ' ἐβουλεύεθ' ἡ πόλις περὶ τούτων, τότ' ἔδει προλέγειν. εἰ δὲ μὴ προῄδεις, τῆς αὐτῆς ἀγνοίας ὑπεύθυνος εἶ τοῖς ἄλλοις, ὥστε τί μᾶλλον ἐμοῦ σὺ ταῦτα κατηγορεῖς ἢ ἐγὼ σοῦ;
197 τοσοῦτον γὰρ ἀμείνων ἐγὼ σοῦ πολίτης γέγονα εἰς αὐτὰ ταῦθ' ἃ λέγω (καὶ οὔπω περὶ τῶν ἄλλων διαλέγομαι), ὅσον ἐγὼ μὲν ἔδωκα ἐμαυτὸν εἰς τὰ πᾶσι δοκοῦντα συμφέρειν, οὐδένα κίνδυνον ὀκνήσας ἴδιον οὐδ' ὑπολογισάμενος, σὺ δὲ οὔθ' ἕτερα εἶπες βελτίω τούτων (οὐ γὰρ ἂν τούτοις ἐχρῶντο) οὔτ' εἰς ταῦτα χρήσιμον οὐδὲν σαυτὸν παρέσχες, ὅπερ δ' ἂν ὁ φαυλότατος καὶ δυσμενέστατος ἄνθρωπος τῇ πόλει, τοῦτο πεποιηκὼς ἐπὶ τοῖς συμβᾶσιν ἐξήτασαι, καὶ ἅμα Ἀρίστρατος ἐν Νάξῳ καὶ Ἀριστόλεως ἐν Θάσῳ, οἱ καθάπαξ ἐχθροὶ τῆς πόλεως, τοὺς Ἀθηναίων κρίνουσι φίλους καὶ Ἀθήνησιν Αἰσχίνης Δημοσθένους κατηγορεῖ.

καίτοι ὅτῳ τὰ τῶν Ἑλλήνων ἀτυχήματα ἐνευδο- 198
κιμεῖν ἀπέκειτο, ἀπολωλέναι μᾶλλον οὗτός ἐστι
δίκαιος ἢ κατηγορεῖν ἑτέρου· καὶ ὅτῳ συνενη-
νόχασιν οἱ αὐτοὶ καιροὶ καὶ τοῖς τῆς πόλεως
ἐχθροῖς, οὐκ ἔνι τοῦτον εὔνουν εἶναι τῇ πατρίδι.
δηλοῖς δὲ καὶ ἐξ ὧν ζῇς καὶ ποιεῖς καὶ πολιτεύῃ
καὶ πάλιν οὐ πολιτεύῃ. πράττεταί τι τῶν ὑμῖν
δοκούντων συμφέρειν; ἄφωνος Αἰσχίνης. ἀντέ-
κρουσέ τι καὶ γέγονεν οἷον οὐκ ἔδει; πάρεστιν
Αἰσχίνης, ὥσπερ τὰ ῥήγματα καὶ τὰ σπάσματα,
ὅταν τι κακὸν τὸ σῶμα λάβῃ, τότε κινεῖται.

Ἐπειδὴ δὲ πολὺς τοῖς συμβεβηκόσιν ἔγκειται, 199
βούλομαί τι καὶ παράδοξον εἰπεῖν. καί μου πρὸς
Διὸς καὶ θεῶν μηδεὶς τὴν ὑπερβολὴν θαυμάσῃ,
ἀλλὰ μετ' εὐνοίας ὃ λέγω θεωρησάτω. εἰ γὰρ ἦν
ἅπασι πρόδηλα τὰ μέλλοντα γενήσεσθαι, καὶ προ-
ῄδεσαν πάντες, καὶ σὺ προὔλεγες, Αἰσχίνη, καὶ
διεμαρτύρου βοῶν καὶ κεκραγώς, ὃς οὐδ' ἐφθέγξω,
οὐδ' οὕτως ἀποστατέον τῇ πόλει τούτων ἦν, εἴ περ
ἢ δόξης ἢ προγόνων ἢ τοῦ μέλλοντος αἰῶνος εἶχε
λόγον. νῦν μέν γε ἀποτυχεῖν δοκεῖ τῶν πραγμά- 200
των, ὃ πᾶσι κοινόν ἐστιν ἀνθρώποις, ὅταν τῷ θεῷ
ταῦτα δοκῇ· τότε δ' ἀξιοῦσα προεστάναι τῶν
ἄλλων, εἶτ' ἀποστᾶσα τούτου, Φιλίππῳ προδεδω-
κέναι πάντας ἂν ἔσχεν αἰτίαν. εἰ γὰρ ταῦτα
προεῖτο ἀκονιτί, περὶ ὧν οὐδένα κίνδυνον ὅντιν'
οὐχ ὑπέμειναν οἱ πρόγονοι, τίς οὐχὶ κατέπτυσεν

ἂν σοῦ; μὴ γὰρ τῆς πόλεώς γε, μηδ' ἐμοῦ.
201 τίσι δ' ὀφθαλμοῖς πρὸς Διὸς ἑωρῶμεν ἂν τοὺς εἰς
τὴν πόλιν ἀνθρώπους ἀφικνουμένους, εἰ τὰ μὲν
πράγματ' εἰς ὅπερ νυνὶ περιέστη, ἡγεμὼν δὲ καὶ
κύριος ᾑρέθη Φίλιππος ἁπάντων, τὸν δ' ὑπὲρ τοῦ
μὴ γενέσθαι ταῦτ' ἀγῶνα ἕτεροι χωρὶς ἡμῶν
ἦσαν πεποιημένοι, καὶ ταῦτα μηδεπώποτε τῆς
πόλεως ἐν τοῖς ἔμπροσθε χρόνοις ἀσφάλειαν
ἄδοξον μᾶλλον ἢ τὸν ὑπὲρ τῶν καλῶν κίνδυνον
202 ᾑρημένης; τίς γὰρ οὐκ οἶδεν Ἑλλήνων, τίς δὲ
βαρβάρων, ὅτι καὶ παρὰ Θηβαίων καὶ παρὰ
τῶν ἔτι τούτων πρότερον ἰσχυρῶν γενομένων
Λακεδαιμονίων καὶ παρὰ τοῦ Περσῶν βασιλέως
μετὰ πολλῆς χάριτος τοῦτ' ἂν ἀσμένως ἐδόθη τῇ
πόλει, ὅ τι βούλεται λαβούσῃ καὶ τὰ ἑαυτῆς
ἐχούσῃ τὸ κελευόμενον ποιεῖν καὶ ἐᾶν ἕτερον τῶν
203 Ἑλλήνων προεστάναι; ἀλλ' οὐκ ἦν ταῦθ', ὡς
ἔοικε, τοῖς τότε Ἀθηναίοις πάτρια οὐδ' ἀνεκτὰ
οὐδ' ἔμφυτα, οὐδ' ἠδυνήθη πώποτε τὴν πόλιν
οὐδεὶς ἐκ παντὸς τοῦ χρόνου πεῖσαι τοῖς ἰσχύ-
ουσι μὲν μὴ δίκαια δὲ πράττουσι προσθεμένην
ἀσφαλῶς δουλεύειν, ἀλλ' ἀγωνιζομένη περὶ πρω-
τείων καὶ τιμῆς καὶ δόξης κινδυνεύουσα πάντα
204 τὸν αἰῶνα διατετέλεκεν. καὶ ταῦθ' οὕτω σεμνὰ
καὶ προσήκοντα τοῖς ὑμετέροις ἤθεσιν ὑμεῖς ὑπο-
λαμβάνετ' εἶναι, ὥστε καὶ τῶν προγόνων τοὺς
ταῦτα πράξαντας μάλιστ' ἐπαινεῖτε. εἰκότως·

τίς γὰρ οὐκ ἂν ἀγάσαιτο τῶν ἀνδρῶν ἐκείνων
τῆς ἀρετῆς, οἳ καὶ τὴν χώραν καὶ τὴν πόλιν ἐκλι-
πεῖν ὑπέμειναν εἰς τὰς τριήρεις ἐμβάντες ὑπὲρ
τοῦ μὴ τὸ κελευόμενον ποιῆσαι, τὸν μὲν ταῦτα
συμβουλεύσαντα Θεμιστοκλέα στρατηγὸν ἑλό-
μενοι, τὸν δ' ὑπακούειν ἀποφηνάμενον τοῖς ἐπι-
ταττομένοις Κυρσίλον καταλιθώσαντες, οὐ μόνον
αὐτόν, ἀλλὰ καὶ αἱ γυναῖκες αἱ ὑμέτεραι τὴν γυ-
ναῖκα αὐτοῦ. οὐ γὰρ ἐζήτουν οἱ τότ' Ἀθηναῖοι 205
οὔτε ῥήτορα οὔτε στρατηγὸν δι' ὅτου δουλεύσου-
σιν, ἀλλ' οὐδὲ ζῆν ἠξίουν, εἰ μὴ μετ' ἐλευθερίας
ἐξέσται τοῦτο ποιεῖν. ἡγεῖτο γὰρ αὐτῶν ἕκαστος
οὐχὶ τῷ πατρὶ καὶ τῇ μητρὶ μόνον γεγενῆσθαι,
ἀλλὰ καὶ τῇ πατρίδι. διαφέρει δὲ τί; ὅτι ὁ μὲν
τοῖς γονεῦσι μόνον γεγενῆσθαι νομίζων τὸν τῆς
εἱμαρμένης καὶ τὸν αὐτόματον θάνατον περιμένει,
ὁ δὲ καὶ τῇ πατρίδι ὑπὲρ τοῦ μὴ ταύτην ἐπιδεῖν
δουλεύουσαν ἀποθνήσκειν ἐθελήσει, καὶ φοβερω-
τέρας ἡγήσεται τὰς ὕβρεις καὶ τὰς ἀτιμίας, ἃς
ἐν δουλευούσῃ τῇ πόλει φέρειν ἀνάγκη, τοῦ
θανάτου.

Εἰ μὲν τοίνυν τοῦτ' ἐπεχείρουν λέγειν, ὡς ἐγὼ 206
προήγαγον ὑμᾶς ἄξια τῶν προγόνων φρονεῖν, οὐκ
ἔσθ' ὅστις οὐκ ἂν εἰκότως ἐπιτιμήσειέ μοι. νῦν
δ' ἐγὼ μὲν ὑμετέρας τὰς τοιαύτας προαιρέσεις
ἀποφαίνω, καὶ δείκνυμι ὅτι καὶ πρὸ ἐμοῦ τοῦτ'
εἶχε τὸ φρόνημα ἡ πόλις, τῆς μέντοι διακονίας

τῆς ἐφ' ἑκάστοις τῶν πεπραγμένων καὶ ἐμαυτῷ
207 μετεῖναί φημι, οὗτος δὲ τῶν ὅλων κατηγορῶν, καὶ
κελεύων ὑμᾶς ἐμοὶ πικρῶς ἔχειν ὡς φόβων καὶ
κινδύνων αἰτίῳ τῇ πόλει, τῆς μὲν εἰς τὸ παρὸν
τιμῆς ἐμὲ ἀποστερῆσαι γλίχεται, τὰ δ' εἰς ἅπαν-
τα τὸν λοιπὸν χρόνον ἐγκώμια ὑμῶν ἀφαιρεῖται.
εἰ γὰρ ὡς οὐ τὰ βέλτιστα ἐμοῦ πολιτευσαμένου
τουδὶ καταψηφιεῖσθε, ἡμαρτηκέναι δόξετε, οὐ τῇ
τῆς τύχης ἀγνωμοσύνῃ τὰ συμβάντα παθεῖν.
208 ἀλλ' οὐκ ἔστιν, οὐκ ἔστιν ὅπως ἡμάρτετε, ἄνδρες
'Αθηναῖοι, τὸν ὑπὲρ τῆς ἁπάντων ἐλευθερίας καὶ
σωτηρίας κίνδυνον ἀράμενοι, μὰ τοὺς Μαραθῶνι
προκινδυνεύσαντας τῶν προγόνων καὶ τοὺς ἐν
Πλαταιαῖς παραταξαμένους καὶ τοὺς ἐν Σαλαμῖνι
ναυμαχήσαντας καὶ τοὺς ἐπ' 'Αρτεμισίῳ καὶ
πολλοὺς ἑτέρους τοὺς ἐν τοῖς δημοσίοις μνήμασι
κειμένους ἀγαθοὺς ἄνδρας, οὓς ἅπαντας ὁμοίως

---

181. Ὅτι δὲ ὀρθῶς λέγω, ἔτι μικρῷ σαφέστερον ὑμᾶς βούλομαι διδάξαι. πότερον ὑμῖν ἀμείνων ἀνὴρ εἶναι δοκεῖ Θεμιστοκλῆς ὁ στρατηγήσας, ὅτ' ἐν τῇ Σαλαμῖνι ναυμαχίᾳ τὸν Πέρσην ἐνικᾶτε, ἢ Δημοσθένης ὁ τὴν τάξιν λιπών; Μιλτιάδης δὲ ὁ τὴν ἐν Μαραθῶνι μάχην τοὺς βαρβάρους νικήσας, ἢ οὗτος; ἔτι δ' οἱ ἀπὸ Φυλῆς φεύγοντα τὸν δῆμον καταγαγόντες; 'Αριστείδης δ' ὁ δίκαιος, ὁ τὴν ἀνόμοιον ἔχων ἐπωνυμίαν Δημοσθένει; 182. ἀλλ' ἔγωγε μὰ τοὺς θεοὺς τοὺς 'Ολυμπίους οὐδ' ἐν ταῖς αὐταῖς ἡμέραις ἄξιον ἡγοῦμαι μεμνῆσθαι τοῦ θηρίου τούτου καὶ ἐκείνων τῶν ἀνδρῶν. ἐπιδειξάτω τοίνυν Δημοσθένης ἐν τῷ αὑτοῦ λόγῳ, εἴ που γέγραπταί τινα τῶν ἀνδρῶν τούτων στεφανῶσαι. ἀχάριστος ἆρ' ἦν ὁ δῆμος; οὔκ, ἀλλὰ μεγαλόφρων, κἀκεῖνοί γε οἱ μὴ τετιμημένοι

ἡ πόλις τῆς αὐτῆς ἀξιώσασα τιμῆς ἔθαψεν,
Αἰσχίνη, οὐχὶ τοὺς κατορθώσαντας αὐτῶν οὐδὲ
τοὺς κρατήσαντας μόνους. δικαίως· ὃ μὲν γὰρ
ἦν ἀνδρῶν ἀγαθῶν ἔργον, ἅπασι πέπρακται, τῇ
τύχῃ δ', ᾗν ὁ δαίμων ἔνειμεν ἑκάστοις, ταύτῃ
κέχρηνται. ἔπειτ', ὦ κατάρατε καὶ γραμματοκύ- 209
φων, σὺ μὲν τῆς παρὰ τουτωνὶ τιμῆς καὶ φιλαν-
θρωπίας ἔμ' ἀποστερῆσαι βουλόμενος τρόπαια
καὶ μάχας καὶ παλαιὰ ἔργα ἔλεγες, ὧν τίνος προσ-
εδεῖτο ὁ παρὼν ἀγὼν οὑτοσί; ἐμὲ δέ, ὦ τριτα-
γωνιστά, τὸν περὶ τῶν πρωτείων σύμβουλον τῇ
πόλει παριόντα τὸ τίνος φρόνημα λαβόντ' ἀναβαί-
νειν ἐπὶ τὸ βῆμ' ἔδει; τὸ τοῦ τούτων ἀνάξια
ἐροῦντος; δικαίως μέντ' ἂν· ἀπέθανον· ἐπεὶ 210
οὐδ' ὑμᾶς, ἄνδρες Ἀθηναῖοι, ἀπὸ τῆς αὐτῆς δια-
νοίας δεῖ τάς τε ἰδίας δίκας καὶ τὰς δημοσίας κρί-
νειν, ἀλλὰ τὰ μὲν τοῦ καθ' ἡμέραν βίου συμβό-
λαια ἐπὶ τῶν ἰδίων νόμων καὶ ἔργων σκοποῦντας,
τὰς δὲ κοινὰς προαιρέσεις εἰς τὰ τῶν προγόνων
ἀξιώματα ἀποβλέποντας. καὶ παραλαμβάνειν γε

τῆς πόλεως ἄξιοι· οὐ γὰρ ᾤοντο δεῖν ἐν τοῖς γράμμασι τιμᾶσθαι, ἀλλ' ἐν τῇ μνήμῃ τῶν εὖ πεπονθότων, ἢ ἀπ' ἐκείνου τοῦ χρόνου μέχρι τῆσδε τῆς ἡμέρας ἀθάνατος οὖσα διαμένει. δωρεὰς δὲ τίνας ἐλάμβανον; ὧν ἄξιόν ἐστι μνησθῆναι. 259. Θεμιστοκλέα δὲ καὶ τοὺς ἐν Μαραθῶνι τελευτήσαντας καὶ τοὺς ἐν Πλαταιαῖς καὶ αὐτοὺς τοὺς τάφους τοὺς τῶν προγόνων οὐκ οἴεσθε στενάξειν, εἰ ὁ μετὰ τῶν βαρβάρων ὁμολογῶν τοῖς Ἕλλησιν ἀντιπράττειν στεφανωθήσεται;

ἅμα τῇ βακτηρίᾳ καὶ τῷ συμβόλῳ τὸ φρόνημα τὸ τῆς πόλεως νομίζειν ἕκαστον ὑμῶν δεῖ, ὅταν τὰ δημόσια εἰσίητε κρινοῦντες, εἴ περ ἄξια ἐκείνων πράττειν οἴεσθε χρῆναι.

211 Ἀλλὰ γὰρ ἐμπεσὼν εἰς τὰ πεπραγμένα τοῖς προγόνοις ὑμῶν ἔστιν ἃ τῶν ψηφισμάτων παρέβην καὶ τῶν πραχθέντων. ἐπανελθεῖν οὖν, ὁπόθεν ἐνταῦθ' ἐξέβην, βούλομαι.

Ὡς γὰρ ἀφικόμεθ' εἰς τὰς Θήβας, κατελαμβάνομεν Φιλίππου καὶ Θετταλῶν καὶ τῶν ἄλλων συμμάχων παρόντας πρέσβεις, καὶ τοὺς μὲν ἡμετέρους φίλους ἐν φόβῳ, τοὺς δ' ἐκείνου θρασεῖς. ὅτι δ' οὐ νῦν ταῦτα λέγω τοῦ συμφέροντος ἕνεκα ἐμαυτῷ, λέγε μοι τὴν ἐπιστολὴν ἣν τότ' ἐπέμψα-
212 μεν εὐθὺς οἱ πρέσβεις. καίτοι τοσαύτῃ γ' ὑπερβολῇ συκοφαντίας οὗτος κέχρηται, ὥστ' εἰ μέν τι τῶν δεόντων ἐπράχθη, τὸν καιρόν, οὐκ ἐμέ φησιν αἴτιον γεγενῆσθαι, τῶν δ' ὡς ἑτέρως συμβάντων ἁπάντων ἐμὲ καὶ τὴν ἐμὴν τύχην αἰτίαν εἶναι. καὶ ὡς ἔοικεν, ὁ σύμβουλος καὶ ῥήτωρ ἐγὼ τῶν μὲν ἐκ λόγου καὶ τοῦ βουλεύσασθαι πρα-

---

137. Ἀλλ' οἶμαι, οὔτε Φρυνώνδας οὔτε Εὐρύβατος οὔτ' ἄλλος οὐδεὶς πώποτε τῶν πάλαι πονηρῶν τοιοῦτος μάγος καὶ γόης ἐγένετο, ὅς, ὦ γῆ καὶ θεοὶ καὶ δαίμονες καὶ ἄνθρωποι ὅσοι βούλεσθε ἀκούειν τἀληθῆ, τολμᾷ λέγειν βλέπων εἰς τὰ πρόσωπα τὰ ὑμέτερα, ὡς ἄρα Θηβαῖοι τὴν συμμαχίαν ὑμῖν ἐποιήσαντο οὐ διὰ τὸν καιρόν, οὐ διὰ τὸν φόβον τὸν περιστάντα αὐτούς, οὐ διὰ τὴν ὑμετέραν δόξαν, ἀλλὰ διὰ τὰς Δημοσθένους δημηγορίας.

χθέντων οὐδὲν αὐτῷ συναίτιος εἶναι δοκῶ, τῶν δ' ἐν τοῖς ὅπλοις καὶ κατὰ τὴν στρατηγίαν ἀτυχηθέντων μόνος αἴτιος εἶναι. πῶς ἂν ὠμότερος συκοφάντης γένοιτ' ἢ καταρατότερος; Λέγε τὴν ἐπιστολήν.

ΕΠΙΣΤΟΛΗ.

Ἐπειδὴ τοίνυν ἐποιήσαντο τὴν ἐκκλησίαν, 213
προσῆγον ἐκείνους προτέρους διὰ τὸ τὴν τῶν συμμάχων τάξιν ἐκείνους ἔχειν. καὶ παρελθόντες ἐδημηγόρουν πολλὰ μὲν Φίλιππον ἐγκωμιάζοντες, πολλὰ δ' ὑμῶν κατηγοροῦντες, πάνθ' ὅσα πώποτ' ἐναντία ἐπράξατε Θηβαίοις ἀναμιμνήσκοντες. τὸ δ' οὖν κεφάλαιον, ἠξίουν ὧν μὲν εὖ πεπόνθεσαν ὑπὸ Φιλίππου χάριν αὐτοὺς ἀποδοῦναι, ὧν δ' ὑφ' ὑμῶν ἠδίκηντο δίκην λαβεῖν, ὁποτέρως βούλονται, ἢ διέντας αὐτοὺς ἐφ' ὑμᾶς ἢ συνεμβαλόντας εἰς τὴν Ἀττικήν, καὶ ἐδείκνυσαν, ὡς ᾤοντο, ἐκ μὲν ὧν αὐτοὶ συνεβούλευον τὰ ἐκ τῆς Ἀττικῆς βοσκήματα καὶ ἀνδράποδα καὶ τἆλλ' ἀγαθὰ εἰς τὴν Βοιωτίαν ἥξοντα, ἐκ δὲ ὧν ἡμᾶς ἐρεῖν ἔφασαν τὰ ἐν τῇ Βοιωτίᾳ διαρπασθησόμενα ὑπὸ τοῦ πολέμου. καὶ ἄλλα πολλὰ πρὸς τούτοις, εἰς ταὐτὰ δὲ πάντα συντείνοντ' ἔλεγον. ἃ δ' ἡμεῖς πρὸς ταῦτα, τὰ μὲν καθ' ἕκαστα 214
ἐγὼ μὲν ἀντὶ παντὸς ἂν τιμησαίμην εἰπεῖν τοῦ βίου, ὑμᾶς δὲ δέδοικα, μὴ παρεληλυθότων τῶν

καιρῶν, ὥσπερ ἂν εἰ καὶ κατακλυσμὸν γεγενῆσθαι τῶν πραγμάτων ἡγούμενοι, μάταιον ὄχλον τοὺς περὶ τούτων λόγους νομίσητε· ὅ τι δ' οὖν ἐπείσαμεν ἡμεῖς καὶ ἡμῖν ἀπεκρίναντο, ἀκούσατε. Λέγε ταυτὶ λαβών.

ΑΠΟΚΡΙΣΙΣ ΘΗΒΑΙΩΝ.

215 Μετὰ ταῦτα τοίνυν ἐκάλουν ὑμᾶς καὶ μετεπέμποντο. ἐξῆτε, ἐβοηθεῖτε, ἵνα τἀν μέσῳ παραλείπω, οὕτως οἰκείως ὑμᾶς ἐδέχοντο, ὥστ' ἔξω τῶν ὁπλιτῶν καὶ τῶν ἱππέων ὄντων εἰς τὰς οἰκίας καὶ τὸ ἄστυ δέχεσθαι τὴν στρατιὰν ἐπὶ παῖδας καὶ γυναῖκας καὶ τὰ τιμιώτατα. καίτοι τρία ἐν ἐκείνῃ τῇ ἡμέρᾳ πᾶσιν ἀνθρώποις ἔδειξαν ἐγκώμια Θηβαῖοι καθ' ὑμῶν τὰ κάλλιστα, ἓν μὲν ἀνδρίας, ἕτερον δὲ δικαιοσύνης, τρίτον δὲ σωφροσύνης. καὶ γὰρ τὸν ἀγῶνα μᾶλλον μεθ' ὑμῶν ἢ πρὸς ὑμᾶς ἑλόμενοι ποιήσασθαι καὶ ἀμείνους εἶναι καὶ δικαιότερ' ἀξιοῦν ὑμᾶς ἔκριναν Φιλίππου· καὶ τὰ παρ' αὐτοῖς καὶ παρὰ πᾶσι δ' ἐν πλείστῃ φυλακῇ, παῖδας καὶ γυναῖκας, ἐφ' ὑμῖν ποιήσαντες σωφροσύνης πίστιν περὶ ὑμῶν ἔχον-
216 τες ἔδειξαν. ἐν οἷς πᾶσιν, ἄνδρες Ἀθηναῖοι, κατά γ' ὑμᾶς ὀρθῶς ἐφάνησαν ἐγνωκότες. οὔτε γὰρ εἰς τὴν πόλιν εἰσελθόντος τοῦ στρατοπέδου οὐδεὶς οὐδὲν οὐδὲ ἀδίκως ὑμῖν ἐνεκάλεσεν· οὕτω σώφρονας παρέσχετε ὑμᾶς αὐτούς· δίς τε συμπαρα-

ταξάμενοι τὰς πρώτας, τήν τ᾽ ἐπὶ τοῦ ποταμοῦ
καὶ τὴν χειμερινήν, οὐκ ἀμέμπτους μόνον ὑμᾶς
αὐτοὺς ἀλλὰ καὶ θαυμαστοὺς ἐδείξατε τῷ κόσμῳ,
ταῖς παρασκευαῖς, τῇ προθυμίᾳ. ἐφ᾽ οἷς παρὰ
μὲν τῶν ἄλλων ὑμῖν ἐγίγνοντο ἔπαινοι, παρὰ δ᾽
ὑμῶν θυσίαι καὶ πομπαὶ τοῖς θεοῖς. καὶ ἔγωγε 217
ἡδέως ἂν ἐροίμην Αἰσχίνην, ὅτε ταῦτ᾽ ἐπράττετο
καὶ ζήλου καὶ χαρᾶς καὶ ἐπαίνων ἡ πόλις ἦν
μεστή, πότερον συνέθυε καὶ συνευφραίνετο τοῖς
πολλοῖς, ἢ λυπούμενος καὶ στένων καὶ δυσμεναί-
νων τοῖς κοινοῖς ἀγαθοῖς οἴκοι καθῆτο. εἰ μὲν
γὰρ παρῆν καὶ μετὰ τῶν ἄλλων ἐξητάζετο, πῶς
οὐ δεινὰ ποιεῖ, μᾶλλον δ᾽ οὐδ᾽ ὅσια, εἰ ὧν ὡς
ἀρίστων αὐτὸς τοὺς θεοὺς ἐποιήσατο μάρτυρας,
ταῦθ᾽ ὡς οὐκ ἄριστα νῦν ὑμᾶς ἀξιοῖ ψηφίσασθαι,
τοὺς ὀμωμοκότας τοὺς θεούς; εἰ δὲ μὴ παρῆν,
πῶς οὐκ ἀπολωλέναι πολλάκις ἐστὶ δίκαιος, εἰ ἐφ᾽
οἷς ἔχαιρον οἱ ἄλλοι, ταῦτα ἐλυπεῖτο ὁρῶν; Λέγε
δὴ καὶ ταῦτα τὰ ψηφίσματά μοι.

ΨΗΦΙΣΜΑΤΑ ΘΥΣΙΩΝ.

Οὐκοῦν ἡμεῖς μὲν ἐν θυσίαις ἦμεν τότε, Θη- 218
βαῖοι δ᾽ ἐν τῷ δι᾽ ἡμᾶς σεσῶσθαι νομίζειν, καὶ
περιειστήκει τοῖς βοηθείας δεήσεσθαι νομίζουσιν
ἀφ᾽ ὧν ἔπραττον οὗτοι, αὐτοὺς βοηθεῖν ἑτέροις ἐξ
ὧν ἐπείσθητ᾽ ἐμοί. ἀλλὰ μὴν οἵας τότ᾽ ἠφίει φω-
νὰς ὁ Φίλιππος καὶ ἐν οἵαις ἦν ταραχαῖς ἐπὶ τού-

τοις, ἐκ τῶν ἐπιστολῶν τῶν ἐκείνου μαθήσεσθε
ὧν εἰς Πελοπόννησον ἔπεμπεν. καί μοι λέγε
ταύτας λαβών, ἵν᾽ εἰδῆτε, ἡ ἐμὴ συνέχεια καὶ
πλάνοι καὶ ταλαιπωρίαι καὶ τὰ πολλὰ ψηφί-
σματα, ἃ νῦν οὗτος διέσυρε, τί ἀπειργάσατο.
219 Καίτοι πολλοὶ παρ᾽ ὑμῖν, ἄνδρες Ἀθηναῖοι, γε-
γόνασι ῥήτορες ἔνδοξοι καὶ μεγάλοι πρὸ ἐμοῦ,
Καλλίστρατος ἐκεῖνος, Ἀριστοφῶν, Κέφαλος,
Θρασύβουλος, ἕτεροι μυρίοι· ἀλλ᾽ ὅμως οὐδεὶς
πώποτε τούτων διὰ παντὸς ἔδωκεν ἑαυτὸν εἰς
οὐδὲν τῇ πόλει, ἀλλ᾽ ὁ μὲν γράφων οὐκ ἂν ἐπρέ-
σβευσεν, ὁ δὲ πρεσβεύων οὐκ ἂν ἔγραψεν. ὑπέ-
λειπε γὰρ αὑτῶν ἕκαστος ἑαυτῷ ἅμα μὲν ῥᾳστώ-
220 νην, ἅμα δ᾽, εἴ τι γένοιτ᾽, ἀναφοράν. τί οὖν;
εἴποι τις ἄν, σὺ τοσοῦτον ὑπερῆρας ῥώμῃ καὶ
τόλμῃ ὥστε πάντα ποιεῖν αὐτός; οὐ ταῦτα λέγω,
ἀλλ᾽ οὕτως ἐπεπείσμην μέγαν εἶναι τὸν κατειλη-
φότα κίνδυνον τὴν πόλιν, ὥστ᾽ οὐκ ἐδόκει μοι
χώραν οὐδὲ πρόνοιαν οὐδεμίαν τῆς ἰδίας ἀσφα-
λείας διδόναι, ἀλλ᾽ ἀγαπητὸν εἶναι, εἰ μηδὲν πα-
221 ραλείπων τις ἃ δεῖ πράξειεν. ἐπεπείσμην δ᾽
ὑπὲρ ἐμαυτοῦ, τυχὸν μὲν ἀναισθητῶν, ὅμως δ᾽
ἐπεπείσμην, μήτε γράφοντ᾽ ἂν ἐμοῦ γράψαι βέλ-
τιον μηδένα, μήτε πράττοντα πρᾶξαι, μήτε πρε-
σβεύοντα πρεσβεῦσαι προθυμότερον μηδὲ δικαιό-
τερον. διὰ ταῦτα ἐν πᾶσιν ἐμαυτὸν ἔταττον.
Λέγε τὰς ἐπιστολὰς τὰς τοῦ Φιλίππου.

ΕΠΙΣΤΟΛΑΙ.

Εἰς ταῦτα κατέστησε Φίλιππον ἡ ἐμὴ πολιτεία, 222
Αἰσχίνη· ταύτην τὴν φωνὴν ἐκεῖνος ἀφῆκε, πολ-
λοὺς καὶ θρασεῖς τὰ πρὸ τούτων τῇ πόλει ἐπαι-
ρόμενος λόγους. ἀνθ' ὧν δικαίως ἐστεφανούμην
ὑπὸ τουτωνί, καὶ σὺ παρὼν οὐκ ἀντέλεγες, ὁ δὲ
γραψάμενος Διώνδας τὸ μέρος τῶν ψήφων οὐκ
ἔλαβεν. Καί μοι λαβὲ ταῦτα τὰ ψηφίσματα τὰ
ἀποπεφευγότα, ὑπὸ τούτου δ' οὐδὲ γραφέντα.

ΨΗΦΙΣΜΑΤΑ.

Ταυτὶ τὰ ψηφίσματ', ὦ ἄνδρες Ἀθηναῖοι, τὰς 223
αὐτὰς συλλαβὰς καὶ ταὐτὰ ῥήματ' ἔχει, ἅπερ πρό-
τερον μὲν Ἀριστόνικος νῦν δὲ Κτησιφῶν γέγραφεν
οὑτοσί. καὶ ταῦτ' Αἰσχίνης οὔτ' ἐδίωξεν αὐτὸς
οὔτε τῷ γραψαμένῳ συγκατηγόρησεν. καίτοι τότε
τὸν Δημομέλη τὸν ταῦτα γράφοντα καὶ τὸν Ὑπε-
ρείδην, εἴ περ ἀληθῆ μου νῦν κατηγορεῖ, μᾶλλον
ἂν εἰκότως ἢ τόνδ' ἐδίωκεν. διὰ τί; ὅτι τῷδε 224
μὲν ἔστ' ἀνενεγκεῖν ἐπ' ἐκείνους καὶ τὰς τῶν δικα-
στηρίων γνώσεις καὶ τὸ τοῦτον αὐτὸν ἐκείνων μὴ
κατηγορηκέναι ταὐτὰ γραψάντων ἅπερ οὗτος νῦν,
καὶ τὸ τοὺς νόμους μηκέτ' ἐᾶν περὶ τῶν οὕτω πρα-
χθέντων κατηγορεῖν, καὶ πολλὰ ἕτερα· τότε δ'
αὐτὸ τὸ πρᾶγμ' ἂν ἐκρίνετο ἐφ' αὑτοῦ, πρίν τι
τούτων προλαβεῖν. ἀλλ' οὐκ ἦν οἶμαι τότε ὃ νυνὶ 225

ποιεῖν, ἐκ παλαιῶν χρόνων καὶ ψηφισμάτων πολ-
λῶν ἐκλέξαντα, ἃ μήτε προῄδει μηδεὶς μήτ' ἂν
ᾠήθη τήμερον ῥηθῆναι, διαβάλλειν, καὶ μετενεγ-
κόντα τοὺς χρόνους καὶ προφάσεις ἀντὶ τῶν ἀλη-
θῶν ψευδεῖς μεταθέντα τοῖς πεπραγμένοις δοκεῖν
226 τι λέγειν. οὐκ ἦν τότε ταῦτα, ἀλλ' ἐπὶ τῆς ἀλη-
θείας, ἐγγὺς τῶν ἔργων, ἔτι μεμνημένων ὑμῶν καὶ
μόνον οὐκ ἐν ταῖς χερσὶν ἕκαστα ἐχόντων, πάν-
τες ἐγίγνοντ' ἂν οἱ λόγοι. διόπερ τοὺς παρ' αὐτὰ
τὰ πράγματ' ἐλέγχους φυγὼν νῦν ἥκει, ῥητόρων
ἀγῶνα νομίζων, ὥς γ' ἐμοὶ δοκεῖ, καὶ οὐχὶ τῶν
πεπολιτευμένων ἐξέτασιν ποιήσειν ὑμᾶς, καὶ
λόγου κρίσιν, οὐχὶ τοῦ τῇ πόλει συμφέροντος
ἔσεσθαι.

227 Εἶτα σοφίζεται, καὶ φησὶ προσήκειν ἧς μὲν
οἴκοθεν ἥκετ' ἔχοντες δόξης περὶ ἡμῶν ἀμελῆσαι,

---

59. Εἰ δέ τισιν ὑμῶν ἐξαίφνης ἀκούσασιν ἀπιστότερος προσπέπτωκεν ὁ τοιοῦτος λόγος, ἐκείνως τὴν ὑπόλοιπον ποιήσασθε ἀκρόασιν, ὥσπερ ὅταν περὶ χρημάτων ἀνηλωμένων διὰ πολλοῦ χρόνου καθεζώμεθα ἐπὶ τοὺς λογισμούς. Ἐρχόμεθα δή που ψευδεῖς οἴκοθεν ἐνίοτε δόξας ἔχοντες κατὰ τῶν λογισμῶν· ἀλλ' ὅμως ἐπειδὰν ὁ λογισμὸς συγκεφαλαιωθῇ, οὐδεὶς ἡμῶν ἐστὶν οὕτω δύσκολος τὴν φύσιν, ὅστις οὐκ ἀπέρχεται τοῦθ' ὁμολογήσας καὶ ἐπινεύσας ἀληθὲς εἶναι ὅ τι ἂν αὐτὸς ὁ λογισμὸς αἱρῇ. 60. Οὕτω καὶ νῦν τὴν ἀκρόασιν ποιήσασθε. εἴ τινες ὑμῶν ἐκ τῶν ἔμπροσθεν χρόνων ἥκουσιν οἴκοθεν τοιαύτην ἔχοντες τὴν δόξαν, ὡς ἄρα ὁ Δημοσθένης οὐδὲν πώποτε εἴρηκεν ὑπὲρ Φιλίππου συστὰς μετὰ Φιλοκράτους, — ὅστις οὕτω διάκειται, μήτ' ἀπογνώτω μηδὲν μήτε καταγνώτω πρὶν ἀκούσῃ· οὐ γὰρ δίκαιον.

ὥσπερ δ', ὅταν οἰόμενοι περιεῖναι χρήματά τῳ
λογίζησθε, ἂν καθαιρῶσιν αἱ ψῆφοι καὶ μηδὲν
περιῇ, συγχωρεῖτε, οὕτω καὶ νῦν τοῖς ἐκ τοῦ
λόγου φαινομένοις προσθέσθαι. θεάσασθε τοί-
νυν ὡς σαθρόν, ὡς ἔοικεν, ἐστὶ φύσει πᾶν ὅ τι ἂν
μὴ δικαίως ᾖ πεπραγμένον. ἐκ γὰρ αὐτοῦ τοῦ 228
σοφοῦ τούτου παραδείγματος ὡμολόγηκε νῦν γ'
ἡμᾶς ὑπάρχειν ἐγνωσμένους ἐμὲ μὲν λέγειν ὑπὲρ
τῆς πατρίδος, αὐτὸν δ' ὑπὲρ Φιλίππου· οὐ γὰρ
ἂν μεταπείθειν ὑμᾶς ἐζήτει μὴ τοιαύτης οὔσης
τῆς ὑπαρχούσης ὑπολήψεως περὶ ἑκατέρου. καὶ 229
μὴν ὅτι γε οὐ δίκαια λέγει μεταθέσθαι ταύτην
τὴν δόξαν ἀξιῶν, ἐγὼ διδάξω ῥᾳδίως, οὐ τιθεὶς
ψήφους (οὐ γάρ ἐστιν ὁ τῶν πραγμάτων οὗτος
λογισμός) ἀλλ' ἀναμιμνήσκων ἕκαστα ἐν βρα-
χέσι, λογισταῖς ἅμα καὶ μάρτυσι τοῖς ἀκούουσιν
ὑμῖν χρώμενος. ἡ γὰρ ἐμὴ πολιτεία, ἧς οὗτος
κατηγορεῖ, ἀντὶ μὲν τοῦ Θηβαίους μετὰ Φιλίππου
συνεμβαλεῖν εἰς τὴν χώραν, ὃ πάντες ᾤοντο, μεθ' 230
ἡμῶν παραταξαμένους ἐκεῖνον κωλύειν ἐποίησεν,
ἀντὶ δὲ τοῦ ἐν τῇ Ἀττικῇ τὸν πόλεμον εἶναι ἑπτα-
κόσια στάδια ἀπὸ τῆς πόλεως ἐπὶ τοῖς Βοιωτῶν
ὁρίοις γενέσθαι, ἀντὶ δὲ τοῦ τοὺς λῃστὰς ἡμᾶς
φέρειν καὶ ἄγειν ἐκ τῆς Εὐβοίας ἐν εἰρήνῃ τὴν
Ἀττικὴν ἐκ θαλάττης εἶναι πάντα τὸν πόλεμον,
ἀντὶ δὲ τοῦ τὸν Ἑλλήσποντον ἔχειν Φίλιππον,
λαβόντα Βυζάντιον, συμπολεμεῖν τοὺς Βυζαντίους

231 μεθ' ἡμῶν πρὸς ἐκεῖνον. ἆρά σοι ψήφοις ὅμοιος
ὁ τῶν ἔργων λογισμὸς φαίνεται; ἢ δεῖν ἀντα-
νελεῖν ταῦτα, ἀλλ' οὐχ ὅπως τὸν ἅπαντα χρόνον
μνημονευθήσεται σκέψασθαι; καὶ οὐκέτι προσ-
τίθημι ὅτι τῆς μὲν ὠμότητος, ἣν ἐν οἷς καθάπαξ
τινῶν κύριος κατέστη Φίλιππος ἔστιν ἰδεῖν, ἑτέ-
ροις πειραθῆναι συνέβη, τῆς δὲ φιλανθρωπίας,
ἣν τὰ λοιπὰ τῶν πραγμάτων ἐκεῖνος περιβαλλό-
μενος ἐπλάττετο, ὑμεῖς καλῶς ποιοῦντες τοὺς καρ-
ποὺς κεκόμισθε. ἀλλ' ἐῶ ταῦτα.
232 Καὶ μὴν οὐδὲ τοῦτ' εἰπεῖν ὀκνήσω, ὅτι ὁ τὸν
ῥήτορα βουλόμενος δικαίως ἐξετάζειν καὶ μὴ συ-
κοφαντεῖν οὐκ ἂν οἷα σὺ νῦν ἔλεγες, τοιαῦτα
κατηγόρει, παραδείγματα πλάττων καὶ ῥήματα
καὶ σχήματα μιμούμενος (πάνυ γὰρ παρὰ τοῦτο,
οὐχ ὁρᾷς; γέγονε τὰ τῶν Ἑλλήνων, εἰ τουτὶ τὸ
ῥῆμα ἀλλὰ μὴ τουτὶ διελέχθην ἐγώ, ἢ δευρὶ τὴν
233 χεῖρα ἀλλὰ μὴ δευρὶ παρήνεγκα), ἀλλ' ἐπ' αὐτῶν
τῶν ἔργων ἂν ἐσκόπει, τίνας εἶχεν ἀφορμὰς ἡ
πόλις καὶ τίνας δυνάμεις, ὅτ' εἰς τὰ πράγματ'
εἰσῄειν, καὶ τίνας συνήγαγον αὐτῇ μετὰ ταῦτ'
ἐπιστὰς ἐγώ, καὶ πῶς εἶχε τὰ τῶν ἐναντίων.
εἶτ' εἰ μὲν ἐλάττους ἐποίησα τὰς δυνάμεις, παρ'
ἐμοὶ τἀδίκημ' ἂν ἐδείκνυεν ὄν, εἰ δὲ πολλῷ μεί-
ζους, οὐκ ἂν ἐσυκοφάντει. ἐπειδὴ δὲ σὺ τοῦτο

Cf. Æsch. §§ 166 and 167, cited on page 58.

πέφευγας, ἐγὼ ποιήσω· καὶ σκοπεῖτε εἰ δικαίως
χρήσομαι τῷ λόγῳ.

Δύναμιν μὲν τοίνυν εἶχεν ἡ πόλις τοὺς νησιώ- 234
τας, οὐχ ἅπαντας, ἀλλὰ τοὺς ἀσθενεστάτους·
οὔτε γὰρ Χίος οὔτε Ῥόδος οὔτε Κέρκυρα μεθ'
ἡμῶν ἦν· χρημάτων δὲ σύνταξιν εἰς πέντε καὶ
τετταράκοντα τάλαντα, καὶ ταῦτ' ἦν προεξειλε-
γμένα· ὁπλίτην δ', ἱππέα πλὴν τῶν οἰκείων οὐ-
δένα. ὃ δὲ πάντων καὶ φοβερώτατον καὶ μάλισθ'
ὑπὲρ τῶν ἐχθρῶν, οὗτοι παρεσκευάκεισαν τοὺς
περιχώρους πάντας ἔχθρας ἢ φιλίας ἐγγυτέρω,
Μεγαρεῖς, Θηβαίους, Εὐβοέας. τὰ μὲν τῆς πό- 235
λεως οὕτως ὑπῆρχεν ἔχοντα, καὶ οὐδεὶς ἂν ἔχοι
παρὰ ταῦτ' εἰπεῖν ἄλλο οὐδέν· τὰ δὲ τοῦ Φιλίπ-
που, πρὸς ὃν ἦν ἡμῖν ὁ ἀγών, σκέψασθε πῶς.
πρῶτον μὲν ἦρχε τῶν ἀκολουθούντων αὐτὸς αὐτο-
κράτωρ, ὃ τῶν εἰς τὸν πόλεμον μέγιστόν ἐστιν
ἁπάντων· εἶθ' οὗτοι τὰ ὅπλα εἶχον ἐν ταῖς χερ-
σὶν ἀεί· ἔπειτα χρημάτων εὐπόρει, καὶ ἔπραττεν
ἃ δόξειεν αὐτῷ, οὐ προλέγων ἐν τοῖς ψηφίσμασιν,
οὐδ' ἐν τῷ φανερῷ βουλευόμενος, οὐδὲ γραφὰς
φεύγων παρανόμων, οὐδ' ὑπεύθυνος ὢν οὐδενί,
ἀλλ' ἁπλῶς αὐτὸς δεσπότης, ἡγεμών, κύριος
πάντων. ἐγὼ δ' ὁ πρὸς τοῦτον ἀντιτεταγμένος 236
(καὶ γὰρ τοῦτ' ἐξετάσαι δίκαιον) τίνος κύριος ἦν;
οὐδενός· αὐτὸ γὰρ τὸ δημηγορεῖν πρῶτον, οὗ
μόνου μετεῖχον ἐγώ, ἐξ ἴσου προὐτίθεθ' ὑμεῖς

τοῖς παρ' ἐκείνου μισθαρνοῦσι καὶ ἐμοί, καὶ ὅσα
οὗτοι περιγένοιντο ἐμοῦ (πολλὰ δ' ἐγίγνετο ταῦ-
τα, δι' ἣν ἕκαστον τύχοι πρόφασιν), ταῦθ' ὑπὲρ
237 τῶν ἐχθρῶν ἀπῇτε βεβουλευμένοι. ἀλλ' ὅμως
ἐκ τοιούτων ἐλαττωμάτων ἐγὼ συμμάχους μὲν
ὑμῖν ἐποίησα Εὐβοέας, Ἀχαιούς, Κορινθίους, Θη-
βαίους, Μεγαρέας, Λευκαδίους, Κερκυραίους, ἀφ'
ὧν μύριοι μὲν καὶ πεντακισχίλιοι ξένοι, δισχίλιοι
δ' ἱππεῖς ἄνευ τῶν πολιτικῶν δυνάμεων συνήχθη-
σαν· χρημάτων δέ, ὅσων ἠδυνήθην ἐγώ, πλεί-
238 στην συντέλειαν ἐποίησα. εἰ δὲ λέγεις ἢ τὰ
πρὸς Θηβαίους δίκαια, Αἰσχίνη, ἢ τὰ πρὸς Βυ-
ζαντίους ἢ τὰ πρὸς Εὐβοέας, ἢ περὶ τῶν ἴσων
νυνὶ διαλέγῃ, πρῶτον μὲν ἀγνοεῖς ὅτι καὶ πρό-
τερον τῶν ὑπὲρ τῶν Ἑλλήνων ἐκείνων ἀγωνισα-
μένων τριήρων, τριακοσίων οὐσῶν τῶν πασῶν,
τὰς διακοσίας ἡ πόλις παρέσχετο, καὶ οὐκ ἐλατ-
τοῦσθαι νομίζουσα οὐδὲ κρίνουσα τοὺς ταῦτα
συμβουλεύσαντας οὐδὲ ἀγανακτοῦσα ἐπὶ τούτοις
ἑωρᾶτο (αἰσχρὸν γάρ), ἀλλὰ τοῖς θεοῖς ἔχουσα
χάριν, εἰ κοινοῦ κινδύνου τοῖς Ἕλλησι περιστάν-
τος αὐτὴ διπλάσια τῶν ἄλλων εἰς τὴν ἁπάντων
239 σωτηρίαν παρέσχετο. εἶτα κενὰς χαρίζῃ χάριτας
τουτοισὶ συκοφαντῶν ἐμέ. τί γὰρ νῦν λέγεις οἷα
ἐχρῆν πράττειν, ἀλλ' οὐ τότ' ὢν ἐν τῇ πόλει καὶ
παρὼν ταῦτ' ἔγραφες, εἴ περ ἐνεδέχετο παρὰ τοὺς
παρόντας καιρούς, ἐν οἷς οὐχ ὅσα ἠβουλόμεθα

ἀλλ᾽ ὅσα δοίη τὰ πράγματ᾽ ἔδει δέχεσθαι· ὁ γὰρ
ἀντωνούμενος καὶ ταχὺ τοὺς παρ᾽ ἡμῶν ἀπελαυνο-
μένους προσδεξόμενος καὶ χρήματα προσθήσων
ὑπῆρχεν ἕτοιμος.

Ἀλλ᾽ εἰ νῦν ἐπὶ τοῖς πεπραγμένοις κατηγορίας 240
ἔχω, τί ἂν οἴεσθε, εἰ τότ᾽ ἐμοῦ περὶ τούτων ἀκρι-
βολογουμένου ἀπῆλθον αἱ πόλεις καὶ προσέθεντο
Φιλίππῳ, καὶ ἅμα Εὐβοίας καὶ Θηβῶν καὶ Βυζαν-
τίου κύριος κατέστη, τί ποιεῖν ἂν ἢ τί λέγειν τοὺς
ἀσεβεῖς ἀνθρώπους τουτουσί; οὐχ ὡς ἐξεδόθη- 241
σαν, ἀπηλάθησαν, βουλόμενοι μεθ᾽ ἡμῶν εἶναι;
εἶτα τοῦ μὲν Ἑλλησπόντου διὰ Βυζαντίων ἐγκρα-
τὴς καθέστηκε, καὶ τῆς σιτοπομπίας τῆς τῶν Ἑλ-
λήνων κύριος, πόλεμος δ᾽ ὅμορος καὶ βαρὺς εἰς
τὴν Ἀττικὴν διὰ Θηβαίων κεκόμισται, ἄπλους δ᾽
ἡ θάλαττα ὑπὸ τῶν ἐκ τῆς Εὐβοίας ὁρμωμένων
λῃστῶν γέγονεν; οὐκ ἂν ταῦτ᾽ ἔλεγον, καὶ πολ-
λά γε πρὸς τούτοις ἕτερα; πονηρόν, ὦ ἄνδρες 242
Ἀθηναῖοι, πονηρὸν ὁ συκοφάντης ἀεὶ καὶ πανταχ-
χόθεν βάσκανον καὶ φιλαίτιον· τοῦτο δὲ καὶ
φύσει κίναδος τἀνθρώπιόν ἐστιν, οὐδὲν ἐξ ἀρχῆς
ὑγιὲς πεποιηκὸς οὐδ᾽ ἐλεύθερον, αὐτοτραγικὸς πί-
θηκος, ἀρουραῖος Οἰνόμαος, παράσημος ῥήτωρ.
τί γὰρ ἡ σὴ δεινότης εἰς ὄνησιν ἥκει πατρίδι;
νῦν ἡμῖν λέγεις περὶ τῶν παρεληλυθότων; ὥσπερ 243
ἂν εἴ τις ἰατρὸς ἀσθενοῦσι μὲν τοῖς κάμνουσιν
εἰσιὼν μὴ λέγοι μηδὲ δεικνύοι δι᾽ ὧν ἀποφεύξον-

ται τὴν νόσον, ἐπειδὴ δὲ τελευτήσειέ τις αὐτῶν
καὶ τὰ νομιζόμενα αὐτῷ φέροιτο, ἀκολουθῶν ἐπὶ
τὸ μνῆμα διεξίοι "εἰ τὸ καὶ τὸ ἐποίησεν ἄνθρω-
πος οὑτοσί, οὐκ ἂν ἀπέθανεν." ἐμβρόντητε, εἶτα
νῦν λέγεις;

244 Οὐ τοίνυν οὐδὲ τὴν ἧτταν, εἰ ταύτῃ γαυριᾷς
ἐφ' ᾗ στένειν σε, ὦ κατάρατε, προσῆκεν, ἐν οὐ-
δενὶ τῶν παρ' ἐμοὶ γεγονυῖαν εὑρήσετε τῇ πόλει.
οὑτωσὶ δὲ λογίζεσθε. οὐδαμοῦ πώποθ', ὅποι
πρεσβευτὴς ἐπέμφθην ὑφ' ὑμῶν ἐγώ, ἡττηθεὶς
ἀπῆλθον τῶν παρὰ Φιλίππου πρέσβεων, οὐκ ἐκ
Θετταλίας, οὐκ ἐξ Ἀμβρακίας, οὐκ ἐξ Ἰλλυριῶν,
οὐ παρὰ τῶν Θρᾳκῶν βασιλέων, οὐκ ἐκ Βυζαν-
τίου, οὐκ ἄλλοθεν οὐδαμόθεν, οὐ τὰ τελευταῖα
ἐκ Θηβῶν, ἀλλ' ἐν οἷς κρατηθεῖεν οἱ πρέσβεις
αὐτοῦ τῷ λόγῳ, ταῦτα τοῖς ὅπλοις ἐπιὼν κατε-
245 στρέφετο. ταῦτ' οὖν ἀπαιτεῖς παρ' ἐμοῦ, καὶ οὐκ
αἰσχύνει τὸν αὐτὸν εἴς τε μαλακίαν σκώπτων καὶ
τῆς Φιλίππου δυνάμεως ἀξιῶν ἕνα ὄντα κρείττω
γενέσθαι; καὶ ταῦτα τοῖς λόγοις; τίνος γὰρ
ἄλλου κύριος ἦν ἐγώ; οὐ γὰρ τῆς γε ἑκάστου

225. Ἔπειτα ἐπερωτᾶν με, ὡς ἐγὼ πυνθάνομαι, μέλλει, τίς ἂν εἴη τοιοῦτος ἰατρός, ὅστις τῷ νοσοῦντι μεταξὺ μὲν ἀσθενοῦντι μηδὲν συμβουλεύοι, τελευτήσαντος δὲ αὐτοῦ ἐλθὼν εἰς τὰ ἔνατα διεξίοι πρὸς τοὺς οἰκείους, ἃ ἐπιτηδεύσας ὑγιὴς ἂν ἐγένετο.
226. σαυτὸν δ' οὐκ ἀντερωτᾷς, τίς ἂν εἴη δημαγωγὸς τοιοῦτος, ὅστις τὸν μὲν δῆμον θωπεῦσαι δύναιτο, τοὺς δὲ καιρούς, ἐν οἷς ἦν σώζεσθαι τὴν πόλιν, ἀποδοῖτο.

ψυχῆς, οὐδὲ τῆς τύχης τῶν παραταξαμένων, οὐδὲ
τῆς στρατηγίας, ἧς ἔμ' ἀπαιτεῖς εὐθύνας· οὕτω
σκαιὸς εἶ. ἀλλὰ μὴν ὧν γ' ἂν ὁ ῥήτωρ ὑπεύθυνος 246
εἴη, πᾶσαν ἐξέτασιν λαμβάνετε· οὐ παραιτοῦμαι.
τίνα οὖν ἐστι ταῦτα; ἰδεῖν τὰ πράγματα ἀρχό-
μενα καὶ προαισθέσθαι καὶ προειπεῖν τοῖς ἄλλοις.
ταῦτα πέπρακταί μοι. καὶ ἔτι τὰς ἑκασταχοῦ
βραδυτῆτας ὄκνους ἀγνοίας φιλονεικίας, ἃ πολιτι-
κὰ ταῖς πόλεσι πρόσεστιν ἁπάσαις καὶ ἀναγκαῖα
ἁμαρτήματα, ταῦθ' ὡς εἰς ἐλάχιστα συστεῖλαι,
καὶ τοὐναντίον εἰς ὁμόνοιαν καὶ φιλίαν καὶ τοῦ τὰ
δέοντα ποιεῖν ὁρμὴν προτρέψαι. καὶ ταῦτά μοι
πάντα πεποίηται, καὶ οὐδεὶς μή ποθ' εὕρῃ κατ'
ἐμὲ οὐδὲν ἐλλειφθέν. εἰ τοίνυν τις ἔροιτο ὁντι- 247
νοῦν, τίσι τὰ πλεῖστα Φίλιππος ὧν κατέπραξε
διῳκήσατο, πάντες ἂν εἴποιεν τῷ στρατοπέδῳ καὶ
τῷ διδόναι καὶ διαφθείρειν τοὺς ἐπὶ τῶν πραγμά-
των. οὐκοῦν τῶν μὲν δυνάμεων οὔτε κύριος οὔθ'
ἡγεμὼν ἦν ἐγώ, ὥστε οὐδ' ὁ λόγος τῶν κατὰ ταῦ-
τα πραχθέντων πρὸς ἐμέ. καὶ μὴν τῷ διαφθαρῆ-
ναι χρήμασιν ἢ μὴ κεκράτηκα Φιλίππου· ὥσπερ

---

152. ἐτόλμησε τοῖς δραπέταις ποσὶ καὶ λελοιπόσι τὴν τάξιν ἀναβὰς ἐπὶ τὸν τάφον τῶν τετελευτηκότων ἐγκωμιάζειν τὴν ἐκείνων ἀρετήν. 155. ὅτι τόνδε τὸν ἄνδρα, εἰ δὴ καὶ οὗτος ἀνήρ, στεφανοῖ ὁ δῆμος τῶν Ἀθηναίων ἀρετῆς ἕνεκα τὸν κάκιστον καὶ ἀνδραγαθίας ἕνεκα τὸν ἄνανδρον καὶ λελοιπότα τὴν τάξιν. 159. ὅτι Δημοσθένης οὐ τὴν ἀπὸ στρατοπέδου μόνον τάξιν ἔλιπεν, ἀλλὰ καὶ τὴν ἐκ τῆς πόλεως.

γὰρ ὁ ὠνούμενος νενίκηκε τὸν λαβόντα, ἐὰν πρίηται, οὕτως ὁ μὴ λαβὼν καὶ διαφθαρεὶς νενίκηκε τὸν ὠνούμενον. ὥστε ἀήττητος ἡ πόλις τὸ κατ' ἐμέ.

248 Ἃ μὲν τοίνυν ἐγὼ παρεσχόμην εἰς τὸ δικαίως τοιαῦτα γράφειν τοῦτον περὶ ἐμοῦ, πρὸς πολλοῖς ἑτέροις ταῦτα καὶ παραπλήσια τούτοις ἐστίν, ἃ δ' οἱ πάντες ὑμεῖς, ταῦτ' ἤδη λέξω. μετὰ γὰρ τὴν μάχην εὐθὺς ὁ δῆμος, εἰδὼς καὶ ἑωρακὼς πάντα ὅσα ἔπραττον ἐγώ, ἐν αὐτοῖς τοῖς δεινοῖς καὶ φοβεροῖς ἐμβεβηκώς, ἡνίκ' οὐδ' ἀγνωμονῆσαί τι θαυμαστὸν ἦν τοὺς πολλοὺς πρὸς ἐμέ, πρῶτον μὲν περὶ σωτηρίας τῆς πόλεως τὰς ἐμὰς γνώμας ἐχειροτόνει, καὶ πάνθ' ὅσα τῆς φυλακῆς ἕνεκα ἐπράττετο, ἡ διάταξις τῶν φυλάκων, αἱ τάφροι, τὰ εἰς τὰ τείχη χρήματα, διὰ τῶν ἐμῶν ψηφισμάτων ἐγίγνετο· ἔπειθ' αἱρούμενος σιτώνην ἐκ πάν-
249 των ἐμὲ ἐχειροτόνησεν ὁ δῆμος. καὶ μετὰ ταῦτα συστάντων οἷς ἦν ἐπιμελὲς κακῶς ἐμὲ ποιεῖν, καὶ γραφὰς εὐθύνας εἰσαγγελίας, πάντα ταῦτ' ἐπαγόντων μοι, οὐ δι' ἑαυτῶν τό γε πρῶτον, ἀλλὰ δι' ὧν μάλισθ' ὑπελάμβανον ἀγνοήσεσθαι (ἴστε γὰρ δήπου καὶ μέμνησθε ὅτι τοὺς πρώτους χρόνους κατὰ τὴν ἡμέραν ἑκάστην ἐκρινόμην ἐγώ, καὶ οὔτ' ἀπόνοια Σωσικλέους οὔτε συκοφαντία Φιλοκράτους οὔτε Διώνδου καὶ Μελάντου μανία οὔτ' ἄλλ' οὐδὲν ἀπείρατον ἦν τούτοις κατ' ἐμοῦ), ἐν

τοίνυν τούτοις πᾶσι μάλιστα μὲν διὰ τοὺς θεούς,
δεύτερον δὲ δι' ὑμᾶς καὶ τοὺς ἄλλους Ἀθηναίους
ἐσωζόμην. δικαίως· τοῦτο γὰρ καὶ ἀληθές ἐστι
καὶ ὑπὲρ τῶν ὀμωμοκότων καὶ γνόντων τὰ εὔορκα
δικαστῶν. οὐκοῦν ἐν μὲν οἷς εἰσηγγελλόμην, ὅτ' 250
ἀπεψηφίζεσθέ μου καὶ τὸ μέρος τῶν ψήφων τοῖς
διώκουσιν οὐ μετεδίδοτε, τότ' ἐψηφίζεσθε τὰ ἄρι-
στά με πράττειν· ἐν οἷς δὲ τὰς γραφὰς ἀπέφευ-
γον, ἔννομα καὶ γράφειν καὶ λέγειν ἀπεδεικνύμην·
ἐν οἷς δὲ τὰς εὐθύνας ἐπεσημαίνεσθε, δικαίως καὶ
ἀδωροδοκήτως πάντα πεπρᾶχθαί μοι προσωμολο-
γεῖτε. τούτων οὖν οὕτως ἐχόντων τί προσῆκον ἢ
τί δίκαιον ἦν τοῖς ὑπ' ἐμοῦ πεπραγμένοις θέσθαι
τὸν Κτησιφῶντα ὄνομα, οὐχ ὃ τὸν δῆμον ἑώρα
τιθέμενον, οὐχ ὃ τοὺς ὀμωμοκότας δικαστάς, οὐχ
ὃ τὴν ἀλήθειαν παρὰ πᾶσι βεβαιοῦσαν;

Ναί, φησίν, ἀλλὰ τὸ τοῦ Κεφάλου καλόν, τὸ 251
μηδεμίαν γραφὴν φεύγειν. καὶ νὴ Δί' εὔδαιμόν
γε. ἀλλὰ τί μᾶλλον ὁ πολλάκις μὲν φυγὼν μηδε-
πώποτε δ' ἐξελεγχθεὶς ἀδικῶν ἐν ἐγκλήματι γί-
γνοιτ' ἂν διὰ τοῦτο δικαίως; καίτοι πρός γε τοῦ-

---

194. Ἐτόλμα δ' ἐν ὑμῖν ποτε σεμνύνεσθαι Ἀριστοφῶν ἐκεῖνος ὁ Ἀζηνιεὺς λέγων, ὅτι γραφὰς παρανόμων πέφευγεν ἑβδομήκοντα καὶ πέντε. ἀλλ' οὐχὶ ὁ Κέφαλος ὁ παλαιὸς ἐκεῖνος, ὁ δοκῶν δημοτικώτατος γεγονέναι, οὐχ οὕτως, ἀλλ' ἐπὶ τοῖς ἐναντίοις ἐφιλοτιμεῖτο, λέγων, ὅτι πλεῖστα πάντων γεγραφὼς ψηφίσματα οὐδεμίαν πώποτε γραφὴν πέφευγε παρανόμων, καλῶς, οἶμαι, σεμνυνόμενος.

τον, ἄνδρες Ἀθηναῖοι, καὶ τὸ τοῦ Κεφάλου καλὸν εἰπεῖν ἔστι μοι· οὐδεμίαν γὰρ πώποτ᾽ ἐγράψατό με οὐδ᾽ ἐδίωξε γραφήν, ὥστε ὑπὸ σοῦ γε ὡμολόγημαι μηδὲν εἶναι τοῦ Κεφάλου χείρων πολίτης.

252 Πανταχόθεν μὲν τοίνυν ἄν τις ἴδοι τὴν ἀγνωμοσύνην αὐτοῦ καὶ τὴν βασκανίαν, οὐχ ἥκιστα δ᾽ ἀφ᾽ ὧν περὶ τῆς τύχης διελέχθη. ἐγὼ δ᾽ ὅλως μέν, ὅστις ἄνθρωπος ὢν ἀνθρώπῳ τύχην προφέρει, ἀνόητον ἡγοῦμαι· ἣν γὰρ ὁ βέλτιστα πράττειν νομίζων καὶ ἀρίστην ἔχειν οἰόμενος οὐκ οἶδεν, εἰ μενεῖ τοιαύτη μέχρι τῆς ἑσπέρας, πῶς χρὴ περὶ ταύτης λέγειν ἢ πῶς ὀνειδίζειν ἑτέρῳ; ἐπειδὴ δ᾽ οὗτος πρὸς πολλοῖς ἄλλοις καὶ περὶ τούτων ὑπερηφάνως χρῆται τῷ λόγῳ, σκέψασθ᾽, ὦ ἄνδρες Ἀθηναῖοι, καὶ θεωρήσατε ὅσῳ καὶ ἀληθέστερον καὶ ἀνθρωπινώτερον ἐγὼ περὶ τῆς τύχης

253 τούτου διαλεχθήσομαι. ἐγὼ τὴν τῆς πόλεως τύχην ἀγαθὴν ἡγοῦμαι, καὶ ταῦθ᾽ ὁρῶ καὶ τὸν Δία τὸν Δωδωναῖον ὑμῖν μαντευόμενον, τὴν μέντοι τῶν πάντων ἀνθρώπων, ἣ νῦν ἐπέχει, χαλεπὴν καὶ δεινήν· τίς γὰρ Ἑλλήνων ἢ τίς βαρβάρων οὐ

254 πολλῶν κακῶν ἐν τῷ παρόντι πεπείραται; τὸ μὲν τοίνυν προελέσθαι τὰ κάλλιστα καὶ τὸ τῶν οἰηθέντων Ἑλλήνων, εἰ πρόοιντο ἡμᾶς, ἐν εὐδαιμονίᾳ διάξειν, αὐτῶν ἄμεινον πράττειν τῆς ἀγαθῆς τύχης τῆς πόλεως εἶναι τίθημι· τὸ δὲ προσκροῦσαι καὶ μὴ πάνθ᾽ ὡς ἠβουλόμεθ᾽ ἡμῖν

συμβῆναι τῆς τῶν ἄλλων ἀνθρώπων τύχης τὸ
ἐπιβάλλον ἐφ' ἡμᾶς μέρος μετειληφέναι νομίζω
τὴν πόλιν. τὴν δ' ἰδίαν τύχην τὴν ἐμὴν καὶ τὴν 255
ἑνὸς ἡμῶν ἑκάστου ἐν τοῖς ἰδίοις ἐξετάζειν δίκαιον
εἶναι νομίζω. ἐγὼ μὲν οὑτωσὶ περὶ τῆς τύχης
ἀξιῶ, ὀρθῶς καὶ δικαίως, ὡς ἐμαυτῷ δοκῶ, νομίζω
δὲ καὶ ὑμῖν· ὁ δὲ τὴν ἰδίαν τύχην τὴν ἐμὴν τῆς
κοινῆς τῆς πόλεως κυριωτέραν εἶναί φησι, τὴν
μικρὰν καὶ φαύλην τῆς ἀγαθῆς καὶ μεγάλης.
καὶ πῶς ἔνι τοῦτο γενέσθαι;

Καὶ μὴν εἴ γε τὴν ἐμὴν τύχην πάντως ἐξετά- 256
ζειν, Αἰσχίνη, προαιρεῖ, πρὸς τὴν σαυτοῦ σκόπει,
κἂν εὕρῃς τὴν ἐμὴν βελτίω τῆς σῆς, παῦσαι λοι-
δορούμενος αὐτῇ. σκόπει τοίνυν εὐθὺς ἐξ ἀρχῆς.
καί μου πρὸς Διὸς μηδεμίαν ψυχρότητα καταγνῷ
μηδείς. ἐγὼ γὰρ οὔτ' εἴ τις πενίαν προπηλακίζει,
νοῦν ἔχειν ἡγοῦμαι, οὔτ' εἴ τις ἐν ἀφθόνοις τρα-
φεὶς ἐπὶ τούτῳ σεμνύνεται· ἀλλ' ὑπὸ τῆς του-
τουὶ τοῦ χαλεποῦ βλασφημίας καὶ συκοφαντίας
εἰς τοιούτους λόγους ἐμπίπτειν ἀναγκάζομαι, οἷς
ἐκ τῶν ἐνόντων ὡς ἂν δύνωμαι μετριώτατα χρή-
σομαι.

Ἐμοὶ μὲν τοίνυν ὑπῆρξεν, Αἰσχίνη, παιδὶ τὰ 257
προσήκοντα διδασκαλεῖα, καὶ ἔχειν ὅσα χρὴ τὸν
μηδὲν αἰσχρὸν ποιήσοντα δι' ἔνδειαν, ἐξελθόντι
δὲ ἐκ παίδων ἀκόλουθα τούτοις πράττειν, χορη-
γεῖν, τριηραρχεῖν, εἰσφέρειν, μηδεμιᾶς φιλοτιμίας

μήτε ἰδίας μήτε δημοσίας ἀπολείπεσθαι, ἀλλὰ καὶ
τῇ πόλει καὶ τοῖς φίλοις χρήσιμον εἶναι, ἐπειδὴ
δὲ πρὸς τὰ κοινὰ προσελθεῖν ἔδοξέ μοι, τοιαῦτα
πολιτεύματα ἑλέσθαι ὥστε καὶ ὑπὸ τῆς πατρί-
δος καὶ ὑπ᾽ ἄλλων Ἑλλήνων πολλῶν πολλάκις
ἐστεφανῶσθαι, καὶ μηδὲ τοὺς ἐχθροὺς ὑμᾶς, ὡς
οὐ καλά γ᾽ ἦν ἃ προειλόμην, ἐπιχειρεῖν λέγειν·
258 ἐγὼ μὲν δὴ τοιαύτῃ συμβεβίωκα τύχῃ, καὶ πόλλ᾽
ἂν ἔχων ἕτερ᾽ εἰπεῖν περὶ αὐτῆς παραλείπω, φυ-
λαττόμενος τὸ λυπῆσαί τινα ἐν οἷς σεμνύνομαι.
σὺ δ᾽ ὁ σεμνυνόμενος ἀνὴρ καὶ διαπτύων τοὺς
ἄλλους σκόπει πρὸς ταύτην ποίᾳ τινὶ κέχρησαι
τύχῃ, δι᾽ ἣν παῖς μὲν ὢν μετὰ πολλῆς ἐνδείας
ἐτράφης, ἅμα τῷ πατρὶ πρὸς τῷ διδασκαλείῳ
προσεδρεύων, τὸ μέλαν τρίβων καὶ τὰ βάθρα
σπογγίζων καὶ τὸ παιδαγωγεῖον κορῶν, οἰκέτου
259 τάξιν, οὐκ ἐλευθέρου παιδὸς ἔχων, ἀνὴρ δὲ γενό-
μενος τῇ μητρὶ τελούσῃ τὰς βίβλους ἀνεγίγνω-
σκες καὶ τἆλλα συνεσκευωροῦ, τὴν μὲν νύκτα
νεβρίζων καὶ κρατηρίζων καὶ καθαίρων τοὺς τε-
λουμένους καὶ ἀπομάττων τῷ πηλῷ καὶ τοῖς πιτύ-
ροις καὶ ἀνιστὰς ἀπὸ τοῦ καθαρμοῦ κελεύων
λέγειν "ἔφυγον κακόν, εὗρον ἄμεινον," ἐπὶ τῷ
μηδένα πώποτε τηλικοῦτ᾽ ὀλολύξαι σεμνυνόμενος
260 (καὶ ἔγωγε νομίζω· μὴ γὰρ οἴεσθ᾽ αὐτὸν φθέγ-
γεσθαι μὲν οὕτω μέγα, ὀλολύζειν δ᾽ οὐχ ὑπέρ-
λαμπρον), ἐν δὲ ταῖς ἡμέραις τοὺς καλοὺς θιάσους

ἄγων διὰ τῶν ὁδῶν, τοὺς ἐστεφανωμένους τῷ
μαράθῳ καὶ τῇ λεύκῃ, τοὺς ὄφεις τοὺς παρείας
θλίβων καὶ ὑπὲρ τῆς κεφαλῆς αἰωρῶν, καὶ βοῶν
εὐοῖ σαβοῖ, καὶ ἐπορχούμενος ὕης ἄττης ἄττης
ὕης, ἔξαρχος καὶ προηγεμὼν καὶ κιττοφόρος καὶ
λικνοφόρος καὶ τοιαῦτα ὑπὸ τῶν γρᾳδίων προσα-
γορευόμενος, μισθὸν λαμβάνων τούτων ἔνθρυπτα
καὶ στρεπτοὺς καὶ νεήλατα, ἐφ' οἷς τίς οὐκ ἂν ὡς
ἀληθῶς αὑτὸν εὐδαιμονίσειε καὶ τὴν αὑτοῦ τύ-
χην; ἐπειδὴ δ' εἰς τοὺς δημότας ἐνεγράφης ὁπωσ- 261
δήποτε, ἐῶ γὰρ τοῦτο, ἐπειδή γ' ἐνεγράφης,
εὐθέως τὸ κάλλιστον ἐξελέξω τῶν ἔργων, γραμ-
ματεύειν καὶ ὑπηρετεῖν τοῖς ἀρχιδίοις. ὡς δ'
ἀπηλλάγης ποτὲ καὶ τούτου, πάνθ' ἃ τῶν ἄλλων
κατηγορεῖς αὐτὸς ποιήσας, οὐ κατῄσχυνας μὰ
Δί' οὐδὲν τῶν προϋπηργμένων τῷ μετὰ ταῦτα
βίῳ, ἀλλὰ μισθώσας σαυτὸν τοῖς βαρυστόνοις 262
ἐπικαλουμένοις ἐκείνοις ὑποκριταῖς, Σιμύλῳ καὶ
Σωκράτει, ἐτριταγωνίστεις, σῦκα καὶ βότρυς καὶ
ἐλάας συλλέγων ὥσπερ ὀπωρώνης ἐκ τῶν ἀλλο-
τρίων χωρίων, πλείω λαμβάνων ἀπὸ τούτων ἢ
τῶν ἀγώνων, οὓς ὑμεῖς περὶ τῆς ψυχῆς ἠγωνί-
ζεσθε· ἦν γὰρ ἄσπονδος καὶ ἀκήρυκτος ὑμῖν
πρὸς τοὺς θεατὰς πόλεμος, ὑφ' ὧν πολλὰ τραύ-
ματ' εἰληφὼς εἰκότως τοὺς ἀπείρους τῶν τοιούτων
κινδύνων ὡς δειλοὺς σκώπτεις. ἀλλὰ γὰρ πα- 263
ρεὶς ὧν τὴν πενίαν αἰτιάσαιτ' ἄν τις, πρὸς αὐτὰ

τὰ τοῦ τρόπου σου βαδιοῦμαι κατηγορήματα. τοιαύτην γὰρ εἵλου πολιτείαν, ἐπειδή ποτε καὶ τοῦτ' ἐπῆλθέ σοι ποιῆσαι, δι' ἣν εὐτυχούσης μὲν τῆς πατρίδος λαγὼ βίον ἔζης δεδιὼς καὶ τρέμων καὶ ἀεὶ πληγήσεσθαι προσδοκῶν ἐφ' οἷς σαυτῷ συνῄδεις ἀδικοῦντι, ἐν οἷς δ' ἠτύχησαν οἱ ἄλλοι,
264 θρασὺς ὢν ὑφ' ἁπάντων ὦψαι. καίτοι ὅστις χιλίων πολιτῶν ἀποθανόντων ἐθάρρησε, τί οὗτος παθεῖν ὑπὸ τῶν ζώντων δίκαιός ἐστιν; πολλὰ τοίνυν ἕτερ' εἰπεῖν ἔχων περὶ αὐτοῦ παραλείψω· οὐ γὰρ ὅσ' ἂν δείξαιμι προσόντ' αἰσχρὰ τούτῳ καὶ ὀνείδη, πάντ' οἶμαι δεῖν εὐχερῶς λέγειν ἀλλ' ὅσα μηδὲν αἰσχρόν ἐστιν εἰπεῖν ἐμοί.

265 Ἐξέτασον τοίνυν παρ' ἄλληλα τὰ σοὶ κἀμοὶ βεβιωμένα, πράως, μὴ πικρῶς, Αἰσχίνη· εἶτ' ἐρώτησον τουτουσὶ τὴν ποτέρου τύχην ἂν ἕλοιθ' ἕκαστος αὐτῶν. ἐδίδασκες γράμματα, ἐγὼ δ' ἐφοίτων. ἐτέλεις, ἐγὼ δ' ἐτελούμην. ἐγραμμάτευες, ἐγὼ δ' ἠκκλησίαζον. ἐτριταγωνίστεις, ἐγὼ δ' ἐθεώρουν. ἐξέπιπτες, ἐγὼ δ' ἐσύριττον. ὑπὲρ τῶν ἐχθρῶν πεπολίτευσαι πάντα, ἐγὼ δ'
266 ὑπὲρ τῆς πατρίδος. ἐῶ τἆλλα, ἀλλὰ νυνὶ τήμερον ἐγὼ μὲν ὑπὲρ τοῦ στεφανωθῆναι δοκιμάζομαι, τὸ δὲ μηδ' ὁτιοῦν ἀδικεῖν ἀνωμολόγημαι, σοὶ δὲ συκοφάντῃ μὲν εἶναι δοκεῖν ὑπάρχει, κινδυνεύεις δὲ εἴτε δεῖ σ' ἔτι τοῦτο ποιεῖν, εἴτ' ἤδη πεπαῦσθαι μὴ μεταλαβόντα τὸ πέμπτον μέρος

τῶν ψήφων. ἀγαθῇ γε, οὐχ ὁρᾷς; τύχῃ συμβεβιωκὼς τῆς ἐμῆς κατηγορεῖς.

Φέρε δὲ καὶ τὰς τῶν λειτουργιῶν μαρτυρίας, 267
ὧν λελειτούργηκα, ὑμῖν ἀναγνῶ· παρ' ἃς παρανάγνωθι καὶ σύ μοι τὰς ῥήσεις ἃς ἐλυμαίνου,

> ἥκω νεκρῶν κευθμῶνα καὶ σκότου πύλας

καὶ

> κακαγγελεῖν μὲν ἴσθι μὴ θέλοντά με,

καὶ κακὸν κακῶς σε μάλιστα μὲν οἱ θεοί, ἔπειτα οὗτοι πάντες ἀπολέσειαν, πονηρὸν ὄντα καὶ πολίτην καὶ τριταγωνιστήν.

Λέγε τὰς μαρτυρίας.

ΜΑΡΤΥΡΙΑΙ.

Ἐν μὲν τοίνυν τοῖς πρὸς τὴν πόλιν τοιοῦτος· 268
ἐν δὲ τοῖς ἰδίοις εἰ μὴ πάντες ἴστε ὅτι κοινὸς καὶ φιλάνθρωπος καὶ τοῖς δεομένοις ἐπαρκῶν, σιωπῶ καὶ οὐδὲν ἂν εἴποιμι οὐδὲ παρασχοίμην περὶ τούτων οὐδεμίαν μαρτυρίαν, οὔτ' εἴ τινας ἐκ τῶν πολεμίων ἐλυσάμην, οὔτ' εἴ τισι θυγατέρας συνεξέδωκα, οὔτε τῶν τοιούτων οὐδέν. καὶ γὰρ οὕτω
πως ὑπείληφα. ἐγὼ νομίζω τὸν μὲν εὖ παθόντα 269
δεῖν μεμνῆσθαι πάντα τὸν χρόνον, τὸν δὲ ποιήσαντα εὐθὺς ἐπιλελῆσθαι, εἰ δεῖ τὸν μὲν χρηστοῦ τὸν δὲ μὴ μικροψύχου ποιεῖν ἔργον ἀνθρώπου. τὸ δὲ τὰς ἰδίας εὐεργεσίας ὑπομιμνήσκειν καὶ λέγειν μικροῦ δεῖν ὅμοιόν ἐστι τῷ ὀνειδίζειν. οὐ

δὴ ποιήσω τοιοῦτον οὐδέν, οὐδὲ προαχθήσομαι,
ἀλλ' ὅπως ποθ' ὑπείλημμαι περὶ τούτων, ἀρκεῖ
μοι.
270 Βούλομαι δὲ τῶν ἰδίων ἀπαλλαγεὶς ἔτι μικρὰ
πρὸς ὑμᾶς εἰπεῖν περὶ τῶν κοινῶν. εἰ μὲν γὰρ
ἔχεις, Αἰσχίνη, τῶν ὑπὸ τοῦτον τὸν ἥλιον εἰπεῖν
ἀνθρώπων ὅστις ἀθῷος τῆς Φιλίππου πρότερον
καὶ νῦν τῆς 'Αλεξάνδρου δυναστείας γέγονεν, ἢ
271 τῶν 'Ελλήνων ἢ τῶν βαρβάρων, ἔστω, συγχωρῶ
σοι τὴν ἐμὴν εἴτε τύχην εἴτε δυστυχίαν ὀνομά-
ζειν βούλει πάντων αἰτίαν γεγενῆσθαι. εἰ δὲ
καὶ τῶν μηδεπώποτ' ἰδόντων ἐμὲ μηδὲ φωνὴν
ἀκηκοότων ἐμοῦ πολλοὶ πολλὰ καὶ δεινὰ πεπόν-
θασι, μὴ μόνον κατ' ἄνδρα ἀλλὰ καὶ πόλεις ὅλαι
καὶ ἔθνη, πόσῳ δικαιότερον καὶ ἀληθέστερον τὴν
ἁπάντων, ὡς ἔοικεν, ἀνθρώπων τύχην κοινὴν καὶ
φοράν τινα πραγμάτων χαλεπὴν καὶ οὐχ οἵαν
272 ἔδει τούτων αἰτίαν ἡγεῖσθαι; σὺ τοίνυν ταῦτ'
ἀφεὶς ἐμὲ τὸν παρὰ τουτοισὶ πεπολιτευμένον αἰ-
τιᾷ, καὶ ταῦτ' εἰδὼς ὅτι, καὶ εἰ μὴ τὸ ὅλον, μέρος
γ' ἐπιβάλλει τῆς βλασφημίας ἅπασι, καὶ μάλι-
στα σοί. εἰ μὲν γὰρ ἐγὼ κατ' ἐμαυτὸν αὐτο-
κράτωρ περὶ τῶν πραγμάτων ἐβουλευόμην, ἦν ἂν
273 τοῖς ἄλλοις ῥήτορσιν ὑμῖν ἐμὲ αἰτιᾶσθαι· εἰ δὲ
παρῆτε μὲν ἐν ταῖς ἐκκλησίαις ἁπάσαις, ἀεὶ δ'
ἐν κοινῷ τὸ συμφέρον ἡ πόλις προὐτίθει σκοπεῖν,
πᾶσι δὲ ταῦτ' ἐδόκει τότ' ἄριστ' εἶναι, καὶ μάλι-

στα σοί (οὐ γὰρ ἐπ' εὐνοίᾳ γ' ἐμοὶ παρεχώρεις ἐλπίδων καὶ ζήλου καὶ τιμῶν, ἃ πάντα προσῆν τοῖς τότε πραττομένοις ὑπ' ἐμοῦ, ἀλλὰ τῆς ἀληθείας ἡττώμενος δηλονότι καὶ τῷ μηδὲν ἔχειν εἰπεῖν βέλτιον), πῶς οὐκ ἀδικεῖς καὶ δεινὰ ποιεῖς τούτοις νῦν ἐγκαλῶν, ὧν τότ' οὐκ εἶχες λέγειν βελτίω; παρὰ μὲν τοίνυν τοῖς ἄλλοις ἔγωγ' ὁρῶ 274
πᾶσιν ἀνθρώποις διωρισμένα καὶ τεταγμένα πως τὰ τοιαῦτα. ἀδικεῖ τις ἑκών; ὀργὴν καὶ τιμωρίαν κατὰ τούτου. ἐξήμαρτέ τις ἄκων; συγγνώμην ἀντὶ τῆς τιμωρίας τούτῳ. οὔτ' ἀδικῶν τις οὔτ' ἐξαμαρτάνων, εἰς τὰ πᾶσι δοκοῦντα συμφέρειν ἑαυτὸν δοὺς οὐ κατώρθωσε μεθ' ἁπάντων; οὐκ ὀνειδίζειν οὐδὲ λοιδορεῖσθαι τῷ τοιούτῳ δίκαιον, ἀλλὰ συνάχθεσθαι. φανήσεται ταῦτα 275
πάντα οὕτως οὐ μόνον τοῖς νόμοις, ἀλλὰ καὶ ἡ φύσις αὐτὴ τοῖς ἀγράφοις νομίμοις καὶ τοῖς ἀνθρωπίνοις ἤθεσι διώρικεν. Αἰσχίνης τοίνυν τοσοῦτον ὑπερβέβληκεν ἅπαντας ἀνθρώπους ὠμότητι καὶ συκοφαντίᾳ ὥστε καὶ ὧν αὐτὸς ὡς ἀτυχημάτων ἐμέμνητο, καὶ ταῦτ' ἐμοῦ κατηγορεῖ.

Καὶ πρὸς τοῖς ἄλλοις, ὥσπερ αὐτὸς ἁπλῶς καὶ 276
μετ' εὐνοίας πάντας εἰρηκὼς τοὺς λόγους, φυλάττειν ἐμὲ καὶ τηρεῖν ἐκέλευεν, ὅπως μὴ παρακρούσομαι μηδ' ἐξαπατήσω, δεινὸν καὶ γόητα καὶ σοφιστὴν καὶ τὰ τοιαῦτ' ὀνομάζων, ὡς ἐὰν πρότερός τις εἴπῃ τὰ προσόνθ' ἑαυτῷ περὶ ἄλλου,

καὶ δὴ ταῦθ' οὕτως ἔχοντα, καὶ οὐκέτι τοὺς ἀκούοντας σκεψομένους τίς ποτ' αὐτός ἐστιν ὁ ταῦτα λέγων. ἐγὼ δ' οἶδ' ὅτι γιγνώσκετε τοῦτον ἅπαντες, καὶ πολὺ τούτῳ μᾶλλον ἢ ἐμοὶ νομίζετε
277 ταῦτα προσεῖναι. κἀκεῖνο εὖ οἶδ', ὅτι τὴν ἐμὴν δεινότητα — ἔστω γάρ. καίτοι ἔγωγ' ὁρῶ τῆς τῶν λεγόντων δυνάμεως τοὺς ἀκούοντας τὸ πλεῖστον κυρίους· ὡς γὰρ ἂν ὑμεῖς ἀποδέξεσθε καὶ πρὸς ἕκαστον ἔχητ' εὐνοίας, οὕτως ὁ λέγων ἔδοξε φρονεῖν. εἰ δ' οὖν ἐστι καὶ παρ' ἐμοί τις ἐμπειρία τοιαύτη, ταύτην μὲν εὑρήσετε πάντες ἐν τοῖς κοινοῖς ἐξεταζομένην ὑπὲρ ὑμῶν ἀεὶ καὶ οὐδαμοῦ καθ' ὑμῶν οὐδ' ἰδίᾳ, τὴν δὲ τούτου τοὐναντίον οὐ μόνον τῷ λέγειν ὑπὲρ τῶν ἐχθρῶν, ἀλλὰ καὶ εἴ τις ἐλύπησέ τι τοῦτον ἢ προσέκρουσέ που, κατὰ τούτων. οὐ γὰρ αὐτῇ δικαίως, οὐδ'
278 ἐφ' ἃ συμφέρει τῇ πόλει, χρῆται. οὔτε γὰρ τὴν ὀργὴν οὔτε τὴν ἔχθραν οὔτ' ἄλλο οὐδὲν τῶν τοιούτων τὸν καλὸν κἀγαθὸν πολίτην δεῖ τοὺς ὑπὲρ τῶν κοινῶν εἰσεληλυθότας δικαστὰς ἀξιοῦν αὑτῷ βεβαιοῦν, οὐδ' ὑπὲρ τούτων εἰς ὑμᾶς εἰσιέναι, ἀλλὰ μάλιστα μὲν μὴ ἔχειν ταῦτ' ἐν τῇ φύσει, εἰ δ' ἄρ' ἀνάγκη, πρᾴως καὶ μετρίως διακείμεν' ἔχειν. ἐν τίσιν οὖν σφοδρὸν εἶναι τὸν πολιτευόμενον καὶ τὸν ῥήτορα δεῖ; ἐν οἷς τῶν ὅλων τι κινδυνεύεται τῇ πόλει, καὶ ἐν οἷς πρὸς τοὺς ἐναντίους ἐστὶ τῷ δήμῳ, ἐν τούτοις· ταῦτα γὰρ

γενναίου καὶ ἀγαθοῦ πολίτου. μηδενὸς δὲ ἀδι- 279
κήματος πώποτε δημοσίου, προσθήσω δὲ μηδ'
ἰδίου, δίκην ἀξιώσαντα λαβεῖν παρ' ἐμοῦ μήθ'
ὑπὲρ τῆς πόλεως μήθ' ὑπὲρ αὑτοῦ, στεφάνου καὶ
ἐπαίνου κατηγορίαν ἥκειν συνεσκευασμένον, καὶ
τοσουτουσὶ λόγους ἀνηλωκέναι ἰδίας ἔχθρας καὶ
φθόνου καὶ μικροψυχίας ἐστὶ σημεῖον, οὐδενὸς
χρηστοῦ. τὸ δὲ δὴ καὶ τοὺς πρὸς ἐμὲ αὐτὸν
ἀγῶνας ἐάσαντα νῦν ἐπὶ τόνδ' ἥκειν καὶ πᾶσαν
ἔχει κακίαν. καί μοι δοκεῖς ἐκ τούτων, Αἰσχίνη, 280
λόγων ἐπίδειξίν τινα καὶ φωνασκίας βουλόμενος
ποιήσασθαι τοῦτον προελέσθαι τὸν ἀγῶνα, οὐκ
ἀδικήματος οὐδενὸς λαβεῖν τιμωρίαν. ἔστι δ'
οὐχ ὁ λόγος τοῦ ῥήτορος, Αἰσχίνη, τίμιον, οὐδ' ὁ
τόνος τῆς φωνῆς, ἀλλὰ τὸ ταὐτὰ προαιρεῖσθαι
τοῖς πολλοῖς καὶ τὸ τοὺς αὐτοὺς μισεῖν καὶ φι-
λεῖν οὕσπερ ἂν ἡ πατρίς. ὁ γὰρ οὕτως ἔχων τὴν 281
ψυχήν, οὗτος ἐπ' εὐνοίᾳ πάντ' ἐρεῖ· ὁ δ' ἀφ' ὧν
ἡ πόλις προορᾶταί τινα κίνδυνον ἑαυτῇ, τούτους
θεραπεύων οὐκ ἐπὶ τῆς αὐτῆς ὁρμεῖ τοῖς πολλοῖς,
οὔκουν οὐδὲ τῆς ἀσφαλείας τὴν αὐτὴν ἔχει προσ-
δοκίαν. ἀλλ', ὁρᾷς; ἐγώ· ταὐτὰ γὰρ συμφέ-
ρονθ' εἱλόμην τουτοισί, καὶ οὐδὲν ἐξαίρετον οὐδ'
ἴδιον πεποίημαι. ἆρ' οὖν οὐδὲ σύ; καὶ πῶς; 282
ὃς εὐθέως μετὰ τὴν μάχην πρεσβευτὴς ἐπορεύου
πρὸς Φίλιππον, ὃς ἦν τῶν ἐν ἐκείνοις τοῖς χρόνοις
συμφορῶν αἴτιος τῇ πατρίδι, καὶ ταῦτ' ἀρνού-

μενος πάντα τὸν ἔμπροσθε χρόνον ταύτην τὴν
χρείαν, ὡς πάντες ἴσασιν. καίτοι τίς ὁ τὴν πό-
λιν ἐξαπατῶν; οὐχ ὁ μὴ λέγων ἃ φρονεῖ; τῷ
δ᾽ ὁ κῆρυξ καταρᾶται δικαίως; οὐ τῷ τοιούτῳ;
τί δὲ μεῖζον ἔχοι τις ἂν εἰπεῖν ἀδίκημα κατ᾽ ἀν-
δρὸς ῥήτορος ἢ εἰ μὴ ταὐτὰ φρονεῖ καὶ λέγει;
283 σὺ τοίνυν οὗτος εὑρέθης. εἶτα σὺ φθέγγῃ καὶ
βλέπειν εἰς τὰ τούτων πρόσωπα τολμᾷς; πότερ᾽
οὐχ ἡγεῖ γιγνώσκειν αὐτοὺς ὅστις εἶ; ἢ τοσοῦ-
τον ὕπνον καὶ λήθην ἅπαντας ἔχειν ὥστ᾽ οὐ
μεμνῆσθαι τοὺς λόγους οὓς ἐδημηγόρεις ἐν τῷ
πολέμῳ, καταρώμενος καὶ διομνύμενος μηδὲν
εἶναι σοὶ καὶ Φιλίππῳ πρᾶγμα, ἀλλ᾽ ἐμὲ τὴν
αἰτίαν σοι ταύτην ἐπάγειν τῆς ἰδίας ἕνεκ᾽ ἔχθρας,
284 οὐκ οὖσαν ἀληθῆ; ὡς δ᾽ ἀπηγγέλθη τάχισθ᾽
ἡ μάχη, οὐδὲν τούτων φροντίσας εὐθέως ὡμολό-
γεις καὶ προσεποιοῦ φιλίαν καὶ ξενίαν εἶναί σοι
πρὸς αὐτόν, τῇ μισθαρνίᾳ ταῦτα μετατιθέμενος
τὰ ὀνόματα· ἐκ ποίας γὰρ ἴσης ἢ δικαίας προ-
φάσεως Αἰσχίνῃ τῷ Γλαυκοθέας τῆς τυμπανι-
στρίας ξένος ἢ φίλος ἢ γνώριμος ἦν Φίλιππος;
ἐγὼ μὲν οὐχ ὁρῶ, ἀλλ᾽ ἐμισθώθης ἐπὶ τῷ τὰ
τουτωνὶ συμφέροντα διαφθείρειν. ἀλλ᾽ ὅμως
οὕτω φανερῶς αὐτὸς εἰλημμένος προδότης καὶ
κατὰ σαυτοῦ μηνυτὴς ἐπὶ τοῖς συμβᾶσι γεγο-
νὼς ἐμοὶ λοιδορεῖ καὶ ὀνειδίζεις ταῦτα, ὧν πάν-
τας μᾶλλον αἰτίους εὑρήσεις.

Πολλὰ καὶ καλὰ καὶ μεγάλα ἡ πόλις, Αἰσχίνη, 285
καὶ προείλετο καὶ κατώρθωσε δι' ἐμοῦ, ὧν οὐκ
ἠμνημόνησεν. σημεῖον δέ· χειροτονῶν γὰρ ὁ
δῆμος τὸν ἐροῦντ' ἐπὶ τοῖς τετελευτηκόσι παρ'
αὐτὰ τὰ συμβάντα οὐ σὲ ἐχειροτόνησε προβλη-
θέντα, καίπερ εὔφωνον ὄντα, οὐδὲ Δημάδην, ἄρτι
πεποιηκότα τὴν εἰρήνην, οὐδ' Ἡγήμονα, οὐδ'
ἄλλον ὑμῶν οὐδένα, ἀλλ' ἐμέ. καὶ παρελθόντος
σοῦ καὶ Πυθοκλέους ὠμῶς καὶ ἀναιδῶς, ὦ Ζεῦ
καὶ θεοί, καὶ κατηγορούντων ἐμοῦ ταὐτὰ ἃ καὶ
σὺ νυνί, καὶ λοιδορουμένων, ἔτ' ἄμεινον ἐχειρο-
τόνησεν ἐμέ. τὸ δ' αἴτιον οὐκ ἀγνοεῖς μέν, ὅμως 286
δὲ φράσω σοι κἀγώ. ἀμφότερ' ᾔδεσαν αὐτοί,
τήν τ' ἐμὴν εὔνοιαν καὶ προθυμίαν, μεθ' ἧς τὰ
πράγματ' ἔπραττον, καὶ τὴν ὑμετέραν ἀδικίαν·
ἃ γὰρ εὐθενούντων τῶν πραγμάτων ἠρνεῖσθε διο-
μνύμενοι, ταῦτ' ἐν οἷς ἔπταισεν ἡ πόλις ὡμολο-
γήσατε. τοὺς οὖν ἐπὶ τοῖς κοινοῖς ἀτυχήμασιν
ὧν ἐφρόνουν λαβόντας ἄδειαν ἐχθροὺς μὲν πάλαι,
φανεροὺς δὲ τόθ' ἡγήσαντο αὑτοῖς γεγενῆσθαι.
εἶτα καὶ προσήκειν ὑπολαμβάνοντες τὸν ἐροῦντ' 287
ἐπὶ τοῖς τετελευτηκόσι καὶ τὴν ἐκείνων ἀρετὴν
κοσμήσοντα μήθ' ὁμωρόφιον μήθ' ὁμόσπονδον
γεγενημένον εἶναι τοῖς πρὸς ἐκείνους παραταξα-
μένοις, μηδ' ἐκεῖ μὲν κωμάζειν καὶ παιωνίζειν
ἐπὶ ταῖς τῶν Ἑλλήνων συμφοραῖς μετὰ τῶν αὐτο-
χείρων τοῦ φόνου, δεῦρο δ' ἐλθόντα τιμᾶσθαι,

μηδὲ τῇ φωνῇ δακρύειν ὑποκρινομένους τὴν ἐκείνων τύχην, ἀλλὰ τῇ ψυχῇ συναλγεῖν. τοῦτο δ' ἑώρων παρ' ἑαυτοῖς καὶ παρ' ἐμοί, παρὰ δ' ὑμῖν οὔ. διὰ ταῦτ' ἐμὲ ἐχειροτόνησαν καὶ οὐχ
288 ὑμᾶς· καὶ οὐχ ὁ μὲν δῆμος οὕτως, οἱ δὲ τῶν τετελευτηκότων πατέρες καὶ ἀδελφοὶ οἱ ὑπὸ τοῦ δήμου τόθ' αἱρεθέντες ἐπὶ τὰς ταφὰς ἄλλως πως, ἀλλὰ δέον ποιεῖν αὐτοὺς τὸ περίδειπνον ὡς παρ' οἰκειοτάτῳ τῶν τετελευτηκότων, ὥσπερ τἆλλ' εἴωθε γίγνεσθαι, τοῦτ' ἐποίησαν παρ' ἐμοί. εἰκότως· γένει μὲν γὰρ ἕκαστος ἑκάστῳ μᾶλλον οἰκεῖος ἦν ἐμοῦ, κοινῇ δὲ πᾶσιν οὐδεὶς ἐγγυτέρω· ᾧ γὰρ ἐκείνους σωθῆναι καὶ κατορθῶσαι μάλιστα διέφερεν, οὗτος καὶ παθόντων ἃ μή ποτ' ὤφελον τῆς ὑπὲρ ἁπάντων λύπης πλεῖστον μετεῖχεν.

289 Λέγε δ' αὐτῷ τουτὶ τὸ ἐπίγραμμα, ὃ δημοσίᾳ προείλετο ἡ πόλις αὐτοῖς ἐπιγράψαι, ἵν' εἰδῇς, Αἰσχίνη, καὶ ἐν αὐτῷ τούτῳ σαυτὸν ἀγνώμονα καὶ συκοφάντην ὄντα καὶ μιαρόν. Λέγε.

ΕΠΙΓΡΑΜΜΑ.

Οἵδε πάτρας ἕνεκα σφετέρας εἰς δῆριν ἔθεντο
ὅπλα, καὶ ἀντιπάλων ὕβριν ἀπεσκέδασαν.
μαρνάμενοι δ' ἀρετῆς καὶ δείματος οὐκ ἐσάωσαν
ψυχάς, ἀλλ' Ἀΐδην κοινὸν ἔθεντο βραβῆ,
οὕνεκεν Ἑλλήνων, ὡς μὴ ζυγὸν αὐχένι θέντες
δουλοσύνης στυγερὰν ἀμφὶς ἔχωσιν ὕβριν.

γαῖα δὲ πατρὶς ἔχει κόλποις τῶν πλεῖστα καμόντων
σώματ', ἐπεὶ θνητοῖς ἐκ Διὸς ἥδε κρίσις·
μηδὲν ἁμαρτεῖν ἐστι θεῶν καὶ πάντα κατορθοῦν
ἐν βιοτῇ, μοῖραν δ' οὔ τι φυγεῖν ἔπορεν.

'Ακούεις, Αἰσχίνη, καὶ ἐν αὐτῷ τούτῳ, ὡς τὸ 290
μηδὲν ἁμαρτεῖν ἐστι θεῶν καὶ πάντα κατορθοῦν
οὐ τῷ συμβούλῳ τὴν τοῦ κατορθοῦν τοὺς ἀγωνι-
ζομένους ἀνέθηκε δύναμιν, ἀλλὰ τοῖς θεοῖς. τί
οὖν, ὦ κατάρατ', ἐμοὶ περὶ τούτων λοιδορεῖ, καὶ
λέγεις ἃ σοὶ καὶ τοῖς σοῖς οἱ θεοὶ τρέψειαν εἰς
κεφαλήν;
Πολλὰ τοίνυν, ὦ ἄνδρες 'Αθηναῖοι, καὶ ἄλλα 291
κατηγορηκότος αὐτοῦ καὶ κατεψευσμένου, μά-
λιστ' ἐθαύμασα πάντων, ὅτε τῶν συμβεβηκότων
τότε τῇ πόλει μνησθεὶς οὐχ ὡς ἂν εὔνους καὶ
δίκαιος πολίτης ἔσχε τὴν γνώμην, οὐδ' ἐδάκρυ-
σεν, οὐδ' ἔπαθε τοιοῦτον οὐδὲν τῇ ψυχῇ, ἀλλ'
ἐπάρας τὴν φωνὴν καὶ γεγηθὼς καὶ λαρυγγίζων
ᾤετο μὲν ἐμοῦ κατηγορεῖν δηλονότι, δεῖγμα δ'
ἐξέφερε καθ' ἑαυτοῦ ὅτι τοῖς γεγενημένοις ἀνια-
ροῖς οὐδὲν ὁμοίως ἔσχε τοῖς ἄλλοις. καίτοι τὸν 292
τῶν νόμων καὶ τῆς πολιτείας φάσκοντα φροντί-
ζειν, ὥσπερ οὗτος νυνί, καὶ εἰ μηδὲν ἄλλο, τοῦτό
γ' ἔχειν δεῖ, ταὐτὰ λυπεῖσθαι καὶ ταὐτὰ χαίρειν
τοῖς πολλοῖς, καὶ μὴ τῇ προαιρέσει τῶν κοινῶν
ἐν τῷ τῶν ἐναντίων μέρει τετάχθαι. ὃ σὺ νυνὶ
πεποιηκὼς εἶ φανερός, ἐμὲ πάντων αἴτιον καὶ δι'

ἐμὲ εἰς πράγματα φάσκων ἐμπεσεῖν τὴν πόλιν,
οὐκ ἀπὸ τῆς ἐμῆς πολιτείας οὐδὲ προαιρέσεως
293 ἀρξαμένων ὑμῶν τοῖς Ἕλλησι βοηθεῖν, ἐπεὶ
ἔμοιγ' εἰ τοῦτο δοθείη παρ' ὑμῶν, δι' ἐμὲ ὑμᾶς
ἠναντιῶσθαι τῇ κατὰ τῶν Ἑλλήνων ἀρχῇ πραττομένῃ, μείζων ἂν δοθείη δωρεὰ συμπασῶν ὧν τοῖς ἄλλοις δεδώκατε. ἀλλ' οὔτ' ἂν ἐγὼ ταῦτα φήσαιμι (ἀδικοίην γὰρ ἂν ὑμᾶς), οὔτ' ἂν ὑμεῖς εὖ οἶδ' ὅτι συγχωρήσαιτε· οὗτός τ' εἰ δίκαια ἐποίει, οὐκ ἂν ἕνεκα τῆς πρὸς ἐμὲ ἔχθρας τὰ μέγιστα τῶν ὑμετέρων καλῶν ἔβλαπτε καὶ διέβαλλεν.

294 Ἀλλὰ τί ταῦτ' ἐπιτιμῶ, πολλῷ σχετλιώτερα ἄλλα κατηγορηκότος αὐτοῦ καὶ κατεψευσμένου; ὃς γὰρ ἐμοῦ φιλιππισμόν, ὦ γῆ καὶ θεοί, κατηγορεῖ, τί οὗτος οὐκ ἂν εἴποι; καίτοι νὴ τὸν Ἡρακλέα καὶ πάντας θεούς, εἴ γ' ἐπ' ἀληθείας δέοι σκοπεῖσθαι, τὸ καταψεύδεσθαι καὶ δι' ἔχθραν τι λέγειν ἀνελόντας ἐκ μέσου, τίνες ὡς ἀληθῶς εἰσιν οἷς ἂν εἰκότως καὶ δικαίως τὴν τῶν γεγενημένων αἰτίαν ἐπὶ τὴν κεφαλὴν ἀναθεῖεν ἅπαντες, τοὺς ὁμοίους τούτῳ παρ' ἑκάστῃ
295 τῶν πόλεων εὕροιτ' ἄν, οὐ τοὺς ἐμοί· οἳ ὅτ' ἦν
ἀσθενῆ τὰ Φιλίππου πράγματα καὶ κομιδῇ μικρά, πολλάκις προλεγόντων ἡμῶν καὶ παρακαλούντων καὶ διδασκόντων τὰ βέλτιστα, τῆς ἰδίας ἕνεκ' αἰσχροκερδείας τὰ κοινῇ συμφέροντα προΐεντο,

τοὺς ὑπάρχοντας ἕκαστοι πολίτας ἐξαπατῶντες καὶ διαφθείροντες, ἕως δούλους ἐποίησαν, Θετταλοὺς Δάοχος Κινέας Θρασύδαος, Ἀρκάδας Κερκιδᾶς Ἱερώνυμος Εὐκαμπίδας, Ἀργείους Μύρτις Τελέδαμος Μνασέας, Ἠλείους Εὐξίθεος Κλεότιμος Ἀρίσταιχμος, Μεσσηνίους οἱ Φιλιάδου τοῦ θεοῖς ἐχθροῦ παῖδες Νέων καὶ Θρασύλοχος, Σικυωνίους Ἀρίστρατος Ἐπιχάρης, Κορινθίους Δείναρχος Δημάρετος, Μεγαρέας Πτοιόδωρος Ἕλιξος Περίλαος, Θηβαίους Τιμόλας Θεογείτων Ἀνεμοίτας, Εὐβοέας Ἵππαρχος Κλείταρχος Σωσίστρατος.
ἐπιλείψει με λέγοντα ἡ ἡμέρα τὰ τῶν προδοτῶν 296
ὀνόματα. οὗτοι πάντες εἰσίν, ἄνδρες Ἀθηναῖοι, τῶν αὐτῶν βουλευμάτων ἐν ταῖς αὑτῶν πατρίσιν ὧνπερ οὗτοι παρ' ὑμῖν, ἄνθρωποι μιαροὶ καὶ κόλακες καὶ ἀλάστορες, ἠκρωτηριασμένοι τὰς ἑαυτῶν ἕκαστοι πατρίδας, τὴν ἐλευθερίαν προπεπωκότες πρότερον μὲν Φιλίππῳ νῦν δὲ Ἀλεξάνδρῳ, τῇ γαστρὶ μετροῦντες καὶ τοῖς αἰσχίστοις τὴν εὐδαιμονίαν, τὴν δ' ἐλευθερίαν καὶ τὸ μηδένα ἔχειν δεσπότην αὑτῶν, ἃ τοῖς προτέροις Ἕλλησιν ὅροι τῶν ἀγαθῶν ἦσαν καὶ κανόνες, ἀνατετραφότες.

Ταύτης τοίνυν τῆς οὕτως αἰσχρᾶς καὶ περιβοή- 297
του συστάσεως καὶ κακίας, μᾶλλον δ', ὦ ἄνδρες

236. Ἡδέως δ' ἂν ἔγωγε, ὦ Ἀθηναῖοι, ἐναντίον ὑμῶν ὁμολογησαίμην πρὸς τὸν γράψαντα τὸ ψήφισμα, διὰ ποίας εὐεργεσίας ἀξιοῖ Δημοσθένην στεφανῶσαι. εἰ μὲν γὰρ λέγεις, ὅθεν τὴν

᾿Αθηναῖοι, προδοσίας, εἰ δεῖ μὴ ληρεῖν, τῆς τῶν ῾Ελλήνων ἐλευθερίας, ἥ τε πόλις παρὰ πᾶσιν ἀνθρώποις ἀναίτιος γέγονεν ἐκ τῶν ἐμῶν πολιτευμάτων καὶ ἐγὼ παρ᾿ ὑμῖν. εἶτά μ᾿ ἐρωτᾷς ἀντὶ ποίας ἀρετῆς ἀξιῶ τιμᾶσθαι; ἐγὼ δέ σοι λέγω, ὅτι τῶν πολιτευομένων παρὰ τοῖς ῞Ελλησι διαφθαρέντων ἁπάντων, ἀρξαμένων ἀπὸ σοῦ, πρότερον μὲν ὑπὸ Φιλίππου νῦν δ᾿ ὑπ᾿ ᾿Αλεξάνδρου,
298 ἐμὲ οὔτε καιρὸς οὔτε φιλανθρωπία λόγων οὔτ᾿ ἐπαγγελιῶν μέγεθος οὔτ᾿ ἐλπὶς οὔτε φόβος οὔτ᾿ ἄλλο οὐδὲν ἐπῆρεν οὐδὲ προηγάγετο ὧν ἔκρινα δικαίων καὶ συμφερόντων τῇ πατρίδι οὐδὲν προδοῦναι, οὐδ᾿, ὅσα συμβεβούλευκα πώποτε τουτοισί, ὁμοίως ὑμῖν ὥσπερ ἂν τρυτάνη ῥέπων ἐπὶ τὸ λῆμμα συμβεβούλευκα, ἀλλ᾿ ἀπ᾿ ὀρθῆς καὶ δικαίας καὶ ἀδιαφθόρου τῆς ψυχῆς, καὶ μεγίστων δὴ πραγμάτων τῶν κατ᾿ ἐμαυτὸν ἀνθρώπων προστὰς πάντα ταῦτα ὑγιῶς καὶ δικαίως πεπολίτευ-
299 μαι. διὰ ταῦτ᾿ ἀξιῶ τιμᾶσθαι. τὸν δὲ τειχισμὸν τοῦτον, ὃν σύ μου διέσυρες, καὶ τὴν ταφρείαν ἄξια μὲν χάριτος καὶ ἐπαίνου κρίνω, πῶς γὰρ οὔ; πόρρω μέντοι που τῶν ἐμαυτῷ πεπολιτευμένων

ἀρχὴν τοῦ ψηφίσματος ἐποιήσω, ὅτι τὰς τάφρους τὰς περὶ τὰ τείχη καλῶς ἐτάφρευσε, θαυμάζω σου. τοῦ γὰρ ταῦτ᾿ ἐξεργασθῆναι καλῶς τὸ γεγενῆσθαι τούτων αἴτιον μείζω κατηγορίαν ἔχει· οὐ γὰρ περιχαρακώσαντα χρὴ τὰ τείχη οὐδὲ τὰς δημοσίας ταφὰς ἀνελόντα τὸν ὀρθῶς πεπολιτευμένον δωρεὰς αἰτεῖν, ἀλλ᾿ ἀγαθοῦ τινος αἴτιον γεγενημένον τῇ πόλει.

τίθεμαι. οὐ λίθοις ἐτείχισα τὴν πόλιν οὐδὲ πλίν-
θοις ἐγώ, οὐδ᾽ ἐπὶ τούτοις μέγιστον τῶν ἐμαυτοῦ
φρονῶ· ἀλλ᾽ ἐὰν τὸν ἐμὸν τειχισμὸν βούλῃ δι-
καίως σκοπεῖν, εὑρήσεις ὅπλα καὶ πόλεις καὶ
τόπους καὶ λιμένας καὶ ναῦς καὶ πολλοὺς ἵππους
καὶ τοὺς ὑπὲρ τούτων ἀμυνομένους. ταῦτα προὐ- 300
βαλόμην ἐγὼ πρὸ τῆς Ἀττικῆς, ὅσον ἦν ἀνθρω-
πίνῳ λογισμῷ δυνατόν, καὶ τούτοις ἐτείχισα τὴν
χώραν, οὐχὶ τὸν κύκλον τοῦ Πειραιῶς οὐδὲ τοῦ
ἄστεως. οὐδέ γ᾽ ἡττήθην ἐγὼ τοῖς λογισμοῖς Φι-
λίππου, πολλοῦ γε καὶ δεῖ, οὐδὲ ταῖς παρασκευ-
αῖς, ἀλλ᾽ οἱ τῶν συμμάχων στρατηγοὶ καὶ αἱ
δυνάμεις τῇ τύχῃ. τίνες αἱ τούτων ἀποδείξεις;
ἐναργεῖς καὶ φανεραί. σκοπεῖτε δέ.

Τί χρῆν τὸν εὔνουν πολίτην ποιεῖν, τί τὸν μετὰ 301
πάσης προνοίας καὶ προθυμίας καὶ δικαιοσύνης
ὑπὲρ τῆς πατρίδος πολιτευόμενον; οὐκ ἐκ μὲν
θαλάττης τὴν Εὔβοιαν προβαλέσθαι πρὸ τῆς
Ἀττικῆς, ἐκ δὲ τῆς μεσογείας τὴν Βοιωτίαν, ἐκ
δὲ τῶν πρὸς Πελοπόννησον τόπων τοὺς ὁμόρους
ταύτῃ; οὐ τὴν σιτοπομπίαν, ὅπως παρὰ πᾶσαν
φιλίαν ἄχρι τοῦ Πειραιῶς κομισθήσεται, προϊδέ-
σθαι; καὶ τὰ μὲν σῶσαι τῶν ὑπαρχόντων ἐκ- 302
πέμποντα βοηθείας καὶ λέγοντα καὶ γράφοντα
τοιαῦτα, τὴν Προκόννησον, τὴν Χερρόνησον, τὴν
Τένεδον, τὰ δ᾽ ὅπως οἰκεῖα καὶ σύμμαχ᾽ ὑπάρξει
πρᾶξαι, τὸ Βυζάντιον, τὴν Ἄβυδον, τὴν Εὔβοιαν;

καὶ τῶν μὲν τοῖς ἐχθροῖς ὑπαρχουσῶν δυνάμεων
τὰς μεγίστας ἀφελεῖν, ὧν δ' ἐνέλειπε τῇ πόλει,
ταῦτα προσθεῖναι; ταῦτα τοίνυν ἅπαντα πέ-
πρακται τοῖς ἐμοῖς ψηφίσμασι καὶ τοῖς ἐμοῖς
303 πολιτεύμασιν, ἃ καὶ βεβουλευμένα, ὦ ἄνδρες
Ἀθηναῖοι, ἐὰν ἄνευ φθόνου τις βούληται σκο-
πεῖν, ὀρθῶς εὑρήσει καὶ πεπραγμένα πάσῃ δι-
καιοσύνῃ, καὶ τὸν ἑκάστου καιρὸν οὐ παρεθέντα
οὐδ' ἀγνοηθέντα οὐδὲ προεθέντα ὑπ' ἐμοῦ, καὶ
ὅσα εἰς ἑνὸς ἀνδρὸς δύναμιν καὶ λογισμὸν ἧκεν,
οὐδὲν ἐλλειφθέν. εἰ δὲ ἢ δαίμονός τινος ἢ τύχης
ἰσχὺς ἢ στρατηγῶν φαυλότης ἢ τῶν προδιδόντων
τὰς πόλεις ὑμῶν κακία ἢ πάντα ταῦτα ἐλυμαίνετο
τοῖς ὅλοις, ἕως ἀνέτρεψαν, τί Δημοσθένης ἀδικεῖ;
304 εἰ δ' οἷος ἐγὼ παρ' ὑμῖν κατὰ τὴν ἐμαυτοῦ τάξιν,
εἷς ἐν ἑκάστῃ τῶν Ἑλληνίδων πόλεων ἀνὴρ ἐγέ-
νετο, μᾶλλον δ' εἰ ἕνα ἄνδρα μόνον Θετταλία καὶ
ἕνα ἄνδρα Ἀρκαδία ταὐτὰ φρονοῦντα ἔσχεν ἐμοί,
οὐδεὶς οὔτε τῶν ἔξω Πυλῶν Ἑλλήνων οὔτε τῶν
305 εἴσω τοῖς παροῦσι κακοῖς ἐκέχρητ' ἄν, ἀλλὰ πάν-
τες ἂν ὄντες ἐλεύθεροι καὶ αὐτόνομοι μετὰ πάσης
ἀδείας ἀσφαλῶς ἐν εὐδαιμονίᾳ τὰς ἑαυτῶν ᾤκουν
πατρίδας, τῶν τοσούτων καὶ τοιούτων ἀγαθῶν ὑμῖν
καὶ τοῖς ἄλλοις Ἀθηναίοις ἔχοντες χάριν δι' ἐμέ.
ἵνα δ' εἰδῆτε ὅτι πολλῷ τοῖς λόγοις ἐλάττοσι
χρῶμαι τῶν ἔργων, εὐλαβούμενος τὸν φθόνον,
λέγε μοι ταυτὶ καὶ ἀνάγνωθι λαβών.

ΨΗΦΙΣΜΑΤΑ.

Ταῦτα καὶ τοιαῦτα πράττειν, Αἰσχίνη, τὸν κα- 306
λὸν κἀγαθὸν πολίτην δεῖ, ὧν κατορθουμένων μὲν
μεγίστοις ἀναμφισβητήτως ὑπῆρχεν εἶναι καὶ τὸ
δικαίως προσῆν, ὡς ἑτέρως δὲ συμβάντων τὸ γοῦν
εὐδοκιμεῖν περίεστι καὶ τὸ μηδένα μέμφεσθαι τὴν
πόλιν μηδὲ τὴν προαίρεσιν αὐτῆς, ἀλλὰ τὴν τύ-
χην κακίζειν τὴν οὕτω τὰ πράγματα κρίνασαν, οὐ 307
μὰ Δί' οὐκ ἀποστάντα τῶν συμφερόντων τῇ πό-
λει, μισθώσαντα δ' αὐτὸν τοῖς ἐναντίοις, τοὺς
ὑπὲρ τῶν ἐχθρῶν καιροὺς ἀντὶ τῶν τῆς πατρίδος
θεραπεύειν, οὐδὲ τὸν μὲν πράγματα ἄξια τῆς πό-
λεως ὑποστάντα λέγειν καὶ γράφειν καὶ μένειν
ἐπὶ τούτων βασκαίνειν, ἐὰν δέ τις ἰδίᾳ τι λυπήσῃ,
τοῦτο μεμνῆσθαι καὶ τηρεῖν, οὐδέ γ' ἡσυχίαν
ἄγειν ἄδικον καὶ ὕπουλον, ὃ σὺ ποιεῖς πολλάκις.
ἔστι γάρ, ἔστιν ἡσυχία δικαία καὶ συμφέρουσα 308
τῇ πόλει, ἣν οἱ πολλοὶ τῶν πολιτῶν ὑμεῖς ἁπλῶς
ἄγετε. ἀλλ' οὐ ταύτην οὗτος ἄγει τὴν ἡσυχίαν,
πολλοῦ γε καὶ δεῖ, ἀλλ' ἀποστὰς ὅταν αὐτῷ δόξῃ

216. Ἀλλὰ καὶ τὴν ἡσυχίαν μου τοῦ βίου διαβάλλει καὶ τῆς σιωπῆς μου κατηγορεῖ, ἵνα μηδεὶς αὐτῷ τόπος ἀσυκοφάντητος παραλείπηται, καὶ τὰς ἐν τοῖς γυμνασίοις μετὰ τῶν νεωτέρων μου διατριβὰς καταμέμφεται, καὶ κατὰ τῆσδε τῆς κρίσεως εὐθὺς ἀρχόμενος τοῦ λόγου φέρει τινὰ αἰτίαν, λέγων, ὡς ἐγὼ τὴν γραφὴν οὐχ ὑπὲρ τῆς πόλεως ἐγραψάμην, ἀλλ' ἐνδεικνύμενος Ἀλεξάνδρῳ διὰ τὴν πρὸς αὐτὸν ἔχθραν. 217. καὶ νὴ Δί', ὡς ἐγὼ πυνθάνο-

τῆς πολιτείας (πολλάκις δὲ δοκεῖ) φυλάττει πηνίκ᾽
ἔσεσθε μεστοὶ τοῦ συνεχῶς λέγοντος ἢ παρὰ τῆς
τύχης τι συμβέβηκεν ἐναντίωμα ἢ ἄλλο τι δύσκο-
λον γέγονε (πολλὰ δὲ τἀνθρώπινα)· εἶτ᾽ ἐπὶ τούτῳ
τῷ καιρῷ ῥήτωρ ἐξαίφνης ἐκ τῆς ἡσυχίας ὥσπερ
πνεῦμ᾽ ἐφάνη, καὶ πεφωνασκηκὼς καὶ συνειλοχὼς
ῥήματα καὶ λόγους συνείρει τούτους σαφῶς καὶ
ἀπνευστί, ὄνησιν μὲν οὐδεμίαν φέροντας οὐδ᾽
ἀγαθοῦ κτῆσιν οὐδενός, συμφορὰν δὲ τῷ τυχόντι
309 τῶν πολιτῶν καὶ κοινὴν αἰσχύνην. καίτοι ταύτης
τῆς μελέτης καὶ τῆς ἐπιμελείας, Αἰσχίνη, εἴ περ
ἐκ ψυχῆς δικαίας ἐγίγνετο καὶ τὰ τῆς πατρίδος
συμφέροντα προῃρημένης, τοὺς καρποὺς ἔδει γεν-
ναίους καὶ καλοὺς καὶ πᾶσιν ὠφελίμους εἶναι,
συμμαχίας πόλεων, πόρους χρημάτων, ἐμπορίου
κατασκευήν, νόμων συμφερόντων θέσεις, τοῖς
310 ἀποδειχθεῖσιν ἐχθροῖς ἐναντιώματα. τούτων γὰρ
ἁπάντων ἦν ἐν τοῖς ἄνω χρόνοις ἐξέτασις, καὶ
ἔδωκεν ὁ παρελθὼν χρόνος πολλὰς ἀποδείξεις ἀν-
δρὶ καλῷ τε κἀγαθῷ, ἐν οἷς οὐδαμοῦ σὺ φανήσει
γεγονώς, οὐ πρῶτος, οὐ δεύτερος, οὐ τρίτος, οὐ

μαι, μέλλει με ἀνερωτᾶν, διὰ τί τὸ μὲν κεφάλαιον τῆς πολιτείας αὐτοῦ ψέγω, τὰ δὲ καθ᾽ ἕκαστον οὐκ ἐκώλυον οὐδ᾽ ἐγραφόμην, ἀλλὰ διαλιπὼν καὶ πρὸς τὴν πολιτείαν οὐ πυκνὰ προσιὼν ἀπήνεγκα τὴν γραφήν. ἐγὼ δὲ οὔτε τὰς Δημοσθένους διατριβὰς ἐζήλωκα, οὔτ᾽ ἐπὶ ταῖς ἐμαυτοῦ αἰσχύνομαι, οὔτε τοὺς εἰρημένους ἐν ὑμῖν λόγους ἐμαυτῷ ἀρρήτους εἶναι βουλοίμην, οὔτε τὰ αὐτὰ τούτῳ δημηγορήσας ἐδεξάμην ἂν ζῆν.

τέταρτος, οὐ πέμπτος, οὐχ ἕκτος, οὐχ ὁποστο-
σοῦν, οὔκουν ἐπί γ' οἷς ἡ πατρὶς ηὐξάνετο. τίς 311
γὰρ συμμαχία σοῦ πράξαντος γέγονε τῇ πόλει; τίς δὲ βοήθεια ἢ κτῆσις εὐνοίας ἢ δόξης; τίς δὲ πρεσβεία; τίς διακονία δι' ἣν ἡ πόλις ἐντιμοτέρα; τί τῶν οἰκείων ἢ τῶν Ἑλληνικῶν καὶ ξενικῶν, οἷς ἐπέστης, ἐπηνώρθωται; ποῖαι τριήρεις; ποῖα βέλη; ποῖοι νεώσοικοι; τίς ἐπισκευὴ τειχῶν; ποῖον ἱππικόν; τί τῶν ἁπάντων σὺ χρήσιμος εἶ; τίς ἢ τοῖς εὐπόροις ἢ τοῖς ἀπόροις πολιτικὴ καὶ κοινὴ βοήθεια χρημάτων; οὐδεμία.
ἀλλ', ὦ τᾶν, εἰ μηδὲν τούτων, εὔνοιά γε καὶ προ- 312
θυμία; ποῦ; πότε; ὅστις, ὦ πάντων ἀδικώτατε, οὐδ' ὅτε ἅπαντες, ὅσοι πώποτ' ἐφθέγξαντο ἐπὶ τοῦ βήματος, εἰς σωτηρίαν ἐπεδίδοσαν, καὶ τὸ τελευταῖον Ἀριστόνικος τὸ συνειλεγμένον εἰς τὴν ἐπιτιμίαν, οὐδὲ τότε οὔτε παρῆλθες οὔτ' ἐπέδωκας οὐδέν, οὐκ ἀπορῶν, πῶς γάρ; ὅς γε κεκληρονόμηκας μὲν τῶν Φίλωνος τοῦ κηδεστοῦ χρημάτων πλειόνων ἢ πεντεταλάντων, διτάλαντον δ' εἶχες ἔρανον δωρεὰν παρὰ τῶν ἡγεμόνων τῶν συμμοριῶν ἐφ' οἷς ἐλυμήνω τὸν τριηραρχικὸν νόμον.
ἀλλ' ἵνα μὴ λόγον ἐκ λόγου λέγων τοῦ παρόντος 313
ἐμαυτὸν ἐκκρούσω, παραλείψω ταῦτα. ἀλλ' ὅτι γ' οὐχὶ δι' ἔνδειαν οὐκ ἐπέδωκας, ἐκ τούτων δῆλον, ἀλλὰ φυλάττων τὸ μηδὲν ἐναντίον γενέσθαι παρὰ σοῦ τούτοις οἷς ἅπαντα πολιτεύῃ. ἐν τίσιν οὖν

σὺ νεανίας καὶ πηνίκα λαμπρός; ἡνίκ' ἂν κατὰ τούτων τι δέῃ, ἐν τούτοις λαμπροφωνότατος, μνημονικώτατος, ὑποκριτὴς ἄριστος, τραγικὸς Θεοκρίνης.

314 Εἶτα τῶν πρότερον γεγενημένων ἀγαθῶν ἀνδρῶν μέμνησαι. καὶ καλῶς ποιεῖς. οὐ μέντοι δίκαιόν ἐστιν, ἄνδρες Ἀθηναῖοι, τὴν πρὸς τοὺς τετελευτηκότας εὔνοιαν ὑπάρχουσαν προλαβόντα παρ' ὑμῶν πρὸς ἐκείνους ἐξετάζειν καὶ παραβάλ-
315 λειν ἐμὲ τὸν νῦν ζῶντα μεθ' ὑμῶν. τίς γὰρ οὐκ οἶδε τῶν πάντων ὅτι τοῖς μὲν ζῶσι πᾶσιν ὕπεστί τις ἢ πλείων ἢ ἐλάττων φθόνος, τοὺς τεθνεῶτας δὲ οὐδὲ τῶν ἐχθρῶν οὐδεὶς ἔτι μισεῖ; οὕτως οὖν ἐχόντων τούτων τῇ φύσει, πρὸς τοὺς πρὸ ἐμαυτοῦ νῦν ἐγὼ κρίνωμαι καὶ θεωρῶμαι; μηδαμῶς· οὔτε γὰρ δίκαιον οὔτ' ἴσον, Αἰσχίνη, ἀλλὰ πρὸς σὲ καὶ ἄλλον εἴ τινα βούλει τῶν ταὐτά σοι προῃ-
316 ρημένων καὶ ζώντων. κἀκεῖνο σκόπει. πότερον κάλλιον καὶ ἄμεινον τῇ πόλει διὰ τὰς τῶν πρό-

---

257. Ὅταν δ' ἐπὶ τελευτῆς ἤδη τοῦ λόγου συνηγόρους τοὺς κοινωνοὺς τῶν δωροδοκημάτων αὑτῷ παρακαλῇ, ὑπολαμβάνετε ὁρᾶν ἐπὶ τοῦ βήματος, οὗ νῦν ἑστηκὼς ἐγὼ λέγω, ἀντιπαρατεταγμένους πρὸς τὴν τούτων ἀσέλγειαν τοὺς τῆς πόλεως εὐεργέτας, Σόλωνα μὲν τὸν καλλίστοις νόμοις κοσμήσαντα τὴν δημοκρατίαν, ἄνδρα φιλόσοφον καὶ νομοθέτην ἀγαθόν, σωφρόνως, ὡς προσῆκεν αὐτῷ, δεόμενον ὑμῶν μηδενὶ τρόπῳ τοὺς Δημοσθένους λόγους περὶ πλείονος ποιήσασθαι τῶν ὅρκων καὶ τῶν νόμων, 258. Ἀριστείδην δὲ τὸν τοὺς φόρους τάξαντα τοῖς Ἕλλησιν.

τερον εὐεργεσίας, οὔσας ὑπερμεγέθεις, οὐ μὲν οὖν
εἴποι τις ἂν ἡλίκας, τὰς ἐπὶ τὸν παρόντα βίον γι-
γνομένας εἰς ἀχαριστίαν καὶ προπηλακισμὸν
ἄγειν, ἢ πᾶσιν ὅσοι τι μετ' εὐνοίας πράττουσι,
τῆς τούτων τιμῆς καὶ φιλανθρωπίας μετεῖναι;
καὶ μὴν εἰ καὶ τοῦτ' ἄρα δεῖ με εἰπεῖν, ἡ μὲν ἐμὴ 317
πολιτεία καὶ προαίρεσις, ἄν τις ὀρθῶς σκοπῇ,
ταῖς τῶν τότ' ἐπαινουμένων ἀνδρῶν ὁμοία καὶ
ταὐτὰ βουλομένη φανήσεται, ἡ δὲ σὴ ταῖς τῶν
τοὺς τοιούτους τότε συκοφαντούντων· δῆλον γὰρ
ὅτι καὶ κατ' ἐκείνους ἦσάν τινες οἱ διασύροντες
τοὺς ὄντας τότε, τοὺς δὲ πρότερον γεγενημένους
ἐπῄνουν, βάσκανον πρᾶγμα καὶ ταὐτὸ ποιοῦντες
σοί. εἶτα λέγεις ὡς οὐδὲν ὅμοιός εἰμι ἐκείνοις 318
ἐγώ; σὺ δ' ὅμοιος, Αἰσχίνη; ὁ δ' ἀδελφὸς ὁ
σός; ἄλλος δέ τις τῶν νῦν ῥητόρων; ἐγὼ μὲν
γὰρ οὐδένα φημί. ἀλλὰ πρὸς τοὺς ζῶντας, ὦ
χρηστέ, ἵνα μηδὲν ἄλλ' εἴπω, τὸν ζῶντα ἐξέταζε
καὶ τοὺς καθ' αὑτόν, ὥσπερ τἆλλα πάντα, τοὺς
ποιητάς, τοὺς χορούς, τοὺς ἀγωνιστάς. ὁ Φιλάμ- 319
μων οὐχ ὅτι Γλαύκου τοῦ Καρυστίου καί τινων

189. Καίτοι πυνθάνομαί γ' αὐτὸν μέλλειν λέγειν, ὡς οὐ δίκαια ποιῶ παραβάλλων αὐτῷ τὰ τῶν προγόνων ἔργα· οὐδὲ γὰρ Φιλάμμωνά φησι τὸν πύκτην Ὀλυμπίασι στεφανωθῆναι νικήσαντα Γλαῦκον τὸν παλαιὸν ἐκεῖνον πύκτην, ἀλλὰ τοὺς καθ' ἑαυτὸν ἀγωνιστάς, ὥσπερ ὑμᾶς ἀγνοοῦντας, ὅτι τοῖς μὲν πύκταις ἐστὶν ὁ ἀγὼν πρὸς ἀλλήλους, τοῖς δ' ἀξιοῦσι στεφανοῦσθαι πρὸς αὐτὴν τὴν ἀρετήν, ἧς καὶ ἕνεκα στεφανοῦνται.

ἑτέρων πρότερον γεγενημένων ἀθλητῶν ἀσθενέ-
στερος ἦν, ἀστεφάνωτος ἐκ τῆς Ὀλυμπίας ἀπῄει,
ἀλλ' ὅτι τῶν εἰσελθόντων πρὸς αὐτὸν ἄριστα
ἐμάχετο, ἐστεφανοῦτο καὶ νικῶν ἀνηγορεύετο.
καὶ σὺ πρὸς τοὺς νῦν ὅρα με ῥήτορας, πρὸς
σαυτόν, πρὸς ὅντινα βούλει τῶν ἁπάντων· οὐ-
320 δένα ἐξίσταμαι. ὧν, ὅτε μὲν τῇ πόλει τὰ βέλ-
τιστα ἑλέσθαι παρῆν, ἐφαμίλλου τῆς εἰς τὴν
πατρίδα εὐνοίας ἐν κοινῷ πᾶσι κειμένης, ἐγὼ
κράτιστα λέγων ἐφαινόμην, καὶ τοῖς ἐμοῖς καὶ
ψηφίσμασι καὶ νόμοις καὶ πρεσβείαις ἅπαντα
διῳκεῖτο, ὑμῶν δὲ οὐδεὶς ἦν οὐδαμοῦ, πλὴν εἰ
τούτοις ἐπηρεάσαι τι δέοι· ἐπειδὴ δὲ ἃ μή ποτ'
ὤφελε συνέβη καὶ οὐκέτι συμβούλων ἀλλὰ τῶν
τοῖς ἐπιταττομένοις ὑπηρετούντων καὶ τῶν κατὰ
τῆς πατρίδος μισθαρνεῖν ἑτοίμων καὶ τῶν κολα-
κεύειν ἕτερον βουλομένων ἐξέτασις, τηνικαῦτα
σὺ καὶ τούτων ἕκαστος ἐν τάξει καὶ μέγας καὶ
λαμπρὸς ἱπποτρόφος, ἐγὼ δ' ἀσθενής, ὁμολογῶ,
ἀλλ' εὔνους μᾶλλον ὑμῶν τουτοισί.

321 Δύο δ', ἄνδρες Ἀθηναῖοι, τὸν φύσει μέτριον
πολίτην ἔχειν δεῖ (οὕτω γάρ μοι περὶ ἐμαυτοῦ
λέγοντι ἀνεπιφθονώτατον εἰπεῖν), ἐν μὲν ταῖς
ἐξουσίαις τὴν τοῦ γενναίου καὶ τοῦ πρωτείου τῇ
πόλει προαίρεσιν διαφυλάττειν, ἐν παντὶ δὲ καιρῷ
καὶ πράξει τὴν εὔνοιαν· τούτου γὰρ ἡ φύσις κυ-
ρία, τοῦ δύνασθαι δὲ καὶ ἰσχύειν ἕτερα. ταύτην

τοίνυν παρ' ἐμοὶ μεμενηκυῖαν εὑρήσετε ἁπλῶς.
ὁρᾶτε δέ. οὐκ ἐξαιτούμενος, οὐκ Ἀμφικτυονικὰς 322
δίκας ἐπαγόντων, οὐκ ἐπαγγελλομένων, οὐχὶ τοὺς
καταράτους τούτους ὥσπερ θηρία μοι προσβαλ-
λόντων, οὐδαμῶς ἐγὼ προδέδωκα τὴν εἰς ὑμᾶς
εὔνοιαν. τὸ γὰρ ἐξ ἀρχῆς εὐθὺς ὀρθὴν καὶ δι-
καίαν τὴν ὁδὸν τῆς πολιτείας εἱλόμην, τὰς τιμάς,
τὰς δυναστείας, τὰς εὐδοξίας τὰς τῆς πατρίδος
θεραπεύειν, ταύτας αὔξειν, μετὰ τούτων εἶναι.
οὐκ ἐπὶ μὲν τοῖς ἑτέρων εὐτυχήμασι φαιδρὸς ἐγὼ 323
καὶ γεγηθὼς κατὰ τὴν ἀγορὰν περιέρχομαι, τὴν
δεξιὰν προτείνων καὶ εὐαγγελιζόμενος τούτοις οὓς
ἂν ἐκεῖσε ἀπαγγέλλειν οἴωμαι, τῶν δὲ τῆς πόλεως
ἀγαθῶν πεφρικὼς ἀκούω καὶ στένων καὶ κύπτων
εἰς τὴν γῆν, ὥσπερ οἱ δυσσεβεῖς οὗτοι, οἳ τὴν
μὲν πόλιν διασύρουσιν, ὥσπερ οὐχ αὑτοὺς διασύ-
ροντες, ὅταν τοῦτο ποιῶσιν, ἔξω δὲ βλέπουσι, καὶ
ἐν οἷς ἀτυχησάντων τῶν Ἑλλήνων εὐτύχησεν ἕτε-
ρος, ταῦτ' ἐπαινοῦσι καὶ ὅπως τὸν ἅπαντα χρόνον
μενεῖ φασι δεῖν τηρεῖν.
Μὴ δῆτ', ὦ πάντες θεοί, μηδεὶς ταῦθ' ὑμῶν ἐπι- 324

---

260. Ἐγὼ μὲν οὖν, ὦ γῆ καὶ ἥλιε καὶ ἀρετὴ καὶ σύνεσις καὶ παιδεία, ᾗ διαγιγνώσκομεν τὰ καλὰ καὶ τὰ αἰσχρά, βεβοήθηκα καὶ εἴρηκα. καὶ εἰ μὲν καλῶς καὶ ἀξίως τοῦ ἀδικήματος κατηγόρηκα, εἶπον ὡς ἐβουλόμην, εἰ δὲ ἐνδεεστέρως, ὡς ἐδυνάμην. Ὑμεῖς δὲ καὶ ἐκ τῶν εἰρημένων λόγων καὶ ἐκ τῶν παραλειπομένων αὐτοὶ τὰ δίκαια καὶ τὰ συμφέροντα ὑπὲρ τῆς πόλεως ψηφίσασθε.

νεύσειεν, ἀλλὰ μάλιστα μὲν καὶ τούτοις βελτίω τινὰ νοῦν καὶ φρένας ἐνθείητε, εἰ δ' ἄρ' ἔχουσιν ἀνιάτως, τούτους μὲν αὐτοὺς καθ' ἑαυτοὺς ἐξώλεις καὶ προώλεις ἐν γῇ καὶ θαλάττῃ ποιήσατε, ἡμῖν δὲ τοῖς λοιποῖς τὴν ταχίστην ἀπαλλαγὴν τῶν ἐπηρτημένων φόβων δότε καὶ σωτηρίαν ἀσφαλῆ.

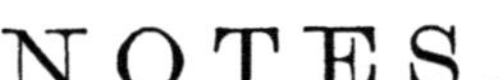

NOTES.

ABBREVIATIONS.

Bekk. .... Bekker's Edition.
C. .... Crosby's Grammar (Revised Edition).
cf. .... Latin confer, i. e. compare, see.
Cu. .... Curtius's Grammar.
Dind. .... Dindorf's Edition.
Diss. or D. .... Dissen's Edition.
Editt. .... Editions or Editors.
fr. .... from.
G. .... Goodwin's Greek Moods and Tenses.
G. gr. .... Goodwin's Grammar.
H. .... Hadley's Grammar.
i. e. .... id est.
K. .... Kühner's Grammar.
Kenn. .... Kennedy's Translation.
κ. τ. ἑ. .... καὶ τὰ ἕτερα, etc.
L. and S. .... Liddell and Scott's Lexicon.
Laur. S. .... Laurentian Manuscript S.
lit. .... literal or literally.
Lord B. .... Lord Brougham.
Madv. G. S. .... Madvig's Greek Syntax.
MS., MSS. .... Manuscript, Manuscripts.
Σ. .... Σίγμα, name of the oldest and best Manuscript of the text.
sc. .... scilicet, namely, understood.
Schaef. .... Schaefer's Edition.
st. .... instead of.
V., Voem. .... Voemel's Edition.
W. .... Westermann's Edition.
w. .... with.
Wh. .... Whiston's Edition.
wh. .... which.
Z. .... The Zürich Edition of the text, by Baiter and Sauppe.

NOTES.

THIS oration was more commonly known among the ancients under the name of *pro Ctesiphonte*. Its merits were especially lauded by the ancient rhetoricians, particularly by Dionysius of Halicarnassus (*de Antiq. Orat. Comm.*, VI. 953 ff, *ed. Reiske*, and *de Verborum Compositione*, cap. XXV.), by Hermogenes (*de Eloquentiæ Ratione*), and by Quintilian (*Orat. Inst.*, XI., XII.).

EXORDIUM, §§ 1–8. In this introduction the orator manifests a certain anxiety and timidity. Cf. Quint., XI. 3. 97.

§ 1. **πρῶτον μὲν...εὔχομαι**: to commence a speech w. an invocation was unusual among the Greeks. One notable instance is Lycurg. *c. Leocr.*: *εὔχομαι γὰρ τῇ Ἀθηνᾷ καὶ τοῖς ἄλλοις θεοῖς.* Æsch. *c. Timarch.*, § 116, speaks of beseeching all the gods. But with the Romans this was not infrequent. Cf. Cic. *pro L. Murena, pro C. Cornelio.* Servius remarks on Verg. *Æn.*, XI. 301: *Majores nullam orationem nisi invocatis numinibus inchoabant.* — **ὦ ἄνδρες Ἀ.**: for the nature of the court thus addressed vid. Dict. Antiq. sub *Dicasterion, Dicastes;* Grote, IV. 188 ff; Schoemann, *Greek Antiq.* — **τοῖς**: omitted by a few MSS. Dionys. Halic. shows that this word is essential to the rhythm of the sentence, wh. is *anapæstic.* The same reason is given for the addition of *ι* in *τουτονὶ* below. — **ὅσην... τοσαύτην**: by reversing the order of relat. and demonstr. clause the orator makes more prominent the claim or ground upon wh. his request is based. — **ἔχων...διατελῶ**: what use of the partc.? H. 796, 798; Cu. § 590; G. gr. § 279, 1; C. 677. — **ἔπειθ'**: the *δέ* correlative w. *μέν* is often omitted w. *ἔπειτα*. Cf. H. 862, a; Madv. *Gr. Syn.*, § 188, Rem. 5. — **ὅ πέρ** has for its antecedent *τοῦτο*, the whole referring to *μὴ...ποιήσασθαι...ἀλλὰ...τὸν ὅρκον*, thus: *that the gods may put that into your hearts which is especially for your interest*, etc., *not to make...but*, etc. — **εὐσεβείας...δόξης**: "*εὐσέβεια* refers to their oath in particular; *δόξα* to equity in general. For *δόξα* in § 8 the orator substitutes εὐδοξία as more explicit." TYLER. — **τοῦ** belongs to the whole phrase. So Plat. *Repub.*, 352 d: ἀλλὰ περὶ τοῦ ὅντινα τρόπον χρὴ ζῆν; Herod. 8. 79: στασιάζειν περὶ τοῦ ὁκότερος ἡμέων πλέω ἀγαθὰ τὴν πατρίδα ἐργάσεται.

§ 2. **τὸν ὅρκον**: the oath taken by the *Heliastæ*. Isocr. 15, § 21, gives it in substance thus: ὀμνύναι ἦ μὴν ὁμοίως ἀκροάσεσθαι τῶν κατηγορούντων καὶ τῶν ἀπολογουμένων. — **δικαίοις**: what these *legal requirements* were, Dem. explains more fully in his Orat. *c. Lept.*, §§ 94, 96. — **ἀκροάσασθαι**: so reads Σ; the other MSS. have ἀκροᾶσθαι. What is the difference? — **οὐδὲ**: the force of μόνον is continued. So in § 93. — **ἴσην**: the word ἀμφοτέροις, wh. follows in most MSS., is probably an interpolation from § 7. **ἀποδοῦναι**: what is the force of the ἀπό in this compound? — **τὸ τῇ τάξει ...χρήσασθαι**: epexegetical of τὸ...ἀκροάσασθαι and *pred. nom.* after ἐστὶν. — **τῇ τάξει...τῇ ἀπολογίᾳ** embraces both the *order* and the *matter* of the defence. The τάξις is made prominent, as it was in this particular that Æsch. sought to hamper Dem. in making his defence. — **βεβούληται καὶ προῄρηται**: the perf. tense is used to indicate the previous preparation in accordance w. the practice of the ancient orators. — **ὡς...οὕτως**: here again the relat. before the demonstr. clause. The attention of the judges is not called to οὕτως until its explanation (ὡς) has first been given. — Dissen calls attention to the completeness of this first period, and analyzes it into three parts, of wh. the first prepares the way for the second, the second for the third; while in the importance of the thought the same order is preserved. The orator now gives (§§ 3, 4) the special reasons for his previous request.

§ 3. **οὖν** = *igitur*, and is used here, as often, to indicate transition in the thought. — **πολλὰ μὲν, κ. τ. ἑ.**, *now, while in many points...there are two wh. are especially great.* — **δὲ** introduces the principal, **μὲν** the subordinate sentence. **καὶ** is emphatic w. μεγάλα; cf. καὶ μάλα, καὶ πάνυ. — **οὐ περὶ τ. ἴ. ἀγ.**, i. e. *I have more at stake.* — **ἑλεῖν τὴν γραφήν**, lit. *to seize the indictment*; somewhat similar is our phrase, *to get a verdict.* Transl., *to win his case.* The loss of Æsch. in case of defeat would only be a fine of 1000 drachmæ and a forfeiture of the privilege of instituting similar suits. Cf. Boeckh's *Publ. Economy of the Athen.*, I. p. 406; Meier and Schöm. *Att. Proc.*, p. 734. — **ἀλλ' ἐμοὶ μέν**: by an abrupt stop, called in rhetorical phraseology *aposiopesis* (cf. Quint. *Orat. Inst.*, IX. 2, § 54), the orator leaves his hearers to imagine the rest, since it would be *unpleasant* (δυσχερές) for him to allude to an unfavorable verdict. Other instances are found in §§ 22, 195. W. supplies the thought in this way: *but for me,—my whole political career is at stake in dependence on your approbation.* — **ἐκ περιουσίας**, lit. *from a superabundance*; hence, *needlessly, wantonly.* We understand Dem. to mean this: Æsch. jeopardizes nothing in this trial; he has but little to lose in case of defeat, nothing to gain in case of success. This prosecution, therefore, involving my dearest interests, has for its only gain my loss; hence, is undertaken in a spirit of simple wantonness and malice. Cf. οἱ δ' ἐκ περιουσίας πονηροί, Dem. *c. Steph.*, § 67. Plato in *Theæt.*, 154 D, uses this expression of rhetorical contests that were engaged in as a *pastime*. — **ἕτερον δ'**, sc. ἐλαττοῦμαι. — **λοιδοριῶν, κατηγοριῶν**: how these differ the orator shows in § 123.

§ 4. **ὡς ἔπος εἰπεῖν** modifies πᾶσιν. For the constr. cf. H. 772; Cu. § 564; G. gr. § 268; C. 671. — **ἐνοχλεῖ**: this fact had not escaped Æsch.; cf. infra. — **κἂν...λέγω...δόξω**: cf. H. 747; G. § 50. 1; Cu. § 545; C. 631. — **ἀπολύσασθαι...δεικνύναι**: Diss. thinks the aor. is used w. reference to the single charges (τὰ κατηγορημένα), each of wh. was to be refuted, and the pres. to denote the act that is to be continued throughout the oration. — **ὅ τι...ἂν...ἀναγκάζῃ**: cf. H. 757; G. § 62; Cu. § 554; C. 641. The skill of the orator in making his opponent responsible for the odium of his self-laudation is commented on by Quint., XI. 1. 22, as follows: "Neque hoc dico non aliquando de rebus a se gestis oratori esse dicendum, sicut eidem Demostheni pro Ctesiphonte, quod tamen ita emendavit ut necessitatem id faciendi ostenderet, invidiamque omnem in eum regeret qui hoc se coegisset."

§§ 5-8. In these paragraphs Dem. repeats the request for an impartial hearing, but from a different standpoint. "What before he prayed that the gods would inspire the judges to do as a matter of piety and reputation, he now claims also as a right, while he enforces the claim by a combination of new considerations with the former ones; such as the greatness of the interest at stake, etc." LARNED. — **κοινὸν εἶναι**: while the *legal prosecution* was against Ctes., the *persecution* was aimed at Dem., and it was important for the orator to emphasize at the outset the fact that his own personal interests were involved in this issue. — **πάντων**: in the sense of οὑτινοσοῦν = cujusvis, as is seen fr. the opposition in μάλιστα, κ. τ. ἑ. In a similar sense πανταχοῦ, § 81. — **ἄλλως τε κἂν** = *both otherwise and especially if*. — **φιλανθρωπίας**: a virtue by wh. the Athen. considered themselves distinguished from the Spartans and others. An adroit appeal to Athen. vanity. So Dem. *c. Lept.*, § 109.

§ 6. **ἀξιῶ καὶ δέομαι**, *I request* (as a right) *and beseech*. Rhetorical fulness or emphasis. Dem. seems fond of using pairs of words nearly synonymous. Dissen gives the following instances fr. this oration, besides the one above: ἐτραγῴδει καὶ διεξῄει, § 13; κατεψεύδου καὶ διέβαλλες, § 11; βοᾶν καὶ διαμαρτύρεσθαι, § 23; δηλοῖ καὶ διορίζεσθαι, § 40; προὔλεγον καὶ διεμαρτυρόμην, § 45; οὐκ ὀνειδίζειν οὐδὲ λοιδορεῖσθαι, § 274; λοιδορούμενος καὶ δια-

σύρων, § 180; *πολεμεῖν καὶ διαφέρεσθαι*, § 31; *προορώμενος καὶ λογιζόμενος*, § 27; *μηδ' προορᾶν μηδ' αἰσθάνεσθαι*, § 40; *εἰδὼς καὶ ἑωρακώς*, § 248; *βοῶν καὶ κεκραγώς*, § 132; *εἰπεῖν καὶ ἀπαγγεῖλαι*, § 33; *ζώντων καὶ ὄντων*, § 72; *ἐδίδαξας καὶ διεξῆλθες*, § 22; *διέβαλλε καὶ διεξῄει*, § 14. The student should be careful to give the *exact* meaning of these terms so as to bring out the shades of difference in thought doubtless intended by the orator. — **ὁμοίως** belongs to *πάντων*, as in §§ 61, 208. — **δικαίως,** *impartially.* Observe the emphatic position as far away as possible fr. its verb *ἀκοῦσαι.* Its force is more fully explained by *ὥσπερ, κ. τ. ἑ.* — **ὁ τιθείς,** *the legislator, the founder.* So below, *τοὺς δικάζοντας, ὁ διώκων, τῷ φεύγοντι*, etc. are used substantively. — **ἐξ ἀρχῆς**: "*originally,* not as the earliest lawgiver, but as the most influential. Hence *τιθείς*, wh. is strictly of one despotic lawgiver, whereas *τιθέμενος* is of a republic or community." Holmes. — **Σόλων** is lauded also by Æsch., § 257. — **δημοτικός** is defined by Æsch., § 168; cf. § 122 of our oration. — **τῷ γράψαι**: *γράφειν νόμον* = generally *to propose a law* in the popular assembly; but it may also mean, as here, *to record* or *register by engraving* on tablets or pillars of stone or brass. So *Phil.*, III. § 41: *εἰς στήλην χαλκὴν γράψαντες.* Transl. *thought it proper should be made supreme, not simply by recording them, but also by putting the jurors under oath.* — **τοὺς δικάζοντας**: most editt. add *ὑμᾶς*, but the use of *ὑμῖν* before and after this sentence makes *ὑμᾶς* superfluous. Besides, Solon's legislation on this point applied to *all* times and cases; hence the orator first makes the general statement and then considers the application of this rule to the present case in the words: *οὐκ ἀπιστῶν ὑμῖν, κ. τ. ἑ.*

§ 7. **φαίνεται** = *it is evident,* different fr. *δοκεῖ* = *it seems,* in the best period of Greek. — **αἰτίας**: *αἰτία* is defined by Dem. *c. Androt.*, § 22, as a *charge* or *accusation* unsupported by proof, resting on the barren word of the accuser. It differs not widely fr. *διαβολή* = *calumny.* — **αἷς ἐκ... ἰσχύει,** *by which the prosecutor, on account of his speaking first, is formidable.* For use of *πρότερος* cf. H. 488, Rem. c; Cu. § 361, 8; G. gr. § 138, N. 7; C. 509. — **διώκων** (= *prosecutor,* Scotch *pursuer*), **φεύγοντι** (= *defendant*), **παρελθεῖν** (= *to outstrip, to go by*), suggest the figure of a race. — **καὶ...καὶ**: correlated, connect the parts of the apodosis. — **τὰ δίκαια** = *the legal arguments,* the points wh. the defendant may adduce for his defence. — **ἴσον... κοινὸν** = *impartial, common.* That the two qualities may be distinguished is seen in Plat. *Protag.* 68; Eurip. *Orest.* 9: *κοινῆς τραπέζης ἀξίωμ' ἔχων ἴσον.* — **οὕτω,** *thus;* sc. after having furnished himself, etc. Diss. calls attention to the fact that the rhythm and weight of the sentence require *διάγνωσιν ποιεῖσθαι*, rather than the less emphatic *διαγιγνώσκειν.*

§ 8. **ὡς ἔοικε**: added not so much by way of sarcasm, as the Schol. believes, as to express caution on account of the general and broad assertion involved in παντός. — **παρακαλέσαι**, *to call upon* or *summon*, as if coadjutors. — **ὑπάρξαι μοι**: the corresponding sentence in § 1 has παρ' ὑμῶν, wh. is omitted here by Σ. Most Editt. follow the other MSS. in adding it. — **τοῦτο** refers to the sentence introduced by ὅ τι and is obj. of γνῶναι, the whole depending on παραστῆσαι, wh. in turn depends on εὔχομαι. Most Editt. insert τοὺς θεοὺς after παραστῆσαι as its subj. V. thinks this repetition would give a false meaning to the passage, as though the orator did not supplicate both ὑπάρξαι and παραστῆσαι from the gods. For similar omission of subj. w. infin. cf. § 141. — **γραφῆς**: cf. Lex. II. B. — On the structure of this exordium cf. Arist. *Rhet.*, XIV. 3. It may be considered with reference to (1) the prosecutor, (2) the jury, (3) the defendant himself. It answers all the ends of a perfect exordium, which aims, as Quintilian says, "reddere auditores benevolos, attentos, dociles." The prayer at its beginning and close is a fitting refutation of the calumny of Æsch., who had represented Dem. as a contemner of the gods and of divine omens.

FIRST DIVISION OF THE ORATION.

§§ 9 - 52. Charges foreign to the Indictment. (*a*) Of a Private Nature (§§ 10, 11). (*b*) Of a Public Nature (§§ 12 - 52).

§§ 9 - 11. Introduction of the Topic and Defence of Private Life. **ἐδίωκεν ... κατηγόρησεν**: διώκειν is said of the *legal prosecution*, κατηγορεῖν of the *oral accusation* before the court. Cf. § 15 κατηγορεῖ, κρίνει. — **προβουλεύματος**, *preliminary decree*, i. e. an approval on the part of the Senate (βουλή) of a bill, wh. could then be brought before the Assembly (ἐκκλησία) for ratification; receiving wh., it became a ψήφισμα. In the present instance, Ctes. had introduced a bill that Dem. should be rewarded w. a golden crown for certain public services. From the Senate the bill went before the Assembly; but before it was acted upon there, Æsch. brought an action called γραφὴ παρανόμων, *indictment for proposing measures contrary to law*, against Ctes., and thus prevented it from becoming a decree (ψήφισμα). — **κατηγόρησεν ... ἂν ἀπελογούμην**: cf. H. 746; G. § 49, 2 and Rem. (b); Cu. § 537; C. 631. Explain the difference in the use of the tenses. — **κατεψεύσατό μου**: for the genit. cf. H. 583; Cu. § 424; G. gr. § 173, 2, N.; C. 699. — **τοῖς ἔξωθεν λόγοις**, *criminationibus a causa alienis*, Diss.; *by those irrelevant statements*. — **ἡγμένος** = παρηγμένος. — **ἀλλοτριώτερον**: the Schol. says = ἐξωτερικώτερον, i. e. *with an estranged* or *prejudiced mind*. — **τῶν ... δικαίων ... μου**: critics are not agreed whether to understand τῶν δικαίων as genit. w. ἀκούῃ and μου as possess., or as genit. of separation w. ἀλλοτριώτερον (*somewhat estranged from what is just* under the influence of τοῖς ἔξωθεν λόγοις) and μου governed by ἀκούῃ.

latter seems preferable on account of the sense and the position of *μου*. — **ὑπὲρ** = *περί* here. The distinction between these prepp. lies in the fact that *ὑπέρ* originally implies the *interest* or *advantage* of the thing or person *concerning* wh. anything is, or is said. In the orators this distinction is first lost sight of, and the prepp. are easily interchanged. Cf. *ὑπὲρ τῶν ἄλλων*, § 10; *ὑπὲρ τῶν πεπολιτευμένων*, § 11; *ὑπὲρ τοῦ πολέμου*, § 76.

§ 10. **λοιδορούμενος βεβλασφήμηκε**: the nice distinctions between the words employed by Dem. to denote *slander, accusation, calumny, invective* (cf. §§ 123, 126), should be carefully observed; λοιδορία is the more general term for *invective*, *βλασφημία* is more specific and concrete, and denotes the *scandals* or *slanders* uttered by a calumniator. — **ἁπλᾶ καὶ δίκαια**, st. *ἁπλῶς καὶ δικαίως*, wh. are used in § 58. — **τοιοῦτον**, sc. *ὄντα*; cf. § 277. The supplementary partic. *ὤν* is often thus omitted by the orators; cf. Madv. § 178, Rem. 4; K. § 310, Rem. 5. — **ἀνάσχησθε...καταψηφίσασθ'**: what is there in the form of this prohibition and command that gives special emphasis? Follow in transl., as nearly as possible, the order of the Greek. Lord B. renders this spirited sentence thus: "*but rise up this instant and condemn me.*" — **βελτίω καὶ ἐκ βελτιόνων**: a standing formula among the Greeks; similar are *ἀγαθὸς ἐξ ἀγαθῶν, ἄριστος ἐξ ἀρίστων*. — **τῶν μετρίων**, *of the average* or *respectable class*. State the argument of Dem. in this sentence. — **ἣν...ἐνδέδειχθε...παράσχεσθε**: for this constr. cf. H. 809; Cu. § 597, 3; G. gr. § 154; C. 552, 553.

§ 11. **κακοήθης...εὐήθες ᾠήθης**: a play upon words wh. is inimitable in Engl. Jacobs renders it by *argmüthig ... gutmüthig*. Dem. makes but sparing use of the Paranomasia, as it was called by the rhetoricians, and only where the thought is made more prominent by it. Cf. § 267; so *c. Aristocr.* § 202: *ἀνθρώπους οὐκ ἐλευθέρους ἀλλ' ὀλέθρους*; Phil., I. § 24: *ὁ στρατηγὸς ἀκολουθεῖ*; vid. Rehdantz's Dem., XII. § 17, for many more illustrations. Spengel remarks that Æsch. has nowhere made any such statement, and that this is simply an artifice of Dem. by wh. he would have it appear that he does not shun the direct issue. — **πομπείας**: a metaphor taken from the ribald jokes and abusive epithets uttered by those who rode in chariots in the procession (*πομπεία*) of the Anthesterian festival. For a specimen cf. Aristoph. *Ran.*, 416 ff. — **ἀνέδην**, *recklessly*. — **ἂν... ἀκούειν ᾖ**: the uncertain position of *ἀκούειν* in the best MSS. (some placing it, as here, after *β.*; others after *τουτοισί*) leads some critics to look upon it as an interpolation. In *Orat. pro Megal.*, § 3, the approved reading is *ὕστερον, ἂν ὑμῖν βουλομένοις ᾖ, δείξω*, without *ἀκούειν*. For constr. cf. H. 601, a; G. gr. § 184, N. 6; Cu. § 435. The tact of the orator in adding, *if it shall please you to listen*, is manifest.

§§ 12–17. Introduction to the Public Matters irrelevant to

THE INDICTMENT. In this paragraph Dem. aims to prove the personal malice of this prosecution by pointing out its *indirectness* and *futility*. — **πολλά,** sc. ἐστίν. — **ἐνίων** defines and limits the preced. gen. ὧν as an appositive. Cf. Thuc., I. 6: ἔτι δὲ καὶ ἐν τοῖς βαρβάροις ἔστιν οἷς; Dem. *de F. L.*, § 260: τὰς γὰρ ἀκροπόλεις αὐτῶν ἐνίων Μακεδόνες φρουροῦσιν. — **αὕτη,** sc. ἐστίν. So most Editt., in opposition to most of the MSS. wh. read αὐτή. We understand Dem. to mean this: "My opponent is not heaping charges upon me in order that I may be punished according to law, but his motive is this," etc. — **ἐχθροῦ μὲν** is the protasis of τῶν μέντοι κατηγοριῶν, μέντοι being in antithesis to μέν. — **ἐπήρειαν**: "a malicious disposition to injure others without gaining any profit one's self." — **ὕβριν** has reference to contumelious acts; **λοιδορίαν,** to contumelious words. — **τῶν κατηγοριῶν, κ. τ. ἑ.,** constr. w. δίκην ἀξίαν. — The argument of this and the following section runs thus: If the state cannot administer a befitting punishment so as to meet the ends of justice, a prosecution becomes a malicious persecution. This the state cannot do where the defendant has no opportunity of making a proper defence. This opportunity Æsch. has taken away from Dem. in three ways: (1) by bringing the indictment against Ctes. and not against Dem. personally; (2) by bringing the charges so long time after the alleged misdeeds; (3) by failing to make these charges definite and specific.

§ 13. **τὸ προσελθεῖν, κ. τ. ἑ.**: obj. of ἀφαιρεῖσθαι, wh. takes two accusatives (cf. H. 553; G. gr. § 164; Cu. § 402; C. 480, c); the personal obj., wh. by implication is Dem., being omitted. The omitted subj. of ἀφαιρεῖσθαι is Æsch. — The phrase **τὸ προσελθεῖν τῷ δήμῳ** = *to come before the popular assembly as a speaker.* — **λόγου τυχεῖν,** *to obtain a hearing.* By this indirect mode of attack, Æsch. compelled Dem. to defend his public policy in the *court* instead of in the *ecclesia*, and as the advocate of another instead of simply in his own defence. — **ἐν...τάξει,** *in the rank* or *quality of.* For various uses of τάξις, cf. §§ 63, 173, 192. — **πολιτικὸν,** lit. *what pertains to a* πολίτης; *statesmanlike*, Lord B.; *constitutional*, Kenn. — **ἀλλ'**: Æsch. was in fault in two ways: in doing what he ought not to have done, οὐ γάρ, κ. τ. ἑ.; and in *not* doing what was right, sc. to prefer these charges directly and regularly, ἀλλ' ἐφ' οἷς, κ. τ. ἑ. — **ἐτραγῴδει**: the allusions of the orator to the earlier career of Æsch. as an actor, are neither complimentary nor infrequent. Cf. ὑποκρίνεται below; διεξιών, § 41, and many more instances. — **παρ' αὐτὰ τἀδικήματα,** *during* or *at the very time of* (παρά = *alongside of*) *the misdeeds.* This use of παρά w. accus. is frequent in the orators; cf. L. and S. sub. v. II. — **χρῆσθαι,** sc. ἔδει from δεῖ above. — **εἰσαγγελίας**: the εἰσαγγελία here meant was an extraordinary action of *impeachment* brought directly before the Senate or Assembly, for special or peculiar violations of law not provided for in the ordinary courts. Cf. Meier and Schöm. *Att. Proc.*, p. 260 ff. — **τοῦτον τὸν τρόπον,** i. e. in the peculiar way of the εἰσαγγελία. — **γράφοντα...γραφόμενον** : γράφειν = *to propose; γράφεσθαι = to indict.* — **παράνομα,** lit. *laws contrary to existing ones; unconstitutional measures* is a fair rendering. — **παρανόμων** : for the nature and operation of the action called γραφὴ παρανόμων, cf. Dict. Antiq. sub voce; Meier and Schöm. *Att. Proc.*, 282; Schöm. *Greek Antiq.*, p. 483. — **οὐ γὰρ...δύναται...ἐγράψατο** : the force of οὐ extends over both parts of the sentence. Cf. §§ 16 and 288 for a similar use of the negat. Transl. *for it cannot be that,* etc....*but that he would not have indicted,* etc. — **δι' ἐμέ** : how diff. fr. δι' ἐμοῦ? Cf. note on δι' οὓς, § 35. — **ἐμὲ...αὐτὸν** : cf. § 279. — **εἴ περ...ἐνόμιζεν...οὐκ ἂν ἐγράψατο** : cf. H. 746; G. § 49, 2; Cu. §§ 537, 541; C. 631, 632. Account for the diff. of tense in the protasis and apodosis.

§ 14. **ἀγῶνες καὶ κρίσεις,** *trials and verdicts;* these are the practical application of νόμοι and τιμωρίαι. — **ὁπηνίκα ἐφαίνετο...ὡμολογεῖτο ἂν** : same form of cond. sent. as above in § 13, except that the relat. adv. ὁπηνίκα introduces the condition. — **τοῖς...πρὸς ἐμέ,** *the legal remedies applicable to my case.*

§ 15. **τοσούτοις...χρόνοις** : the events connected with the peace of Philocrates 16 years ago, and those connected with the Phocian war 25 years ago. — **ὑποκρίνεται,** *he acts a part,* i. e. he plays an underhand part in prosecuting Ctes. while really aiming at me. — **εἶτα,** *then, thereupon,* denotes sequence in thought or narration. — **προΐσταται,** *puts in the foreground;* not as a pretence or screen here, but as the real cause. — **οὐδαμοῦ** : in § 251 Dem. boasts that Æsch. had never brought a single action against him personally. — **ἑτέρου** : difference between ἕτερος and ἄλλος? The genit. is one of separation. — **ἐπιτιμίαν** : if Ctes., in case of conviction, should be unable to pay the fine (τίμημα) of 50 talents, he would fall into ἀτιμία until the fine was discharged.

§ 16. **καίτοι** : a word of frequent occurrence. The part. τοι has generally an *intensive* or *additive* force; = *and verily, and furthermore.* — **πρὸς** w. dat. = *in addition to.* — **ἂν...ἔχοι** : potent. optat.; cf. G. § 52, 2; H. 722; Cu. § 517, Obs. 1; C. 636. — **ἂν λέγειν** = either ἂν ἔλεγεν, *one could be saying* (but he does not), or, what seems more in harmony w. ἔχοι above, ἂν λέγοι, *one might say* (if he would). — **τὸν ἐξετασμὸν ποιεῖσθαι** : spoken of the litigants, while of the judges the phrase τῶν πεπολιτευμένων ἐξέτασιν ποιήσειν is used in § 226. — **οὐ** belongs to the whole sent. τὸ μὲν...ἀγωνίζεσθαι...ἑτέρῳ δ'...ζητεῖν, and implies the repetition of δίκαιον ἦν. — **ἑτέρῳ... ὅτῳ** : for the sake of emphasis st. ἕτερον ὅτῳ by inverse attraction. Cf. H. 817; G. gr. § 153, N. 4; Cu. § 602; C. 554 (c).

§ 17. ἐπ' ἀληθείας οὐδεμίας, *based upon, with regard for no truth.* For similar use of ἐπί w. genit. cf. §§ 22, 226, 294. — ὑπὲρ τῆς εἰρήνης: the often referred to peace of Philocrates. Cf. Grote, Ch. LXXXIX. — τῆς πρεσβείας: the second embassy to Philip, for the purpose of receiving his oath to the peace agreed upon and sworn to by the Athenians. This embassy is known as ἡ παραπρεσβεία, and forms the theme of two orations by the rival orators. — ἴσως, in Attic usage generally means *probably, likely.* — κατ' ἐκείνους τοὺς χρόνους, *throughout those times.*

§§ 18–52. Examination of Charges made with Reference to the Negotiation of the Peace of Philocrates (§§ 18–24), and the Second Embassy to Philip (§§ 25–52). τοῦ...Φωκικοῦ...πολέμου: for an account of this war, sometimes called also the Sacred War, through wh. Philip obtained the long-coveted opportunity of intermeddling in the affairs of the Greeks, cf. Grote, Ch. LXXXVII.; Smith's *Hist. of Greece*, Ch. XLII. — συστάντος, *having been organized.* "συνιστάναι is to organize either for good or evil. The orator wishes to impute external agency, originating in Macedon or at Athens, as the prime cause of the Phocian outbreak." Holmes. — οὐ δι' ἐμέ: Dem. disclaims having had anything to do with stirring up this war. Wh. joins these words w. οὕτω διέκεισθε, as if the orator would deny that he had prejudiced the feelings or warped the judgment of his fellow-citizens against the Thebans. But this seems uncalled for, since this prejudice against the Thebans was of long standing and generally understood. For allusions to this feeling cf. Dem. Oratt. 1. 26; 3. 8; 5. 15; 14. 33; 20. 109. — τότε: the first *public* speech of Dem. (*c. Androtion*) was delivered in 355 B. C., and the first *political* speech (*de Symmoriis*) a year later; but the difficulties wh. terminated in the Phocian War commenced in 357. The student will notice that Dem. silently passes over the *first* of the four periods in wh. Æsch. (in the subjoined extracts) divides his career, and treats the *second* period, wh. is the one now under consideration, as irrelevant to the present suit. — σωθῆναι: Athens, by reason of her hatred of Thebes and ancient friendship for the Phocians, though furnishing no active assistance, sympathized w. the Phocians. — καίπερ...ὁρῶντες: "This refers to the plunder of the Delphian temple; and we may notice w. what nice sense of decorum the orator speaks of the Phocians, who had been ancient allies of the Athenians, but whose conduct in plundering the temple of Delphi was condemned throughout the Grecian world." Larned. — Θηβαίοις...πάθουσιν, *but that you would have been delighted at the Thebans suffering everything.* For ἄν w. infin. cf. G. § 41. 3; H. 783; Cu. §§ 575, 576; C. 658 a. — οἷς...ἐν Λεύκτροις: at the battle of Leuctra, 371 B. C., the Thebans, under Epaminondas, gained the victory over the Spartans, and established their supremacy (ἡγεμονία), wh. lasted until their overthrow in the battle of Mantinea, 362 B. C. During this period *they had not used with moderation* the advantages of their position. In their arrogance they had deprived Orchomenos, Thespiæ, and Platæa of their *αὐτονομία*, and invested the city of Oropus, an act that was especially distasteful to Athens. Diod. Sic. XV. 79, speaks of the "Leuctric insolence" of the Thebans. — **ἔπειθ'**: not temporal, but sequential here, as indicating the next item in the enumeration of facts. — **διειστήκει**, plupf., to indicate the resulting state or condition, *was in a state of faction*. — **οἱ μισοῦντες**: sc. the Messenians, Arcadians, Argives, Sicyonians. — **οἱ πρότερον...ἄρχοντες**: the hated *Harmosts* that had been placed in command over several cities by Lysander immediately upon the close of the Pelopon. War. Cf. Xen. *Hellen.*, III. 5. 13; Isocr. *Panegyr.*, p. 36. — **ἄκριτος**: *promiscuous and interminable*; a single word hardly renders it. Cf. *Il.*, II. 796: the *μῦθοι ἄκριτοι* of Priam; id. III. 412: the *ἄχεα ἄκριτα* of Helen. — Diss. calls attention to the graceful structure of this last period. First the general statement, *ἡ Π. διειστήκει*; then the explanation and description by the parts introduced by *καί*; finally the summing up of the whole idea in stronger terms, *ἀλλά τις, κ. τ. ἑ.*

§ 19. **χρήματα ἀναλίσκων**, *by lavishing money*. Philip's skill in the use of bribes became proverbial. Cf. Horace *Od.*, III. 16. By his conquests in Thrace he had obtained possession of the gold-mines of Crenides, wh. are said (cf. Bœckh, *Publ. Econ. Athen.*, p. 10) to have yielded him an annual revenue of 1000 talents. — **αὑτοὺς** = *ἀλλήλους*; cf. H. 672 b; G. gr. § 146, N. 3; Cu. § 473; C. 537 c. — **εἶτ'**, *then*, denoting sequence. — **ἐν οἷς, κ. τ. ἑ.**: the sense is that *by means of the errors and follies of others* he was advancing his own interests. — **κατὰ**, *against*, with hostile intent. — **ταλαιπωρούμενοι**: deriv.? — **τοῦ πολέμου**: the Phocian War, wh. lasted about 10 years. — **τότε...βαρεῖς**: because the memory of their supremacy was still fresh. — **νῦν...ἀτυχεῖς**: in 335 B. C. Alexander razed Thebes to the ground and sold many of its inhabitants into slavery. Æsch., in alluding to the fate of this city, says in his Orat. *c. Ctes.*, § 133: *Θῆβαι δέ, Θῆβαι πόλις ἀστυγείτων, μεθ' ἡμέραν μίαν ἐκ μέσης τῆς Ἑλλάδος ἀνήρπασται.*

§ 20. **τί οὖν, κ. τ. ἑ.**: Dionys. Halic., *περὶ Ἰσαίου*, § 13, remarks that no orator has made such frequent and forcible use of the rhetorical question as Dem. *What then co-operated with him in ensnaring you* as his almost willing *dupes?* — **ἡ τῶν ἄλλων Ἑ.**: the art. agrees w. the nom. implied in *κακίαν* and *ἄγνοιαν*. *The — shall I call it cowardice or ignorance of the rest of the Greeks?* Cf. § 270 for a similar turn. — **πόλεμον συνεχῆ**: the entire period of hostilities from the capture of Amphipolis in 357 B. C. until the peace of Philocrates, 346 B. C. — **σώμασιν**, *men, troops*. — **διὰ ταῦτ'**: Dem., in attempting to free himself from the responsibility of bringing about this peace, skilfully avoids incurring the ill-feeling of the judges and the people, by throwing the blame upon the *circumstances* and the state of public affairs existing at the time, rather than upon the people themselves. But, not satisfied with this, he adds very adroitly, that it was not the peace after all, but the corruption of the men engaged in its negotiation, that was the cause of the present troubles. — **ἐν αὐτῇ**: not *during it*, but *in relation to it*, i. e. in the transactions connected w. the peace. — **ἂν...ἐξετάζῃ...εὑρήσει**: cf. G. § 50. 1; H. 747; Cu. § 545; C. 631.

§ 21. **ἀκριβολογοῦμαι καὶ διεξέρχομαι**, *subtilius persequor et commemoro*, V.; *weighing and sifting*, Lord B.; *faithful and exact detail of this whole transaction*, Leland. This might be added to the instances of rhetorical pleonasm enumerated in note on § 6. With respect to these pleonasms Diss. remarks the simplicity of the Greek as compared w. the elaborate ornateness of Cicero, who not only uses such amplifications more frequently, but often joins words employed figuratively to those used in a literal sense. — **εἰ... δοκοίη...ἐστι**: a mixed cond. sent. Is this combination of moods common? Cf. G. § 54. 2; H. 750; Cu. § 549; C. 634. — **τὰ μάλιστα**: adverb. accus., modifying *ἀδίκημα εἶναι*; the sense is *supposing the wrong to be ever so great*. — **Ἀριστόδημος**: a celebrated actor who was sent by the Athenians as envoy to Philip, by whom he was greatly esteemed, to treat for the release of Athen. prisoners of war, who had been captured at the taking of Olynthus. Upon his return, Aristodemus reported to the Assembly the friendly feeling of Philip towards the Athenians, and his desire to enter into an alliance w. them. — **τούτου**, sc. Æsch.; cf. *οὗτος*, § 20. The opposite party in a suit is generally referred to by this demonstrative. — **Ἁγνούσιος**: Hagnus was the name of the deme to wh. Philocrates belonged. — **οὐδ' ἂν...ψευδόμενος**, *not even though you should burst with lying*, Kenn. The allusion is to the violent tones of Æsch., wh. Dem. often ridicules. — **Εὔβουλος**: one of the foremost politicians of this period, a friend of Æsch. and of the Macedonian party. His financial policy, particularly in leading the state to set apart large sums for the Theoric Fund (cf. note § 55), contributed not a little towards rendering the state bankrupt and demoralizing the people. — **Κηφισοφῶν**: mentioned in the psephisma, § 29, as one of the envoys sent to Philip; of the deme Rhamnus; probably the same person who is mentioned by Æsch. *de F. L.*, § 73, as a Paranian and one of the friends of Chares. Cf. A. Schaefer, *Dem. und seine Zeit*, II. p. 182. — **ἐγὼ δ' οὐδὲν οὐδαμοῦ**: this is a flat contradiction of the statement of Æsch. in the subjoined extract. Dem. in his speech *de F. L.*, §§ 15 - 18, denies that he was in favor of the peace on the terms proposed by Philocrates. On this disputed point we may adopt the view of Grote (Ch. LXXXIX.) as being the one probably most correct: sc. that Dem. supported the proposal of Philocrates for peace and alliance w. Philip, except that special clause wh.

excluded the Phocians; that this clause was subsequently repudiated by the Assembly, but, when the treaty was sworn to, the Phocians, in violation of this action of the Assembly, were tacitly and practically excluded through the misrepresentations and false promises of Æsch. and his party (wh. are referred to in § 35 of our oration), and that it was against *this feature* of the treaty that Dem. protested, though not until it was too late. The statement then of Dem. before us is not *absolutely*, but only *relatively* true. That he should have been at this time in favor of a peace on *almost any terms* seems not so strange when we remember the state of the Athenian mind in this period: "repugnance to military cost and effort, sickness and shame at their past war with Philip, alarm from the prodigious success of his arms, and pressing anxiety to recover the captives taken at Olynthus." Grote. — "It was the hopelessness," says Niebuhr, "of expecting aid from the other states that justified Dem. in being a party to the peace of Philocrates."

§ 22. **ἐπ'...ἀληθείας**: cf. § 17. — **ἄρα,** *forsooth;* inferential particle often w. a tinge of irony, as here. — **πρὸς τῷ...γεγενῆσθαι,** *in addition to having become.* For *πρὸς* w. dat. cf. § 16. — **αἴτιος,** *the guilty cause.* The charge made by Æsch. was twofold: (1) Dem. was the author of the peace; (2) he concluded it apart from the confederacy of the allies. — **καὶ,** *also.* — **κεκωλυκὼς εἴην**: why the optat.? G. § 70. 2; H. 736; Cu. § 528; C. 643. Why *this* form of the optat.? — **κοινοῦ συνεδρίου,** *a general synod*, wh. met at Athens and was formed of the delegates of the new Athenian confederacy that had been constituted soon after the Peloponn. War. Cf. Grote, Ch. LXXVII.; Smith, Ch. XXXIX. — **εἶτ' ὦ**: another instance of aposiopesis; cf. note § 3. — **ἔστιν ὅπου σὺ παρὼν...ὁρῶν...ἠγανάκτησας,** *is there an occasion where you being present seeing me...expressed your indignation.* — **παρελθὼν,** lit. *passing along* or *by* (the audience), i. e. *coming forward* to the tribune or platform from wh. in ancient assemblies (as nowadays in the French and German parliaments) the speaker was wont to address the meeting.

§ 23. **τὸ κωλῦσαι**: the use of the art. w. the infin. here and in *τὸ σιγῆσαι* gives emphasis to the contrasted notions of these verbs, while the use of the aor., to indicate a single definite act, is in strong contrast to the pres. in *βοᾶν, διαμαρτύρεσθαι, δηλοῦν.* — **ἐγὼ Φιλίππῳ**: such juxtapositions for the sake of emphasis are frequent in Dem.; cf. §§ 255, 271. — **σοὶ**: observe its emphatic position. In the points just commented upon we have an illustration of the remarkable skill displayed by Dem. in the structure of his sentences. — **τότε**: after the fall of Olynthus, 347 B. C., embassies had been sent out by Athens to several of the Greek states in order to form a common league against Philip. Both orators confess that these embassies were fruitless. Cf. Æsch. *de F. L.*, § 79. Æsch. charges his rival w. precipitating the negotiations of the peace so as to prevent the allies and confederates of Athens from participating in the treaty. The statements of the two orators upon this point are hopelessly conflicting. Professor Tyler adopts the conclusion of Grote, that not *all* the envoys had yet returned, but some were still absent when the peace was concluded. A. Schaef., II. 200 ff. believes that all had returned, but that the states to which embassies had been sent, having declined to join Athens in a league against Philip, and being at peace with him, had of course no interest in the treaty now under consideration. However these points under dispute may be decided, there seems no doubt that the sentiments of *all had been thoroughly tested* (*πάντες ἐξεληλεγμένοι*), and were fully understood at Athens.

§ 24. **χωρὶς...ψεύδεται** : "Dem. not merely refutes, but makes the refutation an occasion of *attack.* We have already had examples in §§ 10, 11." LARNED. — **εἰ παρακαλεῖτε...ἐπέμπετε...διεπράττεσθε** : cf. H. 745 ; G. § 49. 1 ; Cu. § 536 ; C. 631. — **Εὐρυβάτου** : an Ephesian who was sent by Crœsus into the Peloponnesus with money to raise mercenaries, and deserted to Cyrus, his rival. This name became proverbial for treachery and knavishness ; thence is derived the verb *εὐρυβατεύεσθαι.* — **τί γὰρ καὶ β.**, *for with what desire even.* — **ἐν τούτῳ τῷ καιρῷ**, *at this juncture*, i. e. while the Athenians were considering the terms of a peace w. Philip, the attempt to unite the Greek states against him having been abandoned. — **ἅπασιν**, i. e. to *all* whom the Athenians had asked to unite against Philip. — **ἀλλ'...ἐβουλεύεσθε** : a rhetorical syllogism whose conclusion is probable. For similar dilemmas cf. §§ 124, 125, 139, 196, 217. — **οὔκουν** : some MSS. read *οὐκοῦν* ; what is the difference ? — **ἐξ ἀρχῆς** : the *original* peace of Philocrates is by this designation distinguished from the peace of Demades made after Chæronea. — **οὔτε...οὐδ'...οὔτε** : *οὐδὲ* is subordinate and emphatic, *οὔτε... οὔτε* being co-ordinate, *neither...nor even...nor.* It will be noticed how with the last *οὔτε* the orator adds an inference from the preceding, just as at the close of § 23 with *οὐδ' οὗτος ὑγιές, κ. τ. ἑ.* — **ὧν...ὃν** : for this partic. constr. cf. H. 797. 1 ; Cu. §§ 590, 593 ; G. gr. § 280 ; C. 677.

§§ 25-41. PROCEEDINGS CONNECTED WITH THE RATIFICATION OF THE PEACE, AND ITS IMMEDIATE RESULTS. — **καὶ γὰρ** : not elliptical here, but *καὶ* in the sense of *also*, i. e. *also from these affairs*, just as from those above rehearsed. — **ἔγραψα βουλεύων**, *as senator moved a resolution.* — **τὴν ταχίστην** : the importance of this haste is manifest. This motion was made by Dem. on the 3d of Munychion (April 29), some 7 days after Antipater as representative of Philip had taken the oath fr. the Athenians. — **ἂν...πυνθάνωνται** : st. *πυνθάνοιντο*, as it is more significant to give the words of the decree in a direct form. — **ἀπολαμβάνειν** : what is the force of *ἀπό* here ? Cf. *ἀποδοῦναι* in § 26.

§ 26. **τί...ἠδύνατο,** *quod hoc sibi volebat?* Diss. *What was the intent of this* (sc. my resolution)?—**Φιλίππῳ μὲν...ὑμῖν δὲ**: the student will not fail to notice the balanced structure of this sentence. — **ἀφ' ἧς...ἡμέρας** = ἀπὸ τῆς ἡμέρας ᾗ. Cf. H. 809; Cu. § 597. 3; G. gr. § 154; C. 554. — **τοῦτο**: alludes to what? Reiske says to ὡς πλεῖστον...τῶν ὅρκων; but this interval of time between the oaths had itself for its ulterior aim the cessation from preparations for war on the part of the Athenians. With W., therefore, we make τοῦτο refer to πάσας ἐξελύσατε, κ. τ. ἑ. — **ἐκ παντὸς τοῦ χρόνου**: ἐκ w. genit. expresses time from its first beginning, including the whole extent of the period until the end. Lit. *from all the time*, i. e. *from first to last*. Cf. § 203. — **ὅσα τῆς πόλεως,** *whatever possessions of the city;* referring particularly to Philip's conquests in Thrace of places in alliance w. Athens. — **προλάβοι**: cf. H. 757; Cu. § 555; G. § 62; C. 641. The action in the partic. νομίζων is *repeated* or *continued*, i. e. in each case or all the while *supposing*.

§ 27. **ἐν οἷς ἂν ᾖ**: cf. note on ἂν πυνθάνωνται above. — **ἵν'...γίγνοινθ'**: past purpose after γράφω an historic present; cf. H. 699; G. § 10. 2; Cu. § 487; C. 609. — **διέσυρε,** *ridiculed.* The corresponding passage in Æsch. (§ 82) shows an intentional perversion of these names: as, Μυρτίσκην st. Μυρτηνόν; Γανίδα, wh. is simply a play upon the sound of Γάνος; Σέρριον is mentioned by Herod. VII. 59, and by Dem. *Phil.*, III. 16; Harpocration in his Lex. mentions Μυρτανόν and Ἐργίσκη. — **οὕτω,** *under these circumstances.* — **τοὺς ἐπικαίρους,** *the favorably located ones;* alluding to the importance of these places in a military point of view, since they were situated in the vicinity of the Thracian Chersonesus, wh. belonged to the Athenians. — **πολλῶν χρημάτων**: cf. note § 19.

§ 28. **εἶτα,** *then* or *thereupon*, to indicate sequence of thought. — **οὐχὶ λέγει...ἀναγιγνώσκει,** *he does not cite, nor does he read.* The distinction between these verbs as indicated in our translation is not always maintained in the orators. Below, e. g. λέγε is used in the sense of *read* or *cause to be read*, and is addressed to the γραμματεύς or clerk of the Archons. — **προσάγειν,** *to introduce.* "Foreign ambassadors were introduced to an audience with the people by a resolution of the Senate (cf. Æsch. *de F. L.*, § 58). Demosthenes as Senator moved that Philip's envoys should be introduced to the people for the purpose of discussing the conditions of the proposed peace." Wh. — **τοῦτό μου διαβάλλει,** *with this he taunts me.* For this genit. cf. H. 583; Cu. § 424. 8; G. gr. § 177; C. 699. Cf. § 299: τὸν τειχισμὸν ὅν σύ μου διέσυρες. — **μὴ**: this negat. introduces the whole question and expects the answer *no*, but its special force falls upon the nearest verb, προσάγειν, *to propose not to introduce*, etc. — **διαλεχθῶσιν**: the subj. st. optat., for the sake of vividness of narration. Cf. H. 740 a; G. § 44. 2, N. 1;

Cu. §§ 531. 1; 532, Obs.; C. 653. — **θέαν**: this was the so-called *προεδρία*, a distinction conferred upon the guests of the state by resolution of the Senate. — **τὸν ἀρχιτέκτονα,** *the lessee of the theatre,* called also *θεατρώνης*, *θεατροπώλης*, who paid a certain rent to the state, kept the buildings in repair, and received the entrance fees. — **ἐν τοῖν δυοῖν ὀβολοῖν,** *in the two-obol seats,* i. e. the seats of the common people, for which two obols were paid. Cf. Bœckh. *Publ. Econ. Athen.*, p. 304. The price is put for the place, and the expression seems to be colloquial; so *οἱ ἰχθύες* = *the fish-market*, *τὰ βίβλια* = *the book-market.* Some Editt. prefer to take *ἐν* w. the dat. as expressing means, i. e. *by the payment of two obols.* — **μικρὰ**: this word is not found in the original reading of Σ, and is therefore omitted by the Editt. of our text. In retaining it w. the other MSS. I am particularly influenced by the remark of V. that the word is necessary to express the antithesis to *τὰ ὅλα*. The orator means this: to exercise care over such small matters as the expenditure of a few obols or the bestowal of some attention upon the guests of the state, this, as compared w. guarding the general interests (*τὰ ὅλα*) of the state, is not worth the mention.

§ 29. **ΨΗΦΙΣΜΑ**: there are in all 35 of these documents referred to in the course of the oration, of wh. 28 purport to be given in full and 7 are mentioned only by name. The fact that in most of the speeches of the Attic orators the documents are omitted, their names merely being given, has of itself awakened suspicion concerning the genuineness of those contained in this oration. It is sufficient for the practical purpose of the student to know that the majority of modern critics regard these documents as spurious. The internal evidence for this opinion will be given in the case of a few. Those who desire to weigh the arguments pro and con upon this long-disputed question, are referred to Professor Champlin's summary in an Appendix to his edition of this oration; to the paper of Professor W. W. Goodwin on *The Chronology of some of the Events mentioned in Dem. on the Crown,* in the "Transactions of the Amer. Philol. Assoc., 1871, 1872"; to Droysen in *Museum Rhenanum*, II., 1845; to Böhnecke's *συναγωγὴ ψηφισμάτων* in Vol. II. of his *Untersuchungen*, Berlin, 1843; to Vœmel's 5 treatises, published in 1841 – 1845; to Bœckh's *de Archontibus Pseudonymis;* and to Westermann's *Untersuchungen über die in die Attischen Redner eingelegten Urkunden.* A fresh argument against the genuineness of these documents, based upon the enumeration of the *στίχοι* or lines in the MSS., is given by the Editor in the "Proceedings of the Amer. Philol. Assoc. for 1874 – 1875." The inconsistencies of the following document are these: **Μνησιφίλου**: this decree was passed in 347 B. C., the year before the peace, and *Themistocles* was archon for that year. — **ἑκατομβαιῶνος**: from Æsch. *de F. L.*, § 92, we learn that it was passed on the 3d of Munychion.

— **Πανδιονίδος**: acc. to Æsch. *de F. L.*, § 82, Dem. was the πρόεδρος or president for the day. But acc. to Schöm. (*Greek Antiq.*, p. 379) the *proedri* were chosen by the ἐπιστάτης of the *Prytanes* (for explanation of these terms cf. Dict. Antiq.) from the nine tribes which were not in the *prytany*; hence, if Dem. was *proëdrus*, the tribe of Pandionis to which he belonged could not have been in the prytany at this time. — **δεδόχθαι,** *be it moved* or *resolved*. — **τῷ δήμῳ**: from Dem. *de F. L.*, § 154, we learn that the δῆμος had given the βουλή absolute power to pass decrees for the time being without this sanction; consequently the δῆμος had nothing to do w. this decree. — **πρώτῃ**: Dem. *de F. L.*, § 15, says: εἰς τὴν ὑστεραίαν ἐν ᾗ τὴν εἰρήνην ἔδει κυροῦσθαι; and Æsch. *de F. L.*, § 61, mentions the 18th and 19th of Elaphebolion as the days of the Assembly; and Dem., l. c. § 57, says, the peace was adopted on the 19th (the *second* day of the Assembly). — **πέντε**: the number was *ten*. Cf. Æsch. *de F. L.*, § 97. — **ὑπερβολήν,** *delay*; not so used in classical Greek. — **δοῦναι**: the Athenians had already given *their* oath. Cf. §§ 25, 26. — **Εὔβουλος, κ. τ. ἑ.**: Eubulus and Æsch. are well known, but the other names are probably fictitious, being found nowhere else except in the spurious γραφή, § 55, where Κη. and Κλ. figure as witnesses. In Dem. *de F. L.*, § 229, the names of 4 of these envoys are given: Φιλοκράτης, Αἰσχίνης, Φρύνων, Δημοσθένης.

§ 30. **γράψαντος...ζητοῦντος,** *although I had proposed...and was seeking*. The student will observe the difference of time expressed by these partic. — **χρηστοί**: ironical; cf. §§ 89, 318. — **τρεῖς ὅλους μῆνας**: this is the *whole* time of the absence of the envoys. They took the tedious land route from *Oreus* to *Macedonia*, were 23 days on the way, and remained 27 days at Pella awaiting the return of Philip fr. Thrace. Cf. Dem. *de F. L.*, § 155. — **ἐξὸν**: accus. absol.; cf. H. 792; Cu. § 586; G. gr. § 278. 2; C. 675 d. — **τριῶν ἢ τεττάρων**: W. states that in this time one could go by water from Pella to any point of the Hellespont, and that in a direct line the distance was no greater than fr. Athens to Ephesus, to accomplish which three days were allowed. — **παρόντων ἡμῶν** = εἰ ἡμεῖς παρῆσαν; cf. H. 790 d; G. § 109. 6; Cu. § 584; C. 635. *If we had been present*, i. e. we, the Athenians, represented by the envoys. — **ἄν...εἶχε**: the impf. to indicate that Philip was still holding the places. Critics call attention to the skill of the orator in stating the same fact from several points of view. This decree, e. g., is considered w. reference to (1) *its cause*; (2) *the end in view*; (3) *the result that followed its neglect*; (4) *the result that would have followed from its observance*.

§ 31. **τὸ μὲν...πρῶτον**: observe that the antithesis is found in ἕτερον δ' below, and that within the compass of this sentence there is a subordinate antithesis between κλέμμα μὲν and δωροδόκημα δὲ. — **δωροδόκημα,** *piece of* *venality.* L. and S. give only the concrete meaning *bribe.* Cf. κακούργημα = *piece of villany.* — **τῶν ἀδίκων τούτων ἀνθρώπων**: the spondaic rhythm of this sentence adds to its weight. — **καὶ τότε καὶ νῦν καὶ ἀεὶ ὁμολογῶ, κ. τ. ἑ.,** *I avow that I not only then was, but now am, and ever shall be, at war and at variance.* — **εὐθὺς ἐφεξῆς,** *directly next in order;* modifying the idea of κακούργημα, i. e. that wh. occurred immediately after the δωροδόκημα mentioned above.

§ 32. **ἀπίωμεν**: this is the reading of Σ and other MSS. of the better class. By the use of the *first* person in distinction fr. αὐτῶν, wh. refers to Æsch. and his party, the orator intimates that while he was a member of the embassy he was not implicated in the guilt of this delay. For the use of the subj. after ὠνεῖται histor. pres. cf. H. 739, 740; G. § 44. 2; Cu. § 531 a, b; C. 649, 650. V. and W. read ἄπιμεν, wh. is found in Bekk. Anecd. p. 129; this is then taken as a future, cf. H. 756; G. § 45; Cu. §§ 500, 553; C. 624 b. — **ποιήσαιτο**: the optat. is regular after histor. pres. (ὠνεῖται). — **ἀπαγγειλάντων ἡμῶν** = εἰ ἡμεῖς ἀπηγγείλαμεν; the indic. o denote that the condition is assumed as real. — **μέλλει...παρασκευάζεται**: the pres. indic. states the fact in the *direct* narration. Give the Greek forms in the *indirect* narration. — **Πύλας**: cf. L. and S. II. 2. — **πρότερον**: after Philip had overrun Thessaly, he attempted, in the summer of 352 B. C., to effect a union with the Thebans against the Phocians; but he was unexpectedly frustrated by the Athenians, who sent an expedition under Nausicles to guard the pass of Thermopylæ. Cf. Grote, Ch. LXXXVII. — **τὸν τόπον,** *the region,* i. e. *the pass.* The comm. reading is προθμόν, wh. is not only contrary to Σ, but also erroneous in sense, since Philip's army was almost wholly a *land* force, and it was the *land* passage that was to be barred to his entrance.

§ 33. **οὕτω**: join w. φόβῳ καὶ πολλῇ ἀγωνίᾳ, *was in so great fear and anxiety that.* In like manner πολύς, though expressed but once, is understood with two subst. in § 209: ναῦς καὶ πολλοὺς ἵππους; in Lysias 30. 26: χρήματα καὶ πολλὰς εἰσφοράς. W. — **καὶ**: strongly concessive, *even though.* — **τοῦ...ἀπολέσθαι**: what kind of time is indicated by the aor. infin.? Cf. G., Appendix II.; H. 716 a; Cu. § 495 b, Obs.; C. 660. — **βοηθεῖν,** sc. τοῖς Φωκεῦσιν, wh. is retained by V. from the reading of Σ, but other Editt. omit as superflous. — **μισθοῦται**: what is the distinction between the indic. and the infin. after ὥστε? Cf. G. § 65. 3; H. 770, 771; Cu. § 565; C. 671 d. — **τὸν...τουτονί**: the demonstr. force of the ι borders upon contempt, like the Lat. *iste.* *This despicable fellow here present.*

§ 34. **μεμνῆσθαι,** sc. ὑμᾶς; a similar omission of the subj. of the infin. is found in §§ 17, 229. — **μὴ κατηγορήσαντος μηδὲν** = εἰ μὴ κατηγόρησεν μηδέν; cf. note § 30. — **ἕτερον,** in the sense of ἀλλότριον = *irrelevant.* Cf.

ἕτερος ὁ λόγος οὗτος, § 44. — **πάσαις**: in the sense of *παντοίαις*. — **αἰτίαις καὶ βλασφημίαις,** *charges and calumnies = calumnious charges.* Cf. *αἰτίας καὶ διαβολὰς*, § 7. — **ἅμα,** *at the same time;* with the accusations contained in the indictment. Where previously has Dem. cast upon his opponent the blame of departing from the actual points at issue?

§ **35. παρὰ,** *from*, st. *ὑπό*, to indicate an idea of source. — **δι' οὓς** = *propter quæ*, denoting cause; *δι' ὧν* = *quibus*, denoting instrument. — **ὡς οὐ δεῖ**: the direct form of narration to give vividness. — **ἔσται...ἐὰν ἔχηθ'**: cf. H. 747; G. § 50. 1; Cu. § 545; C. 631. — **οἷς μὲν**: the Phocians; **οἷς δὲ**: the Thebans. — **οὐ** belongs to the entire sentence; cf. § 17. — **μάλα σεμνῶς ὀνομάζων,** "*phrasing it pompously enough.*" — **τὸ ταὐτὰ συμφέρειν,** *identity of interests.* — **τῆς ἀναλγησίας καὶ τῆς βαρύτητος,** *stupore et molestia.* V. The *stolid insensibility* of the Bœotian character gave rise to the proverbial *βοιωτία ὗς*; cf. *οἱ ἀναίσθητοι Θηβαῖοι*, § 43. Wh. renders *βαρύτητος* by *overbearing insolence;* Jacobs, by *Schwerfälligkeit. Oppressiveness* is the rendering of Holmes.

§ **36. ὑποῦσαν** = *lurking.* The ill-feeling was chronic and ready to burst out into an open rupture. Cf. § 18: *ἂν ἐφησθῆναι, κ. τ. ἑ.* — **οὐκ εἰς μακράν,** lit. *not unto long* (*after*); i. e. not at a point of time long subsequent to what has gone before. The prep. *εἰς* marks the terminus w. reference to wh. the action is considered. In § 151 is a similar use. The course of events was as follows: On the 13th of Scirophorion the envoys returned from Philip; on the 16th they made their report to the Assembly; on the 27th came the news that Phocis had fallen into the hands of Philip. The Phocian towns, 22 in number, were razed; the people were deprived of their arms, excluded fr. the Amphictyonic council, and condemned to pay an annual tribute of 50 talents into the treasury of the Delphic temple, until they had restored what had been taken from the god. — **ὑμᾶς δ' ...σκευαγωγεῖν**: upon receiving the intelligence of the destruction of the Phocian towns, the Athenians, fearing a sudden attack from Philip, resolved to summon the rural population to bring their loose effects (*σκεύη*) and their wives and children within the shelter of the walls, and to put the Peiræus and the outposts of the city in a state of defence. — **ἀπέχθειαν τὴν πρὸς Θηβαίους,** *the hostility on the part of the Thebans fell to the lot of the city.* *ἀπέχθειαν* w. *πρός* occurs above in the *subjective* sense (*our hostility towards them*), here in the *objective* sense (*their hostility towards us*) as regards the Athenians. *πρός* w. the genit. would be usual to express the idea of *on the part of*, but the accus. implies motion or activity, and indicates that Athens had to place herself in an attitude of *defence against Thebes.* For a similar use of *πρός* w. accus. cf. Dem. *de F. L.*, § 85: *ὑμῖν μὲν τὴν ἔχθραν τὴν πρὸς Θηβαίους μείζω Φιλίππῳ δὲ τὴν χάριν πεποίηκεν.* We are not to understand that the ill-will of the Thebans against Athens now first arose, for Athens had favored the Phocians all along, but that it was *increased* at this time; how, the orator tells us in his speech *de F. L.*, § 85: "While Philip had determined from the first to favor the Thebans, Æsch., by reporting the contrary and by showing that you were plainly not on the side of the Thebans, augmented their enmity against you and their gratitude to Philip."

§§ 37, 38. **ΨΗΦΙΣΜΑ**: the genuineness of this decree is at once placed in doubt by the name of the archon and the date. Mnesiphilus is nowhere mentioned among the archons. *μαιμακτηριῶνος δεκάτῃ ἀπιόντος, the 21st of Mæmacterion*, is nearly 5 *months* after the time (the 27th of Scirophorion, cf. note § 36) that the intelligence of the destruction of Phocis caused so much alarm at Athens. It seems incredible that the Athenians should have waited so long to take the precautionary measures of this decree. Furthermore the contents do not agree with the statement of Dem. *de F. L.*, §§ 125, 126: *καὶ παῖδας καὶ γυναῖκας ἐκ τῶν ἀγρῶν κατακομίζειν ἐψηφίζεσθε καὶ τὰ φρούρια ἐπισκευάζειν καὶ τὸν Πειραιᾶ τειχίζειν καὶ τὰ Ἡράκλεια ἐν ἄστει θύειν.* — **συγκλήτου ἐκκλησίας**, *in the Assembly convened.* — **ὑπὸ στρατηγῶν καὶ πρυτάνεων, καὶ βουλῆς γνώμῃ**: most Editt. place a comma after *στρατηγῶν* and none after *πρυτάνεων*; the punctuation here adopted is that of V., who believes that an extra Assembly could be convened by the generals only through the agency of the prytanes, and cites in support of his view Thuc. IV. 118. The *καὶ* before *βουλῆς* seems superfluous and is excluded by Dind. — **παρευρέσει**: we should expect *προφάσει*. The word is, if not an error, at least in this sense a barbarism. — **κοιταῖον γίγνεσθαι**: "Greek of a later age, used twice by Polybius and once by Plutarch. The Greek of the period would substitute *κοιμᾶσθαι*. *ἀπόκοιτος* is classical, Æsch. p. 45, 1, 2; but *ἀποκοιτεῖν* (infin.) and *ἀφημερεύειν* are both *ἅπαξ λεγόμενα*. The great number of unclassical words in these documents is alone sufficient to condemn them as spurious." Tyler. — **ὅσοι μὴ...ἀποτεταγμένοι**, *as many as have not been detailed for the garrisons.* For the use of the indic. and the negat. *μή* cf. H. 761; G. § 62, N. 1; § 58. 3; C. 651, 686 b. — **ἐπικρινέτω ὁ...στρατηγὸς**: acc. to Droysen the assignment of such a duty to any of the generals is contrary to all that is known of Athenian jurisprudence. — **ὁ ἐπὶ τῆς διοικήσεως**, *the general of the administration.* Acc. to Bœckh (*Publ. Econ. Athen.*, p. 247) this officer had certain judicial and administrative duties connected with the army. In § 115 he is charged with the duty of paying the soldiers. — **ἆρ'**: how different from *ἄρα*? Its strong ironical force here must not be overlooked. — The emphatic words **ταύταις** and **μισθωτός** stand first and last in the sentence.

§ 39. **ΕΠΙΣΤΟΛΗ**: however well the haughty tone of this epistle seems to harmonize with the character of Philip, there can be no doubt of its spuriousness as soon as we notice its contradictions to what we know of the circumstances connected w. the conquest of Phocis. Notice (1) the contradiction between the intent and meaning of the letter as quoted in § 40 and its actual tenor. (2) Directly contrary to the statement of the letter, Diod. Sic. 16. 59, says: *οἱ δὲ Φωκεῖς συντριβέντες ταῖς ἐλπίσιν παρέδωκαν ἑαυτοὺς τῷ Φιλίππῳ· ὁ δὲ βασιλεὺς ἄνευ μάχης ἀνελπίστως καταλύσας τὸν ἱερὸν πόλεμον.* Similar is the testimony of Dem. *de F. L.*, § 61: *μηδεμίαν τῶν πόλεων τῶν ἐν Φωκεῦσιν ἁλῶναι πολιορκίᾳ μηδ' ἐκ προσβολῆς κατὰ κράτος.* (3) In the genuine letter it seems probable that Philip gave some reasons to justify his proceedings against the Phocians. — **χαίρειν**, *greeting;* the usual form of salutation. — **ἑαυτοὺς** = *ἡμᾶς αὐτούς*; cf. H. 672; Cu. § 471, Obs. c; G. gr. § 146, N. 2; C. 539 c, d. — **τοῖς ὅλοις**, *altogether.* So *τοῖς ὅλοις σφαλῆναι* = *to be altogether ruined.* — **μέτριον ποιεῖν**, *to act with moderation* or *fairness.* Diss. regards the expression as a euphemism for *male agitis;* Holmes makes it a meiosis for *you seem to do anything but what is fair.* — **ὁμοίως**, *in like manner*, as though the peace had not been concluded; almost equivalent to *ὅμως* = *nevertheless.* For a similar sense cf. § 110. — **ἔξω τοῦ ἐφθακέναι ἀδικοῦντος**, *beyond that of being the aggressors in doing wrong.*

§ **40. ἀκούετε**: indic., as would be expected after the reading of a document; cf. §§ 121, 158. The imperat. would naturally be used when a document is to follow. — **πρὸς τοὺς ἑαυτοῦ συμμάχους**: the allies referred to are the Thebans and Thessalians; the phrase is to be joined directly to *δηλοῖ καὶ διορίζεται*, as is indicated by the punctuation in our text. Benseler, *Hiatus*, p. 94, says that fr. the repetition of the prep. *πρός* it may be inferred that the clause *ἐν...ἐπιστολῇ* is to be taken as a parenthesis. Diss. and others understand *συμμάχους* as explanatory of *ὑμᾶς*; but why then *πρὸς*, and what is the sense? It seems probable that Philip had acquainted his allies w. his correspondence w. the Athenians, and that from the genuine letter sent by Philip at this time they could more readily discern the sentiment expressed in *ὥστ' εἴ περ...ἐμοὶ δὲ πιστεύσετε*, than we can fr. this counterfeit document. — **ἐκ τούτων ᾤχετο ἐκείνους λαβὼν**, *by these means he hurried them along with him.* *οἴχομαί τι λαβών* = *I am off with something*, a frequent combination denoting an irresistible and sudden carrying away. *Animos illorum rapuit.* Bremi. — **εἰς τὸ...προορᾶν τῶν μετὰ ταῦτα, κ. τ. ἑ.**, *so far that they did not even foresee nor become aware of any of the consequences.* *εἰς* expresses the point to wh. he had carried them, and w. *τὸ* and the infin. is nearly equivalent to *ὥστε* of result. — **ἐᾶσαι**: notice the striking contrast between the use of the aor. and of the pres. in *αἰσθάνεσθαι* and *προορᾶν*. — **ὑφ' ἑαυτῷ**: the dat. denotes the *state* of subjection; in § 39 the acc. *ὑφ' ἑαυτοὺς* denotes the *process* of subjugation. — **οἱ ταλαίπωροι**, sc.

Θηβαῖοι. So read Z., Bekk., Dind. following Σ; all other MSS. and Editt. have Θηβαῖοι either before or after κέχρηνται. The reference is primarily to the condition of the Thebans after the destruction of their city in 335 B. C. As to the omission of the name, it is argued, on the one hand, that to express it would exclude any allusion to the Thessalians, who, though not so badly off as the Thebans, were after all not wholly out of the mind of Dem. as having suffered injury fr. their connection w. Philip; cf. *Phil.*, II. § 22; III. § 26. On the other hand, it is argued that the omission of Θηβαῖοι fr. Σ must be accidental, since the orator proceeds in the next paragraph to describe just their condition.

§ 41. **ὁ δὲ ταύτης τῆς πίστεως, κ. τ. ἑ.**, *and his co-operator and helpmate* (αὐτῷ depends on σύν in composition) *in winning this confidence*, sc. in Philip on the part of the Thebans and Thessalians. — **φενακίσας**: a word taken from the ordinary speech of the people and frequently used by Aristophanes, derived fr. φέναξ = *quack, impostor.* — **διεξιών**, *rehearsing;* cf. note on ἐτραγῴδει, § 13. — **ἁπάντων**: differs fr. πάντων in summing up and combining the preceding particulars in one entirety; it may be rendered by *of all together.* — **καὶ...καὶ...καὶ...αἴτιος**; the energy and compactness of such sentences as this justify the praise of Quint., X., Ch. I., § 76: "*so tense, as it were, with nerves, so free from anything superfluous.*" — **δῆλον** often introduces an ironical sentence, *for you forsooth grieve*, etc. — **ἐξῃτούμην**: after the destruction of Thebes, Alex. demanded the surrender of the principal anti-Macedonian orators, among whom Demosthenes, Lycurgus, and Hyperides were the chief ones. Acc. to Diod. 17. 15, there were ten of them; but Arrian, *Anab.* I. 10, mentions only nine. For further information cf. A. Schaef., III. p. 127.

§ 42. **ἀλλὰ γὰρ** = Lat. *at enim.* The ellipsis is something like this: *but (enough of this now) for;* cf. § 211. — **ἐμπέπτωκα**: as if unintentionally. — **αὐτίκα**, *presently*, i. e. in the immediate future. — **ἐπάνειμι δὴ...ὡς, κ. τ. ἑ.**, *I will return accordingly...that*, etc. δή calls attention to something just stated. The statement introduced by ὡς is a renewal of the proposition made in § 20, and the narration is resumed fr. § 36. — **γὰρ**: epexegetical, to introduce the promised proofs; cf. the beginning of § 169.

§ 43. **οἱ κατάπτυστοι Θετταλοὶ**: the Thessalians were especially despised and hated by the rest of the Greeks. Diss. quotes the following epithets as applied to them: στάσεως μεστοί, ἄπιστοι, διπλοῖ καὶ ποικίλοι. — **ἀναίσθητοι**: cf. note § 35. — **πάντ'**, *all in all;* cf. Thuc. VIII. 95: Εὔβοια γὰρ αὐτοῖς πάντα ἦν. — **οὐδὲ...ἤκουον, εἰ...βούλοιτο**: a mixed condit. sent., w. the apodosis in the indic. st. optat. w. ἄν to denote the *actual fact*, and in the imperf. to indicate that this fact was *habitual* or *customary.* — **ὑφορώμενοι** = *suspicantes.* — **οὐ γὰρ ἦν ὅτι ἂν ἐποιεῖτε**, *for there was nothing* *that you could have done.* οὐκ ἔστι ὅστις is more frequently found than οὐδεὶς ἐστιν ὅστις in general negations. Cf. Eurip. *Medea*, 1306; id. *Phœn.*, 597; Æsch. *Chœph.*, 170. For the indic. w. ἄν cf. G. § 52, 2; H. 752: Cu. § 544, Obs. 3; C. 631 b, 636. — **καὶ...δὲ**: in this combination of conjunctions καί generally expresses the comparative idea, *also, as well as.* — **ἦγον τὴν εἰρήνην**: Dind., V., and other Editt. read ἀσμενοι καί after this expression. V. claims that this addition is forcible, as making the folly of the Greeks all the more patent. — **αὐτοὶ τρόπον...πολεμούμενοι,** *although they themselves were in a certain manner the object of his warlike operations for a long time.* A similar concessive force of the partic. is found in παρών, §§ 83, 117; ἔχων, εἰδώς, § 142; κρατοῦντι, § 146. — **ἐκ πολλοῦ**: ἐκ indicates the point *from* which the danger began.

§ **44.** **γὰρ**: epexegetical, to explain τρόπον τινὰ πολεμούμενοι. — **περιιὼν,** *marching and countermarching.* — **Ἰλλυρίους καὶ Τριβάλλους**: the Illyrians were subdued by Philip, acc. to Diod. XVI. 69, in 345 B. C. The invasion of the Triballi is brought by Justin, IX. 3, in connection with the Scythian expedition in 339 B. C. The whole period, accordingly, between the conclusion of the peace and the renewal of hostilities is referred to. — **τινὰς...τῶν Ἑλλήνων**: during this period Philip supported Messenia and Argos against Sparta, seized the colonies of Elis in Epirus, placed Macedonian garrisons under Cleitarchus and Philistides in Oreus and Eretria, occupied the Thracian Chersonesus, and threatened the Athenian possessions on the Hellespont. — **τῶν ἐκ τῶν πόλεων** = τῶν ἐν ταῖς πόλεσιν ἐξ αὐτῶν. This form of *Brachylogy* is frequent. K. § 300. 4, calls it *attraction of the preposition.* Cf. Xen. *Anab.*, I. 1. 5: ὅστις δ' ἀφικνοῖτο τῶν παρὰ βασιλέως = τῶν παρὰ βασιλεῖ ὄντων παρ' αὐτοῦ ἀφικνοῖτο. So in this oration, § 145: τῶν ἐκ τῆς χώρας γιγνομένων = τῶν ἐν τῇ χώρᾳ γιγνομένων ἐξ αὐτῆς. Cf. §§ 169, 213 for similar instances. — **ἐκεῖσε,** *proceeding thither,* i. e. to Pella, where Philip had his court. The allusion is to the scheming and treacherous politicians in the allied cities of Athens, who, under the sanction of the peace, went so often to Philip on the errands of traitors. — **οὗτος,** sc. Æsch. But had his bribery commenced only then? — **ἕτερος ὁ λόγος οὗτος,** *this is the concern of another.* ἕτερος = ἀλλότριος, cf. note § 34.

§ **45.** **παρ' ὑμῖν**: of the speeches made in protest by Dem. at this time we have but one preserved, the second Philippic. — **ὅποι**: some of these places are mentioned in § 244. In *Phil.*, II., § 19; III., § 72, reference is made to the *two* embassies to the Peloponnesus upon wh. Dem. went. — **ἐνόσουν,** *were diseased.* Dem. likes to compare the disorders of the body politic with those of the physical organism. Cf. § 296. — **τῶν μὲν...τῶν δὲ,** *on the one hand, those engaged in public life and service were become venal* *and corrupt for the sake of* (ἐπὶ = *with a view to*) *gain; while, on the other hand, those in private life and the masses* (supply τῶν before πολλῶν). πολιτεύεσθαι καὶ πράττειν, δωροδοκούντων καὶ διαφθειρομένων are instances of pleonasm wh. Diss. praises as "*bona latitudo dictionis*," but Schaefer condemns. — **τὰ μὲν...τὰ δὲ**: *partly...partly.* — **δελεαζομένων, κ. τ. ἑ.**, *caught with the bait of the ease and comfort of the present moment.* — **τοιουτονί τι πάθος**, *being affected in some such way as this.* What this *affection* was, οἰομένων, κ. τ. ἑ., states. — **πλὴν οὐκ**: Dobræus rejects πλὴν from the text. But the use of both these adverbs adds great force to the thought: *they supposed the terrible thing would come, only not upon themselves*, i. e. it would come everywhere else except there. πλὴν οὐκ is quite frequent after πάντες. Cf. Xen. *Lac.*, XV. 6; Dem. 56, p. 1290: πλέουσα πανταχόσε, πλὴν οὐκ εἰς Ἀθήνας. — **ἑτέρων** depends on κινδύνων. — **ὅταν βούλωνται**: each state cherished the delusive hope that it could preserve itself by directing the attack of Philip upon the others. This paragraph gives a striking picture of the demoralized and hopeless condition of Greek national life.

§ **46.** **οἶμαι**: how do οἶμαι and οἴομαι commonly differ in Attic usage? — **ἀντὶ** = *in return for.* — **τοῖς προεστηκόσι**, *the leaders.* — **καὶ** connects the two partic.; supply τοῖς before οἰομένοις; cf. τῶν ἰδιωτῶν καὶ πολλῶν above. — **πεπρακόσιν**: for the partic. constr. cf. H. 797, 799; Cu. §§ 589. 1, 591; G. gr. § 280; C. 677. The dat. is by attraction to agree w. the obj. of συμβέβηκε (τοῖς προεστηκόσι) st. w. the omitted subj. of αἰσθάνεσθαι. — **ξένων**: a ξένος is a friend plighted by the ties of hospitality; Germ. *Gastfreund.* — **ἀκούουσιν**, like the Lat. *audiunt* = *they hear themselves called, bear the name of.* After this word many texts insert εἰκότως, wh. is not found in Σ, Laur. S. "Sæpe etiam additum a scribis ad γὰρ ellipticum explicandum, ante quod supplenda εἰκότως, οὐ θαυμαστόν, talia." V.

§ **47.** **ὧν** = τούτων ἅ. — **ἂν πρίηται**: cf. H. 757; Cu. § 554; G. § 62; C. 641. — **γὰρ**: elliptical; supply ἄλλως or εἰ δὲ μή, wh. forms the condition to the apodosis ἂν ἦν. Dem. here makes use of a rhetorical syllogism: If the traitor secures the *permanent* favor of those whom he serves, he is of all men the most fortunate. But he is cast off as soon as he has served his purpose; ergo, he is *not* the most fortunate, but the opposite. To illustrate this statement, examples are given in the next paragraph. — **πόθεν**; *whence can it be? impossible!* Cf. §§ 52, 140. Of similar emphasis are πῶς γάρ, § 312; πῶς γὰρ οὔ, § 299. — **ἐγκρατὴς...καταστῇ**, *has established himself in full possession of his object.* "καταστῇ suggests the security of his position, ἐγκρατὴς the completeness of his conquest." Holmes. — **καὶ...ἐστί**, *he is also.* The indic. (ἐστί) shows that this sentence forms the apodosis to ἐπειδὰν καταστῇ. The sentiment is forcibly brought out in the words of Habington quoted by Wh.:

11

"Mischief while it prospers brings favor from the smile of kings;
Useless, soon is thrown away."

— **τότε δή**, *from that very moment.*

§ 48. **καὶ γὰρ** : an instance of the well-known elliptical use of γάρ w. καί : *and (it is well that you should do this) for;* generally the καί in this use may best be left untranslated, but its force as making the causal sentence more emphatic should always be *felt*, if not expressed. — **μέχρι τούτου...ἕως**, *until that moment...until;* a repetition like πρότερον...πρίν for the sake of emphasis. Thuc., I. 90, § 3, has μέχρι τοσούτου ἕως. — **Λασθένης**: by delivering 500 cavalry men into Philip's hands during the siege of Olynthus, betrayed his own city. Cf. Diod., XVI. 53. — **Τιμόλαος**: in § 295 the same name occurs in the Doric form. Acc. to Theopompus, as quoted by Athenæus, Timolaus was one of the most debauched men and corrupt politicians of his time. Deinarchus, I., § 74, makes him for scandal's sake the friend of Dem. — **Εὔδικος, Σῖμος**: acc. to Harpocration were two of the tetrarchs among whom Philip, in 342 B. C., apportioned the jurisdiction of Thessaly. — **πᾶσα ἡ οἰκουμένη**, *the whole habitable world*, i. e. *the Grecian world.* In his Orat. *de Halonn.*, § 35, Dem. contrasts ἡ οἰκουμένη with ἄλλη τις χώρα, manifestly meaning his own country in a general sense. — **μεστὴ γέγονεν**: the ordinary reading adds προδοτῶν: *became full of traitors driven about and suffering insult.* But V., Bekk., W., Z., Sauppe, following Σ, omit this word and make the partic. agree w. τούτων understood and referring to the individuals just named. V. thinks that Dem. is here speaking only of the contempt in wh. these traitors were held, elsewhere (sc. § 295) of their great number; and he understands μεστή of the *notoriety* of their fate, wh. *filled* all Greece. More natural seems to us the interpretation of W., that all Greece was *full of*, i. e. *sated with, wearied of* these men driven from city to city and everywhere despised and maltreated. — **τί**: supply πέπονθεν fr. πασχόντων above. — **'Αρίστρατος**: tyrant of Sicyon, mentioned in § 295 and in Plut. *Vit. Arat.*, 13. — **Περίλαος**: attempted in 343 B. C. to deliver Megara into the hands of Philip by the aid of Macedonian mercenaries. His attempt failed through aid sent by the Athenians under Phocion.

§ 49. **οὗτος...τὸ ἔχειν...περιποιεῖ**, *he it is "who secures to you the opportunity of getting bribes."* KENN. The patriotic citizen in guarding his country's independence affords thereby the traitor the opportunity itself of making his nefarious gain. — **καὶ διά, κ. τ. ἑ.**: the force of the ὅτι after ἴδοι continues here. — **τοὺς πολλοὺς τουτωνί**: refers to the majority of the populace that had supported the measures of the patriotic party. — **τοὺς ἀνθισταμένους**: refers to the orators and leaders of that party. — **ἂν ἀπολώλειτε**: forms the apodosis to a protasis implied in διά γε ὑμᾶς αὐτούς, as if it were *εἰ ὑμεῖς κατεπράξασθε τὰς ἑαυτῶν γνώμας.* The plupf. because of the peculiar meaning of *ἀπόλωλα.*

§§ 50–52. Conclusion of the First Part of the Oration. Alexander's Friend is Alexander's Hireling. **εἰρῆσθαι**: the infin. depends on the adj. *ἱκανῶν.* Cf. H. 767 and *a*; Cu. § 562; G. § 93. 2; C. 663, 664. — **ἑωλοκρασίαν,** *dregs, stale mess, foulness,* are the best translations. Bekker's *Anecdota* defines this word as *the lees of wine* and *dregs* of a night's debauch, that were poured out by the revellers upon such as had fallen asleep amid the excesses of the feast. Hermogenes the rhetorician cites this as one of the boldest metaphors of the orator. *ὥσπερ* apologizes for its use. The application is obviously to the stale and hashed-up charges of treachery wh. Æsch. was seeking to turn away from himself upon Dem. — **ἣν...πρὸς...ἀπολύσασθαι,** *of which it was essential that I clear myself before those younger than the events. πρός* w. accus. denotes the *aim* of the action in *ἀπολύσασθαι*; he must vindicate himself *to* those younger, etc. As the events referred to occurred between 348 and 346 B. C., from 18 to 16 years ago, and a dicast need not be more than 30 years old, it is probable that some of the members of the court were at the time of these events mere boys of 14 or 16 years. — **παρηνώχλησθε**: what peculiarity in the inflection? — **μισθαρνίαν**: this word is placed purposely at the end in order to give better occasion for the following refutation.

§ 51. **ξενίαν,** *hospitality,* or more properly *guest-friendship.* Cf. note on *ξένων,* § 46. — **που λέγων** = *somewhere in his speech.* — **ξένον...φίλον**: correspond to *φιλίαν...ξενίαν,* but with the order reversed for the sake of variety. — **μισθωτὸν**: emphatic position. — **πετόρον...ἢ**: cf. H. 831; Cu. § 611; G. gr. § 282. 5; C. 685 c. — **μισθωτὸς...ξένος**: the emphatic order in English is the reverse, that alternative coming last wh. the speaker expects in response. As regards this appeal itself, the following explanations are presented in the order of our preference: (1) Dem. felt sure of a favorable response from his avowed adherents, and was already conscious of the favor of a large part of the jury. He therefore felt safe in risking a direct appeal. Cicero in *Orat.*, 31, 111; *Brut.*, 84, 290, tells us how the orators would move their auditors to loud assent and dissent. A clear instance of such direct appeal and responsive assent is found in Dem. *c. Aristocr.*, § 19: Dem. asks: *περὶ τοῦ παρανόμου βούλεσθε πρῶτον.* The jury is supposed to reply *yes*; and Dem. rejoins, *τοῦτο τοίνυν ἐροῦμεν.* (2) The whole passage is a later addition made by Dem. upon a revision of his speech, in order to give it more the appearance of an extemporaneous effort. This is the opinion of Diss., who adds § 138 as another instance of a later insertion on the ground of its being too harsh a criticism upon the jury to be spoken at the time. (3) The orator expected no response ; mere silence would give assent. But to this opinion ἀκούεις seems opposed, as also the well-known custom for the jury to express loud assent or dissent. (4) Acc. to Ulpian, Dem. purposely mispronounced and said μίσθωτος, and the critical Athenians at once correcting him replied w. overwhelming voice μισθωτός, as if in answer to his appeal. That such a trick would be wholly unworthy of the orator need hardly be said.

SECOND DIVISION OF THE ORATION.

§§ 53-125. Formal Answer to the Indictment. (*a*) §§ 53-59. Introduction and Statement of the Charges. (*b*) §§ 60-109. Refutation of First Count in the Indictment: the Public Administration of Dem. justified. (*c*) §§ 110-119. Refutation of Second Count in the Indictment: Dem. not accountable for that which was the Ground of the Proposal to crown him. (*d*) §§ 120-122. Refutation of Third Count in the Indictment: the Proclamation in the Theatre not illegal. (*e*) §§ 123-125. Transition from the Second to the Third Division of the Oration, from the Defence to the Attack.

(*a*) §§ 53-59. **ἤδη** = Lat. *tandem*. — **καὶ**: correlated w. καὶ before πολλῷ. — **προβεβουλευμένων** refers to the proposed crowning wh. was as yet only in the form of a *preliminary decree* (προβούλευμα) passed by the βουλή, and wh. had first to be passed by the ἐκκλησία before it became a ψήφισμα. — **δίκαιος**: why not in the accus.? Cf. H. 775 ; Cu. § 570 ; G. gr. § 138, N. 8 ; C. 667 f.

§§ **54, 55. ΓΡΑΦΗ**: manifestly not genuine, as appears fr. the following: Χαιρώνδου should be Φρυνίχου. Chærondas was Archon at the time when Dem. first proposed the reparation of the walls, wh., acc. to Æsch., § 27, was the 29th of Thargelion (about the 1st of June), 337 B. C. Three days later Dem. was elected Commissioner of Walls. But the date of this document is the 6th of Elaphebolion (about the middle of March), more than two months earlier. This document then would make out that Ctesiphon was indicted for an alleged offence two months before it had been committed! — **Κοθωκίδης,** *of Cothocidæ;* an Attic deme of the tribe Œneis. Its situation is unknown. — **ἀπήνεγκε... παρανόμων,** *brought* or *lodged a charge* (γραφήν understood, as often in forensic usage) *of illegality*. How improbable it is that the bill of indictment should itself mention its own process at law. Cf. Meier and Schöm. *Att. Proc.*, p. 607. — **πρὸς τὸν ἄρχοντα,** i. e. the Archon Eponymus. But the process of the γραφὴ παρανόμων came properly before the Thesmothetæ. Cf. Dem. *c. Leptin.*, § 98 ; *c. Aristog.*,

§ 8.—**Ἀναφλυστίου**: Anaphlystus was a deme of the tribe Antiochis, and was situated a little to the northwest of Sunium, on the western shore. — **ἄρα** indicates a citation; we expect, therefore, a literal quotation of the decree of Ctesiphon. But we notice the absence of *καὶ ἐπαινεῖν ἐπὶ τούτοις*, wh. is cited in § 57; and, acc. to Æsch., § 34, *ἀναγορεῦσαι* below should be followed by *πρὸς τοὺς Ἕλληνας*. The pretended *ψήφισμα* in § 118 is of too doubtful authority to serve as a criterion for this *γραφή*. — **Παιανιέα**: Pæania was the name of the two Attic demes, upper and lower P., of the tribe Pandionis, situated on the east side of Mt. Hymettus. — **στεφάνῳ**: crowns of olive, myrtle, laurel, and ivy were originally bestowed upon the victors in the national games. In later times, just when it is difficult to determine, crowns of gold were bestowed. In the period of Dem. civic crowns of gold were presented to that trierarch who was the first to furnish an equipped vessel to the Athenian navy, and to public men who had deserved well of the state. But this custom soon degenerated into a mark of political favor. Cf. Dict. Antiq. *Corona*. — **Διονυσίοις τοῖς μεγάλοις**: for an account of the Dionysiac festivals cf. Dict. Antiq. *The great Dionysia* occurred in March, and were the gala days of the year, when Athens was crowded w. strangers and deputies fr. foreign states. At this festival the *new tragedies* were first brought out. — **ὅτι στεφανοῖ** depends on *ἀναγορεῦσαι*. — **ἀρετῆς**: the generic term covers both the special points of *merit: καὶ εὐνοίας...καὶ ἀνδραγαθίας*. — **τῶν νόμων...καταβάλλεσθαι**, *since the laws do not allow, in the first place, that false documents be inserted in the public archives.* If it could be shown that the statements in regard to Dem. were untrue, Ctesiphon was guilty of violating the law just stated. This is the *first* count in the indictment. It is to be remarked that while no such specific law as this can be shown to have existed, it was plainly against the spirit of the law in general, or against the common law, to introduce untrue statements in the public archives. This is what Æsch., § 50, means: *ἅπαντες γὰρ ἀπαγορεύουσιν οἱ νόμοι μηδένα ψευδῆ γράμματα ἐγγράφειν ἐν τοῖς δημοσίοις ψηφίσμασι*. — **εἶτα**, *in the next place;* introducing the *second* count in the indictment. — **τὸν ὑπεύθυνον**: all public officers, except the Dicasts, were obliged to render account of their office, and generally within 30 days after its termination, before the board of Auditors (*λογισταί*), and their associates the Investigators (*εὔθυνοι*). For a full account of the duties of these officials cf. Bœckh *Publ. Econ.*, p. 262 ff.; Meier and Schöm. *Att. Proc.*, p. 100 ff. — **τειχοποιός**, *Commissioner of Walls;* this was one of the most important of the civil offices. — **τῶν θεωρικῶν**, *the Theoric Fund*, was a fund set apart to defray the expenses of the public games and festivals. Pericles first introduced the custom of giving as a largess to the populace the two-obol entrance-fee to the theatre, which was paid from this fund. In the time of Dem. the *theoricon* had become a powerful means of corruption in the hands of politicians. Bœckh (*Publ. Econ.*, p. 311) estimates that the lowest annual expenditure for the theoricon at this period was from twenty-five to thirty talents, and that this amount may occasionally have been doubled or trebled. Justin, as quoted by Bœckh, remarks: "Then were the public revenues, w. wh. previously soldiers and rowers had been maintained, distributed among the citizens of Athens"; and B. adds: "Thus Philip was enabled to raise his head." — **ἀναγορεύειν** and **ἀνειπεῖν** below depend on κελευόντων, wh. is to be supplied from οὐκ ἐώντων above. — **τῇ καινῇ**: Wolff supplies εἰσόδῳ; Reiske, ἐπιδείξει or ἀγωνίᾳ; V. παρόδῳ. — **τίμημα**, *penalty, damages.* There were two kinds of suits or actions in the Athenian courts: (1) ἀγῶνες ἀτίμητοι, in wh. the penalty was fixed and attached by law; (2) ἀγῶνες τιμητοί, in wh. the penalty was to be assessed by the jury. The γραφὴ παρανόμων belonged to the latter. — **κλήτορες**: κλητῆρες was the usual form. These were the *witnesses* to the serving of the summons (πρόσκλησις). There were commonly two, and their names were always appended to the bill. — **Κηφισοφῶν...Κλέων**: cf. note § 29.

§ 56. **τοῦ ψηφίσματος**: partit. genit. with ἅ. A similar constr. is found in §§ 59, 118. The *decree* is that of Ctesiphon. — **πρῶτον**, *most of all, chiefly.* — **τὴν αὐτὴν τούτῳ τάξιν**, *the same order as this one;* i. e. the order followed by Æsch. in drawing up the bill of indictment, *not* the order of his speech, where, probably w. a view to making his strongest points (sc. the technical points of the time and place of crowning) most prominent, he departs fr. the order of the indictment. Dem. was entirely consistent in demurring against the demand (§§ 1, 2) of his rival to follow the order of his *speech*, and just in taking advantage of the order of the *indictment*, by wh. he could place his weakest (the technical) points in the middle of his speech, where they would attract least notice.

§ 57. **τοῦ...γράψαι...ἐπαινεῖν**, *as regards the statement that,* etc., *and the praise bestowed;* these verbal nouns in the genit. depend on κρίσιν. — **εἴτε...εἴτε καὶ**: Diss. notices that when a speaker prefers the former of two alternatives he is apt to insert καί after the second εἴτε. So in § 58: εἴτε ἄξιος...εἴτε καὶ μή; Plat. *Theæt.*, p. 168: εἴτε ταὐτὸν εἴτε καὶ ἄλλο ἐπιστήμη καὶ αἴσθησις.

§ 58. **τὸ δὲ μὴ προσγράψαντα...στεφανοῦν** states the *second* point of the indictment; **καὶ ἀνειπεῖν...κελεῦσαι** states the *third* point. The entire sentence τὸ...κελεῦσαι is summed up by τοῦτο and forms the subject of κοινωνεῖν = *is connected with.* On the constr. of the subordinate parts of the sentence critics are divided between these three opinions: (1) στεφανοῦν, like ἀνειπεῖν, depends on κελεῦσαι w. the omitted subject of wh.

(αὐτὸν) προσγράψαντα agrees; (2) στεφανοῦν depends on γράψαι supplied fr. προσγράψαντα; *and as for his proposing to crown without adding* (πρός) *the proviso "when he has given in his accounts," and having ordered proclamation of the crown to be made in the theatre;* (3) στεφανοῦν is coördinate w. κελεῦσαι and subj. of κοινωνεῖν. The *first* constr. is adopted by the largest number, and seems, on the whole, the most natural. — **ἐν τούτοις**: *inter hos cives*. οὗτοι is often used by the orators to refer to the *demus* or *plebs* in the Assembly and court. — **ἔτι μέντοι**, *still however*. μέντοι is correl. of μὲν with κοινωνεῖν. — **ἁπλῶς**, as opposed to τεχνικῶς; hence, *artlessly, without duplicity*. — **ἔγνωκα**, *I have determined*.

§ 59. **ἀπαρτᾶν**, lit. *to hang away from*, hence *to separate, to disconnect. And let no one suppose that I am disconnecting my speech from the indictment.* Dem. wishes to guard against the charge of irrelevancy. Upon this Lord B. remarks: "The extreme importance to Dem. case of the skilful movement, so to speak, by wh. he availed himself of Æsch. error, and at once entered upon the subject of his whole administration, thus escaping the immediate charge to wh. he had no answer, and overwhelming his adversary by a triumphant defence on ground of his own choosing, required that he should again and again defend this movement, wh. he here does very carefully." — **Ἑλληνικὰς πράξεις**, *Hellenic affairs and discussions*, in distinction fr. *Athenian;* what w. us is called the *Foreign Department*. This distinction is made more clear in § 109. — **τοῦ ψηφίσματος** depends on the whole sentence τὸ λέγειν...με. — **εἶτα καὶ πολλῶν προαιρέσεων, κ. τ.' ἑ.**, *accordingly also, there being many departments of public life open to my* SELECTION; sc. such as those of finance, of war, of navy; καὶ anticipates the force of the καὶ before τὰς ἀποδείξεις.

(*b*) §§ 60-109. I. §§ 60-72. WHAT THE CONDITION OF GREECE DEMANDED OF ATHENS. **οὖν** resumes the statement at the close of § 58, wh. was interrupted by the apology offered in § 59. The student cannot be too careful in noticing the exact and delicate force of these particles and conjunctions. — **ἃ...πρὸ...δημηγορεῖν προὔλαβε**: here Dem. refers to the period prior to the peace of Philocrates, 346 B. C., during which period Philip had taken Amphipolis, Pydna, Potidæa, and Olynthus. Dem. disavows responsibility for the conduct of affairs, until, as the acknowledged head of the Anti-Macedonian party, he dictated the foreign policy of the state (ἐπὶ ταῦτα ἐπέστην), wh. was from about 343 B. C. — **ἃ...καὶ διεκωλύθη**, *but in what he was especially thwarted*. The intensive force of καὶ w. the verb must be noticed. It was not Philip's *successes*, some of wh. he gained even after the entrance of Dem. upon public life, but his *failures* that Dem. now wishes to speak of. Attention is called by several critics to the skilful choice of the word διεκωλύθη, wh., by implying that Dem. acted upon the *defensive*, prepares the way for the subsequent argument that all his measures were *defensive* and that he cannot, therefore, be charged w. the guilt of originating a war that brought ruin upon his country. — **τοσοῦτον ὑπειπών** : *having premised thus much*, as foundation (ὑπό) of the argument. — **πλεονέκτημα** : derivat.? Notice the *Asyndeton.*

§ 61. **φορὰν** : cf. L. and Sc., II. B. 3. — **προδοτῶν...ἀνθρώπων** : notice the cumulative force of these epithets. — **θεοῖς ἐχθρῶν** : "*God-detested.* The phrase is used almost as if it were a single word, otherwise the abrupt introduction of the dat. would be rather inelegant." Holmes. — **γεγονυῖαν** : w. what verbs is the supplementary partic. joined instead of the infin.? Cf. H. 797 - 801; Cu. §§ 590, 593 ; G. §§ 112, 113 ; C. 677. — **καὶ πρότερον κακῶς...διέθηκε**, *the Greeks, even previously disaffected towards one another and factious, he made still worse disposed.* The two adverbs in -ως are placed as far apart as possible for the sake of emphasis. — **τοὺς μὲν**, *some*, as e. g. the Athenians, by the peace of 346 B. C.; **τοῖς δὲ**, *others by bribing*, as e. g. the Thebans who were loaded w. favors for their coöperation in the destruction of Phocis. — **τοὺς δὲ διαφθείρων**, *by corrupting them in every possible way.* The expression is climacteric and embraces both classes described by *τοὺς μὲν* and *τοῖς δὲ*. W. makes *διαφθείρων* refer to the Phocians in the sense of *destroying ;* but in Dem. the prevailing sense of the word is *corrumpere.* Cf. § 295. — **κωλύειν** : explanatory of *τοῦ συμφέροντος.*

§ 62. **ἐν τοιαύτῃ...τὴν πόλιν** : the rhetorical order of this sentence is such that, while the connection w. the preceding sentence is made most clear, the emphatic words are made most prominent. — **συνισταμένου καὶ φυομένου κακοῦ**, *of the gathering and growing mischief.* Wh. The Z. Edit. reads *φυρομένου* based upon Σ, wh. has *φυ ομένου* ; but the sense is decidedly better w. the reading of the other MSS., wh. is *φυομένου.* — **πράττειν καὶ ποιεῖν** : rhetorical pleonasm, in wh. the distinction in meaning is hardly felt. Cf. § 246. — **ἐνταῦθα...τῆς πολιτείας**, *at that point of the administration.*

§ 63. **πότερον...ἢ** : cf. H. 831 ; Cu. § 611 ; G. gr. § 282. 5 ; C. 701. 2. — **Θετταλῶν καὶ Δολόπων** : these are mentioned because of the general contempt in wh. they were held and because of their Anti-Hellenic policy. Cf. Herod., VII. 132, 185. — **συγκατακτᾶσθαι Φιλίππῳ**, *to have joined in acquiring for Philip.* — **καὶ τὰ τῶν προγόνων...ἀναιρεῖν**, "*et majorum decora et jura evertere*, qui pro libertate Græciæ gloriosissime pugnârunt et principatum meruere facinoribus egregiis." Diss. — **κωλύσει**, st. *κωλύσοι* or *κωλύοι*, the form of the direct narration for the sake of liveliness. Cf. Æsch. c. *Ctes.*, § 90. — **ὡς ἔοικεν**, *profecto.* Diss. remarks that this phrase has not rarely an ironical force ; as in Engl. we may say : "I suppose," of what is very certainly known.

§ 64. **ἀλλὰ νῦν, κ. τ. ἑ.**: this sentence simply repeats in another form the idea of the preceding; *συναιτίας* corresponding to *συγκατακτᾶσθαι*, and *περιεωρακυίας* to *περιιδεῖν* above. — **ἐβούλετ᾽ ἄν**, *he would wish*; the indic. w. *ἄν* denotes that the condition for realizing the wish is unfulfilled. Cf. H. 752; Cu. § 537; G. §§ 52. 2, 49. 2; C. 631. — **τῆς συναιτίας**, sc. *μέριδος*, *the party that was the joint-cause of*. — **ἂν εἴποι**: what protasis may be supplied in thought? Cf. H. 722; Cu. § 544; G. 52. 2. — **ἐπὶ τῇ...ἐλπίδι**, *with a view to the hope*; *ἐπὶ* w. the dat. denoting the *purpose* or *object for which*. — **᾽Αρκάδας...Μεσσηνίους...᾽Αργείους**: the Arcadians and Messenians, Pausanias says (VII. 15. 6; VIII. 6. 2; IV. 28. 2), kept themselves wholly aloof in the last decisive struggle of Athens against Philip. The Argives had sought Philip's friendship and protection against Sparta. Cf. Isocr. *Phil.*, § 74.

§ 65. **ἀπηλλάχασιν**, *have come off*. — **καὶ γὰρ** = Lat. *etenim*. — **ἦν ἂν...ἐναντιωθέντων**: so reads Σ. The reading *ὅμως ἦν ἂν...οὐκ ἐναντιωθέντων* found in Reiske, Taylor, Diss., Bremi, Dind., and other Editt., is due to a false interpretation of this passage. Dem. wishes to justify himself and the Athenians in their opposition to Philip, and says substantially this: Had Philip, when he had gained the upper hand (*ἐκράτησε*, wh. points to the close of the Phocian war, in wh. Philip had at least the appearance of doing right in punishing the violators of the Delphic sanctuary), — had he then withdrawn and made no further attempts against the rights of other states, there might have been some reason for censuring those who opposed him (i. e. us); since however he, on the contrary, used this victory over the Phocians as a means of further conquest, and gradually deprived all the states of their freedom, my solicitude and opposition are most fully justified, and you have done right and best in following my counsel. Thus by the concession in the early part of the sentence, Dem. strengthens his subsequent statement. — **οἷς** = *τούτοις ἅ*: cf. H. 810; Cu. § 597. 4; G. gr. § 153, N. 1; C. 554. — **πολιτείας**, *constitutions*; of a democratic form of government, in distinction from a *τυραννίς*. — **ὅσων**: in the same constr. as *ἁπάντων* above.

§ 66. **ἐκεῖσε**, *illuc*, to be referred to *νῦν* at the beginning of § 64. — **τὸν ᾽Αθήνησι**: several Editt. read *ἐμέ* after these words, though not found in Σ. Reuter calls attention to the fact that *καὶ γὰρ...διαφέρει* can only refer to *᾽Αθήνησιν*. That Dem. alludes here to himself is plain enough from the connection and from the use of the 1st pers. in *συνῄδειν*, *ἀνέβην*, *ἑώρων*. — **ἐκ παντὸς τοῦ χρόνου**: the use of *ἐκ* w. genit. expresses the existence of this consciousness all the time through *from the first moment* of his observation. So *ἀφ᾽ ἧς*, st. *ἐφ᾽ ᾗ*, indicates the whole period extending fr. the time at wh. he began to address the Assembly. This is a favorite mode of expressing time w. Dem. Cf. *ἐκ πολλοῦ*, § 43. — **πρωτείων**, *precedence, primacy;* referring to the hegemony. For the singular cf. § 321. — **φιλοτιμίας**, *distinction, pre-eminence.* — **ἕκαστοι**: Dem. frequently compliments the Athenians for their readiness to sacrifice in behalf of the freedom and welfare of the other Greek states.

§ **67. τὸν ὀφθαλμὸν ἐκκεκομμένον**: as similar instances of accus. of *synecdoche*, Holmes cites Aristoph. *Nub.*, 24: *εἶθ' ἐξεκόπην πρότερον τὸν ὀφθαλμὸν λίθῳ*; Æsch. *c. Tim.*, § 172: *ἐκκοπεὶς ὁ δειλαῖος ἀμφοτέρους τοὺς ὀφθαλμούς*. This wound Philip probably incurred at the siege of Methone, 353 B. C. Cf. Diod., XVI. 34. — **τὴν κλεῖν**: this happened, acc. to the Schol., on the expedition against the Illyrians, 345 B. C. — **τὴν χεῖρα, τὸ σκέλος**: these injuries were sustained on his return from a Scythian campaign, the last one in an encounter w. the Triballi, 339 B. C. Justin, IV. 3, says: *in femore vulneratus est Philippus.* This enumeration of Philip's injuries seems to be given in chronological order; but Diss. observes: "suaviter a capite ad inferiora descendit." — **βουληθείη**: why the optat.? Cf. H. 757; G. § 62; Cu. § 555; C. § 641. — **μέρος**, *every part of his body, whatever fortune*, etc. The antecedent is incorporated in the relat. clause, by wh., as Diss. observes, the emphasis of *πᾶν* is increased. Cf. H. 809; Cu. § 597. 3; G. gr. § 154; C. 553. — **τῷ λοιπῷ**, *reliquo corpore.*

§ **68. οὐδὲ** points to what precedes; as that cannot be denied, so would no one even venture, etc. — **Πέλλῃ**: the allusion to Philip's birthplace as contrasted w. Athens is manifestly contemptuous. — **τοῦτ'**, sc. *ἡ τῶν Ἑλ. ἀρχή*. — **ἐν πᾶσι ... θεωρήμασι**: *in speeches and spectacles*, Lord B.; *in speeches and in dramas*, Kenn.; better, w. Leland, *in everything you hear and see.* — **ὑπόμνημα θεωροῦσι**, *contemplate a memorial; ὑπόμνημα* used in a concrete sense as referring to the greatness and splendor of their city. All other Editt. read here *ὑπομνήμαθ' ὁρῶσι*. Our reading is that of Σ and two other MSS., though on the margin of Σ the other reading is also found; *θεωρεῖν* is used in the same sense in Dem. *pro Rhod. Lib.*, § 35. — **ἐθελοντὰς** seems tautological. Some critics regard it as a gloss to explain the word before it. The idea is intensified by its use. Cf. § 305: *μετὰ πάσης ἀδείας ἀσφαλῶς*; Dem. *Olynth.*, III., § 6: *πάντι σθένει κατὰ τὸ δυνατόν*; *Phil.*, III., § 16: *βιασθεὶς ἄκων*.

§ **69. λοιπὸν τοίνυν ἦν**, *it remained therefore;* as the only course left to be pursued. Notice the strong inferential force of *τοίνυν*, wh. at the same time adds to the considerations already advanced a new motive in the antithesis of *δικαίως* and *ἀδικῶν*. — **ἔγραφον ... καὶ ἐγώ**, *and I especially acted as the mover of your resolutions and as your counsellor; καὶ* before *ἐγὼ* is intensive. Cf. *καὶ* before *διεκωλύθη*, § 60. — **καθ' ... χρόνους**: give the Greek without incorporation of the antecedent. — **πάντα**, *dismissing* *all the rest.* These earlier conquests Philip made in 358-345 B. C. Cf. note § 60.

§ 70. **Σέρριον**: cf. § 27. — **Δορίσκον**: cf. Æsch. *c. Ctes.*, § 82. These Thracian towns were taken in 345 B. C. — **Πεπαρήθου**: this island was laid waste by Philip, about 342 B. C., for ejecting the Macedonian garrison from the neighboring island of Halonnesus, for the possession of which Philip and the Athenians were contending. Cf. Æsch. *c. Ctes.*, § 83. — **οὐδ'... οἶδα**: "Sic me geram quasi omnino nesciam facta." Diss. — **σύ γ'**, *you*, made emphatic by γε wh. generally throws its emphasis upon the preceding word; *and yet you affirmed* (though cognizant of all these facts) *that I in speaking of these matters had brought these persons* (sc. his auditors) *into hostility* (with Philip namely). — **Εὐβούλου**: cf. note § 21. — **'Αριστοφῶντος**: of the deme Azenia, one of the leading statesman of Athens fr. the close of the Pelopon. War down to about 352 B. C. The chief aim of his policy seems to have been to unite Athens and Thebes against Sparta; cf. § 162. Dem. in his *Leptin. Orat.*, § 146, calls him δεινὸς λέγειν. Æsch. *c. Ctes.*, § 194, refers to Arist. as boasting that he had been acquitted on seventy-five charges of γραφὴ παρανόμων. — **Διοπείθους**: most scholars follow the Scholiast in supposing this Diopeithes to be the Athenian general who in 343 B. C. saved the Chersonesus fr. falling into the hands of Philip. But A. Schaefer (I. 163, II. 422) believes this Diopeithes to be the orator and statesman who is mentioned by Hyperides, of the deme Iphettus. — **οὐδὲ**: as before I offered no resolutions w. reference to these matters, *I will now also not speak of them.*

§ 71. **Εὔβοιαν**: Philip sought to gain a foothold in Eubœa as early as 350 B. C., when he supported the tyrant Callias of Chalcis against the Athenians under Phocion, who had been summoned to give assistance by Plutarch, tyrant of Eretria. The peace of 346 for a while checked his operations; but in 343 he boldly invaded the island, destroyed Porthmus, a fortification of the Eretrians, and placed his tools in power in Oreus and Eretria, as mentioned in the text. Vid. farther § 79. — **σφετεριζόμενος**, *appropriating to himself.* — **ἐπιτείχισμα**, *as a post of attack, base of operations against*; cf. ἐπιτειχισμὸν, § 87. For this the position of Eubœa was admirably fitted. — **Μεγάροις**: in 343 B. C. a Macedonian faction, at the head of wh. stood Perilaus, endeavored to put Megara into the hands of Philip, so as to prepare the way for his conquest of the Peloponnesus; but this plan was frustrated through the prompt and energetic interference of the Athenians under Phocion. Cf. Dem. *Phil.*, III., §§ 18, 27; *de F. L.*, §§ 87, 204, 295, 326. — **'Ελλήσποντον**: Philip occupied the Hellespont in 342 B. C., and sent out forces to conquer and destroy the towns of the Chersonesus. — **Βυζάντιον**: cf. note § 87. — **πόλεις...ἃς μὲν...ἃς δὲ**: cf. H. 500 b;

Cu. § 361. 12; G. gr. § 137, N. 2; C. 395. The use of **ἃς** *μὲν*...**ἃς** *δὲ* st. *τὰς μὲν*...*τὰς δὲ*, Bremi remarks, is contrary to the best Attic usage of this period and an instance of a vulgarism employed by the best writers. Professor Lipsius cites as the only example of this use prior to Dem., *οὓς μὲν*...*οὓς δὲ* in Xen. *Cyrop.*, II. 4, § 23, where some Editt. read *τοὺς μὲν*...*τοὺς δὲ*. Cf. V. ad loc., who gives also *ὧν μὲν*...*ὧν δὲ* ap. Stob. *Serm.*, XVI., p. 153, Gesn. What cities the orator has in mind has not been ascertained. — **ἠδίκει** : notice the *continuance* of the action expressed by the impf. in this and the following verbs. — **ἢ μή** : the negat. is to be joined w. *φανῆναι* ; had *οὐ* been used, the question would have been less emphatic. The *οὐ* above is joined w. the preceding verbs in the indic. and expects an affirmative answer. *Here* the difference between *μή* and *οὐκ* may be expressed thus : *ἢ* (*ἐχρῆν*) *μὴ* (*φανῆναι*) = *or ought he to have* NOT *shown himself*, i. e. *failed to show himself* ; *ἢ* (*ἐχρῆν*) *οὐ* (*φανῆναι*) = *or ought* NOT *he to have shown himself*, i. e. *was it not his duty to.*

§ 72. **τὴν Μυσῶν λείαν** : "*Mysian booty*" was proverbial for helplessness. The proverb arose from the story that during the absence of their king, Telephus, the Mysians became the unresisting prey of their neighbors. Arist. *Rhet.*, I. 12, and Cic. *pro Flacco*, § 27, quote it. — **ζώντων καὶ ὄντων,** *alive and in being.* — **εἶναι** is sometimes used of an established political existence ; so Dem. *Phil.*, III., § 56 : *ὅτ' ἦν ἡ πόλις* ; *de F. L.*, § 64 : *οὔσης τῆς Ἀθηναίων πόλεως*. W. Dind. compares *Τιμοδήμῳ καὶ νῦν ἔτι ζῶντι καὶ ὄντι*, Dem. *pro Phorm.*, § 29. — **περιείργασμαι,** *I have overdone the matter, exceeded my duty.* — **ἔδει** : *δεῖ* = *it is wanting* or *needed*, physical necessity ; *χρή* = *it is befitting* or *due*, moral necessity ; *προσήκει* = *it is becoming* or *proper.* — **τούτων** refers to *ταῦτα πάντα* in § 71. — **ταῦτα, κ. τ. ἑ.,** *this was my political course* ; sc. as implied in *τούτων κωλυτὴν* above. — **καὶ...διετέλουν,** *and I was continually forewarning and admonishing you not to surrender* (sc. your leadership and your liberties to Philip). The preceding passage, commencing w. § 66, Lord B. regards among the finest in all Dem. He says : "The heavy fire of indignant invective is kept up throughout, only limited by the desire to avoid any too personal offence to an audience as vain as supine, and as impatient of censures as it was deserving of them. The rapidity of the declamation is striking in the highest degree ; the number of topics crowded into a few words, in § 71 especially, and the absolute perfection of the choice, is not to be surpassed." The force and breadth of the argument are no less admirable than the diction and style. It is stated from three points of view : (1) Looking at the condition of Greece, what did the honor of the city require Athens to do (§§ 62–65)? (2) Looking at the parties engaged in this struggle, was Athens to yield or to resist (§§ 66–68)? (3) Looking at the historical facts, ought *any* state to have resisted Philip ; if so, which one (§§ 69–72)?

II. §§ 73–78. Philip, not Athens, broke the Peace; other Statesmen, not Dem., proposed War. **τὰ πλοῖα**: reference is made to the seizure and plundering of Athenian merchantmen by Macedonian privateers, let loose by Philip about 340 B. C. This and the devastation of the Chersonesus were among the causes wh. finally determined the Athenians to a formal declaration of war. — **ψηφίσματα**: the decrees that follow are very unsatisfactory, not only failing to give us the promised answer to the question *τίς τίνος αἴτιός ἐστι*, but also wanting in clearness on the affair of the seizure of the boats.[1]

§ 75. **τὸ δ' ἐφεξῆς**: what decrees Dem. refers to is not quite clear; probably, however, the same as those alluded to in § 70 (*τῶν περὶ τούτων ψηφισμάτων*), and bearing upon events prior to the peace of Philocrates. The point that Dem. aims to make in citing these names is, to show that as he was not the one who proposed the peace in the first place (cf. § 21), so he was also not the one who proposed its dissolution. — **Ἡγήσιππος** is the only name that has not already been mentioned. He was a zealous adherent of the popular party. He had proposed the alliance with the Phocians and opposed the peace with Philip. The *seventh* in the order of the Demosthenic orations, *On the Halonnesus*, is now generally attributed to Hegesippus. — **πάντες**, i. e. *πάντες οἱ ἄλλοι*, as some MSS. have it.

§ 76. **τοῦ πολέμου** refers to the resumption of hostilities w. Philip in 340 B. C. — **ἂν ἔχοις**: what would be the form of the condition if expressed? — **εἰ...εἶχες...ἂν...παρέσχου**: cf. H. 746; G. § 49. 2; Cu. §§ 537, 538, 539: C. 631. Notice the shade of difference in the use of the tenses. — **ὑπὲρ**: cf. note § 9.

III. §§ 79–101. Dem. justifies his Foreign Administration. **ἐνταῦθ'**, i. e. in the letter just read. Notice again the orator's happy transition from one topic to another: that Philip does not blame him is an indirect witness to his services to the state, wh. he proceeds to enumerate. — **τί ποτ'**: the indef. *ποτέ* adds to the inquiry a certain tone of surprise or astonishment; somewhat like our, *why in the world?* — **γεγράφει**: the MSS. reading is *γέγραφε* or *γέγραφεν*, wh. gives an anomaly of wh. we cannot suppose the orator guilty. Bekk. reads *ἔγραφεν*, V. and W., after Droysen's emendation, *γ' ἔγραφεν*, Dind. has *ἐγεγράφει*. The omission of the augment, as in our text, in the plupf., is not uncommon when a long vowel or diphthong immediately precedes: cf. *εὖ πεπόνθεσαν* § 213; *πολλαὶ πεπτώκεσαν*, Thuc. I. 89; *ἤδη τετελευτήκει*, Xen. *Anab.*, VI. 4. 11. With

[1] Since the remaining documents are generally even more unsatisfactory than those already examined, and as in many, if not most, of our American colleges these documents are wholly omitted in the study of the Oration, the editor has not thought it worth the while to make further annotations upon them.

our reading the sentence is: *he would have made mention if he had written;* with the reading ἔγραφεν: *he would make mention* (ἐμέμνητο used as an impf.) *if he were writing*, the speaker putting himself back to the time when Philip was writing his letter. — **τούτων**, sc. τῶν ἀδικημάτων. — **εἰχόμην**, *I fastened myself to*, as a determined foe. *On these I fixed myself*, Kenn.; *grappled with*, Wh. — **τὴν...πρεσβείαν**: Dem. was himself a member of this embassy, in 343 B. C. — **παρεδύετο**, *was trying to steal into*. The Peloponnesus was divided into factions, wh. Philip was insidiously stirring up against one another for the purpose of gaining a foothold for himself. It was through this embassy that the Peloponn. states were aroused to their danger, and Philip was prevented from invading their territory until after Chæronea. — **τὴν εἰς Εὔβοιαν**: in the same year as the preceding. — **τὴν...ἔξοδον**: these expeditions came two years later (341); first Oreus was delivered and its despot, Philistides, slain; then Cleitarchus, despot of Eretria, was driven forth by Phocion.

§ 80. **τοὺς ἀποστόλους**, *the naval expeditions*, alluding probably also to the improvements in the trierarchal law introduced by him, wh. are set forth in § 102 ff. Cf. πάντα τὸν πόλεμον τῶν ἀποστόλων γιγνομένων κατὰ τὸν νόμον τὸν ἐμὸν, § 107. — **καθ' οὓς** = almost δι' ὧν, *per quas*. For similar use of κατά cf. Thuc. I. 60; II. 87. "This use of κατά is somewhat rare, but may be viewed, perhaps, as expressing the *accordance* between the instrument and the result, the cause and the effect, like the adv. *accordingly* in certain cases." LARNED. — **Χερρόνησος**: one of Philip's most cherished purposes was to gain possession of the Chersonesus, wh. at this time was partly in the power of Cersobleptes, king of Thrace and an ally of the Athenians. At first Philip contents himself with subjugating C. and occupying the strongest points in Thrace (§ 27). But in 340 B. C. Philip interferes in the contest of the Athenians w. the inhabitants of Cardia, formerly an Athenian dependency; this leads to an open rupture and to a formal invasion of the Chersonesus on the part of Philip. Thence he turns to the Propontis to gain control of the straits that lead to the Euxine. But here his customary good fortune fails him; in vain he besieges Perinthus and Byzantium; the Athenian auxiliary force compels him to withdraw, and again the Chersonesus is free. — **οἱ σύμμαχοι**, sc. Tenedos, Proconnesus, etc. Cf. § 302. — **τῶν ἀδικουμένων**: gen. of the whole depending on τοῖς μὲν, τοῖς δ'. — **ὑμῖν...πεισθεῖσιν**, *to those who at that time followed your advice*. — **τὸ μεμνῆσθαι καὶ νομίζειν**: subj. of περιεγένετο to be supplied.

§ 81. **καὶ μὴν** introduces a strong asseveration, = *and verily*. — **Φιλιστίδης...Κλείταρχος**: cf. note § 79. — **ὑπάρχειν ἐφ' ὑμᾶς**, *that the possession of these places might be in his hands for your injury*. — **ποιῶν ἠδίκει**: the addition of the partic. makes the expression emphatic. — **πανταχοῦ** = *anywhere*. Cf. note on πάντων, § 5.

§ 82. **κατέλυον**, *used to lodge*. "This very technical use of καταλύειν is easily traced: the verb signifies (1) *to unloose* (sc. *the sandals*), (2) *to rest*, (3) *to lodge*; παρ' ἐμοὶ γὰρ Γοργίας καταλύει, Plat. *Gorg.*, 447 B. The expression is common in Plato, but rare in the orators, who employ the word more commonly of *dissolution*, *destruction*, or *termination*. Holmes. — **προὐξένεις**, *you were their public host*. It was customary for envoys to be entertained by the πρόξενος of their city. The πρόξενος was a person appointed by the state to protect the interests of his fellow-citizens resident in foreign lands, quite analogous to our consul. Æsch. was not properly the πρόξενος of Eubœa, but acted as such. — **ἐχθροὺς**: notice the antithetic position of this word and φίλοι, and the emphasis on σοί. — **οὐ τοίνυν… οὐδέν**: however great the personal advantages I might have gained from selling my services to Philip and his partisans, I steadfastly opposed all their designs; and yet, notwithstanding this, you reproach me. — **παύσει**: Attic for παύσῃ. — **ἀτιμώσαντες**, *by disabling you*, in a legal sense. If the prosecutor failed to obtain one-fifth of the votes he fell into ἀτιμία: i. e. besides incurring a fine of 1000 drachmæ, he was forever disabled from instituting a similar suit. Cf. Bœckh *Pub. Econ. Athen.*, p. 492 ff; Meier and Schöm. *Att. Proc.*, p. 734.

§ 83. **ἐπὶ τούτοις**, i. e. for the successful resistance Dem. offered to the schemes of Cleitarchus and Philistides. — **γράψαντος**: the gen. absol. seems to denote both time and concession here: *although and when*. — **τούτου γιγνομένου**: all attempts to explain the reference of these words seem unsatisfactory. (1) To make τούτου refer to the decree of Aristonicus as *second in order* is hardly possible, since nothing is said anywhere of any similar decree prior to this one, and because this interpretation would require γενομένου. (2) If τούτου refers to the decree of Ctesiphon, we meet with the following difficulties: (*a*) The word κηρύγματος cannot properly be used of the proposal of Ctes., wh. was as yet hardly a ψήφισμα. The κήρυγμα was the very thing Æsch. sought to prevent by his παρανόμων γραφή. (*b*) How can the aorists ἀντεῖπεν, ἐγράψατο be joined to this present idea? We must then read: *and whereas the present* IS *now the second proclamation in the theatre* WHICH IS COMING OFF *in my honor, Æschines, although present, neither* SPOKE *in opposition*, etc. But "*spoke*" when? (*c*) By referring t § 223, it will be seen that the proposal of Ctes. was *third* in order, counting that of Demomeles and Hyperides as a single one. I can find no ground for Holmes's assumption that the crowns proposed by Aristonicus and by Ctesiphon were the only ones proclaimed *in the theatre*, and therefore *this* was second to *that*; against this supposition is the statement in

§ 223 in regard to the proposal of D. and H.: *τὰς αὐτὰς συλλαβὰς καὶ ταῦτα ῥήματ' ἔχει, ἅπερ πρότερον 'Αριστόνικος, νῦν δὲ Κτησιφῶν γέγραφεν οὑτοσί.* (3) As the text stands (we believe it is corrupt for the additional reason that the art. *τό* is necessary, since we cannot say *τοῦτό μοι γίγνεται δεύτερον κήρυγμα,* but only *τοῦτο τὸ κήρυγμα γίγνεταί μοι δεύτερον*), the following explanation suggested by V. seems most natural. From a comparison w. §§ 222, 223 we conclude that Dem. had been crowned *twice* in the theatre before Ctes. made his proposal. (What Dem. says in § 120 refers in general to his coronations, most of wh. occurred in the ordinary localities, the Pnyx and the Senate-house). Now the *first* proclamation in the theatre was that of Aristonicus, and to this one *τούτου γιγνομένου* refers, but in this way: *δεύτερον γίγνεσθαι* = *iterari, to be repeated;* hence the entire sentence would read, *and when this proclamation* (sc. this one of Arist.) *was made a second time in my behalf,* which was done through Demom. and Hyper., whose proposal was couched in the very same terms, and was unsuccessfully attacked by Diondas. Decrees and other legal formulæ were often thus repeated in the same terms, the names of the parties concerned alone being changed. (4) W. suggests an excellent emendation, *τοιούτου* for *τούτου*, *τοιούτου* referring to the similarity of the phraseology employed in the decree of Demom. and Hyper. With this change we read: *when therefore you crowned me at that time for these things...and the crown was proclaimed in the theatre, yea, even when such a proclamation was being made for me already now a second time, Æschines, although present, neither spoke in opposition, nor indicted him who had proposed it.* The learner will observe that the partic. *γιγνομένου* has the time of the impf., to denote the continued existence of this proclamation, wh., unlike that of Aristonicus, was the occasion of a suit. That Æsch. did not object *the first time,* the orator lets pass by; but that he should have taken no notice of the *second similar proposal,* and still attack the proposal of Ctes., wh. is of the self-same import, this Dem. makes prominent in this much-disputed sentence, as we understand it.

§ 85. **συμβήσεσθαι...στεφανῶμαι**: for this form of cond. sent. cf. H. 735, 747; G. §§ 50. 1, 74. 1; Cu. §§ 545, 548, last sentence; C. 631, 645. — **ὡς ἑτέρως** = *otherwise,* euphemistic for *κακῶς.* — **τότε,** sc. *ὅταν ᾖ νέα πράγματα,* emphatic.

§ 86. **οὐκοῦν,** *accordingly;* marking a conclusion. The *οὐκ* points to the preceding negative idea, *οὐ μέμψεως, κ. τ. ἑ.* What is the meaning of *οὔκουν*? — **μὲν** has no corresponding *δέ,* but the implied opposition to *τῶν χρόνων ἐκείνων* is obvious. — **πάντας,** sc. *τοὺς χρόνους* wh. most MSS. include in the text. — **τῷ νικᾶν,** dat. instrum., *by the fact of my prevailing in speaking and proposing.* — **προσόδους,** *solemn processions.* Cf. *θυσίαι καὶ πομπαί,* § 216. — **ὡς...ὄντων,** *on the ground that,* etc.

87. **τοίνυν** : often used to resume the narration, like our *well, then.* — **τοῖς μὲν ὅπλοις, τῇ δὲ πολιτείᾳ,** *with arms indeed by you, but through statesmanship and decrees by me.* The instrum. is denoted by the dat., the agent by ὑπό w. genit. The critical student will notice an inversion in the order of the words ὑφ' ὑμῶν τοῖς ὅπλοις × τῇ πολιτείᾳ ὑπ' ἐμοῦ ; this is intentional and gives variety. From the form of the letter X the ancient rhetoricians called it *chiasmus.* — **διαρραγῶσι,** *even though some of these should burst ;* i. e. *invidia vel indignatione.* Diss. Kenn. quotes Virg. *Eclog.*, VII. 26 : *Invidia rumpantur ut ilia Codro.* Tyler follows Wh. in taking it to mean, *straining their lungs to contradict me.* — **ἕτερον,** i. e. *alius generis.* Schaef. — **ἐπιτειχισμὸν** : in § 71 we have ἐπιτείχισμα. Reiske and Schaef. understand the allusion to be not to Byzantium, but to the control of the grain trade, wh. was to be to Philip *an instrument of aggression* different fr. the stronghold he had lost in Eubœa. — **ἐπεισάκτῳ** : Bœckh *Publ. Econ. Athen.*, p. 111, calculates the amount of grain annually imported at one million medimni. The main supply came from the region bordering upon the Pontus. — **παρελθὼν,** *going along the coast.* — **αὐτῷ** : join w. συμπολεμεῖν. — **ἐπὶ τούτοις,** *upon these terms.* Dem. himself went on the embassy (cf. § 244) in 340 B. C. to persuade the Byzantines to resist Philip. He persuaded the Athenians to enter into an alliance w. Byzantium. When Philip saw not only the Athenians, but also the Chians, Rhodians, and Coans coming to the aid of Byzantium, he reluctantly withdrew. — **χάρακα** : by synecdoche for χαράκωμα = *a palisaded camp, a stockade.* — **μηχανήματ',** *having planted enginery.*

§ 88. **ἐπερωτήσω** : ἐπερωτᾶν means *to ask a question again* or *besides* (ἐπί), as something superfluous. — **τὸ ὑμεῖς,** *the word "you."* Cf. Cu. § 379 ; C. 522 d. — **τὴν πόλιν λέγω** : this the orator adds in order to be able to say τῇ πόλει st. ὑμῖν in the next sentence, and thus to avoid the appearance of making himself out to be the leader and guide of his judges. — **ἁπλῶς,** *in a word, altogether ;* it modifies the whole sentence. — **δούς** : so reads also Bekk., after the best MSS. ; all other Editt. read διδούς, wh. denotes the time of the impf., the same as γράφων, πράττων. Reuter defends δούς as expressing in the way of a climax both a preterite and a perfect idea ; i. e. *who gave and has given ;* he also thinks the monosyllable forcible at the close of the period. V., on the contrary, objects that the ears of Dem. would never tolerate the two successive syllables δῶς δούς. Dionys. Hal. cites the close succession of the four long syllables in ἀφειδῶς δοὺς ἐγώ as an instance of Dem. severity of style.

§ 89. **ὁ...ἐνστὰς πόλεμος,** i. e. the war between Philip and the Athenians, after the peace of 346 B. C. had been annulled. — **ἄνευ** = χωρίς, *apart from, besides.* — **ἐν πᾶσι τοῖς...βίον,** *in all the necessaries of life.* — **τῆς νῦν εἰρή-**

νης, i. e. the peace after Chæronea, procured by Demades. — **ἣν...τηροῦσιν** : Dem. calls to mind the refusal of the Athenians, under the influence of the Macedonian party, to support the Peloponnesians in their revolt against Alexander. — **οἱ χρηστοὶ** : cf. note § 30. — **ἐπὶ ταῖς μελλούσαις ἐλπίσιν** : the idea would be more logically expressed by ἐπὶ ταῖς τῶν μελλόντων ἐλπίσιν, since the *hopes* are themselves *present;* but the orator chose this form of expression to correspond to τῆς νῦν εἰρήνης. — **διαμάρτοιεν** : what use of the optat. here and in the following verbs? Cf. H. 721; G. § 82; Cu. § 514; C. 638. — **ὧν** = τούτων ἅ : H. 810; Cu. § 598. 2; G. gr. § 153, N. 1; C. 554 and note. For the accus. ἅ cf. H. 553; Cu. § 402; G. gr. § 164; C. 480 c. — **μὴ μεταδοῖεν** : the asyndeton gives emphasis. μεταδοῦναι = *to give a share of, to impart;* μετασχεῖν = *to receive a share of, to share in.* Most Editt. read καὶ μὴ μετάσχοιεν, κ. τ. ἑ., wh., to say the least, makes the sentiment a harsh one. The omission of μή with Σ and Laur. S gives a much nobler turn to the sentence. The orator utters then the prayer that these treacherous men may fail of realizing their hopes (wh. involve the destruction of their common country), and may enjoy freedom and independence in company w. those who seek to secure their country's highest good; and, on the other hand, that they may not impart to the commonwealth that ruin of public good wh. they have aimed at as a means to promote their own private interests. The thought underlying the whole passage is that the welfare of the state involves the welfare of the individual, and vice versa. Cf. Thuc., II. 60. 2; Soph. *Antig.*, 188–190; Plato *Legg.*, p. 875, A.

§ **93.** **ἡ προαίρεσις, κ. τ. ἑ.**, *my policy and administration* = *the policy of my administration;* an instance of *hendiadys.* Diss. remarks that this is a favorite expression w. Dem. Cf. §§ 192, 292, 317. Notice the rhetorical order wh. makes the object of the sentence more prominent. — **καλοκαγαθίαν** : this word may be translated *honorableness, spirit of honor, generosity; Edelmuth* (Jacobs). The mental characteristics of the καλὸς κἀγαθός were *honor, courage, magnanimity. Magnanimity*, perhaps, best renders the word here, as contrasted with κακίαν = *meanness.*

§ **94.** **μεμψάμενοι...ἂν** = ἐμέμψασθε ἄν : cf. G. § 41. 3; H. 803 b; Cu. § 595. 2; C. 658 a. — **ἐν...χρόνοις**, sc. when Byzantium joined Chios, Rhodes, etc., in the so-called Social War against Athens, 357–355 B. C. — **ἀδικουμένους** : how does ἀδικεῖν differ fr. ἀδικεῖσθαι in meaning? — **σύμβουλον...ῥήτορα** : though *generals* had often gained that honor for the state, he was the first one who was merely a *statesman* to achieve this.

§§ 95–101. Demosthenes cites Examples from Athenian History in Jusfification of his Foreign Policy. **βλασφημίας...συκοφαντίας** = *defamations* (βλάπτω, φημί), *malicious slanders* (σῦκον, φαίνω, from the false accusations often brought for robbing the sacred fig-trees. Cf. note on συκοφάντης, § 112). — **τῶν Βυζαντίων** : Æsch. nowhere in his speech attacks the Byzantines ; we must suppose this to be an interpolation, or, what is more probable, that Æsch. omitted this mention of the Byzantines fr. the revised edition of his oration, wh. he made in Rhodes, out of regard for the Rhodians who were the allies of the Byzantines. Cf. A. Schaef., III., Beilage III., p. 77. Cf. Introduction. — **εἴ τι**, st. ὅ τι, *in case that*, etc. — **οὔσας** : H. 796 ; Cu. § 593 ; C. 677 ; G. § 113. — **ὑπάρχειν ...εἰδότας** : emphatic st. simply εἰδέναι, lit. *you exist knowing*. Cf. § 228 : ὑπάρχειν ἐγνωσμένους. The partic. is used as a predicate adj.; cf. G. § 108, N. 5. — **τῷ...συμφέρειν**, *but also from the fact that it was to your advantage so to conduct affairs as I have conducted them.* — **καθ' ὑμᾶς**, *in your day*. Not to be taken too literally, as the battle of Haliartus, mentioned below, occurred in 395 B. C. — **τῇ πόλει** : dat. agent w. πεπραγμένων. — **καὶ...καὶ ...πράττειν**, *for it is proper both that a man in private and that a state in public should always endeavor to shape the future with respect to the most illustrious precedents of the past.*

§ **96.** **ἁρμοσταῖς** : these were the notoriously unpopular governors placed by the Spartans, during their supremacy, over their dependencies. The state of things described here is recognized as existing immediately after the close of the Peloponn. War. For explanation of these historical allusions let the student refer to Grote's, Thirlwall's, or Smith's History, and to Thuc., IV. 66, 74 ; VIII. 95 ; Xen. *Hellen.*, II. 2. 3 ; Plut. *Lysand.*, cap. 13, 14. — **ἄλλας νήσους**, *other islands*, i. e. besides Eubœa and Ægina, as Lesbos, Samos, Melos. Cf. Xen. *Hellen.*, II. 2. 5 ; 3. 6. It would seem more natural to have Αἴγιναν come just before ἄλλας νήσους. Many Editt. read τὰς ἄλλας νήσους, wh. is interpreted either as an instance of the pleonastic use of οἱ ἄλλοι = *the rest*, sc. *islands* (but against this is the mention of Ægina and Eubœa already made), or as meaning *all the remaining islands* (but the Lacedemonians did not obtain control of nearly all). W. accepts Dobræus's emendation, Κέω τὰς for Κλεωνὰς, and objects to Cleonæ as not being, like the rest, in *the circle about Attica*. — **ναῦς...τείχη** : the Athenian navy was limited to 12 ships, and the long walls were razed to the ground. — **Κόρινθον** : the Athenians joined an alliance of the Thebans, Corinthians, and Argives against Sparta. The allied forces were defeated in a battle fought near Corinth, 394 B. C., wh. circumstance gave the name Corinthian to a feeble war that lasted eight years and was terminated by the peace of Antalcidas. — **ἂν ἐχόντων** = ἂν εἶχον, *might have borne many grudges*. Cf. § 238, where ἂν ἔχων = ἂν ἔχοιμι ; cf. G. § 41. 1. — **τῶν πραχθέντων**, *for the things that were done* ; genit. cause. — **τὸν Δεκελεικὸν πόλεμον** : the last part of the Peloponn. War was thus named from the occupation of *Decelea* by the Lacedemonians, in 413 B. C., as a base of operations against Athens. Diss. calls attention to the admirable structure of this period: the participles at the beginning (ἀρχόντων, κατεχόντων) describe the threatening situation (οὔτ' ἀκίνδυνα), that at the end (ἐχόντων) gives the reason why the Athenians might have held aloof (οὔθ' ὑπὲρ εὐεργε-τῶν); while in the middle comes the principal sentence (ἐξήλθετε), wh. is thereby rendered less emphatic.

§ 97. **πέρας...τηρῇ**: this passage has been much lauded by the ancient critics. Lucian in his *Encom. de Demosth.* compares it with *Iliad*, XIII. 322-328. — **κἂν ἐνοικίσκῳ**, *even though one should shut himself up in a cage and keep watch.* Harpocr. makes οἰκίσκῳ = μικρῷ τινι οἰκήματι. Didymus in Harpocr. renders it ὀρνιθοτροφείῳ, wh. may be the origin of the ludicrous interpretation of the Scholiast: "Man must die anyhow, even though he change his manner of life, and, fancying himself to be a bird, shut himself up in a bird-cage." — **τοὺς ἀγαθοὺς...τὴν ἀγαθὴν**, *men that are good, the hope that is good;* generic use of the article. — **προβαλλομένους**, *casting before themselves,* as a shield; cf. § 301. Professor Tyler calls attention to the same figure in *Ephesians*, vi. 16.

§ 98. **πρεσβύτεροι**: the events referred to occurred some 40 years before the delivery of this speech. — **ἐπειδὴ**: the unusual order of this sentence is occasioned by the emphatic position given to Λακεδαιμονίους. — **Λεύκτροις**: cf. note § 18. — **διεκωλύσατε**: in 369 B. C. the Thebans invaded Lacedæmon and threatened the destruction of Sparta, but were hindered by an Athenian force sent out under Iphicrates, and finally compelled to retire from Laconia. — **οὐδ'...διαλογισάμενοι**, *nor taking into account what those men had done for whom you were about to incur danger.*

§ 99. **καὶ γάρ**: καί is used elliptically; *and* you did so, i. e. take no account of, etc. γάρ is epexegetical, introducing the fuller statement of διαλογισάμενοι. — **τούτων** refers back to ὁτιοῦν used in a collective sense, and is genit. cause w. ὀργήν. — **ὑπολογιεῖσθε** has for its original meaning *reckon in the account.* — **ὧν** = τούτων ἅ: cf. note § 89. — **Εὔβοιαν**: in 357 B. C. Eubœa was divided into two factions, one of wh. had called in the aid of the Thebans for overthrowing democratic institutions. By the aid of the Athenians the Thebans were driven out, and the old regime was re-established. Cf. Æsch., § 85; Diod., XVI. 7. — **'Ωρωπὸν**: Oropus, situated on the border between Attica and Bœotia, had long been a bone of contention between these two states. In 336 B. C. Themison and Theodorus, the despots of Eretria, w. aid of the Thebans seized the place, wh. then belonged to Athens. The question of right of control came before a court of arbitration, and was decided in favor of Athens. But the Thebans declined to give up Oropus. Hence arose the famous δίκη περὶ 'Ωρωποῦ; cf.

Diod., XV. 76; Xen. *Hellen.*, VII. 4. 1. After Chæronea the possession of Oropus was guaranteed the Athenians by Philip. — **ἐθελοντῶν...τριηραρχῶν**, *voluntary trierarchs*, in addition to the regularly appointed trierarchs, who did not suffice for that year. On the office of the trierarchy vid. Dict. Antiq. and note § 102. — **οὔπω**, sc. *εἰπεῖν μέλλω.*

§ 100. **καὶ** modifies the weaker idea of *τὸ σῶσαι* in contrast w. the stronger *τὸ ἀποδοῦναι.* "*Merely*" expresses it very well. — **τὴν νῆσον**, i. e. Eubœa. — **τὸ...ἀποδοῦναι**, *in that when you had become established as masters of their persons and their cities you restored these rightfully to those who had themselves done you injury.* — **καταστάντες**: government? Cf. H. 775 b; Cu. § 570; C. 667. — **ὑπολογισάμενοι** is preceded in all the MSS. except in Σ, L, A², by *ἐν οἷς ἐπιστεύθητε*, wh. is probably a gloss from the corresponding passage in Æsch., § 85. — **τῆς...ἐλευθερίας καὶ σωτηρίας**: most MSS. and Editt. place *ἕνεκα* either after or before Ἑλλήνων. *ἕνεκα* is, however, not essential. The constr. *στρατείας ποιεῖσθαι τῆς ἐλευθερίας* is closely related to the constr. *τοῦ Φωκέας ἀπολέσαι* expressing purpose or object, and has underlying it the idea of price or value. Cf. *de F. L.*, § 76: *πᾶσ' ἀπάτη καὶ τέχνη συνεσκευάσθη τοῦ περὶ Φωκέας ὀλέθρου.* Larned remarks upon the periodic form of the whole statement concerning the foreign administration of the orator as follows: "He first speaks of what the honor of Athens required, §§ 62-72; he next sets forth his own actions as being in accordance with the demands of that honor, §§ 73-94; he concludes w. what Athens had done in time past honorable to herself, §§ 95-100; thus uniting the whole topic in the one point of the honor of Athens."

101. **εἶτ'**: of succession of thought. — **ὑπὲρ αὑτῆς, κ. τ. ἑ.**, *when the deliberation was in a certain sense in behalf of herself;* in the cases cited it was in behalf of others. — **νὴ Δία**, *yea verily;* the ironical force is manifest. Cf. § 117. — **οὐκ ἂν ἀπέκτεινέ...εἰ...ἐπεχείρησα**: cf. G. § 49. 2; H. 746; Cu. § 537; C. 631 b. Some of the best MSS. have *ἂν* w. *ἐπεχείρησα.* How would this modify the clause? Cf. G. § 49. 2, N. 4 b. — **λόγῳ μόνον**, *to tarnish by word only;* for it could be tarnished in no other way. *λόγῳ* is in contrast w. *ἔργον*, and means simply *by counselling.* — **εἰ ἠβούλεσθε...ἦν**: how does this cond. sent. differ fr. that noticed last?

IV. §§ 102-109. Domestic Administration. **τούτων ἑξῆς**, *next in order to these* just mentioned. — **πάλιν αὖ**, *once again.* — **καταλυόμενον**, *in a state of dissolution.* — **ἀτελεῖς**, *exempted;* cf. *ἀτελὴς τῶν ἄλλων λειτουργιῶν*, Dem. *c. Mid.*, § 155. — **ἀπὸ**, *by the payment of.* Diss. cites *ἀπὸ σμικροῦ*, Aristoph. *Plut.*, 377. There were four forms of the trierarchy. In its original form every wealthy citizen was required to furnish the state one trireme. Throughout this earliest period, this duty was an object of ambition to the wealthiest citizens. Later, when the citizens were reduced in wealth, probably soon after the disastrous Sicilian expedition in 412 B. C., two were permitted to unite in a syntrierarchy. The system became gradually more inefficient, and in 357 B. C. came the third form. A law was enacted acc. to wh. the 1200 wealthiest citizens (120 fr. each tribe) were required to furnish and maintain the navy. These *contributors* (συντελεῖς), as they were called, were divided into 20 classes of 60 each, called συμμορίαι, and these classes were subdivided into companies of 15 each, and each company (συντέλεια) had the charge of one trireme. (In § 104 it is stated that 16 were found in each company; Bœckh supposes the 16th to be a kind of overseer or chief of the company.) But, in order to make the system more efficient, there was formed a smaller board, composed of the 300 richest men selected from the 1200. These were called the ἡγεμόνες or ἐπιμεληταὶ τῶν συμμοριῶν, and constituted a general committee of administration. They advanced money, let out the contracts, made the purchases, etc., and levied the tax equally upon all their copartners. By this system every contributor paid exactly the same amount of tax irrespective of the amount of his income. It is easily seen how the rich, by shrewd management in letting out the contracts and apportioning the tax, might exempt themselves from any payment, and how inefficient a navy thus provided must become. The reform in the trierarchal law was proposed by Dem. as ἐπιστάτης τοῦ ναυτικοῦ in 340 B. C., and consisted in assessing every citizen according to his wealth. One trireme was to be furnished by every 50 talents of property value, or by every 10 talents rated, the rate being one fifth of the whole. The maximum that could be claimed from any one was three triremes and a tender. Cf. Bœckh. *Publ. Econ. Athen.*, Book IV. — **ἀπολλύοντας**: so reads Σ; V. follows. All the other MSS. and Editt. (so far as I know) insert τὰ ὄντα before this partic. as its object. V. makes the partic. agree w. τοὺς πλουσίους and govern τοὺς...κεκτημένους, and translates: *et cives mediocres aut tenues perdere.* This form of expression receives support from the similar statement in § 104: τοὺς δ' ἀπόρους τῶν πολιτῶν ἐπιτρίβουσιν. — **ἔτι** = *præterea.* — **τῶν καιρῶν**, *missing its opportunities,* for want of promptness.

§ 103. **ἀγῶνα**: Holmes joins this word first w. γραφεὶς as a cognate accus. after passive const., and then again w. εἰσῆλθον. But most Editt. regard γραφεὶς as used absolutely. The entire expression is best rendered: *and having been indicted I entered upon a trial of this kind* (i. e. the same kind of trial as that wh. Ctesiphon is now undergoing, sc. γραφὴ παρανόμων) *before you and was acquitted.* Cf. εἰσῆλθον τὴν γραφήν, § 105. "Dicitur, ut constat, εἰσέρχεσθαι, εἰσιέναι et de reo et de actore aut accusatore." Diss. — **τὸ μέρος**, sc. πέμπτον. The ordinal adj. is omitted, as here, in §§ 222, 250; but it is expressed in § 266. Cf. note on ἀτιμώσαν-

τες, § 82. — **τοὺς δευτέρους καὶ τρίτους**, *the second and third ranks*, after the *ἡγεμόνες τῶν συμμοριῶν* in the order of the valuation of their property. — **διδόναι**, *attempted to give*, i. e. *offered:* an impf. de conatu. So *ἐδίδοσαν*, § 104. — **εἰ δὲ μή**, *but if not*, i. e. *but if I should not μὴ θεῖναι* ; we can best translate it, *but otherwise*, as it expresses the alternative to *ὥστε μὴ θεῖναι*. Cf. H. 754 b ; G. § 52, note 2 ; C. 717 c. — **ἐὰν ἐν ὑπωμοσίᾳ** : acc. to Meier and Schöm. *Att. Proc.*, p. 285, the *ὑπωμοσία* was a declaration under oath that one had the purpose to bring a *γραφὴ παρανόμων* against a decree or measure before the assembly for deliberation. The effect of this declaration was either to prevent the final vote by wh. a bill became a *νόμος*, or, in case the bill was already passed, to stay its operation until the complaint *παρανόμων* had been tried and decided in the proper court. In the midst of this process the author of a bill could *drop it and leave it under affidavit* or *protest*. — **καταβάλλοντα** : the more usual reading is *καταβαλόντα*, wh. is transl. by Kenn., *having entered it in the public register* (i. e. *ἐν τῷ Μητρῴῳ*, where the public archives were kept). With this agree Bremi, Reiske, Holmes, et al. But this rendering is impossible w. our reading (pres. partic.), and one cannot let a bill go by default *before* it has been recorded. The transl., *dropping it to leave it under protest*, seems most in harmony w. the context. This view is preferred by Wh., Diss., W., V., et al.

§ 104. **ἦν** = *ἐξῆν*. — **αὐτοῖς μὲν...ἀναλίσκουσι...ἐπιτρίβουσιν** : in appos. w. *αὐτοῖς* dependent on *ἦν*. *ἐπιτρίβειν* is similar to our English, *to grind the faces of the poor*. — **μικρὰ καὶ οὐδὲν** : our Engl. idiom has a disjunctive particle, *little* OR *nothing*. — **τὸ γιγνόμενον**, *the amount resulting by rate according to their property*. — **τιθέναι** depends gramm. on *ἦν*, but logically on the idea of *συνέβη* contained in *ἦν*. — **δυοῖν**, sc. *τριηρῶν*. This contribution would come from one who possessed property to the value of 100 talents, or 20 talents of ratable value. — **τῆς μιᾶς**, *of the single one*, that would have to be furnished in compliance with the old law. — **δή**, *as I have said*, viz. in § 103. — **ἐδίδοσαν**, cf. *διδόναι*, § 103.

§ 107. **δοκῶ** : the personal st. impers. const., as often ; the 3d plur. to be supplied w. *οἱ πλούσιοι*. — **ἂν...ἐθέλειν** = *ἂν ἐθέλοιεν*. Cf. G. § 41. 1 ; H. 783 a ; Cu. § 575. 1 ; C. 658. a. — **τοῦ...ποιεῖν** : gen. price, expressing purpose : *for the sake of doing, to do*. Notice how the order of the words gives emphasis to the contrast in *μικρὰ βοηθῆσαι...μικρὰ ἀναλῶσαι*. — **καθυφεῖναι** : composition ? Transl., *to compromise*, Kenn.; lit. *to let slip in an underhand manner*. — **τῷ...σεμνύνομαι**, *pride myself upon* or *because of*, w. dat. of cause ; but the verb is more commonly followed by *ἐπί*. — **τῷ πεῖραν ἔργῳ δεδωκέναι**, *and upon the fact that it* (sc. *τὸν νόμον*) *has given proof of itself by actual experience*. Cf. a similar expression in § 195. —

πάντα...πόλεμον: this refers, acc. to Grote, Cap. XC., to the entire period of hostility fr. the renewal of the war in August, 340 B. C., to the battle of Chæronea in August, 338 B. C. — **ἱκετηρίαν**: the suppliant was wont to place a wreath or twig, usually of olive, wound about with woollen bands, upon the altar of the deity whose favor was sought. The Scholiast informs us that there was an altar to Artemis in Munychia, to wh. seamen and trierarchs used to repair to offer their supplications and make known their grievances. — **τῶν ἀποστολέων**, *the naval board*, wh. had ten members, whose duty it was to superintend the affairs of the ἀπόστολοι. — **ἐδέθη** implies that they had the power of imprisonment. — **καταλειφθεῖσα**, *abandoned*, because of its slowness or unseaworthiness; **ἀπελείφθη** = *left behind in port*. — **αὐτοῦ**, *here*, i. e. in the harbor of Peiræus, as opposed to ἔξω = *outside, at sea*.

§ 108. **ἐγίγνετο**, *were habitually occurring*. — **τὸ δ' αἴτιον**, lit. *and as regards the cause;* in apposition w. the following sentence; similar are σημεῖον δέ, τεκμήριον δέ. Cf. Dem. *de Cherson.*, § 32. — **ἐν...ἦν**, *lay upon*. — **τὰ ἀδύνατα**, *cases of inability*, to furnish the required quota. — **πάντ' ...ἐγίγνετο**, *accordingly all requirements were wont to be met*. — **δόξαι, κ. τ. ἑ.**: the plur. expresses repeated instances of the *renown*, etc. — **βάσκανον, κ. τ. ἑ.**: "*No sordid envy, no rancor, no malignity...and no meanness.*" Leland. For other instances of βάσκανος, a favorite word w. Dem., cf. §§ 119, 132, 242, 317.

§ 109. **ἐν...τοῖς κατὰ τὴν πόλιν** = *home or domestic affairs* as opposed to ἐν τοῖς Ἑλληνικοῖς = *foreign affairs*. — **ἀντὶ...συμφερόντων**, *in preference to the common interests of all the Greeks*.

(c) §§ 110-119. THE QUESTION OF ACCOUNTABILITY. **τοίνυν**, *now then*, to proceed. — **τὸ** belongs to the whole sentence introduced by ὡς, and is subj. accus. of δεδηλῶσθαι. Transl., *the statement that*, etc. — **μοι**, dat. agent w. perf. pass. — **τὰ μέγιστά γε**, *the most important*, with emphasis (from γε) on *most*. The orator alludes to the last contest w. Philip, wh. ended w. Chæronea. — **ὑπολαμβάνων**, *supposing*. ὑπολαμβάνειν = *sub ponere*. — **ἀποδοῦναι**: why rather than δοῦναι? — **ὁμοίως**, *equally, all the same*, as though I had made mention of my remaining measures, in wh. case μοι below is dat. of int. w. ὑπάρχειν, *exists for me*. Cf. § 39. So Diss., Bremi, Wh., Jacobs, and most Editt. But some prefer to join ὁμοίως more directly w. μοι, in the sense of *equally with me*. Transl., *nevertheless the consciousness of these facts exists as my witness in each of your hearts*.

§ 111. **τῶν...λόγων** depends on τοὺς πολλούς, wh. is the obj. of both μανθάνειν and συνεῖναι. — **ἄνω καὶ κάτω διακυκῶν**, *sursum et deorsum permiscendo*, V.; *das Oberste and Unterste durch einander rührend*, Jacobs; Holmes paraphrases it, *in a bewildered medley*. — **παραγεγραμμένων νόμων**:

in a γραφὴ παρανόμων the prosecutor was obliged to publish in parallel columns the laws and the proposed measures that were attacked as contravening them. — **διακεχείρικα** : this verb is used especially of the administration of financial affairs.

§ 112. **ἐπαγγειλάμενος,** *having offered of my own accord.* "δέδωκα in connection w. ἐπαγγειλάμενος amounts to ἐπιδέδωκα. On the subj. of ἐπιδόσεις (patriotic donations) cf. Smith's *Dict. Antiq.*" HOLMES. — **τῶν ἐννέα ἀρχόντων** : these are mentioned as being subject to the most rigid scrutiny for the discharge of their official duties. — **φιλόδωρον,** *munificent, generous.* φιλο in composition is active when it is the first, but passive when it is the second part of the compound ; e. g. φιλάνθρωπος = loving man, θεόφιλος = beloved of God. So φιλόδωρος = fond of giving. — **τοὺς συκοφάντας,** *and to bring him before the Pettifoggers and to appoint these to audit his donations.* The art. τοὺς is used to point out an analogy to εἰς τοὺς λογιστάς as the regular commission or board for auditing accounts. The opprobrious term συκοφάντης was applied to a class of men who made it their business to play the spy upon their fellow-citizens, in order that by threatening an accusation they might extort "hush-money" from violators of law, or levy "black-mail" upon innocent persons. For the etymology of the term cf. note on συκοφαντίας, § 95. But L. and Sc. in the 6th Oxford Edit. prefer the following, wh. seems to point directly to the actual use of the word : "*one who brings figs to light by shaking the tree ; hence one who makes rich men yield up their fruit by informations, and other vile arts.*" The comic poets, particularly Aristoph. (cf. *Acharn.*, 818-828), hold this class of men up to contempt and ridicule. The term has been variously rendered : *pettifogger, partisan, slanderer, informer.* This and the following sections contain the ἄφυκτος λόγος of the orator, as Æsch. calls it. Its fallacy, however, is apparent. Dem. skilfully avoids the real issue. The question was not whether Dem. should first give account of his *donations,* but of his *administration ;* for such an account must first prove what he had thus far simply asserted, viz. that he had made *bona fide donations,* and not stolen fr. the state with one hand what with the other he had given as a pretended donation. To be sure, when this speech was delivered this point was fully proved ; the accounts of Dem. had long ago been audited and approved ; but at *the time* Æsch. made his complaint (some 7 years before) the charge of illegality on this score was technically just.

§ 113. **τῷ θεωρικῷ**: cf. note, § 55. — **ἐπέδωκα,** *I gave a donation of money.* ἐπιδιδόναι = lit. *to give in addition to* the amount due. The author of the *Lives of the Ten Orators* (Pseudo Plut., p. 846) places this donation at 10,000 drachmæ. — **ἐπῄνεσεν...ὑπεύθυνον** : this is professedly quoted fr. the proposal of *Ctes.* The common reading inserts ἡ βουλή as subj. of ἐπῄνεσεν, but Σ omits this most properly, as V. remarks, since Æsch. did not accuse the *Senate*, but Ctes. only. Observe that Dem. adroitly substitutes this verb (= ἐπαινεῖν ἔγραψε) for στεφανοῦν ἔγραψε. — **οὐ περὶ τούτων, κ. τ. ἑ.**: *yes, but not* (did he propose to laud me) *on account of those things for which I was held responsible, but for what donations I made, O pettifogger!* — **τειχοποιὸς**: cf. note § 55. — **τἀνηλωμένα,** *the money expended;* this was, acc. to Æsch. in the passage cited below, in addition to the 10 talents received fr. the state, the sum of 100 minæ fr. his own purse; but acc. to *Lives of the Ten Oratt.*, p. 851, this sum was 3 talents. — **ὁδὶ**: i. e. Ctesiphon. The demonstrative ι has the *deictic* force = *here present.* So οὑτοσί below.

§ **114.** **ἤθεσιν,** *in vestris quidem moribus.* Diss. "It was in their very *natures* not to require such a thing" (Larned), sc. as to give account of donations. Reiske, Schaef., Dind., prefer the reading ἔθεσιν = *customs, practices,* as opposed to νόμοις. Cf. § 275; Isocr. *Panegyr.*, § 152: ἀλλ' ἐν τοῖς ἤθεσι τοῖς αὐτοῖς διαμένουσιν. — **Ναυσικλῆς** was leader of the forces sent to aid the Phocians in 352 B. C. Cf. Diod. XVI. 37. — **ὅτε**: some Editt. read ὅτι; but both the idea of time and of cause may be expressed by ὅτε, and, while *cause* is natural as corresponding to ἐφ' οἷς above, *time* seems required w. the change of tense in ἐστεφανοῦντο. — **Διότιμος**: in *Lives of the Ten Oratt.*, p. 844, he is called one of the leaders of the people, and in Arrian *Anab.*, I. 10. 4, he is named as one of the statesmen whose surrender Alexander demanded. — **Χαρίδημος**: a brave soldier, leader of a mercenary force, who rendered the Athenians great service in their Thracian expeditions. Dem., in his Orat. *c. Aristocr.*, §§ 151, 185, 188, speaks of his receiving a crown. — **ἐστεφανοῦντο**: why this change of tense? Drake supposes that the perfect (ἐστεφάνωται, τετίμηται) denotes that Nausicles and Neoptolemus were still living, the imperfect (ἐστεφανοῦντο) that Diotimus and Charidemus were dead. But this supposition seems true only in case of Neoptolemus; at least of the others it is not known whether they were alive or dead. V. suggests that the perf. represents the act as completed, the impf. as customary. — **Νεοπτόλεμος**: the rich man referred to in Dem. *c. Mid.*, § 215. He was probably present; hence οὑτοσί. — **ἔργων,** sc. δημοσίων. — **ἂν εἴη...εἰ...ἐξέσται...ὑφέξει**: to make a regular cond. sent., what forms would be required in the conditional to correspond to the consequent clause? How would this change affect the sense? — **ὑφέξει,** *shall subjoin accounts,* the prep. ὑπό denoting *under* or *below;* here in the sense of *at the foot* of his list of donations. The orator aims to show here that usage was on his side. The precedents he cites may have been exactly in point; but unless they were, his argument fails in so far as he does not prove, but simply assumes, that these men received their honors *before* they had rendered their account.

§ 115. **τούτοις**: dat. int. w. γεγενημένα: *the very decrees passed in honor of these men.*

§ 117. **οἷς**: supply τούτων as antecedent in the same constr. as τῆς ἀρχῆς. — **οὐκοῦν οὐδ' ἐγώ**, *and therefore I am not either.* The οὐκ in οὐκοῦν looks back to οὐχ ὑπεύθυνος just preceding, and implies an interrogatory, *am I not* οὐχ ὑπεύθυνος? — **ταὐτὰ γὰρ...δήπου**, *for I presume I have the same rights w. reference to the same things as the rest of mankind.* The sarcasm of this truism need hardly be pointed out. — **ἐπέδωκα**: the punctuation varies in diff. Editt., most placing a colon here and after ἦρχον and ·ἦρξα. But to put these statements as suppositions in the interrogatory form seems very suitable to the idea. *Have I given donations? (very well), for this I am praised,* etc. The same is true of §§ 198, 274. — **οὐκ ὢν**: the partc. is causal: *while* or *since I am not.* — **ἔδωκα** = ἐπέδωκα. "The simple verb may follow after the more complete form." V. — **δέδωκα**: this was true at the time he said it, but not when the suit was first brought, 7 years before. — **νὴ Δι', ἀλλ'**, *yea, verily, but did I discharge my official duties in an unjust manner?* A more forcible form of introducing an objection than the more usual ἀλλὰ νὴ Δία. — **εἶτα** gives a certain degree of surprise and indignation to the inquiry. — **εἰσῆγον**, sc. εἰς τὸ δικαστήριον. W. understands this, not of leading into court to answer charges of unsatisfactory accounts, as Diss. seems to take it, but of the presentation of the accounts already audited and approved by the Logistæ to the general court for confirmation; at this time any citizen might bring in a complaint for malfeasance or fraud, in response to the customary invitation: τίς κατηγορεῖν βούλεται; Cf. Meier and Schöm., p. 103. — **οὐ κατηγόρεις**: most Editt. punctuate, as this, with a mark of interrogation, but translate as if τί or διὰ τί = *why?* preceded. Voem. objects to this punctuation on the ground that thus we get the opposite sense (*did you not accuse me?* meaning *yes*) to what is intended. But this is not necessarily the sense. The statement receives a sarcastic force from the interrogative form: *you did not accuse me?* Doubtless, the orator's tone of voice more clearly indicated this sarcasm, as also in the preceding νὴ Δί...ἦρξα. Cf. Dem. *de F. L.*, § 25: εἶτα τότ' οὐκ ἔλεγες παραχρῆμα ταῦτα οὐδ' ἐδίδασκες ἡμᾶς;

§ 118. **ἐστεφανῶσθαι**: to be understood of the *proposal* to crown. — **οἷς ...τοῦ προβουλεύματος**: "the construction is τούτοις γὰρ τοῦ προβουλεύματος ἃ οὐκ ἐγράψατο, *for by those parts of the preliminary resolution which he has not indicted it will be clearly proved that he is malicious in those which he does attack.*" Wh. To make the attack upon a part and not upon the whole of this transaction is a proof of malicious intent.

§ 119. **φησιν ἡ βουλὴ**: the Senate had adopted the proposal of Ctes. Cf. note, § 9. — **παρανόμων γράφῃ**, *you indict as illegal.* παραν. is genit.

crime or charge. — **οὐχ ὁ τοιοῦτος**: the art. **ὁ** is used generically, to designate one of a class, *not such an one?* The orator is fond of winding up a division of his speech by some such sharp appeal as this. Cf. §§ 52, 101; de F. L., 66. In comparing the parallel argument of Æsch. we notice an anticipation of one point wh. Dem. does not touch upon, sc. that his office does not fall within the intent of the law of accountability, since it is not a regular magistracy (*ἀρχή*). From the silence of Dem. we must infer either that Æsch. inserted this argument in the later edition of his oration, or that Dem. judged it unwise to attempt any refutation. The answer of Dem. to this second count of the indictment is generally regarded as unsatisfactory, at least when taken from a strictly legal standpoint. How far the law requiring the incumbent of an office to give in the account of his administration prior to his receiving any public honor may have become obsolete, it is impossible to say; that it had often been disregarded before, seems quite probable from what we know of the irregular and imperfect character of Athenian administration. And hence Dem. may have felt it quite safe to leave this point of the case out of view, as likely to be overshadowed by the argument showing the unreasonableness of being obliged to give an account of one's donations to the public service.

(*d*) §§ 120-122. THE PLACE OF PROCLAMATION. **μυριάκις μυρίους**: a rhetorical exaggeration; yet not so great as might be, judging fr. the statements of Æsch. — **πολλάκις...ἐστεφανῶσθαι**: notice the change in the phraseology (*στεφανοῦν* st. *κηρύττειν*), and cf. note, § 83. — **σκαιὸς** = *perverse.* — **τοῦ δὲ...συμφέροντος**: "etsi vero non dubium veram causam rei fuisse, ut etiam exterorum quam plurimi coronatos cives et urbem talium civium matrem admirarentur, Demosthenis ingenium agnoscas in eo, quod pulchriorem interpretationem proponit." Diss. The same motive is appealed to by Æsch. *c. Ctes.*, § 177 ff., and by Lycurg. *c. Leocr.*, § 10.

§ 121. **πλὴν...ἀναγορευέτω** is a direct citation fr. the law. — **ψηφίσηται,** sc. *ἀναγορεύεσθαι ἐν τῷ θεάτρῳ.* — **ἀναγορευέτω,** sc. *ὁ κῆρυξ.* The argument upon the third count of the indictment may be summed up thus: (1) Æsch. claims that the place of proclamation is fixed by law as follows: crowns awarded (*a*) by the people must be proclaimed in the Ecclesia; (*b*) by the Senate, in the Bouleuterion; (*c*) by the committee of the deme or tribe, in the deme or tribe meeting. (2) Dem. claims that the proclamation of *any* crown may be made in the theatre on the vote of the people or of the Senate. (3) Æsch., anticipating this statement, argues that the proclamation in the theatre under special vote applies only to the crowns bestowed upon Athenian citizens by foreign states. As the claim of neither can be confirmed by genuine proofs, we are unable to decide this disputed point. Most critics hold that Æsch. is here also, as in the matter of accountability, *technically* in the right; yet that it is manifestly improbable that the proposal of Ctes. would have been accepted by the Senate, had not *usage* been on his side. But Westermann and others call in question the truthfulness of Æsch. representation, that the Athenian people had voluntarily and wholly cut themselves off from the privilege of proclaiming in the theatre the honors they themselves conferred, while permitting this very thing to be done in the case of crowns awarded by foreigners; and they believe Æsch. guilty either of perverting the so-called Dionysiac law, or of suppressing that most essential clause cited by Dem. This opinion finds support in the language of Dem.: *νόμους μεταποιῶν, τῶν δ' ἀφαιρῶν μέρη*. But this again is the very charge Æsch. brings against Dem. Cf. infra: *χρήσονταί τοῦ νόμου μέρει τινί, κ. τ. ἑ.* — **ἐλλεβορίζεις**, *purge with hellebore*, as a cure for insanity. — **αἰσχύνῃ...εἰσάγειν...μεταποιῶν...ἀφαιρῶν**: many Editt. read *εἰσάγων*. Ordinarily, what is the diff. between the partic. and the infin. after *αἰσχύνομαι*? Cf. H. 800, 802; G. § 112. 2, note 6; Cu. § 594; C. 657 k. A similar mingling of partic. and infin. without any apparent diff. in the sense, occurs in Xen. *Cyrop.*, V. 1, 21. 22. Transl., *you are not even prevented through shame from introducing, and you are not ashamed to alter and to garble.* — **φθόνου**: genit. cause, denoting the motive. — **ἀδικήματος**, *for any misdeed;* genit. cause, denoting the charge or crime.

§ 122. **τῷ δημοτικῷ**: a sarcastic allusion to the words of Æsch. given below. — **ἔχοντα** agrees with *αὐτὸν* to be supplied as obj. of *κομιζόμενος*. — **λόγῳ**, *by description* or *definition*, as opposed to *πράγμασι...πολιτεύμασι*, and in allusion to the terms of the *συγγραφή*. Some render it incorrectly, *by their speech*, wh. would require *τῷ λόγῳ* or *τοῖς λόγοις*. — **τοὺς δημοτικοὺς ...γιγνωσκομένους**: change of constr. after *ὥσπερ* fr. nom. (*ἐκδεδωκώς*) to accus. absol. Cf. § 276; G. § 110. 2, note 1; H. 793; Cu. § 588; C. 675 d. — **ῥητὰ καὶ ἄρρητα** = lat. *dicenda et tacenda;* "*names mentionable and unmentionable.*" Wh. "*Billingsgate*, as the Londoners would say." Kenn. — **ἁμάξης**: in allusion to the custom of the Athenians to revile and banter one another in most unbecoming language, while they were riding in open carts or wagons at the celebration of the Anthesterian festival, particularly on the second day, the Χόες. Vid. *Dict. Antiq. Dionysia.* Cf. note on *πομπείας*, § 11. This same practice was in vogue among the Athenian women at the Thesmophoria. Cf. Creuzer's *Symbol.*, IV. 462.

(*e*) §§ 123-125. TRANSITION TO THE THIRD DIVISION OF THE ORATION. **καὶ τοῦτο**, *this also*, sc. *let me say*, in addition to the statement introduced by *καὶ βοᾷς* above. — **ἔχειν**, *has to do with, involves.* — **λοιδορίαν βλασφημίας, κ. τ. ἑ.**, *but calumny involves defamations, which foes chance to utter against one another in harmony with their own proper spirit.* Cf.

note on § 10. With this cf. Cic. *pro Cæl.*, 3. 6: "Sed aliud est maledicere, aliud accusare. Accusatio crimen desiderat, rem ut definiat, hominem ut notet, argumento probet, teste confirmet; maledictio autem nihil habet propositi præter contumeliam." — **ὑπείληφα**: we say in Engl., *I take it that*, expressing an opinion resulting from previous reflection. — **ἀπὸ τῶν ἰδίων** = *ex vita privata*, to be joined w. *κακῶς λέγωμεν*. — **τὰ ἀπόρρητα,** *things forbidden*, hence *disgraceful scandals.* Dem. has special reference to the scandalous personalities of Æsch., § 171 ff.

§ 124. **οὐδὲν ἧττον ἐμοῦ** = *ὁμοίως ἐμοί.* — **πομπεύειν** = *λοιδορεῖν.* Cf. note on *πομπείας*, § 11. — **οὐδ᾽ ἐνταῦθα,** *not even here*, i. e. in these personalities. — **ἔλαττον, κ. τ. ἑ.,** *is he justly to come off with less*, i. e. than he gave. — **φῇ**, why the subj.? Cf. G. § 88, note 1; H. 720 c.; Cu. § 511; C. 647. — **ἦν** = *ἐξῆν.* — **ὑπὲρ τούτων**: *in behalf of these*, sc. the Athenian citizens. — **εἴπερ ἠδίκουν**: *if in fact I did wrong*, as by the form of the condition he assumes. — **ἐξέλειπες,** *you repeatedly neglected to do so*, sc. *λαβεῖν δίκην.*

§ 125. **ἀθῷος,** *stand clear by every consideration.* — **τῷ χρόνῳ,** *by the time*, i. e. wh. elapsed since the accusation was first made, nearly 8 years. — **τῇ προθεσμίᾳ,** *by the statute of limitation.* Meier and Schöm. *Att. Proc.*, p. 636, state that 5 years was the limit allowed for bringing prosecutions in cases of indebtedness, recovery of estates, etc. The *γραφὴ παρανόμων* could be brought against the author of a decree only within the limit of a year after its proposal; later than this, the *decree* could still be attacked, but not its *author.* Ctesiphon, whom Dem. represents, was therefore *ἀθῷος τῇ προσθεσμίᾳ.* — **τῷ κεκρίσθαι...πρότερον**: Diss. makes this refer to the prosecutions by Diondas (§ 222), and by Patrocles for the trierarchical law (§ 105). — **τῇ πόλει δ᾽, κ. τ. ἑ.,** *but (where) the state must needs share more or less in the reputation connected with my public transactions, there have you encountered me?* The *enthymeme* contained in this section may be stated thus: Æsch. professes to be the enemy of Dem.; but his prosecution is so conducted that it can result only in injury to the state; ergo, he is the enemy of Dem. only in name, but of the state in fact. The student will recollect that this same charge of being dishonest *as an accuser* was made by Dem. against his rival at the outset of his speech (§§ 12–16). There, as here, this charge rests on the fact that Æsch. prosecuted so long after the alleged crimes had been committed, that now they could not be properly punished even if proved; but *there* the conduct of Æsch. is explained as due to personal hatred, *here* as influenced by a purpose to injure the state. With this sharp reproach, the orator concludes what may be regarded as his defence, and proceeds to the attack.

THIRD DIVISION OF THE ORATION.

§§ 126–323. STRICTURES ON THE PERSONAL CHARACTER AND PUBLIC CAREER OF ÆSCHINES, AND REVIEW OF HIS OWN GENERAL POLICY. (*a*) §§ 126–131. PERSONAL CHARACTER OF ÆSCHINES AS AN ORATOR AND A MAN. (*b*) §§ 132–323. THE CAREER OF ÆSCHINES AS A CITIZEN AND STATESMAN CONTRASTED WITH THAT OF DEMOSTHENES.

(*a*) §§ 126–131. **δέδεικται,** *has been indicated to all,* sc. by his preceding arguments. The quiet assurance of the orator, as if certain of his case, probably suggested to the ancient critics the idea that a burst of applause followed his last sentence, wh. he interpreted as a clear proof of his acquittal. We may well believe that the orator had more convincing, if less palpable, tokens than this of his power over his auditors. — **δέ** introduces an *anacoluthon.* The apodosis that would regularly follow *ἐπειδὴ τοίνυν... δέδεικται,* is suppressed under the influence of passion. (Cf. Hermog. Περὶ Ἰδεῶν, II. p. 342.) V. supposes that the orator, had he spoken calmly, might have expressed himself thus: *χρὴ περὶ σοῦ καὶ τῶν σῶν εἰπεῖν, ἀπορῶ δέ, τοῦ πρώτου μνησθῶ.* But it is only after a vehement outburst of passion (in §§ 127, 128), called forth by the invective of Æsch., that the orator proceeds (in § 129) to speak of the personal history of his opponent, without regard to the structure of his previous period. — **βλασφημίας** should regularly come *after εἰρημένας*, but is placed *before* it for the sake of rhetorical emphasis. Similar are *τὴν τότε...δόξαν ὑπάρχουσαν,* § 98, *τοὺς ἀνθρώπους ἀφικνουμένους,* § 201, *τῇ...ἀρχῇ πραττομένῃ,* § 293. W. — **αὐτὰ** = *by themselves, alone.* Cf. § 168. As Æsch. before occasioned the self-laudation of Dem., so now he is blamed for the personal invective uttered by his rival. We could wish that Dem. had magnanimously refused to follow the example of Æsch. in this regard. — **τίνων** = *ἐκ τίνων.* — **διασύρει**: Cf. note on *διέσυρε,* § 27. — **μετρίων** has the same sense here as in § 10.

§ 127. **Αἰακὸς, κ. τ. ἑ.**: the three judges in Hades, who were regarded as models of stern and inflexible justice. — **σπερμολόγος**: Deriv.? For the meaning Schaef. cites Eustath. *Hom. Odyss.*, p. 1547: *εἶδός ἐστιν ὀρνέου λωβώμενον τὰ σπέρματα· ἐξ οὗ οἱ Ἀττικοὶ σπερμολόγους ἐκάλουν τοὺς περὶ ἐμπόρια καὶ ἀγορὰς διατρίβοντας διὰ τὸ ἀναλέγεσθαι τὰ ἐκ τῶν φορτίων φασὶν ἀναρρέοντα καὶ διαζῆν· ἐκ τούτων δὲ τὴν αὐτὴν ἐλάγχανον κλῆσιν καὶ οἱ οὐδενὸς λόγου ἄξιοι.* "*A retailer of second-hand and second-rate information.* HOLMES. The Athenians applied the same epithet to the Apostle Paul, *Acts* xvii. 18. — **περίτριμμα ἀγορᾶς,** *a hack of the market;* this term answers very nearly to our *police-court pettifogger.* — **ὄλεθρος**: the subst. used as an adj.; *a wretch of a clerk.* Cf. *ἀνθρώπους ὀλέθρους,* Dem. *c. Aristocr.*, § 202;

ὀλέθρου Μακεδόνος, *Phil.*, III. 31. Æsch. had been at one time the clerk of some of the petty magistrates. Cf. § 261. — **ἐν τραγῳδίᾳ** : Cf. note on ἐτραγῷδει, § 13.

§ 128. **κάθαρμα**, *scum, offscouring* (fr. καθαίρειν). — **ἧς τῶν...οὐδέν**, *when no one of those who have really enjoyed it* (ἧς) *would use any such expression concerning himself.* The relat. clause ἧς...τετυχηκότων performs the function of connecting this and the preceding sentence. — **κἂν ἑτέρου λέγοντος** : give the equivalent conditional clause in Greek to correspond to ἐρυθριάσειεν. — **τοῖς...ἀπολειφθεῖσι**, *to those destitute of it* (sc. παιδείας). — **ὑπ' ἀναισθησίας**, *through stupidity; aus Blödsinn*, Jacobs; to be joined w. προσποιουμένοις. They are simpletons who suppose that they can pass for educated men by simply *making a pretence* to education. — **τὸ...ποιεῖν... τὸ...δοκεῖν**, subj. of περίεστιν. Transl. : *there results that they cause those who hear to be in pain, whenever they speak,* (*but*) *not that they appear to be such persons* (*as they pretend*). τοιούτοις is attracted fr. the accus. in the predicate w. εἶναι to agree w. προσποιουμένοις. Cf. συκοφάντῃ, § 266.

§ 129. **τοῦ = τίνος** : how governed ? — **Τρόμης** : the Schol. thinks the father of Æsch. may have had the position of assistant in the school of Elpias. In de F. L., § 249, Dem. speaks of Tromes as himself διδάσκων γράμματα. Cf. A. Schaef. I. p. 191. — **χοίνικας...ξύλον**, *stocks, leg-irons, ...wooden collar.* These were instruments of torture to punish refractory slaves. — **μεθημερινοῖς γάμοις**, *by means of midday prostitutions.* "Significatur igitur imprimis flagitiosa vita, quæ ne noctis quidem tenebris se occultaret." Diss. In regard to these reproachful personalities we remark substantially w. Schaef. I. p. 197 ff. : from Dem. de F. L., §§.200, 249, 281, it appears that the mother of Æsch. was of Athenian birth, and a priestess, but guilty of gross conduct in the discharge of her priestly office. The representation, therefore, of Dem. is, to say the least, exaggerated. These disgusting personalities have much the same character as the personal satire of comedy. To arrive at the degree of their truthfulness we must sift them of all intentional exaggeration, and view them in somewhat the same light as the mockery and satire wh. Aristophanes heaped upon Cleon, Euripides, and Socrates. What we find therein to censure, we must charge to the account, not so much of the individual orator, as of the perverted taste that took delight in the utmost license of speech upon the bema no less than upon the stage. — **πρὸς τῷ Καλαμίτῃ ἥρωι**, *near the hero Calamites*, i. e. near his statue. Commentators have generally understood this as referring to the same locality designated in de F. L., § 249, as πρὸς τῷ τοῦ ἥρω τοῦ ἰατροῦ, and Voemel and Westermann have identified this *Hero-physician* with the Scythian named *Toxaris*, who is mentioned by Lucian, *Scyth.* I. This Toxaris, acc. to Lucian, lived in Athens as the friend of

Solon, was buried in the Ceramicus, and subsequently deified and worshipped as the "Stranger-physician," in the belief that through advice given by his spirit the plague was stayed in Athens. The true explanation of Καλαμίτης (wh. has been made to mean by some *probe-man* or *surgeon*, by others *reed-man*, as the patron of flogging schoolmasters !) has been found, doubtless, by Professor Goodwin, whose interpretation we take from Vol. IV. Transactions of the Amer. Philol. Assoc., 1873. "His monument [sc. the physician's] existed in a mutilated state in Lucian's time, representing a Scythian *bowman* with a *strung bow* in one hand and a book in the other. Now καλαμίτης can mean *bowman* (or, more exactly, *arrow-man*), as κάλαμος very often means an *arrow of reed*. It will then be simply an equivalent for *Scythian*, and it will be remembered that the police of Athens were called both Σκύθαι and τοξόται." This monument was a relic of antiquity even in the time of Dem., and he refers to it as marking a well-known locality. Recent discoveries seem to place it not far from the Theseum. — **τὸν καλὸν ἀνδριάντα,** *the handsome puppet*. Acc. to Diss., a sarcastic allusion to the fine figure of Æsch., and to his repose of manner in speaking. Cf. *de F. L.*, § 255. — **τριταγωνιστὴν** : cf. §§ 209, 262, 265.

§ **130.** **ταῦτα,** i. e. relating to his parentage. — **οὐδὲ γὰρ...ἀλλ' καταρᾶται** : none of the various explanations of this sentence, wh. I give in the order of my preference, seems wholly satisfactory. (1) Join the sentence closely to ἐάσω : I disdain to speak more about his parentage, *for that was not his parentage to which he laid claim by a happy circumstance* (this circumstance is the manœuvre by wh. he became the child of apparently respectable *Athenian citizens*, and is described in ὀψὲ γάρ, κ. τ. ἑ., below), *but his family was such as the people curse*, i. e. slaves by descent, who had managed to creep into citizenship. The presumption is that such characters were included in the curse pronounced by the herald in opening the meeting of the Assembly. (2) Quite a large number of critics take ὧν ἔτυχεν as equivalent to τῶν τυχόντων and as masc., and read : *he did not spring from ordinary people, but from those*, etc. (3) V. understands ἦν not of *descent*, but of *belonging to as a class ; neque enim unus ex iis erat, quorum erat casu, sed ex iis*, etc. The sense, acc. to this view, is that while Æsch. was of low parentage *by chance*, he was of base and accursed companionship *by choice*. Cf. §§ 282, 297. (4) Diss. takes ὧν and οἷς as neuter and ἃ βεβίωκεν as subj. of ἦν, and reads : *for his acts were not of an ordinary sort, but such as the people execrate*. — **ὀψὲ γάρ ποτε, κ. τ. ἑ.,** *for it is quite recent — recent, do I say ? nay*, (μὲν οὖν) *yesterday only or the day before*. — **Τρόμητος,** *Tromes = the trembler*, would be a fitting name for a slave ; *Atrometus = the dauntless*, has a superior ring to it. — **Γλαυκόθεαν** : Apollonius says in the biography of Æsch. that his mother was named by some Γλαυκίς; add to this that Æsch. (*de F. L.*, § 78), speaks of his mother's brother as Γλαῦκος, and we may fairly infer that her real name was *Glaucis*, wh. was lengthened to do honor to the superior station of her son. So Lucian represents the old cobbler *Simon*, when he had become rich, lengthening his name to *Simonides*. — **Ἔμπουσαν** was the name of a goblin wh. had the ability to assume all sorts of shapes. Aristoph. *Ran.*, 288 ff., describes this monster.

§ 131. **ἐκ**: "*instead of;* as coming *out of* one state into the other. The idiom is very common. Cf. Soph. *O. T.*, 454; *Antig.*, 1093, etc." HOLMES. — **οὐχ ὅπως...ἀλλὰ,** *not only not ... but;* without the usual καί after ἀλλά, as in Lys. 30. 26: οὐχ ὅπως ὑμῖν τῶν αὐτοῦ τι ἐπέδωκεν, ἀλλὰ τῶν ὑμετέρων πολλὰ ἀφῄρηται. Cf. H. 848 c; Cu. § 622. 4; C. 717 g. — **ἄρα,** *forsooth;* ironical. Cf. § 22. Point out the antithesis between this and the next sentence. As in the opening of his speech the orator defended himself first against the attacks upon his private life, so here he has directed his attack first upon the private life of Æsch. Since he treats this topic afterward at greater length, it seems as if it were introduced here for the sake of giving unity and symmetry to the structure of the oration.

(*b*) §§ 132-323. I. §§ 132-139. THE SUSPICIOUS CONDUCT OF ÆSCHINES IN RELATION TO ANTIPHON, TO PYTHON, AND TO ANAXINUS. **ἀποψηφισθέντα,** *disfranchised.* In 346 B. C., a general examination (διαψήφισις) of the registries of citizens took place for the purpose of testing the validity of the claim to citizenship. Among many others, Antiphon was stricken from the list (ἀποψηφίσεσθαι). In revenge for this disgrace he offered his services to Philip. — **ὃν λαβόντος, κ. τ. ἑ.**: the constr. of this sentence is very similar to ἧς τῶν μὲν, κ. τ. ἑ., in § 128. — **ἄνευ ψηφίσματος,** *without a warrant.* "An Athenian's house, like an Englishman's, appears to have been his castle wh. could not be entered without legal warrant for that purpose, wh. Dem. did not in this case possess." Wh. Cf. Meier and Schöm. *Att. Proc.*, p. 588.

§ 133. **ἡ ἐξ Ἀρείου πάγου**: the famous court of Areopagus had the right in cases of extreme danger, such as conspiracies against the state, at least to order arrest and to institute legal examination. When Antiphon was discharged by the Assembly, the Areopagus arrested him again and delivered him up for trial to the Heliastic court. Cf. Meier and Schöm. *Att. Proc.*, p. 344. — **ἐν οὐ δέοντι,** *at an inopportune, ill-timed juncture.* — **καὶ τὸ δίκην, κ. τ. ἑ.,** *and slipping through the hands of justice, would have been sent out of the way by this fine-spoken gentleman.* — **στρεβλώσαντες**: torture was applied by the Athenians either for extorting testimony or as a means of punishment; to slaves without any preliminary legal process, but to citizens only on the special decree of the Assembly.

§ 134. **σύνδικον**, *advocate.* — **ὑπὲρ τοῦ ἱεροῦ** : the Athenians had long contended w. the Delians for the control of the sanctuary of Apollo on the island of Delos. In 343 B. C. the Delians brought the affair for decision before the Amphictyonic council. The patriotic party at Athens, desiring greatly the election of an anti-Macedonian as advocate (since Philip had great influence in the council), contrived to transfer the election from Æsch. to Hyperides in the manner described. — **προσείλεσθε** : so read Dind., Bekk., Lipsius, after the conjecture of Wolff, contrary to the MSS. wh. have προείλεσθε. προσαιρεῖσθαι = *to take to one's self in addition;* hence, *you had associated with you also that body* (κἀκείνην) *in addition;* i. e. the Senate and Assembly invited the Areopagus to co-operate with them; otherwise, the Areopagus would have had no right to rescind the vote by wh. Æsch. had been elected. προαιρεῖσθαι = *to choose before* or *instead of;* hence, *you had selected it to act for you,* i. e. *delegated it.* The chief difficulty of the latter reading lies in καί (in κἀκείνην), wh. is then best joined w. what follows. — **Ὑπερείδῃ** : one of the ten Athenian orators, and a prominent anti-Macedonian leader. Persuaded by his much-lauded λόγος Δηλιακός (cf. Sauppe, II. 285 ff.), fragments of wh. only remain, the council decided in favor of the Athenians. — **ἀπὸ τοῦ βωμοῦ** : the most solemn method of voting was to place the ballots (ψῆφοι) upon the altar for consecration preparatory to depositing them. The earliest instance of this usage is found in Herod., VIII. 123 : Διένεμον τὰς ψήφους ἐπὶ τοῦ Ποσειδέωνος τῷ βωμῷ.

§ 135. **μέλλοντος λέγειν** is the reading of Σ as corrected by a later hand (the original being partly erased), and of most MSS. V. and Dind. read λέγοντος, wh. Holmes takes as an *impf.* and strangely renders : *when he was going to speak.* The genit. absol. constr., st. τοῦτον μέλλοντα λέγειν obj. of ἀπήλασεν, gives more prominence to this clause. Cf. Xen. *Anab.*, I. 4, 12; II. 24; Thuc., I. 114. — **οὐκοῦν** : the force of οὐκ and οὖν is clearly noticeable here : *when, therefore,...then it showed him to be,* etc. (*did it not?*).

§ 136. **Ἓν μὲν, κ. τ. ἑ.**, *This one transaction, therefore, of this fine young fellow was of such a nature; similar of course, for why not? to those,* etc. ἕν as opposed to ἕτερον below. — **νεανίου** refers not to age, for Æsch. was at this time more than 45 years old, but to the arrogance and violence of youth. — **Πύθωνα** : a noted orator who served in 343 B. C. as the advocate of Philip in an embassy to Athens, in relation to the maintenance of the peace of Philocrates. All the information we have concerning Python's speech on the subject before us is found in the oration on the Halonnesus (§§ 18 – 23). This oration was formerly attributed to Dem., but is now believed to have been written and delivered by Hegesippus, a coadjutor of

Dem. on this occasion. — **πολλῷ ῥέοντι,** *in the full torrent of speech.* ῥεῖν is often used of *speech.* So in Aristoph. *Eq.*, 526, 527; Hor., *Sat.*, I. 7, has "*salso multoque fluenti.*"

§ 137. **μετὰ ταῦθ' ὕστερον**: *thereupon* (relative time), *later* (absolute time). — **'Αναξίνῳ**: a Eubœan who came to Athens about 340 B. C., probably while the preparations for the expedition to Oreus were in progress (cf. § 79), ostensibly to make purchases for Olympias, the queen of Philip. Dem. pays no attention to the reproach of his rival. — **μόνος μόνῳ**: the skilful collocation of the words in this sentence brings out the sense very forcibly.

§ 138. **καὶ γὰρ**: an instance of the frequent elliptical use of καί. — **οὕτω πῶς,** *somewhat as follows.* — **ἔτι** = *prœterea.* — **ὧν**: attracted fr. the accus. into the case of τούτων. — **ὑπηρετῶν...ἐπηρεάζων** is an instance of play upon words of similar sound. — **εἰς ἀκριβῆ μνήμην,** *these things are not treasured up by you for accurate remembrance;* the εἰς indicates the aim or object. — **οὐδ' ἣν προσῆκεν ὀργήν,** *nor for proper resentment.* For the constr. cf. H. 809; Cu. § 597; G. gr. § 154; C. 553. — **ὑποσκελίζειν**: a colloquial word. Deriv.? — **ἀνταλλαττόμενοι,** *bartering away in exchange for.* Where has Dem. spoken of this before? — **διόπερ ῥᾷόν, κ. τ. ἑ.**: the same sentiment is expressed in a less vigorous way in *Phil.*, III., § 55: ἀλλὰ καὶ μετὰ πλείονος ἀσφαλείας πολιτεύεσθαι δεδώκατε τούτοις ἢ τοῖς ὑπὲρ ὑμῶν λέγουσιν.

§ 139. **τὸ μὲν...συναγωνίζεσθαι** is subj. of δεινὸν (ἐστίν) and has answering to it the sentence ἀλλ' ἐπειδή, κ. τ. ἑ. — **πρὸ τοῦ πολεμεῖν** refers to the renewal of hostilities w. Philip after the dissolution of the peace, in 340 B. C. — **πῶς γὰρ οὔ**: parenthetic, as οὐ γάρ in § 136. — **τὰ πλοῖα**: cf. note § 73. — **Χερρόνησος**: cf. note § 80. — **ἐπὶ τὴν 'Αττικήν,** *upon Attica.* Dem. alludes to the invasion of Locris, 339 B. C., when Philip seized Elatea (cf. § 169); before this no direct march upon Attica had been attempted by Philip. — **βάσκανος**: in what other connections has this word been used? — **ἰαμβειογράφος,** *writer of iambics;* a contemptuous allusion to Æsch. as a poetaster and playwright. The older Editt. read ἰαμβειοφάγος = *iambic eater*, i. e. *mouther of iambics*, referring to his bad recitation of iambics as an actor; but w. this the word βάσκανος and the context (οὐδ' ἔστιν...ψήφισμα) do not so well harmonize. Besides, V. has shown that ἰαμβειογράφος is the true reading of Σ, and cites as corroborative testimony Æsch. c. *Timarch.*, § 136: περὶ δὲ τῶν ποιημάτων ὧν φασὶν οὗτοί με πεποιηκέναι, τὰ μὲν ὁμολογῶ, τὰ δ' ἐξαρνοῦμαι μὴ τοῦτον ἔχειν τὸν τρόπον ὃν οὗτοι διαφθείροντες παρέξονται. — **ἐν τῷ ἐμῷ ὕδατι** = *during the time allotted me.* Each party to a suit had a given portion of time allotted him, wh. was measured by the water-clock (κλέψυδρα, cf. Dict. Antiq.). To offer one's opponent the opportunity to speak "*in his water*" was to challenge all contradiction.

This phrase explains the joke at the sobriety of Dem., sc. that other men *spoke* by water, he *composed* by it. — **αὐτὸν** : subj. of some such word as αἱρεῖσθαι to be supplied and depending on ἀνάγκη ἐστίν. — **ἔχοντ᾽...ζητοῦντα** : the particc. have a strong *causal* force here. — **παρὰ ταῦθ᾽**, *contrary to these.* Is there any escape from the dilemma of the alternative here presented ; if so, what ?

II. §§ 140 – 159. THE PART WHICH ÆSCHINES PLAYED, AS THE HIRELING OF PHILIP, IN PROVOKING THE AMPHISSIAN WAR. **ὥσπερ οὐδ᾽ ἔγραφεν** looks back to οὐδ᾽ ἔστιν ψήφισμα οὐδὲν Αἰσχίνῃ, § 139. — **οὐ μὲν οὖν**, *nay, no one else had a chance to say anything.* — **τὰ μὲν ἄλλα** : as contrasted w. ἐν δ᾽. — **ἐπεξειργάσατο** : what is the force of ἐπί in composition ? — **ἐπέθηκε τέλος**, *gave the finishing stroke.* — **τῶν Ἀμφισσέων** = περὶ τῶν Ἀ. So in Thuc., I. 140 : τὸ Μεγαρέων ψήφισμα. — **τῶν Λοκρῶν** : the reverse order would be more natural : *the Locrians* (generic), sc. *the Amphissians* (specific). Amphissa belonged to the Ozolian Locrians. — **τὸ**, *this affair*, i. e. the one alluded to above in ἐν δ᾽, κ. τ. ἑ. This demonstrative pronominal use of the article, belonging originally to the Epic dialect, is occasionally found in the prose as well as the poetry of the best Attic period. Cf. Plato *Phæd.*, 87 c ; Soph. *Trachin.*, 1172. See Kühner's Gramm., § 247. 3. — **ἐκνίψῃ**, *wash off.* The metaphor is familiar to all languages :

> "Will all great Neptune's ocean wash this blood
> Clean from my hand ?"
> SHAKESPEARE, *Macbeth*, II. 2.

οὕτω is the emphatic word. However much you may say, *that* you will not accomplish.

§ **141. καί**, *and especially.* This solemn invocation, wh. reminds us of § 8, the orator justifies in the next paragraph. The divinity invoked is Apollo, because he is the one most directly concerned in the transactions that are now to be discussed. — **πατρῷός** : "The ancient Attic king Ion was called the son of the Pythian Apollo, probably in consequence of the Ionians having adopted the worship of that deity from the Dorians, and the Athenians had πατρῷαι θυσίαι at Delphi." Wh. But this opinion that the worship of Apollo was derived fr. the Dorians is now generally discredited ; on the contrary, the appellation πατρῷος harmonizes w. the belief that the Apollo worship was fr. the first peculiar to the Ionians. — **εἰ...εἴποιμι...εἶπον** : a combination of two protases w. one apodosis (ἐπεύχομαι). Cf. G. § 54. 3, Rem. — **καὶ τότ᾽**, *and if I did speak it, right at the very moment when.* — **πρὸς**, *with a view to ;* st. *for the sake of.* — **ἀνόνητόν με ποιῆσαι**, *to render me destitute of the enjoyment of any good.*

§ **142. Τί οὖν, κ. τ. ἑ.**, *Why then have I made these so grave imprecations* *and assurances?* — **δημοσίῳ**, *the archives.* — **ἔχων...εἰδώς**: strongly concessive. — **ἐλάττων**: *minor quam ut conficeret.* — **ὅπερ πρότερον συνέβη**, sc. in the acquittal of Æsch. on the famous trial (343 B. C.) for his violation of oath and neglect of duty as envoy to Philip concerning the peace. Cf. § 35.

§ **143. τὸν...πόλεμον**: the circumstances that led to this war, sometimes called the "Third Sacred War," are given in the subjoined extract from the speech of Æsch. In citing this passage there is omitted, as unimportant to the question at issue, the story how this Cirrhæan plain came to be consecrated (to wh. allusion is made by Dem. in the words *λόγους εὐπροσώπους*, § 149). The unusual and emphatic order of the words in this sentence must not escape notice. — **Ἐλάτειαν**: cf. note, § 152. — **ὅς** refers to Philip. — **εἷς ἀνήρ**, *is the author alone and singly of all our greatest calamities;* or, *of greater calamities than any other one individual.* — **ἐν τῇ ἐκκλησίᾳ**, wh. was held immediately after the return of Æsch. fr. his mission to the Amphictyonic council. — **πόλεμον Ἀμφικτυονικόν**: up to this time the war w. Philip had its theatre in and about the northern possessions of Athens; but now, when it was easy to foresee that Philip, who had usurped the place of Phocis in the Amphictyonic council, would be intrusted w. the leadership of a war waged under the auspices of this council, the warning cry *πόλεμον εἰς τὴν Ἀττικὴν εἰσάγεις* ought not to have sounded in vain. — **ἐκ παρακλήσεως**, *those seated together by preconcerted arrangement;* lit. *by summons.* *παράκλητος* = Lat. *advocatus.* The orator means the Macedonian clique wh. generally sat together in the popular Assembly whenever concerted action seemed desirable.

§ **144. ὑπακούσατε** is used here in the sense of the simple *ἀκούειν.* — **ἐκωλύθητε**, sc. in the earlier deliberations, when Æsch. and his clique had everything their own way. Later, the opposition of Dem. was more effective. Cf. the account of Æsch. infra. In regard to the charge of Æsch. that Dem. procured the passage of his decree by the artifice described in the citation, Grote remarks: "There is nothing to confirm such insinuations; moreover Æsch., if he had still retained the public sentiment in his favor, could easily have baffled the tricks of his rival." — **καὶ...καὶ...καὶ**: correlated. — **δεινότης**: *calliditas*, Schaef.: *craftiness*, Kenn.

§ **145. ἦν.. εἰ...ποιήσειε**: what kind of a condit. sent.? Cf. G. § 53, N. 2; H. 750; Cu. § 549; C. 632. — **Θηβαίους...Θετταλούς**: while the traditional hatred between the Thebans and Athenians continued unabated (cf. § 168), there had arisen on the other side an estrangement between the Thebans and Philip, of wh. the refusal of Thebes to participate in the measures against the Amphissians (cf. Æsch. § 128) was an expression. In this state of things, it was probable that Thebes would not only decline to join Philip in an expedition against Athens, but would even prevent his army from passing through her territory; and it was doubtful whether under such circumstances the Thessalians would follow him. Cf. A. Schaef., II. 505. — **τῶν λῃστῶν**, *guerillas;* the reference is to private bands of marauders who by land and sea harassed the domain of Philip. — **τῶν ἐκ τῆς χώρας**: cf. note, § 44.

§ **146.** **μήτε...μήτε**, st. οὔτε...οὔτε, because the particc. have a conditional force. — **ὁποιουσδήποθ'**, *of whatever sort they were;* a point upon wh. he does not expatiate (ἐῶ γὰρ τοῦτό γε). — **αὐτῇ τῇ φύσει**, *to suffer ill from the very nature of the locality and the circumstances of each party.* The power of Philip lay in his land forces, that of Athens in her navy; the way to Athens was obstructed over land by the Thebans, over the sea by the Athenians.

§ **147.** **εἰ...συμπείθοι...ἂν ἡγεῖτο προσέξειν**, *if then he should try to persuade to join* (συν) ... *he thought that no one would be likely to pay attention to him.* Notice the emphatic position of τῆς ἰδίας ἕνεκ' ἔχθρας. ἂν προσέξειν would regularly be ἂν προσέξοι in the oratio recta. The fut. opt. w. ἄν is so rare that its existence is denied by some grammarians. For this reason some critics propose either to omit ἂν or to change the text to ἂν προσέχειν. But cf. G. §§ 26, 39; Kühner's Gramm., § 260. 5 a; Baümlein *de Modis*, pp. 295-297, 351. Undoubted instances of the fut. opt. w. ἄν are found in Lycurg. *in Leocr.*, § 15; Lys. *de cæde Erat.*, § 22; of the fut. infin. w. ἄν in Dem. *Leptin.*, § 35; Thuc., II. 80. — **ἐὰν...παρακρούσεσθαι**, *but if in assuming the common pretexts of these he should be chosen leader, he hoped he would in part quite easily deceive them and in part persuade them.* The second of these two conditions (sc. ἐὰν αἱρεθῇ) expresses the more probable or nearer alternative, the one wh. was later actually fulfilled. Just below Dem. makes the same discrimination: εἰ εἰσηγοῖτό τις and ἂν Ἀθηναῖος ᾖ. — **τὰς...κοινὰς προφάσεις**: the same wh. are called προφάσεις Ἀμφικτυονικὰς in § 158, and relating to the supposed violation of the rights of the Delphic god by the Amphissians and Athenians. — **τοῖς Ἀμφικτύοσι**: dat. commodi. — **περὶ** = *in*, denoting place and time. So περὶ τὸν Δεκελεικὸν πόλεμον, § 96. — **Πυλαίαν**: the *Congress* of the Amphictyons bore this name, as the delegates that of πυλάγοραι (§ 148), from the circumstance that it assembled twice each year, in autumn and in spring, in the temple of Demeter at *Thermopylæ.* It was formerly supposed that the spring session was held at Delphi, but the recently discovered funeral oration of Hyperides (§ 16), acc. to Westermann, has confirmed the conjecture of those critics who believe that the delegates first assembled at Thermopylæ to perform their ancient rites, and then adjourned to Delphi to transact other business. — **εἰς ταῦτα**, *for these things*, i. e. *to settle these difficulties.*

§ **148.** **ἱερομνημόνων**: deriv.? The difference betw. the Hieromnemons and Pylagoræ is not wholly clear; but from the representation of Æsch., § 115, it appears that besides the general meetings in wh. both participated, there were sessions of a more special character attended alone by the Hieromnemons; and that these alone were the actual official members of the Council and had the right to offer proposals and to pass decrees, while the Pylagoræ seem to have acted merely as councillors, who, whenever occasion demanded, were to plead for the particular interests of their respective states. — **ἐκείνου**: spoken from the standpoint of the speaker; cf. §§ 218, 236. — **ὑπόψεσθαι**: the critical student will observe that this apodosis in oratio recta would differ fr. *ἂν προσέξειν* above. — **εὐπόρως λήσειν,** *it* (i. e. *τὸ πρᾶγμα = his scheme) would easily escape detection.*

§ 149. **φυλάττοντος**: Schaefer remarks that we might expect *φυλαττομένου = guarding against*, but the idea of *guarding against* anything involves that of *being watchful* lest it may happen; hence the middle and active of this verb are frequently interchanged. — **προβληθεὶς, κ. τ. ἑ.,** *having been nominated and three or four having held up their hands for him, he was declared elected.* The result of a vote was immediately declared by the presiding officer. The method of procedure here described is not entirely unknown in modern political assemblies. — **ἐπέραινεν, κ. τ. ἑ.,** *he accomplished the ends for which he had been hired.* Whether this charge of Dem. be true or not, it is certain that if Æsch. had been acting as the hireling of Philip, he could have done nothing so favorable to the ambition of Philip and so fatal to the freedom of Greece, as to stir up this new Amphictyonic war. — **ὅθεν,** *how and whence*, going back and tracing the history from its origin. — **ἡ Κιρραία χώρα**: the Cirrhæan territory is a fertile plain extending from the foot of Mt. Parnassus to the Corinthian Gulf. How it came to be set apart to the service of the Delphic sanctuary is familiar to all who know the history of the first Sacred War, B. C. 595. — **ἀπείρους λόγων,** *inexperienced in speech-making*, in contrast w. the Pylagoræ. "The Hieromnemons were chosen, in Athens at least, from the whole body of people, without distinction of person." W.

§ 150. **περιελθεῖν,** i. e. *circuire ad fines determinandos.* Diss. — **σφῶν αὐτῶν οὖσαν,** *as belonging to themselves.* — **τῆς...χώρας**: partit. genit. — **οὐδεμίαν δίκην...ἐπαγόντων,** *although the Locrians were bringing no suit against us, nor those charges which now this man pretends.* Dem. does not directly contradict the narrative of Æsch.; his argument is this: no summons had been served by the Locrians on Athens, and without such summons no prosecution could legally be carried on; hence there were still many steps to be taken before final judgment could be pronounced against Athens; Æsch. ought, therefore, to have tempered his zeal w. a little good sense, to say nothing more. The account of Æsch. gives no explanation of the most vital point in the whole affair, the appointment of Philip to conduct the war. Cf. Grote, XC.; A. Schaef., II., p. 498 ff. — **τελέσασθαι,** *to bring to an issue* (τέλος). — **ἀπὸ ποίας ἀρχῆς,** *from what cause?* ἀρχή is used in the Homeric sense of αἰτία. V. cites in confirmation of this rendering a Schol. wh. explains ἅπαξ ἐκ τούτων in the next paragraph by ἀπὸ μιᾶς ἀρχῆς = αἰτίας μιᾶς. Some take ἀρχή to mean here *magistracy*, and read *under the auspices of what magistracy?* But W. remarks that this idea is implied in the preceding τίς...ἐκλήτευσεν. Inferior MSS. read ἐπὶ ποίας ἀρχῆς, wh. is made to mean: *in what archonship?* But this idea the Greek would express by ἐπὶ τίνος ἄρχοντος. — **ταύτῃ κατεχρῶ,** *you have made use of this as an empty and false pretext.* The omission of the art. makes ταύτῃ the subj. and προφάσει the predicate of the clause. Cf. C. 524 c; Kühner's Larger Gramm., § 246. 3, Rem. 1.

§ 151. **μικροῦ κατηκόντισαν,** *well-nigh shot them all down.* Cf. the account of Æsch., § 123. — **ἅπαξ ἐκ τούτων,** *once for all from these proceedings.* — **Κόττυφος**: Æsch., § 128, tells us all we know about him. — **οἱ μὲν,** sc. the Athenians and the Thebans, as we learn fr. the account of Æsch. — **εἰς** denotes the *terminus ad quem.* They had been expecting to do this all along, and were planning it *for* the next meeting. — **τὴν ἐπιοῦσαν Πυλαίαν**: the next regular meeting of the Amphictyonic council. Grote says that the first motion raised by Æsch. against the Amphissians occurred in the spring meeting (he says at *Delphi*, but see note on Πυλαίαν, § 147); next there was held the special meeting wh. elected Cottyphus to the leadership; after this, in September, 339 B. C., came the regular autumnal meeting, wh. is referred to here. — **ἐπὶ τὸν Φ. ἡγεμόνα ἦγον,** lit. *they brought affairs* (sc. τὰ πράγματα) *to Philip as leader.* So in *Phil.*, III., § 57: οἱ μὲν ἐφ' ὑμᾶς ἦγον τὰ πράγματα, οἱ δ' ἐπὶ Φίλιππον. — **οἱ κατεσκευασμένοι, κ. τ. ἑ.,** *those of the Thessalians and those* (lit. *of those*) *in the rest of the states who had prepared themselves and were veteran traitors.*

§ 152. **εἰσφέρειν,** *to contribute* a special tax. — **ζημιοῦν,** *to punish by fine.* — **ᾑρέθη γὰρ**: γάρ implies an ellipsis in the thought, somewhat like this: but what is the use of wasting many words upon this point; *for* you know the result, and that is enough. — **εὐθέως**: Philip at once set about collecting a force and preparing for his campaign in Hellas. But Dem. neglects to mention (probably w. the intention of making his narrative the more striking and effective) that Philip first marched against Amphissa, and, after destroying it and defeating the combined forces of the Locrians and Athenians, turned back unexpectedly towards Elatea. Cf. A. Schaef., II., p. 513 ff. — **ἐρρῶσθαι φράσας,** *having bidden a long adieu.* This sarcastic use of this phrase is quite common. Cf. *de F. L.*, § 248: ἐρρῶσθαι φράσας τῷ σοφῷ Σοφοκλεῖ. — **Ἐλάτειαν**: the largest town of Phocis, situated not far fr. the frontier of the Epicnemidian Locrians, and important as the key to the mountain passes that give approach to and from Thessaly. It had been destroyed, in common w. the other Phocian towns, at the close of the Sacred War, 346 B. C. Æsch., § 140, states that now Philip fortified it. — How much consternation this movement of Philip excited at Athens, we shall presently hear.

§ 153. **ὥσπερ χειμάρρους**: the student must have already noticed the sparing use Dem. makes of figures of speech. For Quintilian's criticism of his style and comparison of him w. Cicero, cf. *Institutes of Oratory*, IX., ch. I., § 40; X., ch. I., §§ 105–108; XII., ch. X., § 23. — **τὸ γ' ἐξαίφνης**, *for the moment at least* (though not ultimately). — **καὶ...καὶ**, *and...also.*

§ 156. **ὑπήκουον**, *refused to comply*, either to join him in attacking the Athenians, or permitting him free transit through their borders. — **τοὺς... συμμάχους**: the Arcadians, Eleans, Messenians, and Argives. — **τὸ πράττειν**: epexegetical of *πρόφασιν*. This use of *πρόφασιν* for the *true reason* is rare and scarcely recognized in the lexicons. It is often opposed to *ἀληθές* (*πρόφασιν μὲν...τὸ ἀληθὲς δέ*), and is used just below to denote the pretexts alleged by Philip and presented by Æsch. TYLER. Cf. § 225, where *ψευδεῖς* is added to distinguish fr. *ἀληθεῖς*, and Thuc. I. 23, 6. — **δόξαντα**, *measures resolved upon by the Amphictyons.* — **ἀφορμὰς**: deriv.? *Occasions, opportunities for acting*, w. the idea of secrecy or dishonesty.

§ 158. **φεύγει...καταφεύγει**: Diss. remarks that these verbs are used together by way of sarcasm. — **περιιόντες**: in allusion to the notorious habit of the Athenians of walking indolently about and hearing and discussing news and politics. Cf. *κατὰ τὴν ἀγορὰν περιέρχομαι*, § 323. — **ὑφ' ἑνὸς**, sc. Philip.

§ 159. **ὃν...οὐκ ἂν ὀκνήσαιμι, κ. τ. ἑ.**, *whom, were one without reserve to speak the truth, I for my part should not hesitate to call the ruinous cause of all the losses that have followed.* — **τόπων**, *districts*; more general in meaning than *πόλεων*. Wh. understands it to mean *forts* = *χωρία*. — **ὁ γὰρ... παρασχών, οὗτος, κ. τ. ἑ.**, *for he who furnishes the seed, he is responsible for the harvest of evils.* Cicero appears to have imitated this passage in *Philip.*, II., c. 22: "ut igitur in seminibus est causa arborum et stirpium, sic hujus luctuosissimi belli semen tu fuisti." — **ὃν**: the relative is taken out of its clause and placed first to serve as a connective; cf. *ἧς τῶν μὲν τετυχηκότων*, § 128; furthermore, **ὃν** is the obj. of *ἀπεστράφητε*, the accus. retained after the passive without a prep. Cf. H. 544 a; C. 472 f; Cu. 398; G. gr. § 197, N. 2. Cf. Soph. *Œd. Col.*, 1272. Render: *from whom that you did not turn away in abhorrence as soon as ever you saw him, surprises me.* — **πρὸ**, *between you and the truth*; lit. *before the truth*, hiding it from you as by a veil.

III. §§ 160–247. The Part Demosthenes played in defending his Country against the Consequences of the Amphissian War, by bringing about the Alliance with Thebes. **Συμβέβηκε**: as something that is perfectly natural. — **τὰ ἔργα...τοὺς λόγους**, *the reality...the account.* So Thuc., I. 22: *καὶ ὅσα μὲν λόγῳ εἶπον ἕκαστοι, τὰ δ' ἔργα τῶν πραχθέντων.* — **αὐτῶν**: cf. note on *τὰ τῶν Ἀμφισσέων δόγματα*, § 140.

§ 161. **ὑπὸ τῶν τὰ Φιλίππου φρονούντων**, *under the influence of those favoring the interests of Philip.* So in § 177: *φρονοῦσι τὰ ὑμέτερα* = *favoring your interests.* — **ἑκατέροις...ἀμφοτέροις**: the former denotes each of the two (Thebes and Athens) in their *separate* interests; the latter the two together in their *joint* interests. — **ὃ μὲν...δεόμενον**: the relative sentence preceding its antecedent *τὸ...ἐὰν* awakens expectation on the part of the hearer. — **τὸ προσκρούειν**, *and for collision with one another.* A strong word; lit. *to dash* or *strike against.* In §§ 19, 163 the orator uses the compound *συγκρούειν* = *to strike together;* in § 198, *ἀντικρούειν* = *to strike back,* hence *to turn out badly.* — **τοῦτο** sums up the whole thought; often so used.

§ 162. **Ἀριστοφῶντα...Εὔβουλον**: cf. § 70. — **πρᾶξαι ταύτην τὴν φιλίαν**, *to effect this alliance.* — **βουλομένους...ὁμογνωμονοῦντας** are supplementary after *εἰδώς*, while *ἀντιλέγοντας* is concessive: *although often contradicting each other* (sc. *ἑαυτοῖς*) *in regard to other matters, upon this were always agreed.* — **οὓς...παρηκολούθεις**: Æsch. is said to have been secretary to them. The particc. *κολακεύων* and *κατηγορῶν* contain the important idea. — **κίναδος**: this word has been rendered *base wretch, vile animal, scandal to humanity, crafty creature, monster, sly fox, reptile.* I prefer the last as most in harmony w. the idea of a sneaking, false character that fawns upon those whom it is ready to betray. — **δοκιμασάντων**, *sanctioned.*

§ 163. **ἐκεῖσε**, i. e. to his statement interrupted in § 153. — **ὅτι** to be joined w. *συνέβη*. — **συμπεραναμένων, κ. τ. ἑ.**, *and because the rest of his coadjutors had joined* (*συν*) *in developing our hostility with Thebes.* The genit. absol. expresses cause or reason here. — **οὗπερ**, *for which very purpose; περ* indicates the closeness or exactness of the relation. — **προεξανέστημεν...ἀναλαβεῖν**, *and had we not aroused ourselves a little beforehand* (i. e. before Philip's plans were matured), *we should not have been able to gain them over to our side.* *ἀναλαβεῖν* is generally taken in the sense of *to recover* or *retrieve.* But what is it fr. wh. they could not have *retrieved themselves?* Some say, *from their enmity;* but this makes poor sense. Others say, *they could not have recovered their position;* but this seems too vague. Dem. wishes to say this: our only hope of successfully resisting Philip lay in a union w. the Thebans; but this hope would be utterly destroyed, if feelings of hostility were allowed to exist much longer. For this sense of ἀναλαβεῖν cf. Dimarch *c. Dem.*, § 28; Aristoph. *Equit.*, 682. — **τὴν ἔχθραν**: so reads Σ; inferior MSS. have τὸ πρᾶγμα. Our reading appears to favor the interpretation of ἀναλαβεῖν just given.

§ **168. διὰ τούτων**, i. e. Æsch. and his accomplices. — **ἐπαρθεὶς... ταῖς ἀποκρίσεσιν**, *led on by these decrees and by the responses.* Wh. wonders how Philip could have been encouraged to make his attack on Elatea by these ἀποκρίσεις inserted in the text, wh. profess to be written by himself. We suspect that Westermann is right in conjecturing that Dem. alludes to the correspondence then going on between Athens and Thebes, wh. was probably not altogether in a spirit of friendly reconciliation, and of wh. Philip was doubtless well informed. — **ὡς οὐδ' ἄν, κ. τ. ἑ.**, *as though, come what might, we and the Thebans would never again co-operate.* — **συμπνευσάντων ἂν** = συμπνεύσαιντο ἄν, cf. H. 803; G. § 41. 3; Cu. § 595; C. 658 a. For the repetition of ἄν cf. G. § 42. 3 and N. 1; K. § 261. 3; Madv. G. S. § 139 b. What gramm. objection is there to the form συμπνευσόντων wh. is found in the best MSS.?

§ **169. γὰρ** introduces the narration, as we use *now* in Engl. No passage in the oration has been more lauded, and more deservedly so, than this graphic and beautiful description. Cf. Longinus. It is interesting to read and compare the account of this event given by Diodorus, XVI. 84. — **Ἑσπέρα**: the order of the sentence emphasizes the fact that this announcement was made in the *evening.* — **πρυτάνεις**: the intelligence would naturally first come to them from their official position. — **ὡς**: cf. H. 733, 875 d; Cu. §§ 632 d, 526 b; C. 702 a. — **μεταξὺ δειπνοῦντες**: the prytanes took their meals in the θόλος, a building adjoining the Senate room, at the expense of the state. The principal meal (δεῖπνον) w. the Greeks was at evening. — **τούς τ' ἐκ τῶν σκηνῶν**: cf. note on § 44. — **ἐξεῖργον**, *drove the hucksters out of their booths*, for the purpose of clearing the Agora preparatory to convening the Assembly. Cf. Aristoph. *Acharn.*, 21 ff. The descriptive character of the narration is strengthened by the use of the impf. in this and the following verbs. — **τὰ γέρρα ἐνεπίμπρασαν**, *set on fire their sheds.* τὰ γέρρα, originally used of wicker-work, later came to signify any kind of covering or roofing. As to the object of this proceeding commentators vacillate between two opinions: (1) in order to clear the space of the Agora with all possible despatch; (2) to serve as a signal of alarm wh. was to summon the people fr. the rural districts into the city. Objection is made to (1) that this act was unnecessary, since there were numerous slaves who could remove these sheds in ample season before the next morning; to (2) that the situation of the Agora was not a suitable one for giving signals. Still, on the whole, (2) seems the more probable theory: first, because no other step seems to have been taken to call the rural population into the city; second, because there was after all no empty square so large and suitable as the Agora for giving such a signal. — **τοὺς στρατηγοὺς**: these had to summon the extraordinary session of the Assembly. Cf. *ψήφισμα*, § 37; Meier and Schöm. *Att. Proc.*, p. 107. — **ἅμα τῇ ἡμέρᾳ**, *at daybreak*. But there was nothing unusual in this, as we learn fr. Aristoph. *Acharn.*, 20; *Eccles.*, 312, 377. — **χρηματίσαι καὶ προβουλεῦσαι** is the usual form of expression to denote (*χρηματίσαι*) the *discussion* and *deliberation* of any proposal and (*προβουλεῦσαι*) the *adoption* of a resolution or bill to be brought before the *ἐκκλησία*. — **ἄνω καθῆτο**: the Assembly was held at that time in the Pnyx, wh. was located on a hill overlooking the Agora. Hence *ἀναβαίνειν εἰς τὴν ἐκκλησίαν*, Dem. *c. Aristocr.*, I., §§ 9, 20.

§ 170. **ὡς**: temporal. — **ἦλθεν**, sc. *εἰς τὴν ἐκκλησίαν*. — **ἀπήγγειλαν**: probably through the *ἐπιστάτης* as chairman. — **τὸν ἥκοντα παρήγαγον**, *and they had introduced the messenger*. — **ἠρώτα**, *kept asking*. — **τίς ἀγορεύειν βούλεται** is the ordinary formula for opening the business of the meeting. Cf. Aristoph. *Acharn.*, 45. — **παρῄει**, i. e. *ἐπὶ τὸ βῆμα*. — **ῥητόρων**: the Greek rhetors were at this time a class of professional politicians and public speakers. The orator emphasizes the point that all those men were present in this Assembly who were wont to be foremost in giving counsel. — **καλούσης δὲ τῆς κοινῆς, κ. τ. ἑ.**, *and although the common voice of the fatherland was summoning some one to speak in behalf of her welfare.* Many Editt. read *καλούσης δὲ τῆς πατρίδος τῇ κοινῇ φωνῇ*, wh. has excellent MS. authority. For the omission of the article w. *πατρίδος*, cf. § 242.

§ 171. **τὸ βῆμα**: the bema was the tribune fr. wh. the Athenian orators addressed the people. As seen to-day among the ruins of Athens, it is a solid cubit of stone, some 10 feet in height, having a surface once square and smooth, but now somewhat irregular; it is surrounded at the bottom on three sides by stone steps or seats. — **οἶδ' ὅτι**: parenthetic and without any influence on the construction; so frequently. Cf. § 293; *Phil.*, II., § 29; Soph. *Antig.*, 276. — **οἱ τριακόσιοι**: cf. note on the trierarchal system, § 102. — **τοὺς ἀμφότερα ταῦτα**, sc. *ὄντας*, *and if those who were both* (sc. *παρελθεῖν ἔδει*). *ἀμφότερα ταῦτα* is an adverb. accus., and simply anticipates the *καὶ...καὶ* following. — **μετὰ ταῦτα**, i. e. after Chæronea, when the citizens made the greatest personal sacrifices to repair their walls and put their city in a better state of defence against Philip. Cf. §§ 248, 312.

§ 172. **ἐκεῖνος...ἐκείνη**: very emphatic; *that* (*memorable*) *occasion*. — **παρηκολουθηκότα**, *who had closely followed up*. — **οὐδὲν...ἤμελλεν**, *be any the more likely;* i. e. for all his wealth and patriotism.

§ 173. **ἐφάνην...ἐγώ**, *I then appeared to be this one* (i. e. *ὃν ὁ καιρὸς ἐκάλει*) *upon that day.* The unusual order of the sentence makes ἐγώ very emphatic. What is to be grammatically supplied in the predicate after ἐφάνην? — **τὴν...τάξιν,** *I did not desert the post of patriotism in the hour of danger.* Cf. § 138: τὴν ἑλόμενον τάξιν; Dem. *Olynth.*, III. § 36: παραχωρεῖν τῆς τάξεως. — **πολιτείας,** *you will be much more familiar with the entire conduct of affairs for the future;* i. e. more familiar w. the principles of my policy as applied to the events that remain to be considered, than you otherwise would be. Some scholars prefer to make τὰ λοιπὰ limit πολιτείας; w. this constr. the sense is not materially altered. With this life-like and masterly description the student may profitably compare Webster's graphic account, in the trial of the Knapps, of the murder of their victim.

§ **174.** **ὅτι**: merely to introduce the citation, and not to be translated. What now follows is all we know of the masterly speech Dem. delivered on this occasion. This brief summary is itself an eloquent testimony to the wisdom and magnanimity of the Athenian statesman. First, Dem. shows the advantage and necessity of an alliance w. Thebes; next, what measures are to be taken to secure this alliance. — **ὡς ὑπαρχόντων Θ....Φ.,** *as though the Thebans were in favor of Philip.* ὑπάρχειν τινί = *to be in support* (ὑπό) *or in favor of any one,* a meaning not given by L. and Sc. Cf. Dem. *de F. L.*, § 54: τὸ τὸν Φίλιππον ὑπάρχειν αὐτοῖς πεισθῆναι; § 118: ὑπάρξων ἐκείνῳ. — **ἠκούομεν...ὄντα**: how different fr. ἠκούομεν εἶναι? αὐτὸν ὄντα, accus. w. ἀκούω as the *thing* heard. — **ἵν' ἕτοιμα, κ. τ. ἑ.**: a general expression for *that he may bring the Thebans over to his side.*

§ **175.** **ἅπαντας εὐτρέπισται,** *all* (those embraced in the category of. ἢ...ἢ) *he has made friendly to himself.* The orator's point is that Ph. has already exhausted his opportunities in Thebes. — **δείξας,** *by showing a military force in the vicinity.* — **ἐπᾶραι, ποιῆσαι, καταπλῆξαι**: these infinitives depend on βούλεται, the force of wh. continues. — **ἵν' ἢ συγχωρήσωσι**: expresses the ultimate purpose or aim of what precedes. *In order that they may either yield through fear what now they are not willing (to yield), or may be compelled by force.*

§ **176.** **εἴ τι δύσκολον** = ὅσα δύσκολα, *whatever is offensive;* as e. g. what is referred to in § 96. — **εἶτα,** *in the next place;* without the δέ as correl. of μέν. Cf. ἔπειτα, § 1. In the next paragraph we find the same omission of δέ. — **μὴ...ἔλθωσιν**: for the negat. and use of mode cf. G. § 46; H. 743; Cu. § 533; C. 624, 625. — **αὐτῷ,** *those now opposed to him having received him.* Reiske conjectured αὐτόν as obj. of προσδεξαμένων st. αὐτῷ, on the ground that the pronoun seems more essential in connection w. this than w. the other partic.; but in § 162 we have οὓς as obj. of κολακεύων st. οἷς w. παρηκολούθεις. — **φιλιππισάντων**: a word coined probably by Dem. So Herod. and Thuc. used the verb Μηδίζειν in the account of the relations of Persia and Greece. — **ἀμφότεροι,** i. e. Philip and the Thebans. — **πρὸς τῷ σκοπεῖν...γένησθε,** *and ye may be inclined to deliberate, instead of to dispute concerning what I may say.* — **δόξειν**: Rauchenstein conjectures ἕξειν = *shall be able* (cf. § 172), instead of δόξειν, as the orator would not say *shall seem to speak;* but by supplying ὑμῖν this objection vanishes. — **ἐφεστηκότα κίνδυνον τῇ πόλει**: the same order of partic. and subst. is found in §§ 190, 197, 220; a different order in §§ 179, 188. Which is the more regular?

§ 177. **τί οὖν φημι δεῖν**: Diss. notes how skilfully the orator excites attention in beginning the second part of this speech w. this inquiry. — **μεταθέσθαι**: used absolutely, = *to turn about.* — **τῶν δεινῶν**: gen. w. ἐγγυτέρω. — **προτέροις**: as a predicate; *the peril is theirs first.* — **Ἐλευσῖνάδε**: this route would be over the "Sacred Way" to Eleusis (about 12 miles fr. Athens), thence to Thebes in a northwesterly direction across Mt. Cithæron. A more direct way to Thebes led through Acharnæ and Phyle; but this was not so practicable for a large army, nor did it offer any large plain, such as the Eleusinian, for the massing of a large force, in case of an attack. — **τοὺς ἐν ἡλικίᾳ,** *those who have the requisite age for military service.* This designation applies only to the heavy-armed troops; the cavalry, being a branch of service of later origin, is named separately. The military age was from 18 to 60. — **ἐξ ἴσου,** sc. as to the partisans of Philip. — **τὸ παρρησιάζεσθαι,** *the boldness to speak freely.* — **οὕτω...ὑπάρχεθ',** *so to those who wish...you stand ready to render assistance.*

§ 178. **κυρίους,** *and to give them, together with the generals, absolute control both of the time to be fixed upon for going thither* (i. e. to Thebes) *and of the expedition.* — **τούτῳ...τὸν νοῦν,** *to this give most careful attention, I pray you.* μοι is an ethical dative; cf. H. 599; Cu. § 433; G. gr. § 184, N. 5; C. 462 ε. — **αἰσχρὸς**: it would be dishonorable to take such advantage of their helplessness. — **ἐν τοῖς ἐσχάτοις**: some MSS. add κινδύνοις; but we can say: *in extremities.* — **ἡμῶν...προορωμένων**: on the principle that those who are somewhat removed fr. danger are calmer and clearer in their judgment than those who are in the midst of it. — **καὶ...καὶ,** *both...and;* embracing the apodosis. — **προσχήματος**: the *pretext* was to give aid to the oppressed Thebans. — **ἐὰν δ'...ἂν**: the latter condit. clause is special and subordinate to the former, wh. is more general. Cf. εἰ μὲν...εἰ and εἰ δὲ...εἰ in § 217. — **ἡμῖν**: dat. agent. The words that Dem. here puts, so to say, into the mouth of the envoys, are lauded by Dionysius in his *Art. Rhetor.*, IX., § 9, for their appropriate (εὐπρέπειαν) character.

§ 179. **οὐκ εἶπον...οὐκ ἔγραψα, κ. τ. ἑ.**: the antithetic force of μέν...δέ and the peculiar use of the negat. οὐκ and οὐδέ, make an exact translation of this much-praised example of climax (cf. Quint. *Inst. Orat.*, IX., Chap. III., § 55) quite impossible. An approximation to the original may be made thus:

I did not say these things and fail to propose them; I did not propose them and fail to go on an embassy, etc. Lord B. suggests these renderings: (1) by a double negation, thus: *I did not say these things and not propose;* (2) by the use of *without* in the second clause; (3) *not only did I say these things, but I propounded a decree*, etc. — **διεξῆλθον**, *I carried the affair through* (*διά*). — **φέρε**: the orator improves the pause, while the clerk is preparing to read the document, by making personal remarks more or less closely connected w. the point under consideration. So in §§ 212, 219.

§ **180.** **θῶ**, *represent, make out to be.* What use of subjunct.? Cf. H. 720 c; G. § 88; Cu. § 511; C. 647. — **Βάτταλον**: the origin and meaning of this nickname are in doubt. Dem. claims that it was a pet name given him by his nurse; but Æsch. *c. Timarch.*, § 126, ridicules this claim, and says in *de F. L.*, § 99: *ἐν παισὶ μὲν γὰρ ὢν ἐκλήθη δι' αἰσχρουργίαν τινὰ καὶ κιναιδίαν Βάταλος.* The Schol. renders it by *profligate, effeminate*, and derives it variously: (1) from the name of a flute-player or poet, notorious for his effeminacy; (2) from the sickly and weak condition of Dem. body; (3) as a term of contempt borrowed from an instrument used by flute-players for beating time, and called *ὑποπόδιον* or *βάταλος*. Recent scholars connect it w. *βάττος, βατταρίζω*, and make it mean *stammerer, stutterer*, in allusion to the orator's supposed defect in utterance. — **Κρεσφόντην...Κρέοντα...Οἰνόμαον**: these were parts that fell to the *τριταγωνιστής*. Cf. § 129. The first-named character was the third rôle in a play of Euripides of the same name; the second is the well-known tyrant in the Antigone of Sophocles; the third was a subordinate character in a play of Sophocles bearing this name. — **ἐν Κολλυτῷ**, *whom once in Collytus you wretchedly murdered.* Collytus was one of the country demes in wh. the rural Dionysia were celebrated. In the anonymous biography of Æsch., the story is told that Æsch., in the rôle of Œnomaus, on a certain occasion tripped and fell on the stage while pursuing Pelops. — **τότε**: very emphatic. — **ὁ Παιανιεὺς ἐγὼ**: in the skilful arrangement of the words each contrasted term occupies relatively a reversed position, except that *σοῦ* comes last for the sake of emphasis.

§ **188.** **Αὕτη...πρώτη**, *This was the beginning and first step towards a settlement of our difficulties with Thebes.* *κατάστασις* = *constitutio rerum antea turbatarum.* Diss. — **τὰ πρὸ τούτων**, *as regards previous affairs.* — **ὑπὸ τούτων**, i. e. Æsch. and his coadjutors. — **ὥσπερ νέφος**: Larned sums up the merits of this sentence thus: (1) The figure is unexpected; the sentence would be complete if it closed w. *ἐποίησεν*. (2) It is perfectly natural; it expresses the thought more truthfully than any literal language. (3) The whole sentence is worded as simply and concisely as possible.

(4) The ancient critics noticed a perfect rhythm in the sentence; to the ear of Longinus the effect would have been much marred, he informs us, by the substitution of ὡς or ὡσπερεὶ for ὥσπερ. — **νῦν ἐπιτιμᾶν**: as opposed to τότε δεῖξαι. Why the change in the tense of the infin.?

§ 189. **ὁ γὰρ σύμβουλος, κ. τ. ἑ.**, *for the statesman and the demagogue.* In his speech against *Midias*, § 189, the orator states the distinction between the σύμβουλος and the ῥήτωρ. The συκοφάντης (cf. note § 112) is further characterized in § 242. — **τοῖς πεισθεῖσι**, *to his followers*, i. e. those who have accepted his policy and accordingly hold him *responsible*. — **τῷ καιρῷ**, *opportunity*, i. e. the seasonable time or opportune moment for any action. — **τῷ βουλομένῳ** refers to any one who may choose to call a political leader to an account for the results of his policy. — **σιγήσας...ἔδει**: in this general definition we should expect σιγῶν...δεῖ; the past tense is used specially w. an eye to Æsch.

§ 190. **ὅπερ εἶπον**, sc. in § 188: ἦν μὲν...ἐπιτιμᾶν. — **ἐκεῖνος**, in the predicate and in sharp contrast w. νῦν below; *that was the occasion, therefore.* — **ἐγὼ...ποιοῦμαι**, *but I go so far as to say.* — **ὥστε...ὁμολογῶ**, *that I confess myself guilty.* What would be the difference in the thought if the orator had said ὥστε ὁμολογεῖν? Cf. G. § 65. 3; § 98, Rem.; H. 770, 771; Cu. § 565, Obs. 1; C. 671 d. — **ἑώρακεν** = *now knows of;* the perfect often represents the state or condition resulting fr. the action of the verb. — **πραχθέν**: what use of the partic.? Give the Greek clause to correspond to συνήνεγκεν ἄν. Cf. a similar constr., § 30. — **εἰ δὲ μήτ' ἔστι, κ. τ. ἑ.**: cf. § 141 and note. — **καὶ τήμερον**, *yea, even to-day.* — **τῶν φαινομένων καὶ ἐνόντων**: expressed above by δεῖξαί τι...τι...ἐνῆν.

§ 191. **αἰτιᾶσθαι, κ. τ. ἑ.**, this sarcastic inquiry is explained by βασκαίνει, § 189. — **τίς ἐγγυᾶσθαι, κ. τ. ἑ.**, *who is willing to guarantee the future?* — **τότε**, sc. ἔδειξας. — **ἀλλά**, *yet*, introducing the apodosis. — **εὐπορεῖν**, *with which I ought to have furnished myself.* The comm. reading is εὑρεῖν. — **τῇ πόλει**: join w. συμφέρων. Some call it dat. incommod. w. the verb. — **πρᾶξις**, *enterprise, "practical measure," "plan."* — **μᾶλλον**, i. e. than those to wh. he did lead them.

§ 192. **τάξιν**, *the office.* In the present and in the future the statesman is required to be at *his post* discharging his duty. — **τότε**: when the negotiations w. Thebes were in progress. — **προαίρεσιν**, *the aim;* that wh. one sets before himself as his *chosen object.* — **μὴ...συκοφάντει**, *do not rail at the results.* — **ὡς ἂν...βουληθῇ**: whatever *it* may be, as the use of ἄν w. subjunctive indicates. — **αὐτή**, *as viewed by itself.* — **διάνοιαν**, *the intention;* subjective, while προαίρεσις is objective.

§ 193. **τῇ μάχῃ**, i. e. Chæronea. Dat. of respect; the more usual reading is τὴν μάχην. — **οὐκ ἐμοί**: it is not essential that ἐν be repeated, as is done in the reading of many Editt. — **ὅσα ..λογισμὸν,** *as many things as are possible in human calculation.* — **καὶ δικαίως, κ. τ. ἑ.** : the force of the preceding negative is retained here. — **φιλοπόνως ὑπὲρ δύναμιν,** *laboriously beyond my power.* We speak of *superhuman effort.* — **τότ' ἤδη** : *tum demum;* but not before.

§ **194.** **σκηπτὸς,** *but if the tornado that ensued.* Dem. compared what happens to a *torrent* (χειμάρρους) in § 153, and in § 214 to a *deluge* (κατακλυσμὸν). — **μείζων γέγονε,** *proved too strong for.* — **τί χρὴ ποιεῖν** : the answer to the inquiry is omitted as being self-evident. Schaef. states it thus: *to keep still and not to accuse;* perhaps it is better put in the form of a question: *to find fault?* Then follows the ellipsis: *that would be unreasonable; just as it would be, if,* etc., ὥσπερ ἂν (εἴη). Cf. § 243. — **εἰ...ναύκληρον** : originally the captain was at the same time the owner of the ship; hence ναύκληρος may mean either. But οὔτ' ἐκυβέρνων points to the *owner* who might be held liable for the loss of the cargo, in case the ship was not well equipped. — **ἀφ' ὧν** : most MSS. have πᾶσι before κατασκευάσαντα, as the antecedent of ὧν. — **χρησάμενον,** *encountering;* in agreement w. πλοῖον. Those who take ναύκληρον as referring to the *captain* place this partic. in agreement w. it. — **πονησάντων,** *and its tackling laboring.* Professor Tyler calls attention to the nautical sense of the words in this passage; thus: σωτηρίᾳ = *for a safe voyage;* κατασκευάσαντα = *having fitted out;* πονησάντων and σκευῶν as above rendered. — **ὥσπερ...ἐγώ** : thrown in by way of parenthesis, to indicate the application to himself. The appositeness of this comparison may be remarked in every particular.

§ **195.** **εἵμαρτο** sums up what he has been saying about τύχη, ὁ δαίμων, and ὁ θεός. — **μηδὲ,** *not even.* "A different policy would have left us without even that advantage." Holmes. — **ἐκεῖνος,** i. e. Philip. *He used every effort of persuasion.* — **τριῶν ἡμερῶν,** *a journey* (ὁδὸν accus. of extent) *of three days.* The distance fr. Athens to Chæronea is 62 Engl. miles. In § 230 Dem. says: ἑπτακόσια στάδια ἀπὸ τῆς πόλεως. Athens was about 200 stadia distant fr. the Bœotian frontier. From 150 to 200 stadia was reckoned as an ordinary day's march. — **τί ἂν...χρῆν,** *what* COULD *we have looked for?* implying that the fear and panic were already so great that the case could hardly be worse. τί χρῆν προσδοκᾶν above = *what should we have looked for,* assuming for the moment that things had been different. — **που τῆς χώρας** : somewhere in our territory. — **νῦν,** i. e. under existing circumstances, as it actually was; opposed to τότε below, wh. means in the other case, i. e. supposing my advice had not been followed. — **στῆναι, κ. τ. ἑ.,** *to stand firm, to concentrate, to draw breath.* The asyndeton gives us the notion of the rapidity of the thought and action at the crisis. — **μία ἡμέρα** : this brief respite after the battle of Chæronea, the orator means to say, was of the utmost importance, and would not have occurred but for the Theban alliance. — **τότε δ'**: another instance of *aposiopesis.* Here it indicates horror; but in § 3, anxiety; and in § 22, anger. Cf. note § 3. — **ἃ...πεῖραν ἔδωκε,** sc. αὑτῶν; lit. *which did not give a trial of themselves,* i. e. *enter into our experience.* Cf. § 107; Dem. *c. Timocr.*, § 24: καὶ πεῖραν αὑτῶν πολλάκις δεδώκασιν. — **τῷ προβάλλεσθαι,** *and through the city's throwing before itself* (as a shield). The reading εὔνοια...τὸ is found in Σ and is adopted by Bekk.

§ 196. **μοι,** dat. int.; *all this long story of mine is directed to you.* — **δικασταί**: before this Dem. has used ἄνδρες Ἀθηναῖοι, but here he wishes to draw the distinction more closely between the jurors and the spectators. — **ἔξωθεν,** *outside the bar;* the court was enclosed by a wooden railing (δρύφακτον). Æsch., § 56, states that he does not remember ever before seeing so large a multitude present at a public trial. Cic. (*de opt. gen. orat.*, VII. 22) says: ad quod judicium concursus dicitur e tota Græcia factus esse. — **ἐξήρκει,** *would suffice;* ἄν omitted, as often w. the impf. in such expressions as ἀνάγκη, χαλεπόν, εἰκὸς ἦν, ἔδει, χρῆν, κ. τ. ἑ. Cf. G. § 49. 2, N. 2 and 3. Cf. θαυμαστὸν ἦν, § 248. — **τοῖς ἄλλοις**: dat. assoc. or likeness w. τῆς αὐτῆς. — **ταῦτα,** i. e. of this ignorance and its results. This is one of the most complete dilemmas in the oration; but is there no escape fr. it?

§ 197. **(οὐ γὰρ ἂν...ἐχρῶντο,)** *for (if you had) they would not have adopted these* (i. e. my measures). Thus indirectly the orator compliments the sagacity of his countrymen, as well as his own. — **ἄν,** sc. ποιήσειε, wh. is readily understood fr. the connection, but inserted by inferior MSS. Cf. ὡς ἂν (sc. ἔχοι), § 291. — **τῇ πόλει**: dat. dependent on δυσμενέστατος. — **ἐπὶ τοῖς συμβᾶσιν,** *on the occurrence of the events.* ἐπί expresses the occasion or opportunity *upon* wh. one bases his conduct. Cf. §§ 240, 284. — **καὶ ἅμα**: it is this remarkable coincidence that is referred to by ὅπερ... τοῦτο πεποιηκώς above. — **Ἀρίστρατος**: a different person fr. the tyrant of Sicyon named in § 48. We know nothing further of these partisans of Philip than what is here stated. — **καθάπαξ,** *thorough-going, out-and-out.*

§ 198. **Ἑλλήνων...ἀπέκειτο**: this sentence is hexametric in its rhythm. So § 143: τὸν γὰρ ἐν...Ἐλάτειαν; and τοῦτο τὸ ψήφισμα, κ. τ. ἑ., § 188, acc. to Longinus, is dactylic. The ancient critics were fond of pointing out such instances; but such rhythmical structure is, we believe, more general and accidental than special and intentional. — **ἐνευδοκιμεῖν ἀπέκειτο,** *and surely the man for whom the misfortunes of the Greeks are laid up as a store on which to found his personal renown.* ἐνευδοκιμεῖν = εὐδοκιμεῖν ἐν αὐτοῖς. — **καί** = *as;* often so used in the second clause of a comparison; cf. H. 856 c; Cu. § 624. 3; C. 705 c. — **δηλοῖς,** *you make this manifest;* sc. οὐκ ἔνι, κ. τ. ἑ. — **καὶ πολιτεύῃ καί, κ. τ. ἑ.,** *and from* *your political action and again from your political inaction.* Kenn. — **πράττεται, κ. τ. ἑ.**: this form of sentence is technically called *ἀντιστροφή* by the ancient rhetoricians. Other examples in this oration are found in §§ 117, 274. As an illustration from Roman oratory Diss. quotes Cic. *Phil.*, II. 22: Doletis tres exercitus populi Romani interfectos; interfecit Antonius. Desideratis clarissimos cives; eos quoque nobis eripuit Antonius. Auctoritas hujus ordinis afflicta est; afflixit Antonius. — **ἀντέκρουσε**: cf. note § 161. — **ῥήγματα**: in medical terminology *ῥήγματα* is used of *bruises* of the fleshy parts and *ruptures* of blood-vessels, and *σπάσματα* of the *sprains* of muscles. — **κινεῖται**, *are disturbed*; i. e. the old injury or weakness makes itself felt again whenever the body becomes diseased. The same simile is used by the orator in *Olynth.*, II., § 21: *ὥσπερ γὰρ ἐν τοῖς σώμασιν...ἐπὰν δὲ ἀρρώστημά τι συμβῇ, πάντα κινεῖται, κἂν ῥῆγμα κἂν στρέμμα κἂν ἄλλο τι τῶν ὑπαρχόντων σαθρὸν ᾖ.*

§ 199. **πολὺς...ἔγκειται**, *he lays great stress upon.* The predicate adj. *πολύς* used st. an adv.; cf. *πολλῷ ῥέοντι*, § 136. Cf. H. 488, Rem. c; G. gr. § 138, N. 7; Cu. § 361. 8; C. 509 c. — **εἰ...ἦν**: he assumes, for the moment, that it is so. — **τούτων ἦν**, *ought the city to have abandoned these things;* referring to the measures wh. he at that time advised the city to adopt.

§ 200. **νῦν...τότε**: cf. note § 195. — **δοκεῖ**, sc. *ἡ πόλις*. — **προεστάναι**: alludes to the famous *ἡγεμονία* of the Athenian state. — **ἀποστᾶσα**: cf. *πραχθέν*, § 190; *παρόντων ἡμῶν*, § 30 and note. — **πάντας**, sc. *τὰς ἄλλας πόλεις*. — **οὐδένα...οὐχ ὑπέμειναν**, *for whose sake there is no danger which our ancestors did not undergo.* For the use of the negat. cf. H. 844; Cu. § 619, Obs.; G. gr. § 283. 8; C. 559 c. — **σοῦ**: we naturally expect *τῆς πόλεως* here, but the orator suddenly turns the thought upon Æsch., as if *he* alone were capable of such meanness. — **τῆς πόλεώς...ἐμοῦ**: in the same constr. as *σοῦ*; we supply *εἴπω* after *μή*: *for let me not say "the city"* (*γε* makes *πόλεως* emphatic), *nor yet "me."*

§ 201. **εἰ τὰ μὲν πράγματ'...ᾑρημένης**: this entire sentence forms the protasis to *τίσι...ἀφικνουμένους*, and consists itself of two contrasted parts, sc.: *εἰ τὰ μὲν πρ....ἁπάντων*, and *τὸν δ'...πεποιημένοι*; but as the first part is subdivided into two parts, sc.: *εἰ τὰ μὲν...περιέστη, ἡγεμὼν δὲ*, we observe that *μέν* corresponding to *δέ* in *τὸν δ'...πεποιημένοι* is omitted, the full expression being *εἰ μὲν τὰ μὲν* to correspond to *ἡγεμὼν δὲ...τὸν δ'*. With such contrast of principal and subordinate parts *μέν* is expressed both times in §§ 104, 214. — **τὰ πράγματ'...περιέστη**, *if affairs had turned out as they now have.*

§ 202. **ἔτι τούτων πρότερον**: the Spartan supremacy was lost w. the battle of Leuctra, 371 B. C., when the Theban began. — **τοῦ...βασιλέως**: that Xerxes actually requested Mardonius to make the Athenians such an offer is stated by Herod., VIII. 140, and alluded to by Dem. *Phil.*, II., § 11. — **τοῦτ'**, i. e. *ὅ τι...προεστάναι.* — **ὅ τι...λαβούσῃ...ἐχούσῃ...ποιεῖν... ἐᾶν** : a metathesis of construction for *λαβεῖν...ἔχειν...ποιούσῃ...ἐώσῃ.* Thus Dem. ironically represents the act of *obeying in a state of subjection* and of *giving up the supremacy* as a privilege. *λαβούσῃ* of *single* acquisition, *ἐχούσῃ* of *permanent* possession.

§ 203. **ὡς ἔοικε** : ironical ; so also in § 212. — **πάτρια** : "*πάτριος* = that wh. is peculiar to ancestors ; as *ἔθη, νόμοι.*" Krüg. W. paraphrases these adjectives thus : "This they had not inherited fr. their fathers, nor was it consistent w. their ideas of honor (*ἀνεκτὰ* = to be tolerated by their moral sense), nor was it congenial to their nature." — **ἐκ...χρόνου** : cf. note § 26. — **προσθεμένην**, *by attaching herself to ;* the partic. denotes means. — **ἀγωνιζομένη**, *while struggling ;* the partic. denotes time. — **κινδυνεύουσα** : supplementary partic.: cf. H. 798 ; G. § 112. 1 ; Cu. § 590 ; C. 677 e.

§ 204. **ἤθεσιν** : "*character*, as the result of manner and habits. *ἦθος* = a prolonged and strengthened *ἔθος*. Cf. Aristot. *Eth.*, II. 1." Tyler. — **ἀποφηνάμενον**, *who declared himself in favor of.* — **Κυρσίλον** : the connection shows that Dem. has the time just prior to the battle of Salamis in mind. Cic. *de Offic.*, III. 11, speaks thus : "Cyrsilum quendam suadentem, ut in urbe manerent Xerxemque reciperent, lapidibus obruerunt." Herod., IX. 5, gives the same account, but of a man named Lycidas, and places the event just before the battle of Platea. That there were two victims to the popular excitement of those stirring times, both meeting with a similar death, is not impossible.

§ 205. **ῥήτορα** = here *σύμβουλον*, *statesman.*— **δουλεύσουσιν**, *they might enjoy slavery ;* spoken w. a peculiar bitterness and irony of tone. The common reading inserts *εὐτυχῶς* after it. The use of the fut. indic. after an historical tense adds to the vividness of the expression ; so also in *ἐξέσται.* Wh. remarks that by the use of the indic. here Dem. identifies the Athenians of the two different ages, and represents the liberty and independence of one epoch as the unbroken continuity of the freedom asserted in another. — **τῆς εἱμαρμένης, κ. τ. ἑ.**, *his destined end in the course of nature.* Lord B. Death is represented (1) as fixed by destiny (*τῆς μοίρας*), in distinction fr. death brought upon one by his voluntary act ; (2) as that wh. comes in the course of nature (as by disease), in distinction fr. death caused by external violence (as in battle). — **ὁ δὲ καί**, sc. *νομίζων γεγενῆσθαι.* The *καί* = *also*, i. e. as well as to his parents. — **ἐπιδεῖν** = *to live to see* (any evil). Cf. Æsch. *Agam.*, 1246. — **ἐθελήσει**, *will volunteer.* The fut. (st. the pres., as in *περιμένει*) denotes that he will do this whenever the demand comes. In illustration of this change of tense cf. Soph. *Antig.*, 349, 350. — **τοῦ θανάτου** : by its emphatic position = *than death itself.* Wh.

§ 206. **εἰ μὲν...νῦν δ' ἐγὼ μὲν...οὗτος δὲ**: observe the double contrast between (1) what he was *not* doing and what he *was* doing; (2) between what *he* was doing and *Æsch.* was doing. — **εἰ ἐπεχείρουν... ἂν ἐπιτιμήσειε**: a mixed condit. sentence: *if I were undertaking* (as I am not), *every one would censure me with good reason* (were he to do what is reasonable). Cf. G. § 54. 1. — **ὑμετέρας**, *are yours;* predicative, and placed first for the sake of emphasis. Here Dem. purposely underestimates his own services in order to place the conduct of Æsch. in a more conspicuous light. — **τῆς μέντοι διακονίας**, *but in the management of each of the affairs transacted I affirm that I also have a share.* διακονίας is contrasted by means of μέντοι w. προαιρέσεις and φρόνημα; to correspond to μέντοι (= δέ) there should be μέν wh. is suppressed, as in § 201. W.

§ 207. **τῶν ὅλων**, *the whole*, i. e. both *the aims* (προαιρέσεις) and the *administration* (διακονία). This is a skilful turn of the orator: my part, he says, was merely to execute what you willed; your part was to cherish the noble purposes and adopt the most patriotic measures. Now Æschines attacks the whole, and in doing so commits a wrong against you greater than against me, inasmuch as your part was more prominent than mine, and the renown belonging to you is eternal, while the honor proposed for me is temporary. — **γλίχεται** is a strong word; acc. to its etymology it denotes a *tenacious* and *eager* striving. — **ἐγκώμια**: Arist. *Rhet.*, I. 9, defines ἐγκώμιον as a special laudation bestowed for particular and brilliant action, while ἔπαινος signifies praise in general. — **τουδί**, i. e. Ctesiphon. — **τῇ...ἀγνωμοσύνῃ**, *by the perverseness of fortune.*

§ 208. **μὰ τοὺς Μαραθῶνι**, *no! by those of our ancestors who bore the brunt of the danger at Marathon.* The common reading has οὐ μά, but the negat. is readily understood w. μά. In the partic. the προ- implies the *fore-front* of the battle. So Thuc., I. 73, represents the Athenians as saying: Μαραθῶνί τε μόνοι προκινδυνεῦσαι τῷ βαρβάρῳ. — **Μαραθῶνι**: the common text has ἐν M.; but the prep. is regularly omitted w. the names of Attic demes. Cf. H. 612 a; Cu. § 442; C. 469 b. — **ἐπ' Ἀρτεμισίῳ**, *off Artemisium.* It will be observed that the orator departs fr. the chronological order and names the land and the naval engagements in succession. — **ἐν τοῖς...μνήμασι**: these were in the outer Ceramicus, along the road leading to the Academy. Cf. Pausan., I. 29; Thuc., II. 34. But the heroes of Marathon lay buried on the field of battle. The custom of honoring those who had fallen in battle w. a burial at the expense of the state, goes back to the time of Solon. Cf. § 285. — **ὁμοίως**: emphatic. This lofty strain of eloquence, known as "the Demosthenic oath," has been deservedly admired by all critics. Cf. Hermogenes, p. 425; Quint. *Inst. Orat.*, XI. 3, 168; Lord Brougham, Vol. VII. 124. The chief points to be noted are these : (1) This oath was an act of religious appeal, for wh. there was a sufficient ground in the belief and feelings of the audience ; it was not, therefore, an empty rhetorical flourish. (2) As a solemn appeal it served to rebuke Æsch., who had brought Dem. into disparaging contrast (see the passages cited fr. Æsch.) w. the ancient heroes of Greece. (3) The simplicity of the orator's style is apparent even in his most impassioned flights. Lord B. thus expresses himself on the word *ἀγαθοὺς* : "Mark the severe simplicity, the subdued tone of diction, in the most touching parts of the '*old man eloquent's*' loftiest passages. In the oath, when he comes to the burial-place where they repose by whom he is swearing, if ever a grand epithet were allowable it is here ; yet the only one he applies is *ἀγαθούς*." (4) The orator, while apparently carried away by his enthusiasm and passion, does not for a moment lose sight of his argument, but carefully subordinates everything to the main thought. "He teaches us," says Longinus, "that in the height of passion we should retain our judgment. He nowhere says 'by those who were *victorious*,' but everywhere shuns the word wh. would indicate the issue of the battles, lest the *defeat* of Chæronea should be suggested to his opponents or his hearers ; till at length he has prepared the way w. the hearers for the conclusion : *all of whom* ALIKE *the state buried, and not those alone who were successful.*"

§ 209. **γραμματοκύφων** : *ἀντὶ τοῦ γραμματέως, ὅτι οἱ γραμματεῖς προπεφυκότες γράφουσιν.* Etym. Magnum. Cf. § 261. The two epithets may be rendered by *accursed scribbler.* — **ἔλεγες** : cf. Æsch. § 181, cited on p. 92. — **ὧν τίνος**, i. e. they were irrelevant to the present case. — **ἐμὲ δέ, κ. τ. ἑ.**, *and I, who came forward as councillor to the city in matters pertaining to her supremacy, whose spirit ought I to have assumed in ascending the Bema?* — **τριταγωνιστά** : cf. note § 129. Observe the contrast implied in the juxtaposition of this epithet w. *τῶν πρωτείων* ; also the emphatic position of *ἐμὲ*. — **τούτων** : masc., referring to the Athenians. Tyler follows Holmes in referring it to *τρόπαια, κ. τ. ἑ.*

§ 210. **τὰ...συμβόλαια** : obj. of *κρίνειν* ; lit. *contracts, agreements*, but here used of *civil suits* in a general sense. Cf. L. and Sc. — **ἐπὶ...σκοποῦντας**, *by considering them in the light of.* For this sense of *ἐπὶ* w. *σκοπεῖν* cf. §§ 233, 294. — **ἀποβλέποντας**, *by looking away to the praiseworthy precedents.* — **παραλαμβάνειν**, *to take along* (*παρά*) ; depends on *νομίζειν* and has *τὸ φρόνημα* for its obj. — **τῇ βακτηρίᾳ καὶ τῷ συμβόλῳ** : each dicast received a *staff*, on wh. was painted the letter of the alphabet corresponding to the section of the Heliastic court in wh. he was to serve for that day, and a *ticket* upon wh. the name of the holder and the number of his division were written. At the close of the sitting the *σύμβολον* was given up as a voucher for the dicast's fee of 3 obols. — **τὰ δημόσια**, *the court-room.* — **ἐκείνων**, i. e. *τὰ τῶν προγόνων ἀξιώματα.*

§ 211. **Ἀλλὰ γὰρ**, *But enough, for;* denotes a transition. — **ἐμπεσὼν**: as if casually. — **ἔστιν ἅ** = *ἔνια*. — **ὁπόθεν**, sc. *ἐκεῖσε ὁπόθεν*; the digression begins w. § 180. — **ἀφικόμεθ'**, *we had arrived;* i. e. we ambassadors. — **τῶν ἄλλων**, sc. the Ætolians, Dolopians, Phthiotans. — **πρέσβεις**: Amyntas and Clearchus are named as the Macedonian envoys. — **νῦν**: to prove that I am not telling a different story *now* fr. what was told at the time of the embassy.

§ 212. **συκοφαντίας**, *calumny.* — **τὸν καιρόν**: cf. Æsch., § 137 (cited below) and § 141 (cited on p. 84). — **ὡς ἑτέρως**: cf. § 85. — **ὡς ἔοικεν**: cf. § 203. — **ὁ σύμβουλος καὶ ῥήτωρ**: Diss. observes that the repetition of the article would be objectionable, as the ideas of *σύμβουλος* and *ῥήτωρ* flow into each other. The article is repeated in *ἡ προαίρεσις καὶ ἡ πολιτεία* (§ 93), *τὸν τῆς εἱμαρμένης καὶ τὸν αὐτόματον* (§ 205), *τὸν πολιτευόμενον καὶ τὸν ῥήτορα* (§ 278), where either the emphasis or a logical distinction seems to demand it. — **οὐδὲν...συναίτιος**: contrasted w. *μόνος αἴτιος*. In those things wh. might naturally be supposed to have been done in part by me, as being a statesman, he allows me no share; but for those misfortunes wh. are in no way related to my calling and work, I am alone responsible. What consistency!

§ 213. **ἐποιήσαντο**, i. e. the Thebans. — **ἐκείνους**: the envoys fr. Philip and those fr. the other allies of Thebes, who had the precedence. — **τὸ...κεφάλαιον** = *in summa.* — **ὧν** = *τούτων ἅ*. — **αὐτούς**, i. e. the Thebans. — **βούλονται**: the direct for the indirect mode, to give vividness. — **ἢ διέντας αὐτούς**, *either by allowing themselves* (i. e. the same as *ἐκείνους* and subj. of *ἠξίουν*) *a free passage through their territory* (Bœotia). — **τὰ ἐκ τῆς Ἀ. βοσκήματα**: cf. § 44 and note. — **ἐκ δὲ ὧν...πολέμου**, *while as the result of what they affirmed we were about to advise, their property in Bœotia would be plundered by means of the war.* An argument, as W. remarks, that would have great force w. the selfish Thebans. — **συντείνοντ'**, *all aiming at the same result.*

§ 214. **ἡμεῖς**: the ellipsis of *ἐλέγομεν* immediately after *ἔλεγον* is not harsh. Some MSS. have *ἀντείπομεν*. — **τὰ μὲν...ἐγὼ μὲν**: cf. note § 201. — **ἀντὶ...τιμησαίμην**, *to repeat these things severally I would count worth all my life.* — **ὑμᾶς δὲ δέδοικα**: prolepsis for *δέδοικα μὴ ὑμεῖς*. — **ὥσπερ ἂν εἰ... ἡγούμενοι** is elliptical; the full expression would be *ἡγούμενοι ὥσπερ ἂν ἡγοῖσθε εἰ ἡγοῖσθε*. Cf. Madv. G. S., § 139 c; H. 754; C. 622 d; G. § 42. 3, N. 2. Transl.: *thinking that even a deluge, as it were, had swept over the events;* i. e. all trace of them had become obliterated.

§ 215. **μετὰ ταῦτα**: this narrative is entirely contradictory to the statement of Æsch., §§ 137, 140, 141. Diss. thinks that such a bare misrepresentation as this of Æsch. (assuming that the account of Dem. is true) could not have been made unchallenged before the court; and he regards the passage as a later insertion in the revised edition of Æsch. — **ἐξῆτε, ἐβοηθεῖτε**: Bremi calls attention to the asyndeton as descriptive of rapid action. — **ὥστ' ἔξω τῶν ὁπλιτῶν**, *that, when our infantry and cavalry were encamped outside the walls.* Reiske understands that the *Theban* infantry and cavalry vacated their own city for the occupation of the Athenian army and encamped outside. This would be a "compliment" unheard of! Besides, as Diss. observes, the distinctive pronouns *your* and *their* could not be wanting. Bœckh *Econ.*, p. 387, speaks of the difficulty, owing to the laxity of discipline among the ancient soldiery, of obtaining permission to introduce an army into an allied city for quarters. The meaning seems plainly this: the Athenian forces after pitching their camps outside were invited to take up quarters in the houses of the Thebans; accordingly, τὴν στρατιὰν embraces as a general term τῶν ὁπλιτῶν and τῶν ἱππέων. — **καθ' ὑμῶν** = ὑπὲρ ὑμῶν. So *Phil.*, II., § 9: μέγιστον καθ' ὑμῶν ἐγκώμιον. Contrariwise in Hom. *Il.*, VI. 524, ὑπέρ = κατά: Ὅθ' ὑπὲρ σέθεν αἴσχε' ἀκούω. — **σωφροσύνης**, *self-command*, Wh.; *good behavior*, Kenn.; *Enthaltsamkeit*, Jacobs. — **ἀμείνους**: explanatory of ἀνδρίας; δικαιότερ' ἀξιοῦν explanatory of δικαιοσύνης. — **καὶ τὰ...καὶ...δ', κ. τ. ἑ.**, *and what is kept under the closest guard not only by themselves but also by all men.*

§ 216. **κατά γ' ὑμᾶς** = *quod ad vos quidem attinet.* V. — **οὔτε...τε**: negat. and affirm. correlated; so often. — **τὰς πρώτας**: all the MSS. except Σ add μάχας. W. is the only editor we know of, besides Z, that follows Σ. Another instance of such a verbal ellipsis is found in Lysias *pro Mantith.*, § 15: τῆς πρώτης [sc. μάχης] τεταγμένος μάχεσθαι τοῖς πολεμίοις. But in our sentence we would more naturally supply παρατάξεις = *manœuvres, skirmishes*, fr. the preceding partic. W. thinks this admirably suited to the connection, as the allusion is probably to the preliminary marches and skirmishes by wh. the combined Thebans and Athenians sought to check the advance of Philip. — **τοῦ ποταμοῦ**, i. e. the Cephissus, wh. flows through the plain of Elatea and enters Bœotia not far fr. Chæronea. — **τὴν χειμερινήν**: critics are divided as to the application of this epithet, some making it mean *the skirmish in the winter*, others *in the storm.* But for the latter meaning the word is properly χειμέριος. If, w. Grote, we suppose an interval of 10 months (fr. Oct. 339 to Aug. 338 B. C.) between the capture of Elatea and the battle of Chæronea, there is no difficulty in placing these encounters early in the spring of 338 B. C., and understanding χειμερινήν of a wintry time among the mountain passes of Phocis, where snow is sometimes found in the spring months. But if, w. Clinton *Fast. Hellen.*, App., p. 16, we suppose that the battle of Chæronea occurred only 50 days after the news arrived of Philip's entrance into Phocis, we have no recourse left other than to say w. him, "the word χειμερινήν is probably corrupt."

§ 217. **ζῆλον,** *emulation, enthusiasm.* — **εἰ μὲν...εἰ......εἰ δὲ...εἰ:** cf. ἐὰν δ'...ἄν, § 178 and note. — **εἰ ὧν...μάρτυρας,** *if what he himself called the gods to witness as being most excellent;* sc. by participating in the sacrifices, etc. (συνέθυε). — **ψηφίσασθαι,** i. e. by condemning Ctes., wh. would necessarily imply a condemnation of the orator's policy. — **τοὺς θεούς:** the gods by whom the judges were sworn were the same as those to whom Æsch. had sacrificed. — **εἰ δὲ μὴ παρῆν** presents the other horn of the dilemma. Lord B. comments upon the exquisite diction, the majestic rhythm, the skilful collocation of this passage. The dilemma, he remarks, is better than the average dilemmas of oratory, and quite sufficient, though incomplete, for the momentary victory at wh. alone the orator often aims. What retort could Æsch. obviously have made?

§ 218. **Θηβαῖοι...νομίζειν,** *but the Thebans were in the belief that they had been preserved through us.* The careful student will have noticed before this the fondness of Dem. for infinitive clauses w. the article. — **τοῖς νομίζουσιν,** i. e. ἡμῖν. So reads Σ; all other MSS. have δοκοῦσιν. V. supposes νομίζουσιν to be a corruption due to the proximity of νομίζειν. — **οὗτοι** refers to Æsch. and his associates. — **ἔπεμπεν:** the imperf. denotes the frequency of this correspondence, the object of wh. was to incite his allies in the Peloponn. war to render him more prompt assistance. Cf. § 156. — **συνέχεια, κ. τ. ἑ.,** *my persistence, and my wanderings* (sc. his πρέσβειαι), *and my hardships.* — **διέσυρε:** there is no passage in Æsch. speech where this is done. — **τί** is placed last for the sake of emphasis. Cf. πῶς, § 235.

§ 219. **Καλλίστρατος,** *that distinguished Callistratus.* He was the most eminent orator of his period, and is said to have incited Dem. when a boy to the study of eloquence by his speech on Oropus. — **'Αριστοφῶν:** cf. § 70. — **Κέφαλος:** cf. § 251. — **Θρασύβουλος:** the famous deliverer of Athens fr. the rule of the Thirty Tyrants, 403 B. C. — **διὰ παντὸς** = ἁπλῶς. Cf. §§ 88, 179. — **ὑπέλειπε,** *was wont to reserve for himself privately.* ὑπό expresses the underlying motive. — **εἴ τι γένοιτ',** euphemistic for *in case of a calamity.* — **ἀναφοράν,** *a final resource, a means of recovery.*

§ 220. **οὕτως:** very emphatic; join w. μέγαν εἶναι. — **ἐδόκει,** sc. ὁ κίνδυνος. — **χώραν οὐδὲ πρόνοιαν,** *that it seemed to me to allow no opportunity nor even forethought for personal safety.* τῆς ἀσφαλείας belongs gramm. to πρόνοιαν, but logically also to χώραν wh. would be followed by the dat. — **ἀγαπητὸν εἶναι,** *one must be content.* The orator means to say that in his opinion duty to country should in such a crisis overshadow all personal considerations, and one should be thankful if he were able to discharge that duty.

§ 221. **ὑπὲρ** = περί: cf. note § 9. — **γράφοντ' ἄν:** the particc. express the condition (cf. §§ 30, 190); ἂν to be taken w. the infin. γράψαι, πρᾶξαι, ποεσβεῦσαι. — **μηδέ,** *nor even.* — **ἐν πᾶσιν...ἔταττον,** *in all public affairs I* *constantly made myself the foremost.* W. considers the phrase nearly synonymous w. ἔδωκα ἐμαυτόν in §§ 179, 197, 219.

§ 222. **Εἰς ταῦτα, κ. τ. ἑ.**: the rhetorical order of the Greek may be imitated in Engl.: *This is the condition into which*, etc.; *this is the utterance which*, etc. — **ἐπαιρόμενος λόγους**, *he who before this hurled many defiant boasts against the city.* φωνὴν ἐπαίρειν, § 291, = *to lift up the voice* in loud tones. — **Διώνδας**: cf. § 249. Acc. to the author of the *Lives of the Ten Orators*, 848 c, Diondas prosecuted not only the authors of this decree, Demomeles and Hyperides, but also Aristonicus (§ 223). — **τὸ μέρος**: cf. note § 103. — **ἀποπεφευγότα**, *acquitted*, rarely used of *things*.

§ 223. **Ἀριστόνικος**: cf. note § 83, where the decree of Demom. and Hyper. is taken as a single one, and that of Ctes. is regarded as *third* in order. — **συγκατηγόρησεν**: the usages of Athenian law-courts permitted the prosecutor to associate w. himself several assistants in making complaint and in carrying on the suit. Cf. Meier and Schöm. *Att. Proc.*, p. 710. — **Δημομέλη**: a cousin of Dem. A. Schaef., II. 528, conjectures that the crowning proposed by Demom. occurred at the great Dionysia, April, 338 B. C., and that proposed by Hyper. at the Panthenaic festival, August, 338 B. C. I prefer the view of W., that Hyper. was only incidentally connected w. the crowning proposed by Demom. — **μᾶλλον...εἰκότως**, *more properly than this man*, i. e. Ctes.; simply because it is more fitting to punish the first offence than the second after the first has been passed by unnoticed.

§ 224. **τῷδε**: refers to Ctes.; ἐκείνους to the persons just mentioned; τοῦτον αὐτὸν to Æsch.; οὗτος to Ctes. again. — **ἀνενεγκεῖν ἐπ'**, *to refer to* (as a precedent). The force of the prep. remains throughout the sentence. — **περὶ τῶν οὕτω πραχθέντων**, i. e. legally settled. A suit once decided could not be renewed in an Athenian court of law. But the suit brought by Æsch. was not exactly identical w. that brought by Diondas against Demom. and Hyper.; so that the *spirit* of the law, rather than its letter, is meant, and the argument of Dem. is a *moral* rather than a *legal* one. — **τότε**, *in that case;* i. e. supposing Æsch. had brought suit in the first instance. — **τὸ πρᾶγμα, κ. τ. ἑ.**, *the real question* (i. e. whether Dem. was deserving of a crown or not) *would have been tried on its own merits, before it had obtained any of these precedents.* These points seem well taken.

§ 225. **οἶμαι**: ironical. — **ἐκ παλαιῶν χρόνων, κ. τ. ἑ.**: he means the transactions connected w. the peace of Philocrates. — **μήτε...μηδείς**, st. οὔτε ...οὐδείς, because there is a shade of uncertainty in the thought, wh. is implied in οἶμαι. — **προφάσεις**: cf. note § 156. — **δοκεῖν τι λέγειν**, *to seem to speak to the purpose.* οὐδὲν λέγειν = *to speak to no purpose.*

§ 226. **ἐπὶ τῆς ἀληθείας**: cf. note § 17. — **μόνον οὐκ** = *all but.* — **τοὺς ...φυγών**: the same point is made in § 15. — **κρίσιν**: subj. of ἔσεσθαι.

§ 227. **περὶ ἡμῶν,** i. e. Æsch. and himself. Dem. makes the illustration of his rival apply to them both. This idea is brought out more fully in the sentence: *οὐ γὰρ ἂν μεταπείθειν, κ. τ. ἑ.*, § 228. — **περιεῖναι χρήματά τῳ,** *that money remains over in the hands of some one.* The figure is taken fr. trade or banking business. — **καθαιρῶσιν,** lit. *if the pebbles cancel* or *remove,* sc. one's credit of money (*τὰ χρήματα*); i. e. if accounts balance. This sense of *καθαιρεῖν* seems somewhat forced; *αἱρεῖν* in the passage cited fr. Æsch. is to be taken in much the same way, and *ἀντανελεῖν* (lit. *to take up on the opposite side*), § 231, has the same sense. Other Editt. except V. read *καθαραὶ ὦσιν,* wh. is explained as referring to *clearing away the pebbles from the board* (cf. *ἀβάκιον,* Abacus, Dict. Antiq.) in opposite columns of debit and credit, until the whole board is *cleared* and accounts balance.

§ 228. **σοφοῦ,** "*sapient.*" Lord B. — **ὑπάρχειν ἐγνωσμένους**: cf. § 95. **οὐ γὰρ ἄν, κ. τ. ἑ.,** *for he would not be seeking to change your mind, if there were not such an opinion as this existing in regard to each of us.* Dem. proves himself skilful in retort.

§ 229. **τιθεὶς ψήφους,** *by casting up accounts.* — **οὗτος λογισμός**: *οὗτος* is predicate; *for the mode of reckoning public deeds is not this* (i. e. the arithmetical, but another).

§ 230. **παραταξαμένους**: in agreement w. *αὐτούς* supplied fr. *Θηβαίους* and subj. of *κωλύειν.* — **ἑπτακόσια στάδια**: cf. note § 195. — **τοὺς λῃστὰς**: cf. note §§ 145, 241. — **φέρειν καὶ ἄγειν** = *to plunder.* — **ἐν εἰρήνῃ**: antithetic position to *τὸν πόλεμον.* — **ἐκ θαλάττης,** *from the sea* reckoning landwards, hence *on the side of the sea;* referring to the security of the coasts fr. predatory invasions. — **λαβόντα,** *after he should have taken Byzantium;* to be taken in close connection w. Philip's *conceived* (not actual) occupation of the Hellespont.

§ 231. **ψήφοις,** sc. *τῷ τῶν ψήφων λογισμῷ*: the orator doubtless asked this question in a sneering tone: Can the statement of deliverance fr. such threatened calamities be likened to an arithmetical computation of debit and credit? — **ἢ...ἀντανελεῖν, κ. τ. ἑ.,** *or does it seem to you proper to offset these against each other?* Cf. note § 227. Does he mean (1) offset his own good deeds or benefits against the misfortunes that are charged to his administration; as Lord B. expresses it: "Must these events be taken out of the opposite side of my account?" Or (2) offset these benefits just enumerated against the common misfortunes of the country; wh. is the interpretation of Reiske, Wh., Kenn., et al. Or (3) should our deeds be made to cancel each other; are my services to the country to be set over against your misdeeds, so that they mutually cancel, and neither go down to later remembrance? The last interpretation seems most in accordance w. the spirit of the entire passage. In the preceding section Dem. implies that the calamities wh. were prevented by his policy would have been the legitimate result of his rival's conduct. And we understand this inquiry to be directed, as the one just before, to Æsch., and w. a touch of sarcasm. The thought, then, of the passage is this: when Æsch. asks the Athenians to change their opinion respecting Dem. by taking into consideration the debit side of his account, Dem. responds: "let our accounts stand as they are; they are not to be cast up and balanced as trading accounts, and then forgotten." — **προστίθημι**, *add to the account;* a mercantile term in harmony w. the preceding λογισμός. — **ἐν οἷς**, *in those cases in which.* — **καθάπαξ**: cf. § 197. — **ἑτέροις** means the Phocians and Locrians, also the Thebans after the battle of Chæronea. — **τῆς φιλανθρωπίας** refers to Philip's generous and kind treatment of the Athenians after the battle of Chæronea. Demades *Fragm.* 1, says: *ἔγραψα καὶ Φιλίππῳ τιμάς· οὐκ ἀρνοῦμαι. δισχιλίους γὰρ αἰχμαλώτους ἄνευ λύτρων, καὶ χίλια πολιτῶν σώματα χωρὶς κήρυκος, καὶ τὸν Ὠρωπὸν ἄνευ πρεσβείας λαβὼν ὑμῖν ταῦτ' ἔγραψα.* Cf. also Polyb., V. 10. — **περιβαλλόμενος**, *with a view to accomplishing the rest of his purposes.* *περιβάλλεσθαι* = *to compass* or *embrace in one's plans;* cf. Isocr. *Panegyr.*, § 184. — **καλῶς ποιοῦντες**, *happily;* indicating the subjective feeling of the speaker, = *I am happy to say.* The difference between this and *καλῶς πράττοντες* is clearly shown in Dem. *c. Leptin.*, § 110: *ὅτε δ' ὑμεῖς, καλῶς ποιοῦντες, καὶ κατὰ τὰς κοινὰς πράξεις καὶ κατὰ τὴν ὁμόνοιαν καὶ κατὰ τἄλλα πάντα ἄμεινον ἐκείνων πράττετε.*

§ 232. **παραδείγματα πλάττων**, *manufacturing illustrations;* such e. g. as that of the *ψῆφοι.* — **ῥήματα σχήματα**: the former Cic., *Orat.* VIII., understands of the criticism Æsch. (§§ 72, 166) made upon several *expressions* used by Dem.; the latter word may refer to the mimicking of certain *gestures* peculiar to Dem., wh. were, perchance, not altogether in precise keeping (cf. Æsch., § 167) w. the artificial rules of the schools. — **πάνυ γὰρ**, *for altogether in consequence of this — don't you see? — have come about the affairs of the Greeks.* A similar ironical use of *οὐχ ὁρᾷς* is found in § 266. — **παρήνεγκα**, *I extended my hand on this side, but not on that side.*

§ 233. **ἐπ'...ἐσκόπει**: cf. note § 210. — **ἀφορμὰς**, *resources; particularly financial,* as distinct fr. *military* (*δυνάμεις*). — **ἐπιστὰς**: cf. § 60. — **ἐποίησα...ἐδείκνυεν**: notice the diff. in the tenses: *if I had made...he would (now) point out.* — **χρήσομαι τῷ λόγῳ**, *I shall make the statement;* an emphatic paraphrase for *λέξω.*

§ 234. **τοὺς ἀσθενεστάτους**: when the peace of 346 B. C. was concluded, Athens had control over Peparethos, Proconnesos, Tenedos, Thasos, Sciathos, in addition to Lemnos, Imbros, Scyros, Samos, wh. belonged to her as dependencies. Chios and Rhodes had torn themselves loose in the Social War, 357 – 355 B. C.; about the same time also occurred the revolt of

Corcyra. — **σύνταξιν**: an euphemistic word, whose origin Harpocr. explains: *ἔλεγον τοὺς φόρους συντάξεις, ἐπειδὴ χαλεπῶς ἔφερον οἱ Ἕλληνες τὸ τῶν φόρων ὄνομα.* Bœckh *Publ. Econ.*, p. 544, surmises that this contribution was subsequently increased (cf. § 237) to as much as 400 talents. Cf. Dem. *Phil.*, IV., § 37 ff. This contribution was made under the new Athenian confederacy formed in 377 B. C. See Grote, X., cap. 77. — **προεξειλεγμένα,** *collected in advance, anticipated.* Cf. Dem. *Phil.*, I., § 34. — **ὁπλίτην... ἱππέα**: an instance of *asyndeton.* Cf. § 67. — **τῶν οἰκείων,** *the citizen-soldiery;* the same as *τῶν πολιτικῶν*, § 237, in distinction fr. mercenary troops wh. are meant by *ὁπλίτην, ἱππέα* and *ξένοι* (§ 237). — **φοβερώτατον,** sc. *ἦν.* — **οὗτοι**: Æsch. and his associates.

§ 235. **πῶς,** sc. *ὑπῆρχεν ἔχοντα.* — **προλέγων...βουλευόμενος...φεύγων... ὑπεύθυνος**: a most lifelike picture of the comparative weakness and strength of a democratic and despotic form of government. Cf. Isocr. *Nicocl.*, § 19. Larned compares Canning's description of Bonaparte's power: "He asks no counsel, he renders no account, he wields at will the population and resources of a mighty empire and its dependent states."

§ 236. **καὶ γὰρ τοῦτ'**: the force of *καί* = *also* falls upon *τοῦτ'*, wh. refers by anticipation to *τίνος κύριος ἦν.* — **πρῶτον** has no corresponding *εἶτα* expressed; the next point in the enumeration is *ὅσα...περιγένοιντο.* — **οὐ μόνου μετεῖχον**: his *only* privilege, as compared w. the advantages of Philip, was that of haranguing the people, and this he had to share w. his opponents. — **περιγένοιντο,** *and whatever successes these gained over me;* he means in the discussions and resolutions of the Assembly. — **δι'...ἣν.. πρόφασιν,** *through whatever pretext each success might chance to arise.* *ἕκαστον* = *τὸ περιγενέσθαι.* With *τύχοι* supply *γιγνόμενον.* — **ταῦθ'...βεβουλευμένοι,** *these you adopted in favor of the enemy, and then took your departure* (sc. fr. the Assembly).

§ 237. **ἐκ,** *out of;* i. e. as starting-points. — **Μεγαρέας** is written *Μεγαρεῖς*, § 234. — **τῶν πολιτικῶν**: cf. note § 234. — **συντέλειαν,** *joint contribution.* — **ὅσων...πλείστην**: *ὅσην* would be the usual constr.; the genit. is due to attraction. A decree found at the close of the *Lives of the Ten Orators* states that this contribution amounted to more than 500 talents.

§ 238. **τὰ...δίκαια,** *our just dues as regards the Thebans.* He alludes to the complaints of Æsch. contained in § 143, wh. is cited on p. 85. — **τὰ πρὸς Βυζαντίους**: cf. note § 95. — **τὰ πρὸς Εὐβοέας**: cf. Æsch., §§ 92, 93. — **τῶν ἴσων**: "*τὰ ἴσα* hoc loco sunt æquæ portiones sumptuum in bellum faciendorum." Schaef. — **τῶν...τριήρων**: genit. of the whole depending on *τὰς διακοσίας.* — **τριακοσίων**: the whole number of ships at the battle of Salamis is given by Thuc., I. 74, acc. to some MSS., as 300, acc. to other MSS., as 400, of wh. Athens furnished two thirds. Herod., VIII. 48, says there were 378, and of these 180 were Athenian. — **ἐλαττοῦσθαι,** *to be defrauded.* Dem. turns into a meritorious act what Æsch. had censured as an injustice practised upon the city by Thebes, through the venality of Dem.

§ 239. **κενὰς, κ. τ. ἑ.**: *you confer upon these* (i. e. the Athenians) *empty favors in calumniating me;* empty, because so entirely useless after all was over. — **παρὼν,** i. e. in the Assembly, as ἔγραφες shows. — **ἐνεδέχετο,** *if, indeed, they* (ταῦτα) *admitted of it,* sc. πράττειν; i. e. if they were practicable. — **παρὰ** = διὰ: *on account of, under the existing circumstances.* Schaef. But the sense seems quite as good if we take it as in παρ' αὐτὰ τἀδικήματα, § 13, = *at the moment of;* implying that the crises were such as to demand instantaneous action, when they had to accept what they could get, without deliberating upon what they might wish to have. — **ὅσα ἠβουλόμεθα**: the indic. denotes what is definite; δοίη, the optat., denotes what is indefinite. — **καὶ...καὶ,** *not only...but also.* — **τοὺς...ἀπελαυνομένους**: W. takes in a hypothetical sense, and as referring to the Thebans and others who were negotiating for an alliance w. Athens, in case *they should be repulsed* through the exorbitant demands of the Athenians.

§ 240. **νῦν,** *as the case stands.* — **κατηγορίας**: the plural, since there were many points embraced in the one formal accusation. — **ἂν** adds emphasis to τί and modifies ποιεῖν...λέγειν below, where it is repeated. Cf. G. § 42. 3, N. 1. — **τούτων,** i. e. τὰ πρὸς Θηβαίους δίκαια in § 238. — **ἀκριβολογουμένου**: deriv.? *chaffering, haggling.*

§ 241. **οὐχ,** sc. ἂν ἔλεγον. — **βουλόμενοι** refers to the people of the πόλεις above. — **εἶτα,** *furthermore;* it continues the question in the direct form introduced by οὐχ; the whole is summed up at the close in οὐκ ἂν ταῦτ' ἔλεγον. — **τοῦ Ἑλλησπόντου, κ. τ. ἑ.**: the calamities wh. in § 230 he named as the impending results of the policy of his rival, the orator here sums up in a different order as likely to be laid to *his* charge by Æsch., had he not prevented them. His enemies now find fault w. the means by wh. he averted the calamities wh. they were preparing; but these very calamities, had they occurred, they would have laid at his door; they were bound to blame him anyhow. — **σιτοπομπίας**: cf. note § 87. — **τῶν λῃστῶν**: cf. note § 145. — **καὶ...γε,** *yea...and.*

§ 242. **φύσει κίναδος**: cf. note § 162. — **τἀνθρώπιον,** *manikin, apology for a man;* the neuter and the diminutive combining to form the contemptuous term. — **αὐτοτραγικὸς πίθηκος**: an allusion, probably, to his extravagant imitations and mimicries on the stage. — **ἀρουραῖος Οἰνόμαος**: cf. note § 180. — **δεινότης,** *power as an orator, eloquence.* — **πατρίδι**: for the omission of the art. cf. § 170. — **νῦν,** *now at last, to-day;* this emphasis belongs to it also in νῦν λέγεις; § 243.

§ 243. **ὥσπερ ἂν εἴ**: the ellipsis (cf. § 194) is somewhat as follows: *to do* *so is just as absurd as it would be* (ὥσπερ ἂν εἰ) *if,* etc. — **ἀσθενοῦσι, κ. τ. ἑ.,** *visiting his patients in the course of their sickness.* On the parallel passage in Æsch. given below, see Introduction, p. xv. — **τὰ νομιζόμενα,** *the customary rites were being performed over him.* — **τὸ καὶ τὸ,** *this and that, so and so;* an instance of the original demonstrative use of the article — **ἅνθρωπος :** Bekk.'s emendation for ἄνθρωπος of the MSS., on the ground that the art. is needed w. the demonstr. pronoun. — **εἶτα νῦν,** *do you then now at last* (*when all is over*) *speak?*

§ **244. τοίνυν** marks the conclusion. — **τὴν ἧτταν :** at Chæronea. — **παρ' ἐμοί,** *in my power.* — **ὅποι ἐπέμφθην :** the indic. emphasizes the *actual* fact, while πεμφθείην, § 45, states the fact indefinitely. — **οὐκ...οὐκ...οὐκ...οὐ... οὐκ...οὐκ...οὐ :** a marked instance of *asyndeton,* adding much emphasis to the expression. — **Θετταλίας :** of these embassies little is known besides what is said in this oration and in the Third Philippic. The Theban has been described in § 211 ff.; that to Byzantium, in § 88. *The kings of the Thracians* were Teres and Cersobleptes. The latter Æsch., § 61, mentions as ἄνδρα φίλον καὶ σύμμαχον τῇ πόλει. — **ἄλλοθεν οὐδαμόθεν :** Dem. also went on a similar embassy to the Peloponn. states. Cf. § 79 and note § 45. — **ἀλλ' ἐν οἷς, κ. τ. ἑ.,** *but where his ambassadors were vanquished in argument, he came with arms and carried the day.* Kenn.

§ **245. μαλακίαν σκώπτων,** *scoffing at the same man for cowardice.* In allusion to the charge of Æsch. that he had fled fr. his post on the field of battle. This story, first found in Æsch., grew as it was repeated, until in the *Lives of the Ten Orators,* p. 845, it is narrated as a fact, that Dem., as he was fleeing fr. the battle-field, became entangled in a bramble-bush, and panic-stricken turned to the bush, saying: "Spare my life and take me prisoner!" Against this charge the orator finds a sufficient defence in this and the succeeding sections. — **τῆς...ψυχῆς :** commentators are uncertain whether to take this as *courage, temper,* or as *life.*

§ **246. πᾶσαν ἐξέτασιν,** *a full examination.* — **οὐ παραιτοῦμαι :** *I do not beg off.* — **πέπρακταί :** Grote, XI. 441, remarks upon this claim of Dem.: "The first Philippic is alone sufficient to prove, how justly Dem. lays claim to the merit of having 'seen events in their beginnings' and given timely warning to his countrymen." — **πολιτικὰ** = οἰκεῖα ; *which are inherent and unavoidable defects belonging to all popular governments.* πόλις is used here in the sense of πολιτεία. Cf. Isocr. *Nicocl.,* § 17 ff., for a comparison between democratic and monarchical government. — **ὡς :** separated fr. the superlative by a prep. Cf. § 288. — **προτρέψαι,** sc. τὰς πόλεις. — **οὐδεὶς μὴ εὕρῃ** = οὐ μή τις εὕρῃ. For οὐ μή w. subj. cf. G. § 89 ; H. 845 ; Cu. § 620 ; C. 627.

§ **247. τῷ διδόναι καὶ διαφθείρειν,** *by promises and bribes to those in power.*

Cf. note § 45. — **τῶν κατὰ ταῦτα πραχθέντων,** *of the deeds done in this department*; i. e. as *κύριος* and *ἡγεμὼν τῶν δυνάμεων*. — **τῷ διαφθαρῆναι,** *in the matter of being bribed by money or not.* *τῷ* is dat. respect. — **ὁ ὠνούμενος,** *the bidder.* — **τὸ κατ' ἐμέ**: the logic is clear: by two means Philip conquered, sc. arms and bribery. But with arms I had nothing to do, and as to bribery, I proved myself incorruptible; ergo, the defeat of the city is chargeable to me neither in this nor in that.

IV. §§ 248-290. DEMOSTHENES DEFENDS HIS POLICY AGAINST THE CHARGE OF BEING UNFORTUNATE; COMPARES THE FORTUNE OF ATHENS WITH THAT OF OTHER STATES, AND HIS OWN FORTUNE WITH THAT OF ÆSCHINES; AND FINALLY APPEALS FOR VINDICATION OF HIS POLICY TO THE INDORSEMENT OF THE PEOPLE AFTER THE BATTLE OF CHÆRONEA. **Ἃ μὲν**: relat. clause precedes for the sake of emphasis. — **τοῦτον**: Ctesiphon. **ταῦτα**: wh. have been enumerated. — **ὑμεῖς,** sc. *παρέσχεσθε εἰς τό, κ. τ. ἑ.* — **τὴν μάχην**: of Chæronea. — **θαυμαστὸν ἦν,** *when it would not have been at all surprising, if the multitude had become disaffected towards me.* For *θαυμαστὸν ἦν* cf. note on *ἐξήρκει*, § 196. — **πρῶτον μὲν**: fearing an immediate attack fr. Philip, the Athenians placed their city in a state of defence w. all possible speed. Read the graphic account given by Lycurgus in his speech against *Leocrates*, §§ 39-44, of the state of feeling at Athens in consequence of the defeat at Chæronea. — **πάνθ'...διὸ τῶν ἐμῶν ψ.**: an inexcusable exaggeration. The proposal to place the Peiræus in a state of defence, to make the Metics citizens, to set free a portion of the slaves, to restore to citizenship those who had lost their political rights, to bring the women and children to the Peiræus for safety, was made by Hyperides the orator. — **τὰ εἰς τὰ τείχη χρ.**: the hasty and tumultuous preparations of defence described by Lycurg. l. c. are meant, for wh. a special contribution seems to have been made. Cf. §§ 171, 312. — **σιτώνην,** *grain commissioner.* Special commissions were appointed in time of war and of unusual scarcity to procure an extra importation of grain.

§ 249. **μετὰ ταῦτα**: when the excitement had died away, and Philip had announced through Demades his friendly intentions. — **συστάντων**: without the art. to make it indefinite. — **γραφάς,** sc. *παρανόμων*, as appears fr. *ἔννομα γράφειν* in § 250. — **εὐθύνας,** *complaints for maladministration.* — **εἰσαγγελίας**: cf. note § 13. — **τό γε πρῶτον,** *at first*; the emphasis of *γε* indicates that they did later. The leaders of the Macedonian faction had to move cautiously, as there was still strong sympathy w. Dem. among the people. — **ἐκρινόμην,** *I was brought to trial.* — **Σωσικλέους**: nothing further than what is here mentioned is known of him nor of *Μέλαντος*. — **Φιλοκράτους**: not the same person as the one mentioned in § 21, but of Eleusis. — **Διώνδου**: cf. § 222. — **τοίνυν** resumes the thought interrupted by the long parenthesis. — **τοῦτο**, i. e. *τὸ δικαίως ἐμὲ σωθῆναι*. — **γνόντων τὰ εὔορκα**, *gave a verdict in accordance with their oath.*

§ 250. **τὸ μέρος** : cf. § 103. — **ἐπεσημαίνεσθε**, *you were indorsing ;* lit. *setting the seal upon*, spoken of the logistæ. The force of the impf. in all these verbs must not be overlooked. — **οὐχ ὃ...τιθέμενον**, *not that* (*name*) *which he saw the people affixing.* — **δῆμον...δικαστάς...ἀλήθεια** : correspond in their order to the different kinds of trial referred to by Dem. above; thus, the *εἰσαγγελία* was tried before the demus, the *γραφὴ παρανόμων* before the dicasts, and the *εὐθύνη* before the logistæ where the trial was an issue of fact.

§ 251. **τοῦ Κεφάλου** : a statesman who flourished at the time of the restoration of the democracy under Thrasybulus. He was instrumental in uniting Thebes and Athens during the Corinthian war. — **τὸ...φεύγειν**, *but it was the honor of Cephalus that he was never indicted.* — **μᾶλλον**, sc. *διὰ τοῦτο* : the sense is : *why should a man who has never been convicted, but often been tried, on this account be held in reproach more justly than the man who has never been on trial ?* — **πρός γε τοῦτον**, *as far as this man* (Æsch.) *is concerned.* — **ἐγράψατο...ἐδίωξε** : the former verb denotes the act of bringing in the bill, the latter that of carrying it through the court. — **μηδὲν**, st. *οὐδέν*, because it is as the acknowledgment of Æsch. (not as the absolute fact) that he is in no respect a worse citizen.

§ 252. **ἐγὼ...ἡγοῦμαι...ἑτέρῳ** : this sentence passed into a proverb, and is found in the *Florilegium* of Stobæus. — **ἣν γὰρ** : the relat. precedes the antecedent *ταύτης*. By beginning the transl. w. *πῶς χρή, κ. τ. ἑ.*, the student will make a clearer Engl. sentence. — **χρῆται τῷ λόγῳ** : cf. § 233. — **ἀνθρωπινώτερον** : the sense is *with a more just notion of human life.*

§ 253. **Δωδωναῖον** : the oracle of Zeus at Dodona was the most venerable of all the Greek oracles, although long ago superseded in influence by that of Apollo at Delphi. It may be that the orator purposely passes the Delphic oracle by from a suspicion of its truthfulness and patriotism, — a suspicion attributed to him by Æsch. in the words *φιλιππίζειν τὴν Πυθίαν φάσκων*. — **ἣ νῦν ἐπέχει**, *which now prevails.* — **τίς γὰρ...πεπείραται** : at this time Thebes was in ruins, the recent uprising against Macedon in the Peloponnesus had been quelled by Antipater, and Alexander was in the midst of his conquests in Asia.

§ 254. **τὸ...ἄμεινον πράττειν**, *and to fare better than.* — **διάξειν** in the oratio recta would be *διάξουσιν*. Regularly, what mode would be found here ? — **τῆς ἀγαθῆς τύχης** : partit. genit. Athens, though under the Macedonian yoke w. the rest of the Greek states, preserved its independence in affairs of home government much better than those Peloponnesian states (*τῶν οἰηθέντων...διάξειν*) that had stood aloof fr. the struggle against

Philip. — **τὸ δὲ προσκροῦσαι**, *and that there were reverses;* the sentence is the obj. of μετειληφέναι, wh., like μεταδίδωμι and μετέχω, may be followed by the accus. as well as by the partit. genit. — **τὸ μέρος**: in appos. w. the preceding infinitives; *as that portion of the fortune of the rest of mankind which has been allotted to us.*

§ 255. **ἰδίαν...ἐν τοῖς ἰδίοις**, *personal...in personal affairs;* not in public matters. This is in reply to the charge of Æsch. that the misfortunes of the state were partly due to the ill-starred fortune of Dem. — **ὑμῖν**, sc. δοκεῖν fr. δοκῶ. Inferior MSS. add συνδοκεῖν. — **ὁ δὲ**, in contrast w. ἐγὼ μὲν. — **κυριωτέραν**, *paramount to;* i. e. more effective for weal or woe.

§ 256. **πάντως**, *altogether, at any rate;* modifies the idea of προαιρεῖ ἐξετάζειν. — **μου πρὸς Διὸς**: the same order is found in § 199. — **ψυχρότητα**, *folly*, Lord B.; *bad taste*, Kenn.; *coldness, indifference*, L. and Sc.; *ungenerous feeling* is the excellent rendering of Holmes, who explains the word as denoting "a lack of that human warmth of heart and sympathy which would naturally produce great tenderness of word and deed towards the unfortunate." — **προπηλακίζει**: cf. προπηλακισμὸν, § 12. — **ἀναγκάζομαι**: the orator makes the same excuse in § 126. — **ἐκ τῶν ἐνόντων**, *under the existing circumstances;* lit. *out of the things possible*, i. e. as material.

§ 257. **τὰ προσήκοντα διδασκαλεῖα**, *it was my lot to attend respectable schools when I was a boy;* in distinction fr. the schools attended by his rival. A Greek school education, as described by Plato *Protag.*, p. 325, consisted of (1) γράμματα = *language spoken and written;* (2) *literature*, or the study of authors; (3) *music*, including rhythm; (4) εὐκοσμία = *good principles and proper behavior.* Before τὰ προσήκοντα all MSS. except Σ and L. have μὲν ὄντι φοιτᾶν εἰς = *to attend upon;* this reading may have arisen fr. the desire to obviate the harshness of the constr. that joins ὑπῆρχεν first w. a subst. and then w. an infin. (ἔχειν). — **ὅσα...ἔνδειαν**: the father of Dem. left property to the value of 14 talents. How dishonestly this estate was administered by the guardians of Dem., so that but a small fraction of it fell to him as inheritance, we learn fr. his speech against *Aphobus*, I., §§ 4-11. — **ἐξελθόντι**, i. e. when he became an ἔφηβος. — **ἀκόλουθα τούτοις**, *in keeping with these (my) circumstances.* — **χορηγεῖν**, *to act as choragus.* See Dict. Antiq. Dem. is known to have been *choragus* in 350 B. C., when the difficulty w. Midias occurred. Cf. Orat. *c. Mid.*, § 13. — **τριηραρχεῖν**: cf. note § 102. The duties of *trierarch* were performed by Dem. several times: once in the Eubœan war (357 B. C.); cf. § 99. His guardians had him enrolled in the *first class*, and he was for 10 years ἡγεμὼν συμμορίας. Cf. §§ 102, 103. — **εἰσφέρειν**, *to contribute.* Notum est dici de tributo extraordinario ad belli necessitates. Diss. — **φιλοτιμίας**, *acts of liberality*, Kenn.; *Freigebigkeit*, Jacobs. Two such *acts of generosity* are alluded to in § 268. — **πρὸς τὰ κοινὰ** = *upon public life.* — **πολλάκις ἐστεφανῶσθαι** : cf. §§ 83, 120, 222. — **καλά γ'**, *honorable at least;* however disastrous the result may have been. "Dem. never forgets his leading distinctions." LARNED.

§ 258. **ἂν ἔχων** = ἂν ἔχοιμι : cf. note § 96. The partic. w. concessive force occurs without ἄν in §§ 138, 264. — **φυλαττόμενος τὸ λυπῆσαι** = φυλ. μὴ λυπήσω. Cf. G. § 46, N. 8 b. — **σεμνύνομαι** : here used w. ἐν, but in § 259 w. ἐπί. The antec. of οἷς may be understood as τοῖς πράγμασι. — **σεμνυνόμενος** : this word is repeated w. a certain degree of bitterness. — **ποίᾳ τινὶ**, *what sort of a;* the addition of τὶς adds to the indefiniteness of the question. W. remarks that this entire passage now following, as well as that contained in § 129, is to be regarded as the revenge of Dem. for his rival's similar attack upon him. (Cf. Æsch., § 171 ff.) We could wish that the orator's revenge had been, instead of this, a dignified and contemptuous silence. — **τρίβων** : the ink was probably prepared, like our India ink, by rubbing from a cake. — **οἰκέτου, κ. τ. ἑ.**, *having the rank of a menial, not of a gentleman's son.*

§ 259. **τελούσῃ**, *engaged in the rites of initiation.* The allusion is to the celebration of Orphic-Bacchic mysteries of Phrygian origin, wh., though under the public ban, had gained at that time considerable foothold in Greece, owing to the prevalent taste for semi-religious excesses. The deity who was worshipped in these rites was Sabazius or Sabadius, the son of Rhea or Cybele, who in later times was identified w. Dionysus Sabazius. Cf. Aristoph. *Av.*, 875. — **βίβλους** : Plato *Republ.*, II. 7, speaks of the large number and extensive influence of soothsayers and priests, who carried about with them *volumes of oracular* sayings and formulæ of consecration, wh. they pretended came from Orpheus and Musæus. — **νεβρίζων**, *wrapping in fawn-skins* (sc. the novitiates). — **κρατηρίζων** is defined by Phot. *Lex.* as οἶνον ἀπὸ κρατήρων ἐν τοῖς μυστηρίοις σπένδων. — **ἀπομάττων** is explained by Wyttenbach (ad Plut. *de Superstit.*, p. 166) as follows: "Lustrationis pars erat ut corpus lustrandum circumlineretur et quasi circumpinseretur imprimis luto [πηλῷ], tum abstergeretur [πιτύροις], quorum illud est περιμάττειν hoc ἀπομάττειν, *sed utrumque promiscue de tota lustratione dicitur.* — **ἀνιστὰς** : the candidate seems to have been in a lying or sitting posture during the process of purification. Cf. Aristoph. *Nub.*, 255. — **ἔφυγον, κ. τ. ἑ.** : a formula wh. signified that one had passed into a new life. It was used also in certain nuptial ceremonies.

§ 260. **φθέγγεσθαι μέγα** : Æsch. seems to have had good lungs and a fine voice, wh., if we may credit Dem. (cf. §§ 280, 285, 313), he used not without ostentation. — **καλοὺς** : ironical. — **τῷ μαράθῳ καὶ τῇ λεύκῃ** : the *fennel* plant possessed the property of charming serpents; the *white poplar* was believed to grow in Hades, and served as a symbol of life and death. Harpocr. *Lex.* says that those initiated in the Bacchic mysteries were crowned w. the white poplar, because Dionysus was a θεὸς χθόνιος. — **τοὺς παρείας**, *squeezing the puffy-cheeked snakes;* so called fr. their large puffy cheeks (παρεία); they were thought to be harmless. Cf. *Etym. Magn.*, 653; Aristoph. *Plut.*, 690. The use of serpents in the Bacchic services is alluded to also by Eurip. *Bacch.*, 697. — **εὐοῖ σαβοῖ**, *Euoi Saboi!* a Bacchic exclamation, whose origin grammarians give variously: εὐοῖ fr. εὖ οἷ, εὖ σοί, εὖ οἱ (μύσται), εὖ υἱέ; σαβοῖ fr. σαβός (= βάκχος) = one who has been initiated into the mystery of Σαβάζιος, the Phrygian βάκχος. — **ὕης ἄττης**, *Hyes Attes!* ὕης is generally taken as simply an exclamation w. ἄττης, and ἄττης as an equivalent of Σαβάζιος. The name Ἄττης is found in Pausan., VII. 17, § 5. The whole is supposed to be the opening or the refrain of a Bacchic street chorus, that was accompanied by dances and contortions of the body. — **ἔξαρχος**, *leader of the choir, chorister.* — **προηγεμὼν**, *leader of the procession, marshal.* — **κιττοφόρος**, *adorned with ivy;* Attic for κισσοφόρος. The ivy was sacred to Dionysus. This is the MSS. reading; but Reiske, Bekk., Taylor, and others follow Harpocr., Suid., Phot., and read κιστοφόρος = *bearer of the chest* (wh. contained the sacred utensils). V. contends that it is improbable that the same person should be both κιστοφόρος and λικνοφόρος if they mean *different* things, and that *both* words should be used if they mean the *same* thing. — **ἔνθρυπτα**, *sops;* acc. to Photius they were bits of bread sopped in wine and sprinkled over w. pulse. — **στρεπτοὺς**, *twists* (στέφω). — **νεήλατα** were, acc. to Harpocr., *fresh-ground barley-cakes* dipped in honey and studded w. raisins and chick-peas.

§ 261. **ὁπωσδήποτε** = *quocumque modo;* implying that it was in a way anything but creditable. Cf. note § 130. The enrolment in the register of citizens was made at the expiration of the 17th year of one's age. — **γραμματεύειν**: cf. §§ 162, 209. — **τοῖς ἀρχιδίοις**, *the petty officials.* — **ἀπηλλάγης**: by the choice of this word he wishes to imply that it was a *hard* and *disagreeable* service to wh. Æsch. had been bound. — **τῷ ... βίῳ**, *by your subsequent career.*

§ 262. **τοῖς βαρυστόνοις**, *nicknamed the groaners;* probably fr. their ridiculous overacting of the pathetic. — **Σιμύλῳ**: Demochares in *Vita Æsch.*, p. 246, mentions the fact that Æsch. wandered w. these strolling players through the land and appeared on "the provincial boards" in the celebration of the rural Dionysia. — **ἐτριταγωνίστεις**: cf. § 129. — **συλλέγων**, *gathering from the orchards of others, just as a fruit-huckster.* The country Dionysia occurred at the time of the vintage. Æsch. is represented here, acc. to one view, as going about the country gathering up fruit, either as a thief or as a beggar; acc. to another view, as picking up fr. the stage the fruit w. wh. the audience pelted him and his associates for their poor acting. If the latter view is correct, it is difficult to see what *ἐκ τῶν ἀλλοτρ. χ.* refers to, since it is wholly superfluous w. *ὀπωρώνης*. — **πλείω λαμβάνων** : the sense is obscure. Most critics understand these words to mean that Æsch. harvest of fruit was greater than his earnings as an actor, *τῶν ἀγώνων* referring to the *dramatic contests in which you* (the actors) *were engaged at the peril of your life.* By taking *ἀγώνων* to refer to contests between the spectators and the actors the gloss *τραύματα* after *τούτων*, wh. is omitted by Σ alone, crept into the text. Others understand the allusion to be to the blows received by him as a vagrant in the orchards. But Dem. would not say: "you received more blows from this calling than from your acting," when he states immediately afterward that they acted at the peril of their life. Professor Tyler seems to combine the two interpretations, as if the orator used an intentional ambiguity: "the result was that they got more (both kicks and coffers) in this way, than from acting in the plays." — **ἄσπονδος καὶ ἀκήρυκτος** : in explanation of *περὶ τῆς ψυχῆς*. The war was *without truce*, i. e. *unceasing; and without herald*, i. e. *implacable*. Cf. Xen. *Anab.*, III. 3. 5. — **τραύματ'** alludes to the showers of stones, fruit, and other missiles sent by the audience for his wretched acting. This is more fully described by Dem. in *de F. L.*, § 337: *ὅτε μὲν τὰ Θυέστου καὶ τῶν ἐπὶ Τροίᾳ κακὰ ἠγωνίζετο, ἐξεβάλλετε αὐτὸν καὶ ἐξεσυρίττετε ἐκ τῶν θεάτρων καὶ μόνον οὐ κατελεύετε οὕτως ὥστε τελευτῶντα τοῦ τριταγωνιστεῖν ἀποστῆναι.* — **ὡς δειλοὺς** : with reference to the reproach of cowardice that Æsch. brings repeatedly against him.

§ 263. **ἀλλὰ γὰρ** : cf. § 211 and note. — **πρὸς αὐτὰ...κατηγορήματα,** *I shall proceed to consider step by step the actual charges against your character.* — **ποτε,** *at last;* "continuing the taunt that Æsch. was *long* excluded fr. political life by his low origin and occupations." Holmes. — **λαγὼ βίον ἔζης,** *you led the life of a hare;* a proverbial expression for a life of anxious fear and timidity.

§ 264. **χιλίων...ἀποθανόντων** : Lycurg. *c. Leocr.*, § 142, and Diod., XVI. 88, state that a thousand Athenians fell in the battle of Chæronea, and that two thousand were taken prisoners. — **τῶν ζώντων** contains an implied contrast to *ἀποθανόντων*. — **ἂν δείξαιμι** : potent. optat.; cf. note on *ἂν ἔχοι*, § 16. — **εὐχερῶς,** *recklessly.* — **ὅσα...ἐστιν** : how diff. fr. *ὅσα ἂν ᾖ*? Cf. G. § 61. 1; H. 761; C. 651, 641 e.

§ 265. **τὰ σοὶ κἀμοὶ βεβιωμένα,** lit. *the things lived by you and by me.* Cf. § 130. — **ἐδίδασκες...πατρίδος** : this passage was regarded by the ancient rhetoricians as a model of antithesis. But Demetrius *de Elocut.*, § 250, finds fault w. the number of balanced sentences; he thinks the effect of the contrast is weakened by so many antithetic parts, and the entire passage shows more artifice than earnestness. In sharp and severe outline Dem. sums up the career of his rival in its five leading points : (1) as assistant to a pedagogue (§ 258); (2) as helper in the initiations (§§ 259, 260); (3) as clerk (§ 261); (4) as actor (§ 262); (5) as statesman (§ 263). Most Editt. have *ἐχόρευες, ἐγὼ δ' ἐχορήγουν* after *ἐτελούμην*; but this sentence is found neither in Σ, L., nor in the oldest rhetoricians. — **ἐτέλεις...ἐτελούμην** : the antithesis becomes clear when we understand *ἐτέλεις* of the disreputable Sabazian mysteries and *ἐτελούμην* of the sacred Eleusinian mysteries. Kenn. quotes fr. Milton's *Apology for Smectymnuus* the following imitation : "Speaking of the young divines and students at college, whom he had so often seen upon the stage acting before courtiers and court ladies, he (Milton) proceeds thus: 'There while they acted and overacted, among other young scholars I was a spectator; they thought themselves gallant men, and I thought them fools; they made sport, and I laughed; they mispronounced, and I mimicked; and, to make up the Atticism, they were out, and I hissed.'"

§ 266. **τὸ δὲ...ἀνωμολόγημαι,** *and it has been admitted that I have done no wrong whatever.* *τὸ ἀδικεῖν* is the accus. retained w. the pass. constr. — **συκοφάντῃ** : for the constr. cf. note on *τοιούτοις*, § 128. — **κινδυνεύεις, κ. τ. ἑ.,** *and you are in danger either of being obliged to continue to do this* (i. e. act the part of slanderer, since Æsch. to be consistent must play his rôle to the end, must not stop, therefore, with gaining this suit) *or of being forthwith silenced,* by losing this suit. Thus, the orator means to say, Æsch. must be in either case the loser. — **τὸ πέμπτον** : cf. note § 103. — **ἀγαθῇ γε** : notice the ironical force of *γε*. — **οὐχ ὁρᾷς** : cf. § 232. — **τῆς ἐμῆς** : the comm. reading adds *ὡς φαύλης*, wh., as Voem. justly remarks, weakens the force of the sentence, for no one *τύχης κατηγορεῖ ὡς ἀγαθῆς*.

§ 267. **τῶν λειτουργιῶν** : such as are enumerated in § 257. — **ἀναγνῶ,** *let me read,* although below he says *λέγε*; but it is well known that what one orders another to do, he may be said to do himself. — **μοι** = *I pray thee;* the ethical dat. Cf. note § 178. — **ἐλυμαίνου,** *used to murder.* Cf. § 180. We speak of *murdering* the king's English. — **ἥκω...πύλας** : the beginning of the Hecuba of Euripides. Æsch. had personated in this play the shade of Polydorus as *tritagonist.* — **κακαγγελεῖν** is an *ἅπαξ λεγόμενον.* This iambic verse is from an unknown tragedy. — **κακὸν κακῶς** : an instance of paronomasia; cf. § 11, and the Latin *malos male perdere.* The close resemblance of this sentence to the trimeter *κακὸν κακῶς σέ γ' ἀπολέσειαν οἱ θεοί*, wh. occurs in Athen. IV., p. 150 c, was recognized by Meineke.

§ 268. **τοιοῦτος,** sc. *ἦν ἐγώ.* — **κοινὸς,** sc. *εἰμί*, *I am public-spirited.* A similar omission of the first pers. of this verb occurs in Dem. *Lept.*, § 55, where ἐσμέν is to be supplied. — **ἐλυσάμην** : Dem., acc. to *de F. L.*, § 169 ff., *ransomed* a number of Athenians who had been taken prisoners in the Olynthian war. — **συνεξέδωκα,** *joined with any* (sc. the poorer of the citizens) *in portioning their daughters.* Every bride must bring her husband a marriage dower; the poor obtained it by the generous contributions of their richer friends. — **οὔτε...οὐδέν,** join w. **ἂν** εἴποιμι. In this category might be placed contributions to defray burial expenses, and to buy military outfits for the poor.

§ 269. **ἐγὼ...τῷ ὀνειδίζειν** : the same just sentiment is given by Cic. *de Amicit.*, XX. 71, as follows: "Odiosum sane genus hominum officia exprobantium, quæ meminisse debet is in quem collata sunt, non commemorare qui contulit." — **ποιήσαντα,** sc. εὖ, wh. is found in most MSS. — **τὸν μὲν** means τὸν εὖ παθόντα ; τὸν δὲ refers to τὸν ποιήσαντα. — **μικροῦ...ὀνειδίζειν,** *is almost like reproaching one.* — **προαχθήσομαι,** sc. ποιεῖν. — **ὅπως ποθ', κ. τ. ἑ.,** *but in whatever way I have been regarded as respects these things, I am content.*

§§ 270, 271. **ἀπαλλαγεὶς,** *having escaped from;* as if from some unpleasant thing. Cf. ἀπηλλάγης, § 261. — **ὑπὸ τοῦτον τὸν ἥλιον,** i. e. the world of the Greeks. — **ἀθῷος,** *unscathed by.* — **νῦν,** i. e. in the year 331 – 330 B. C. Cf. note § 253. — **τὴν ἐμὴν...βούλει** : a similar turn of expression is found in § 20. — **πάντων αἰτίαν** : αἰτίαν is not found in Σ, and is, therefore, rejected by V. and W. But this word seems necessary to the sense. Dem. is refuting the notion, so persistently declared by his rival, that his personal fortune was answerable for the misfortunes of the country, and his argument runs thus: you cannot name any one who has not been injured by Philip or Alexander; but among those who have been thus injured there are many who have never seen me nor heard my voice. Can I be the cause of *their* misfortunes? How much more just, then, is it to say that our misfortunes and theirs are attributable to a common cause (sc. τὴν ἁπάντων ἀνθρώπων τυχὴν καὶ φοράν τινα πραγμάτων χαλεπὴν), than to call my fortune *the cause of all,* i. e. of all the evil that has come upon the Greeks and Barbarians. Voem. and West. render: *I concede that my fortune, whether you please to call it good or ill, has become the fortune of all* (*men*). But how that follows fr. the supposition εἰ μὲν γὰρ ἔχεις, κ. τ. ἑ., I do not see. — **φοράν τινα...οὐχ οἵαν ἔδει,** *a certain irresistible and deplorable tide of troubles.* Some take φοράν here in the sense of *crop* or *harvest,* as in § 61.

§ 272. **παρὰ τουτοισὶ,** *among these;* i. e. my fellow-citizens, as distinguished fr. πολλοὶ τῶν μηδεπώποτ' ἰδόντων, κ. τ. ἑ., above. — **καὶ εἰ μὴ,** *even if not.* — **αὐτοκράτωρ,** e. g. like Philip. Cf. § 235.

§ 273. **ἀεὶ...προὐτίθει σκοπεῖν,** *and at all times the city proffered the opportunity in common* (sc. to all) *to consider her advantage.* — **πᾶσι...βέλτιον** :

this taunt is not fair. Æsch. and his party were outvoted and had to submit to what they could not prevent; their approbation they did not give. — **ταῦτ'**: the measures proposed by Dem. — **οὐ γὰρ ἐπ' εὐνοίᾳ, κ. τ. ἑ.**, *for it was not out of good-will, certainly, that you relinquished to me*, etc.; i. e. you did not give up these in order that I might have them. — **ἐλπίδων**, *hopes, prospects of reward.* — **ἡττώμενος**, *because you were compelled.* — **λέγειν βελτίω**: cf. εἰπεῖν βέλτιον above. This change of tense and number gives variety. Which of these forms of expression has more reference to the nature and contents of the action? — **νῦν ἐγκαλῶν...τότ' οὐκ εἶχες**: how and where has the orator made this point before? Cf. §§ 188, 196, 217. It is the characteristic of a good orator to impress an important point by frequent yet ever-varying repetition.

§ 274. **ἔγωγ'**, *I for my part see;* however oblivious of these principles my opponent may be. — **πως τὰ τοιαῦτα**, *such principles as these somehow defined and laid down.* — **ἀδικεῖ τις ἑκών**: former examples of this hypothetical form of statement are found in §§ 117, 198. — **ὀργὴν καὶ τιμωρίαν ...συγγνώμην**, sc. διωρισμένας ὁρῶ. — **οὔτ' ἀδικῶν τις, κ. τ. ἑ.**: transl. in this order: τὶς...δοὺς...οὐ κατώρθωσε...οὔτ'...οὔτ'. The particc. ἀδικῶν, ἐξαμαρτάνων are placed at the beginning so as to connect this *third* category more closely w. the *two* preceding. — **οὐ κατώρθωσε**, *failed in common with all.* On the distinction between ἀτυχήματα, ἁμαρτήματα, ἀδικήματα, cf. Aristot. *Rhet.*, I. 13. — **τῷ τοιούτῳ**: the addition of the art. makes the reference more specific = *such an one as this.*

§ 275. **τοῖς νόμοις**, *from the laws.* The distinction between νόμοι and νόμιμοι may be stated thus: νόμος = a positive, definite law or ordinance, generally written; νόμιμος = a principle or rule that is founded upon custom or upon the moral sense of every human being. Cf. Soph. *Antig.*, 451: οἳ τοὺς ἐν ἀνθρώποισιν ὥρισαν νόμους. οὐδὲ σθένειν τοσοῦτον ᾠόμην τὰ σὰ κηρύγματα ὡς τὰ ἄγραπτα καὶ ἀσφαλῆ θεῶν νόμιμα. Cf. also Plato *Legg.*, VII., p. 793; Dem. *c. Aristocr.*, § 70. — **ἤθεσι**: cf. note § 114. — **ἀτυχημάτων**: misfortunes he imputes to me as crimes.

§ 276. **ὅπως μὴ παρακρούσομαι**: for the mode cf. G. § 46, N. 2; H. 743 a; Cu. § 533, Obs.; C. 624 b. — **δεινόν**, *skilful* as a speaker, hence *eloquent.* So δεινότητα below = *eloquence.* Æsch. had named Dem. κακοῦργον σοφιστήν· τὸν γόητα καὶ βαλαντιοτόμον καὶ διατετμηκότα τὴν πολιτείαν· δεινὸς δημιουργὸς λόγων. — **ὡς ἐὰν...οὕτως ἔχοντα**, *as though when*, etc.,...*then these statements must also be true.* For the constr. cf. § 122.

§ 277. **τὴν...δεινότητα**: another instance of *aposiopesis;* cf. §§ 3, 22. The thought thus interrupted is resumed w. the words εἰ δ' οὖν...ἐμπειρία τοιαύτη. — **ἔστω γάρ**, *nay, be it so.* Let it pass that I am an orator; this imputation is, after all, a kind of proof that I am in sympathy w. the public; ὡς γὰρ...ἀποδέξησθε, κ. τ. ἑ. — **τὸ πλεῖστον,** *for the most part, generally.* Some MSS. insert μέρος. — **ὡς γὰρ...ἀποδέξησθε,** *for, according as you may receive and feel kindly towards each.* For the subj. w. ἄν cf. G. § 62; H. 757; Cu. § 554; C. 641. — **ἔδοξε**: why the aor.? Cf. G. § 30; H. 707; Cu. § 494; C. 606. This sentiment, that the audience controls the speaker, not the speaker the audience, is stated negatively in the *de F. L.*, § 340: "*Other powers are tolerably independent, but that of speaking is reduced to nothing when you who hear are opposed.*" The same important truth has been dwelt upon by all rhetoricians fr. Aristotle to Whately. — **παρ' ἐμοὶ**: cf. § 110: παρ' ἑκάστῳ τὸ συνειδὸς ὑπάρχειν μοι. — **οὐδ' ἰδίᾳ,** *not even for my personal interest.* — **τοὐναντίον,** sc. εὑρήσετε ἐξεταζομένην. — **τούτων**: to be referred back to the collective τις, as in § 99.

§ 278. **εἰσεληλυθότας,** sc. τὰ δικαστήρια. — **ἀξιοῦν αὐτῷ βεβαιοῦν,** *to require to secure to himself;* i. e. by condemning his opponent. — **εἰσιέναι,** *nor ought he to come before you,* as a prosecutor. — **πράως...ἔχειν,** *to have them* (i. e. these feelings) *mildly and moderately disposed.* — **τὸν πολιτευόμενον...τὸν ῥήτορα**: the former is one that takes an active part in public affairs, the latter more distinctively a speaker and advocate in the public assemblies. For the repetition of the art. (τὸν) cf. note § 212. — **ἐν οἷς...τῷ δήμῳ,** *et in quibus populo res est cum adversariis.* The full expression in Greek would be ἐν τούτοις ἃ πρὸς, κ. τ. ἑ. Cf. πρὸς ὃν ἦν ἡμῖν ὁ ἀγών, § 235; Isocr. *Panegyr.*, § 12: ἐμοὶ δ' οὐδὲν πρὸς τοιούτους...ἐστίν.

§ 279. **μηδενὸς δὲ ἀδικήματος...δίκην**: here Dem. briefly reiterates the points more fully treated in §§ 12–16. — **ἥκειν**: subj. of ἐστὶ σημεῖον. The art. (τὸ) is used w. this infin. below. — **συνεσκευασμένον,** *having concocted.* — **οὐδενὸς**: neuter. — **ἐμὲ αὐτὸν,** more emphatic than ἐμαυτόν, *me myself.* — **ἐπὶ τόνδ',** i. e. Ctesiphon. — **καὶ πᾶσαν ἔχει κακίαν,** *involves even the sum of all baseness.* Most MSS. omit καί, and then νῦν...κακίαν forms a pentameter.

§ 280. **λόγων...τιμωρίαν**: for the same topic cf. § 226. — **φωνασκίας**: Æsch. practice in *elocution* and his fine voice are derided also in § 308. And in *de F. L.*, § 336, Dem. says: ἐπαρεῖ τὴν φωνὴν καὶ πεφωνασκηκὼς ἔσται. All this is by way of retort upon Æsch., who in *de F. L.*, § 157, speaks of Dem. voice as ὀξεῖαν καὶ ἀνόσιον. Yet how much pains Dem. took to cultivate his voice and delivery, Quintilian mentions, *Orat. Instit.*, XI., Chap. III., §§ 53, 130. — **βουλόμενος**: as indicating the motive. — **τίμιον,** *the thing to be valued.* — **τόνος** (τείνω), *the pitch of the voice.* Cf. ἐπάρας τὴν φωνήν, § 291. — **ἂν ἡ πατρίς,** sc. μισῇ καὶ φιλῇ.

§ 281. **ἐπ' εὐνοίᾳ,** *based upon good-will.* — **ἐπὶ τῆς αὐτῆς,** sc. ἀγκύρας, *he is not moored by the same anchor as the multitude.* A common metaphor, So ἐπὶ δυοῖν ὁργεῖν = to have separate interests. — **οὔκουν, κ. τ. ἑ.**: completes the thought of the metaphor. — ἐξαίρετον...ἴδιον, *nothing separate* (from the public) *nor personal* (as opposed to public interests).

§ 282. εὐθέως...ἐπορεύου : immediately after the battle of Chæronea an embassy went fr. Athens to Philip, to treat for the release of the prisoners of war. At the head of this embassy was Demades (cf. § 285). His associates were Æsch. and Phocion. Cf. Grote, Chap. XC.; Plut. *Phoc.*, 16. — ὃς refers to Philip. — πάντα χρόνον : taken literally, this is an exaggeration, since Æsch. went on two embassies concerning the peace of Philocrates; he is to be understood, therefore (and doubtless he was so understood by his audience), as meaning *all the former time* since 346 B. C. — ταύτην τὴν χρείαν, *although he refused this service* (i. e. of going on an embassy to Philip). — καταρᾶται : at the opening of each Assembly it was customary for the crier or herald to imprecate curses on the enemies of the state, and more particularly on those who plotted to overthrow the democracy and were bribed to betray their country into the hands of foreign foes. Cf. Schöm. *de Comit. Athen.*, p. 92. Cf. § 130. — οὗτος = *τοιοῦτος*, wh. is the reading of many MSS.

§ 283. οὐ μεμνῆσθαι : why not *μή*? Cf. H. 837 b; Cu. § 617, Obs. 1, 2; C. 686 c. — ἐν τῷ πολέμῳ : in contrast with *μετὰ τὴν μάχην*, § 282. — τὴν αἰτίαν ταύτην, *this charge*, sc. of holding friendly relations with Philip.

§ 284. προσεποιοῦ...ὀνόματα : cf. §§ 51, 52. "The repetitions, the enforcement again and again of the same point, are a distinguishing feature of Demosth., and formed also one of the characteristics of Mr. Fox's great eloquence." Lord. B. — τυμπανιστρίας : the ceremonies described in § 259 were accompanied with the beating of drums and cymbals. — ξένος...φίλος ...γνώριμος : the thought is presented in the form of a climax, as each of these terms expresses less than the one next preceding : *guest-friend, friend, acquaintance.* — εἰλημμένος...γεγονὼς, *although you yourself have been thus openly apprehended as a traitor, and although you have become*, etc. — ἐπὶ τοῖς συμβᾶσι : cf. note § 197. — μᾶλλον, sc. *ἢ ἐμέ*, as is easily understood fr. the connection. Many MSS. add these words; an addition that, coming after so many long syllables, would mar the rhythm of the sentence.

§ 285. Πολλὰ...ἠμνημόνησεν : the connection between this sentence and what immediately precedes is so loose, as to lead Dobræus to strike out this and to connect *σημεῖον δέ* directly w. the last sentence of § 284, making the sense : *σημεῖον δὲ τοῦ μὴ ἐμὲ τῶν κακῶν αἴτιον εἶναι.* But the connection as it stands, though not very close, seems clear enough : "I was not the author of the evil he charges upon me, but of much good; and here is the proof that the people so regarded me." — χειροτονῶν...ἐροῦντ᾽ : the custom of pronouncing eulogies upon those who fell in battle was a later addition to the public funeral rites with wh. they were honored (cf. Thuc., II. 35), dating probably fr. the close of the Persian wars. Cf. Diod., XI. 33. Specimens of such funeral orations are the famous one of Pericles, given by Thuc., II. 35–46; that found in Plato's *Menexenus;* the ἐπιτάφιος τοῖς Κορινθίων βοηθοῖς, attributed to Lysias; and an ἐπιτάφιος, attributed to Dem. The choice of an orator was made by the people, the Senate having only the right to *nominate* (προβληθέντα). — **Δημάδην**: an orator of consummate ability, regarded by some as a match for Dem. himself (cf. Quint., *Instit. Orat.*, II. Chap. 17, §§ 12, 13; Plut. *Dem.*, 8, 10). He was also a man without principle and a notorious partisan of Philip, described by Plut. *Phoc.*, I., as ναυάγιον τῆς πόλεως. As prisoner of war at the battle of Chæronea he secured the favor of Philip, and became the agent of the peace (ἄρτι πεποιηκότα τὴν εἰρήνην) that bears his name. Cf. Diod., XVI. 87. — **Ἡγήμονα**: a member of the Macedonian party and a self-educated orator. Æsch. *c. Ctes.*, § 25, mentions him as the author of a law w. reference to the Theoric fund enacted soon after the battle of Chæronea. Hegemon and Pythocles were put to death together w. Phocion, five years after the death of Alexander the Great. — **Πυθοκλέους**: at first a friend of Dem., he became later the hireling of Philip. Cf. *de F. L.*, §§ 225, 314. — **ἔτ' ἄμεινον,** *etiam luculentius et studiosus.* Diss.

§ 286. **αὐτοί,** i. e. ὁ δῆμος (§ 285). — **ἃ...ταῦτ'**: a common inversion of the order of relat. and antec. clause. — **ὡμολογήσατε,** *this you acknowledged in the misfortunes of the state;* referring to their sympathy and friendship w. Philip, as at the beginning of § 284. — **οὖν,** *accordingly;* as the natural inference fr. such conduct. — **ὧν ἐφρόνουν...ἄδειαν,** *they* (*the people*) *had the opinion that those who found in the public disasters security for the free utterance of their sentiments* (lit. *freedom from fear on account of what they thought,* or, as some think, *on account of what they purposed*) *had been their enemies long ago, but at that moment had become such manifestly.*

§ 287. **εἶτα καὶ προσήκειν,** *in the next place to be fitting also.* — **ὑπολαμβάνοντες...τοῦτο δ' ἑώρων**: an *anacoluthon,* δέ being used as if a verb st. partic. preceded. So in Xen. *Anab.*, VI. 4. 16: χαλεπόν, εἰ οἰόμενοι ἐν τῇ Ἑλλάδι καὶ ἐπαίνου καὶ τιμῆς τεύξεσθαι, ἀντὶ δὲ τούτων οὐδ' ὅμοιοι τοῖς ἄλλοις ἐσόμεθα. Inferior MSS. change into ὑπελάμβανον. — **ὁμωρόφιον ...ὁμόσπονδον**: deriv.? *Should not have sat under the same roof or at the same table with.* Kenn. Pabst renders by *Haus- und Tischgenosse.* — **ἐκεῖ**: at the court of Philip. — **κωμάζειν καὶ παιωνίζειν**: Dem. *de F. L.*, § 128, says: οὗτος (sc. Αἰσχίνης) εἰς τἀπινίκια τῶν πραγμάτων καὶ τοῦ πολέμου, ἃ Θηβαῖοι καὶ Φίλιππος ἔθυον, εἱστιᾶτο ἐλθὼν καὶ σπονδῶν μετεῖχε καὶ εὐχῶν, ἃς ἐπὶ τοῖς τῶν συμμάχων τῶν ὑμετέρων τείχεσι καὶ χώρᾳ καὶ ὅπλοις ἀπολωλόσιν εὔχετο ἐκεῖνος, καὶ συνεστεφανοῦτο καὶ συνεπαιώνιζε Φιλίππῳ καὶ φιλοτησίας προὔπινεν. Theopompus, as cited by Athenæus, X. 435, states that after the battle of Chæronea Philip invited the Athenian envoys to dine with him. Cf. note § 282. — **τῇ φωνῇ δακρύειν** : the idea is that he assumed a *pathetic tone.* — **ὑποκρινομένους,** *acting a part.* Cf. § 15. The plur. is used so as to include in the allusion Demades, Hegemon, and Pythocles, besides Æsch. ὑμῖν, ὑμᾶς below have the same reference.

§ 288. **οἱ...αἱρεθέντες** : an attributive clause, hence the repetition of the article. — **ἐπὶ τὰς ταφὰς** : an abridged expression = ἐπὶ τὴν τῶν ταφῶν παρασκευήν ; so § 312, εἰς τὴν ἐπιτιμίαν = εἰς τὴν τῆς ἐπιτιμίας ἀνάληψιν. The relatives of the deceased formed a sort of committee of arrangement for the funeral ceremonies, the closing act of wh. was the περίδειπνον or νεκρόδειπνον. Cf. Dict. Antiq. sub Funus. — **ἄλλως πως** : supply a verb like ἐποίησαν, as w. οὕτως above. — **ὡς παρ' οἰκειοτάτῳ** : cf. § 246. — **ὥσπερ τἆλλ' εἴωθε,** i. e. to make the funeral feast at the house of the nearest relative. Cf. Lucian *de Luctu.*, C. 24. — **κοινῇ** : as opposed to γένει. The sense is this : the statesman who labors for the welfare of all the citizens stands more nearly related to all than any other individual citizen ; each individual mourns over his own kin, but *his* grief is for all alike. — **ᾧ...διέφερεν** : διαφέρειν is used here like the Latin interesse w. the dative. — **ἃ μή ποτ' ὤφελον,** sc. παθεῖν : what kind of a wish ? Cf. G. § 83. 1, 2 ; H. 721 b ; Cu. § 515 ; C. 638 g.

§ 289. ΕΠΙΓΡΑΜΜΑ : the monument erected over the ashes of those who fell at Chæronea is mentioned by Pausanias, I. 29. 13, as situated in the outer Cerameicus, on the road to the Academy. Such monuments bore inscriptions (ἐπιγράμματα) wh. contained, besides the names of those buried, some poetic commemoration of their bravery and patriotism. The inscription before us is of unknown origin, is not found in Σ and several other MSS., contains many irregularities of diction, and is altogether so unsatisfactory, that almost all critics believe it to be of later composition. — **εἰς δῆριν ἔθεντο ὅπλα,** *put their arms into the conflict ;* an unusual expression ; θέσθαι ὅπλα = generally *to stack arms, to lay down arms.* — **ἀπεσκέδασαν** : a poetical exaggeration as regards the result of the battle. So Lycurg. *c. Leocr.*, § 49, says : εἰ δὲ δεῖ παράδοξον μὲν εἰπεῖν, ἀληθὲς δέ, νικῶντες ἀπέθανον. — **μαρνάμενοι δ' ἀρετῆς καὶ δείματος** : so read the MSS. Voemel, in an Excursus, gives at least 15 different interpretations of this distich, of wh. the more important may be stated under these four heads : (1) Many recent Editt. accept Valckenaar's conjecture of λήματος for δείματος, and join both genitives w. μαρν. as genit. cause or price : *contending with bravery and courage ;* or, retaining δείματος, understand it w. the Schol. as = φόβου οὗ εἶχον ὑπὲρ τῆς πατρίδος ; or change the reading to ἀρετῇ δίχα δείματος = *virtute intrepida ;* or read ἀρετῆς κατὰ δείματος = *virtute contra communem terrorem.* (2) Join ἀρετῆς καὶ λήματος w. ἐσάωσαν = *they did not preserve* *their lives as the price of bravery and courage;* or read διὰ δείγματος = *they did not,* etc., *through a display of bravery.* (3) Take ἀρετῆς καὶ λήματος as an exclamation = *O valor and courage!* or change to ἀρετῆς ὦ δείγματος = *O display of valor!* (4) Join ἀρετῆς καὶ δείματος w. βραβῇ, the negat. clause οὐκ...ψυχάς being parenthetic and requiring the ἀλλὰ following. The regular order would be: μαρν. δ' (οὐκ ἐσάωσαν ψυχάς, ἀλλ') ἀρετῆς καὶ δείματος...βραβῇ. A similar transposition in the order (called *Hyperbaton*) is found in Xen. *Hell.*, VII. 3. 7: ὑμεῖς τοὺς περὶ Ἀρχίαν καὶ Ὑπάτην (οὐ ψῆφον ἀνεμείνατε, ἀλλὰ) ὁπότε πρῶτον ἐδυνάσθητε ἐτιμωρήσασθε. Acc. to this view the sense is: *these by their death proved what they were, whether brave men or cowards; brave men, of course, for they all chose Hades as their common arbiter.* V. cites Lycurg. *c. Leocr.*, § 49, in support of this interpretation. — **οὕνεκεν Ἑλλήνων** must be taken closely w. the idea of ἀπέθανον that is contained in οὐκ ἐσάωσαν ψυχάς. — **ζυγὸν αὐχένι θέντες**: this is properly said of victors who impose the yoke upon the vanquished. Diss. renders it by *se subjicientes.* The idea would be more properly expressed by ὑπὸ ζυγὸν αὐχένα θέντες. — **σώματα** = *the bones,* for the bodies were burned upon the field of battle. — **ἥδε κρίσις**: referring to what follows. — **μηδὲν ἁμαρτεῖν...ἔπορεν**: this distich has been variously understood. The two main interpretations are given: (1) The transl. acc. to the punctuation here adopted, wh. is that of Bekk., is: *to fail in nothing is of the gods, and to succeed in all things in life; but from destiny no escape is allotted.* The sense of the entire passage then is this: these sacrificed their lives for the freedom of their country; in that they lost their lives they met their μοῖρα, fr. wh. there is no escape anyway; in that they failed of success they were not at fault, for success (πάντα κατορθοῦν, wh. is the positive side of μηδὲν ἁμαρτεῖν) is the gift of the gods. θεῶν is possess. genit., *it belongs to the gods,* hence is theirs to bestow. So Æschyl. *Septem.*, 625: θεοῦ δὲ δῶρόν ἐστιν εὐτυχεῖν βροτούς. Notice how well this interpretation harmonizes w. the sentiment: τὸ μὲν γὰρ πέρας, κ. τ. ἑ., §§ 192, 193. It also agrees, as we shall see, w. the application Dem. makes in § 290. (2) But Z., W., Dind., not to mention many more, punctuate after κατορθοῦν, join ἐν βιοτῇ w. what follows, and read thus: *to fail in nothing and to succeed in all things is the prerogative of the gods; but in mortal life* (i. e. to mortals) *it is decreed in no wise to escape destiny.* Here the condition of the gods and of men is contrasted, and we should expect some such application as this: it must, therefore, occasion no surprise, if *we mortals* fail in our undertakings. But how different is the application wh. the orator makes below in οὐ τῷ συμβούλῳ, κ. τ. ἑ., we shall presently see. To the many poetic translations already published of this epitaph, all of which follow in the last distich the *second* interpretation just given, I venture to add the following: —

These for their country rushed into the fray,
And bravely kept the boastful foe at bay;
Spared not their lives, but prizing honor's name,
Chose Hades judge of glory or of shame;
For Hellas' sake, that far removed might be
Forevermore the curse of slavery.
And now guards well their sleep the fatherland,
Since this decree from Zeus shall ever stand:
'T is of the gods when all life's plans succeed,
But no escape from fate to mortals is decreed.

§ 290. **ὡς τὸ μηδὲν, κ. τ. ἑ.**, *you hear, also in this very thing (epitaph), that the statement...attributes not to the statesman but to the gods the power of making those who contend successful.* How the *second* interpretation of the last distich, *the gods alone are successful*, can be made to harmonize w. this application, it is difficult to see. — **πάντα κατορθοῦν**: most Editt. place a colon after the words, and thus make a harsh asyndeton in *οὐ τῷ συμβούλῳ, κ. τ. ἑ.* — **τρέψειαν**: a true optative. Cf. G. § 82; H. 721; Cu. § 514; C. 638.

V. §§ 291 - 323. Conclusion. (*a*) §§ 291 - 293. The Feelings exhibited by Æschines on Account of the Calamities of his Country. **ὡς ἄν**, sc. *ἔχοι*: a similar ellipsis occurs w. *ὅπερ δ' ἄν*, § 197; *ὥσπερ ἂν τρυτάνη*, § 298. — **λαρυγγίζων**, lit. *straining his larynx*, i. e. *vociferating.* — **τοῖς...ἀνιαροῖς**, *in the distressful events that occurred.* Cf. *δυσμεναίμων τοῖς κοινοῖς ἀγαθοῖς*, § 217.

§ 292. **τῆς πολιτείας**, *the constitution.* — **οὗτος**, sc. *φάσκει*. Æsch. professed in his speech great solicitude for the preservation of the ancient laws. — **καὶ εἰ**: cf. note § 272. — **τετάχθαι**, *to range himself.* — **πράγματα**, *troubles.* Dem. purposely uses a mild term; but Æsch., § 57, more strongly says: *τῶν δὲ ἀτυχημάτων ἁπάντων Δημοσθένην αἴτιον γεγενημένον.* — **ἀπὸ**: denotes the point of departure; not *before* but only *from* the adoption of my policy.

§ 293. **πραττομένῃ**: Schaef. remarks that the departure fr. the regular order, *τῇ πρ. ἀρχῇ*, throws the emphasis upon *ἀρχῇ*. Similar are *τὰς... βλασφημίας εἰρημένας*, § 126; *τὴν...ῥώμην...ὑπάρχουσαν*, § 98. On the contrary, the regular attributive position of the partic. is found in *τῶν εἰργασμένων.. κακῶν*, § 142, where the emphasis falls on *εἰργασμένων.* — **τοῖς ἄλλοις** means the rest of the statesmen who may have received public rewards. — **εὖ οἶδ' ὅτι**: cf. note § 171. — **ἔβλαπτε**: this he did by asserting that any single individual could make any such arrogant claim.

(*b*) §§ 294 - 296. Æschines is conspicuous among Traitors. **τί...**

ἐπιτιμῶ, *But why do I rebuke him for this, when,* etc. —**φιλιππισμόν** : Lord B. compares "*Jacobinism.*" Cf. § 176. The orator has probably in mind the passage fr. Æsch. cited on p. 100. —**ἐπ' ἀληθείας** : cf. note § 17. —**ἀνελόντας ἐκ μέσου,** *taking out of the midst,* i. e. *leaving out of view.* The partic. is purposely left indefinite, agreeing w. the implied subject of *σκοπεῖσθαι.* Below he becomes more specific by the use of *εὕροιτ'.* — **ὡς ἀληθῶς,** *really.* Cf. *ὡς ἑτέρως,* § 85. This *ὡς* is the same as that used w. expressions of comparison and the superlative, but is usually not translated before adverbs.

§ 295. **τοὺς ὑπάρχοντας πολίτας,** *cives suæ factionis.* Schaef. Cf. note § 174. The historian Polybius, Vol. XVII. 14, criticises the unfairness of Dem. for including in the category of traitors all those public men who did not sympathize w. his policy of resistance to Philip ; and he defends the persons here named on the ground that they availed themselves of the aid of Philip only for the benefit of their respective countries, not for their own aggrandizement. Most of these names are mentioned by Harpocration and Athenæus, who quote fr. the lost history of Theopompus, and in Plutarch's *Lives of Dem., Alex., Phocion* and *Timoleon.* Cicero has imitated this passage in his oration against Verres.

§ 296. **μιαροί, κ. τ. ἑ.** : Kenn. renders these epithets by *profligates, parasites, miscreants.* — **ἠκρωτηριασμένοι...προπεπωκότες...μετροῦντες** : Longinus praises the cumulative force of these metaphors. *ἠκρ.* = *having crippled.* Lord B. translates *προπ., having toasted away. προπίνειν* = *to drink to something ;* e. g. *Φιλίππῳ φιλοτησίας προὔπινεν, de F. L.,* § 128. But fr. the custom of bestowing the drinking-cup as a gift upon the person whose health was pledged (cf. *de F. L.,* § 139 ; Xen. *Cyr.,* VIII. 3. 35), this word came to signify *to give up recklessly.* So in *Olynth.,* III., § 22 : *προπέποται τῆς παραυτίκα χάριτος τὰ τῆς πόλεως πράγματα.* — **τὸ μηδένα...αὐτῶν** = *independence.* — **ἦσαν** : the plural by the attraction of the predicate nouns. — **ἀνατετραφότες** : a later form, the correctness of wh. is disputed by some who prefer *ἀνατετροφότες.*

(*c*) §§ 297–305. Recapitulation of his own Merits and Services, as contrasted with the Conduct of these Traitors. **συστάσεως ...κακίας...προδοσίας** depend on *ἀναίτιος.* — **εἰ δεῖ μὴ ληρεῖν,** *if one ought not to trifle ;* i. e. *if one ought in all earnestness to call things by their right names.* — **διαφθαρέντων** : gen. absol. — **ἀρξαμένων ἀπὸ σοῦ,** lit. *beginning from you,* i. e. *with you at the head.*

§ 298. **ἐμὲ** : the emphatic position at the head of the sentence should not escape notice. — **φιλανθρωπία λόγων,** *blanda verba.* Diss. — **ὁμοίως ὑμῖν** : Dem. compares his opponents to the tongue of a balance, wh. readily turns to the side of the scale in wh. personal interests are laid as outweighing the interests of the state. — **ὥσπερ ἂν** : cf. *ὡς ἄν,* § 291. Dem. employs the same figure in his Orat. *de Pace*, § 12. — **καὶ...τῶν ἀνθρώπων προστὰς,** *and standing at the head of the very weightiest interests of the men of my time*, or, *of weightier interests than any of my contemporaries.* τῶν ἀνθρώπων is partit. genit. w. the attributive superlative, though the genit. belongs in idea to the subj. of the verb πεπολίτευμαι. Similar are ἁπάντων ἐνδοξότατα, § 65; ὧν...κράτιστα, § 320. — **διὰ ταῦτ'**: this claim is as just as it is eloquent. The honesty of Dem. stands unquestioned, in spite of the aspersions of his enemies.

§ 299. **ὃν...διέσυρες**: for the language of Æsch. see the citation on pp. 125, 126. — **μου**: for this genit. cf. note § 28. — **πόρρω μέντοι, κ. τ. ἑ.,** *perhaps, however, I place these far below my political measures.* — **οὐ λίθοις, κ. τ. ἑ.**: to bring out the rhetorical emphasis, follow the Greek order in translating. — **οὐδ' ἐπὶ τούτοις...φρονῶ,** *nor of my transactions do I pride myself most upon these.* — **πόλεις...τόπους...λιμένας**: in §§ 230, 237, Dem. enumerates these allied *states*, friendly *territories* and *harbors.* — **πολλοὺς** is bracketed by some Editt. as an interpolation, and placed by others just before τοὺς ὑπὲρ. With V. we may take it as belonging to both ἵππους and τοὺς...ἀμυνομένους (= ξένους), since, in § 237, Dem. speaks of a large accession gained by himself of both *cavalry* and *mercenary troops.* — **τούτων,** the Athenians. — **τοὺς...ἀμυνομένους**: taken substantively. With the sentiment of this passage may be compared the apothegm of Lycurgus found in Plut. *Lycurg.*, I. 9: οὐκ ἂν εἴη ἀτείχιστος πόλις ἥτις ἀνδράσι καὶ οὐ πλίνθοις ἐστεφάνωται. Wh. cites in illustration the well-known ode of Sir W. Jones, commencing: "What constitutes a state?"

§ 300. **πρὸ,** *in front of*, as a defence. — **Πειραιῶς...τοῦ ἄστεως**: these were enclosed by ramparts and fortifications of stone and wood, as contrasted w. τὴν χώραν, wh. was not protected in this way. ἄστεως is the rarer Attic for ἄστεος. — **τοῖς λογισμοῖς,** *in tactics;* dat. of respect. Notice the emphasis of ἐγὼ as contrasted w. Φιλίππου. — **τῇ τύχῃ**: and yet, acc. to Diod., XVI. 88, the Athenians, after the battle of Chæronea, condemned Lysicles, their own general, to death, on the accusation of Lycurgus.

§ 301. **οὐκ...προβαλέσθαι**: the orator, having spoken of the general aim of his measures, now proceeds to particulars. The topics here presented have been treated before in §§ 230, 240, 241. — **ἐκ θαλάττης**: cf. note § 230. — **τοὺς ὁμόρους,** sc. Megara, Corinth, Achaia. — **τὴν σιτοπομπίαν**: cf. note § 87. For a similar anticipation in the construction cf. Dem. *c. Conon*, § 17: τὰς ἀναγκαίας προφάσεις ὅπως μὴ μείζους γίγνωνται προείδοντο. — **παρὰ πᾶσαν φιλίαν,** sc. χώραν, *along a territory throughout friendly.*

§ 302. **τὰ μὲν...τὰ δ',** *some...others.* — **ὑπαρχόντων,** *and to preserve some of those belonging to our side;* cf. note on ὑπάρχοντας, § 295. — **τοιαῦτα,** *such things*, i. e. as would preserve these allies. — **Προκόννησον**: this island was in alliance w. Athens in 362, when it applied to the Athenians for aid against Cyzicus. — **Χερρόνησον** : cf. § 80. — **Τένεδον** : this island was important as commanding the entrance to the Hellespont. — **τὰ δ'**: obj. of πρᾶξαι and subj. of ὑπάρξει; in apposition w. it are the names following. — **Βυζάντιον** : cf. § 87. — **Ἄβυδον** : Abydos was, acc. to Dem. *c. Aristocr.*, § 158, in constant enmity w. Athens. — **Εὔβοιαν** : the genuineness of this word has been suspected, because Eubœa has just before been mentioned as a part of the Attic fortifications. Here, however, Dem. is speaking of alliance. Cf. § 79; A. Schaef., II. 396 ff., 457 ff. — **ὧν δ' ἐνέλειπε** = ἃ οὐχ ὑπῆρχε. Diss. The verb is impersonal.

§ 303. **καὶ...καὶ**, *both...and.* "The καὶ emphasizes the connection of *plan* and *execution*, for *both* of which the orator claims equal approval." Holmes. — **παρεθέντα** : Dem. disclaims any crime of *negligence*, of *ignorance*, of *treachery*. — **ἐλυμαίνετο...ἀνέτρεψαν** : the injury is represented as repeated or continued, the final act of destruction as momentary. The plural in ἀνέτρεψαν represents the various agencies named as operating *individually*, as well as collectively.

§ 304. **μόνον**, *only*. — **Θετταλία...Ἀρκαδία** : for the attitude of these states towards Athens cf. notes §§ 63, 64. — **ἐκέχρητ' ἄν**, *would have experienced.* Σ and L. read ἐκέχρηντ' ἄν, wh. V. and W. follow, changing οὐδεὶς to οὐδένες to correspond.

§ 305. **ἂν ὄντες** : the ἂν gives a contingent force to the whole sentence, but is to be joined directly w. ᾤκουν. — **τῶν** is added to these pronouns to give them a more definite reference : *so many and such blessings as these just mentioned.* The boast that Dem. here makes was really well founded, and seems to be justified by the following sentiment, wh. is said to have been inscribed upon the pedestal of a statue erected to his memory at Athens : —

Εἴπερ ἴσην ῥώμην γνώμῃ, Δημόσθενες, εἶχες,
Οὔποτ' ἂν Ἑλλήνων ἦρξεν Ἄρης Μακεδών.

— **πολλῷ...ἐλάττοσι χρῶμαι**, *that I make use of statements falling far short of the facts.* — **λέγε...καὶ ἀνάγνωθι** : a similar coupling of these words is found in § 28, where see note. — **ταυτὶ** : the reference is uncertain, owing to the confused condition of the text. The Editt. of Z. reject the addition τὸν ἀριθμὸν τῶν βοηθειῶν κατὰ ἐμὰ ψηφίσματα, wh. is found in most of the MSS., and understand ταυτὶ to refer to certain ψηφίσματα. Σ has for the title of the omitted document or documents : ΑΡΙΘΜΟϹ ΒΟΗΘΕΙΩΝ ΚΑΤΑ ΤΑ ΕΜΑ ΨΗΦΙϹΜΑΤΑ; but all the other MSS. (quod sciam) have ΑΡΙΘΜΟΣ ΒΟΗΘΕΙΩΝ. From the connection we infer that Dem. calls for the reading of such documents as would show how much Athens had done to assist other states in their efforts to retain their freedom against the machinations of Philip.

(*d*) §§ 306–313. Dem. places the cowardly and unpatriotic Conduct of Æsch. in Contrast with his own. **δεῖ**: some critics conjecture ἔδει in exact response to the question put in § 301: Τί χρῆν... ποιεῖν. — **ὧν κατορθουμένων, κ. τ. ἑ.**, *in the event of the success of which, we should beyond a doubt have been pre-eminently great, and justly so, too.* For the genit. absol. used in place of condit. clause cf. note § 30. — **μεγίστοις** agrees w. the implied indirect obj. (ἡμῖν) of ὑπῆρχεν. With ὑπῆρχεν and προσῆν many MSS. have ἄν, wh., however, is not essential in such expressions; cf. note on ἐξήρκει, § 196. With τὸ δικαίως supply μεγίστους εἶναι as subj. of προσῆν. — **ὡς ἑτέρως**: a euphemism for *adversely.* Cf. §§ 85, 212. — **συμβάντων**: genit. absol., denoting concession. — **περίεστι**: whatever we may have lost, there is saved and left over to us from our loss *reputation* and *honor.*

§ 307. **οὐ μὰ Δί' οὐκ**: thus should the patriotic citizen act, *and not, by Zeus, no, not,* etc. — **τὸν...ὑποστάντα** is obj. of βασκαίνειν, and has depending on it λέγειν, γράφειν, μένειν. ὑποστῆναι = *to put one's shoulders under* the burden in contrast w. ἀποστῆναι above. — **μένειν ἐπὶ τούτων,** lit. *to remain (resting) upon these;* i. e. *to abide by these.* Cf. note § 17. — **ὕπουλον,** *insidious.* What is the metaphor? — **οὐδέ γ',** *and certainly not.* The emphasis of γέ falls upon ἡσυχίαν as that of wh. he is to speak further. — **ὃ,** *a thing which.*

§ 308. **ἁπλῶς,** *openly, honestly;* as opposed to ὕπουλον above. — **μεστοὶ τοῦ...λέγοντος,** *sated of the man who speaks incessantly.* It seems that this was possible even in an Athenian Assembly! Dem. refers here to himself, as in those times he must have been unusually active in the debates. — **δύσκολον,** *harassing;* euphemistic, like ἑτέρως, § 306. — **πολλὰ δὲ τἀνθρώπινα,** *and many are the casualties of human life.* Kenn. — **ὥσπερ πνεῦμ',** *suddenly, like a gale after a calm, he comes out from his silence as a speaker.* Tyler's edition remarks justly that ἡσυχίας must be taken in close connection w. πνεῦμα, the ἐκ being transitional, as in τυφλὸς ἐκ δεδορκότος, Soph. *O. T.*, 454. ἐφάνη is the gnomic aor., the tense expressing the *suddenness* of the appearance. — **πεφωνασκηκώς,** *with well-trained voice.* — **συνείρει,** *he strings these together clearly and without taking breath.* Cf. notes § 280. — **τῷ τυχόντι**: to some one or other of his fellow-citizens.

§ 309. **ἐμπορίου κατασκευήν,** *arrangements for commerce;* by obtaining foreign markets and entrepôts for Athens. — **ἀποδειχθεῖσιν,** *undisguised.*

§ 310. **τούτων...ἐξέτασις**: the sense is, all this served as the test for patriotic conduct. — **τοῖς ἄνω χρόνοις** means the earlier times of the Republic, in contrast w. ὁ παρελθὼν χρόνος, the period just past. — **ἀποδείξεις,** *opportunities to prove one's self.* — **ἐν οἷς,** i. e. ἐν ἀνδράσι καλοῖς κἀγαθοῖς, from the collective sense of ἀνδρὶ before. — **φανήσει γεγονώς,** *you will manifestly* *have been.* By the use of the future the speaker places himself in advance of his own time, and expresses the verdict that posterity will pronounce upon the character of Æsch. — **ὁποστοσοῦν,** lit. *the any-eth whatever.* The part. οὖν corresponds to the Latin *-cunque.* — **ἐπί γ' οἷς, κ. τ. ἑ.,** *certainly not then connected with what advanced the interests of our country.*

§ **311. οἰκείων** : all the departments of public service are named here: *domestic, Grecian, foreign.* — **ἐπηνώρθωται,** *has been improved.* The addition of διὰ σέ in the Z. edition is wanting in the best MSS., weakens the sentence, and is superfluous in connection w. ἐπέστης and σοῦ πράξαντος. — **ποῖαι** has a sarcastic force : *what sort of?* As predicate in all these questions we readily supply γεγόνασι σοῦ πράξαντος fr. the first sentence. A similar passage is found in Dinarch. *c. Dem.*, § 96. On its rhetorical power Dissen remarks: "Est autem magna et insignis vis in hac singularum rerum enumeratione et toties repetita interrogatione." — **τίς...βοήθεια χρημάτων,** *what financial help of a political and public nature have you ever given either to the wealthy or to the poor?* "The poor were benefited by the alterations wh. Dem. effected in the regulations for the trierarchy; the rich by improvements in the administration of the revenues." Wh.

§ **312. ὦ τᾶν** = ὦ λῷστε; τᾶν is probably an old dialectic vocative of τύ or τύνη = σύ with ν ἐφελκυστικόν added. Dem. puts the following rejoinder in the mouth of his opponent: *well, but if I performed nothing of all this, yet I manifested the right spirit, did I not?* — **Ἀριστόνικος** : the same one mentioned in § 83. — **εἰς τὴν ἐπιτιμίαν** = εἰς τὴν τῆς ἐπιτιμίας ἀνάληψιν. Cf. note § 288. It appears that Aristonicus had fallen through insolvency into ἀτιμία, that to enable him to regain his lost rights of citizenship his friends made a collection for him, but that he expended for the benefit of the state the money thus contributed. — **τῶν Φίλωνος...χρημάτων,** *the property of Philo, your brother-in-law.* — **πλειόνων,** sc. ἔντων : some MSS. and many Editt. read πέντε ταλάντων; then χρημάτων is taken as a partit. genit. (*more than five talents of the property*, etc.), and it is to be inferred that Philo left an estate of extraordinary value. — **ἔρανον δωρεάν,** *a present made by a joint contribution.* — **τῶν ἡγεμόνων** : cf. § 103. — **ἐφ' οἷς ἐλυμήνω,** *for the damage you did to the law of the Trierarchy.* Just in what way and when Æsch., as advocate of the wealthiest class, crippled this law, we have no data fr. wh. to determine.

§ **313. λόγον ἐκ λόγου,** *by speaking of one thing after another.* — **ἐκκρούσω,** lit. *beat or drive myself out of the present (opportunity).* This he says with respect to the shortness of the time still left him for the remainder of his speech. — **τούτοις οἷς** : masc., meaning the Macedonians. — **νεανίας,** *vigorous.* "Youth as the type of (1) *vigor* or (2) *violence* appears in the uses of νεανίας and all its derivations, as the Lexica abundantly testify." TYLER.

— **λαμπρός,** *brilliant.* When did you condescend to *shine?* The epithet may, however, be more directly applied to his voice, as below in λαμπροφωνότατος. — **ἡνίκ' ἂν...δέῃ,** sc. πράττειν: many MSS. read εἰπεῖν either after ἂν or after τούτων. — **Θεοκρίνης,** acc. to Harpocr., was a συκοφάντης. Diss. explains the allusion thus: like this notorious informer and slanderer, Æsch. pretends to commiserate the fate of those who fell victims to his own intrigues; as e. g. when he deplores the fate of Thebes and of Phocis.

(*e*) §§ 314–320. DEM. COMPARES HIMSELF AND ÆSCH. WITH THE PUBLIC MEN OF THE PRESENT AND OF FORMER TIMES. **μέμνησαι**: in addition to the citations fr. Æsch. given below, see also those given in connection w. § 208. — **τὴν...εὔνοιαν ὑπάρχουσαν**: for the position of the part. cf. note § 293. — **προλαβόντα,** *taking advantage of, turning to his own account.*

§ **315.** **ὕπεστί,** *there is a certain lurking* (ὑπό). — **τοὺς τεθνεῶτας**: the sentiment "Nil mortuis nisi bonum" finds abundant illustration in all literature. So Thuc., II. 45: τὸν γὰρ οὐκ ὄντα ἅπας εἴωθεν ἐπαινεῖν. φθόνος γὰρ τοῖς ζῶσι πρὸς τὸ ἀντίπαλον, τὸ δὲ μὴ ἐμποδὼν ἀνανταγωνίστῳ εὐνοίᾳ τετίμηται. — **κρίνωμαι**: what use of the mood? Cf. G. § 88; H. 720 c; Cu. § 511; C. 647.

§ **316.** **οὐ μὲν...ἡλίκας,** *nay, then, one might not say just how great;* sc. these good services of former times were. — **τὰς ἐπὶ...ἄγειν,** *to subject those that are conferred upon the present generation to thanklessness and contempt.* ἄγειν implies that he would thus bring these good deeds out of their true, into a false light. For the prep. ἐπὶ Schaef. conjectures περί, but others defend the use of ἐπί in the sense of *intended for, coming to.* (Cf. Funkhaenel in Fleckeisen *Ann. Phil.*, 1858, p. 320.) — **τούτων** is understood by some to refer to the Athenians (= παρὰ τούτων, as it is written in all but two MSS.); by others as neuter referring to the collective τι, and objective genitive, thus: *the honorable recognition and kindly feeling manifested for this.*

§ **317.** **ἄρα**: slightly ironical, as if what he is about to say was already clearly enough understood. — **ταὐτὰ βουλομένη,** *aiming at the same objects.* — **ταῖς,** sc. πολιτείᾳ καὶ προαιρέσει. — **κατ' ἐκείνους**: cf. § 17. Some MSS. add τοὺς χρόνους. — **οἱ διασύροντες...δὲ...ἐπῄνουν**: for this irregularity of construction cf. note on ὑπολαμβάνοντες...τοῦτο δ' ἑώρων, § 287. This anacoluthon doubtless caused the reading οἳ διέσυρον μὲν found in many MSS. and adopted by Dind., Bekk., and others. The antithesis in the idea is brought out more forcibly by the inversion of the order of subj. and obj.

§ **318.** **ἀδελφὸς**: Æsch. had two brothers, Philochares, who was distinguished for military service (Æsch. *de F. L.*, § 149), and Aphobetus (Dem.

de F. L., § 237), who was a somewhat prominent politician. Diss. thinks the orator refers here to the former, but W. thinks to the latter. — **ἵνα... εἴπω,** i. e. than *χρηστέ*. In the same vein of sarcasm he calls the entire Macedonian party in § 89 *οἱ χρηστοί*. — **τοὺς καθ' αὑτόν,** *those of his own age*. The reflexive refers back to the object *τὸν ζῶντα*.

§ 319. **ὁ Φιλάμμων...ἀνηγορεύετο** : see Introduction, p. xv, for the singular anticipation of this point by Æsch. in the extract given below. Philammon, acc. to Harpocration, was a famous Athenian boxer and athlete, who was evidently well known to the orator's audience. — **Γλαύκου** : Glaucus flourished about 670 B. C., and is said to have gained the prize for boxing twice in the Pythian, eight times in the Nemean, and as often in the Isthmian games. Cf. Pausan., VI. 10. 3. — **ἀσθενέστερος ἦν...ἀπῄει... ἄριστα ἐμάχετο...ἐστεφανοῦτο** : the thought by being presented in this twofold way, first negatively and then positively, is made very clear and emphatic. — **οὐδένα,** *I shrink from no one ; i. e. from a comparison with no one.* So *κίνδυνον ἐκστῆναι* = *to shrink from danger.* Cf. Dem. *Lept.*, § 10. But *ἐξίσταμαι οὐδενί*, wh. is the reading of many editt., = *I yield to no one.* Cf. Soph. *Philoct.*, 1042 : *νῦν δὲ σοί γ' ἑκὼν ἐκστήσομαι.* — **ὧν** : partit. genitive. Cf. note § 298.

§ 320. **ἐφαμίλλου** : deriv.? *When loyalty to the fatherland lay open for competition in common to all.* — **κράτιστα** = *ἄριστα* here ; some MSS. read *βέλτιστα.* — **καὶ...καὶ...καὶ...καί,** *and...not only, but also...and.* — **τούτοις,** i. e. the Athenians. — **ἃ...ὤφελε** : cf. note § 288. — **ἕτερον,** *another*, i. e. *a foreigner*, meaning Philip. So in § 323 *ἑτέρων* refers to the Macedonians, and *ἕτερος* to Alexander. — **ἐξέτασις,** sc. *ἦν* : here *ἐξέτασις* does not mean *trial, test,* as in § 310, but rather *an inquiry for, demand for ;* as if the Macedonian party at Athens were mustering into their ranks the best men they could find for leaders. — **ἐν τάξει...μέγας,** *all of you were in occupation grand people, with splendid equipages.* Kenn. "In a rocky country with a poor soil like Attica, horse-keeping was a sign of wealth. In fact it was so expensive in Athens, that in the time of Aristophanes it was a ready road to ruin for moderate incomes." Wh. Hence W. thinks that in the use of *ἱπποτρόφος* there lies an allusion to Æsch. expensive style of living at that time.

(*f*) §§ 321-323. THE CONDUCT OF EACH ORATOR AS A PATRIOTIC CITIZEN FINALLY CONTRASTED. **τὸν φύσει μέτριον** : Lord B. renders by *the citizen of ordinary worth. μέτριον* seems to be used here, as in § 10, to avoid giving offence, and = *respectable fair. φύσει* seems to be used in the sense of *naturally*, i. e. *what is in the capacity of human nature,* as opposed to the superhuman and the supernatural. So also Professor Tyler interprets it. The phrase then means *the reasonably good citizen, φύσει* limiting *μέτριον.* "This seems to accord better with the signification of the words and the demands of the context, than *the well-disposed citizen*, wh. is the reading of Kenn. and Wh., but which is too nearly *identical* w. *εὔνοια*, one of the things that the citizen must *possess*." TYLER. — **ἀνεπιφθονώτατον,** *least invidious.* — **ἐν...ταῖς ἐξουσίαις,** *when in authority.* So Aristot. *Ethic.*, II. 3. 3 : *οἱ ἐν ταῖς ἐξουσίαις* = *those who are in supreme authority.* — **τὴν... προαίρεσιν διαφυλάττειν,** *to maintain for the state her pursuit of what is magnanimous and what promotes her precedence.* — **τὴν εὔνοιαν,** *the spirit of loyalty*, sc. *διαφυλάττειν.* — **τούτου** = *τοῦ εὐνοεῖν.* A man has it in his own control whether he will be patriotic or not; but whether he can increase the *power* of his country, this often lies beyond his control. — **ταύτην** = *τὴν εὔνοιαν.*

§ 322. **ἐξαιτούμενος** : cf. note on *ἐξῃτούμην*, § 41. — **Ἀμφικτυονικὰς δίκας** : the insertion of *εἰς* in Σ before these words gives the unusual constr. of *ἐπάγειν τινὰ εἰς δίκην.* The precise nature of these *Amphictyonic suits* is not clear. From the statement of Pausanias, VII. 10. 10, it appears that to the Amphictyonic council was given jurisdiction over any cases of active opposition against Philip, in violation of the articles of agreement made at the Congress of Corinth. A. Schaef., III. 198, understands Dem. to refer to attempts that were made to bring him to trial before this council on a charge of active co-operation in the Spartan revolt, 330 B. C. Dissen thinks Dem. refers to the time when Philip was Amphictyonic general and he (Dem.) was charged with being his open antagonist. Jacobs understands the allusion to be to the same time that Alexander demanded the surrender of Dem. just referred to by *ἐξαιτούμενος.* — **οὐκ ἐπαγγελλομένων,** *not when they made overtures;* alluding to attempts to gain him over by bribes. Most texts have *οὐκ ἀπειλούντων* before *οὐκ ἐπ.*, but this, besides being omitted fr. Σ, violates the exact correspondence of these clauses. — **προσβαλλόντων,** *not when they set these accursed wretches like wild beasts upon me.* — **ὀρθὴν... δικαίαν** are in the predicate position and must be rendered accordingly. — **θεραπεύειν** is in explanation of *ὁδόν*, and accus. in apposition with it.

§ 323. **οὐκ ἐπὶ μὲν...τῶν δὲ** : the force of the negative extends over both parts of the sentence. Cf. *οὐ...μὲν δύναται...ἐμὲ δέ*, § 13. — **γεγηθὼς.. περιέρχομαι...προτείνων** : what a graphic picture of a man who goes about exulting and congratulating partisans over some piece of good news just received; and how vividly the terms *πεφρικώς, στένων, κύπτων* represent an opposite state of mind! — **ἐκεῖσε,** *thither*, i. e. to Macedon. — **ἔξω δὲ βλέπουσι,** *and look abroad*, with longing hopes of personal preferment at the hands of foreigners. — **ἐν οἷς...ἕτερος** : notice the double antithesis in this brief sentence.

§ 324. PERORATION. **ὦ πάντες θεοί** : the oration closes, as it began, w.

an invocation to the gods. — **ἐξώλεις καὶ προώλεις** : ἐξ gives the idea of *utterly*, πρό of *speedily*, i. e. before they have accomplished our ruin. This expression is a standing form of imprecation. So *de F. L.*, § 172 : ἐξώλης ἀπολοίμην καὶ προώλης, and elsewhere. *By no means, O ye gods, one and all, by no means sanction this conduct; but above all implant within these men a better mind and purpose! But if they are indeed incorrigible, cause utter and swift destruction by land and sea to come upon them, and them alone; and grant to the rest of us a most speedy deliverance from our impending terrors, and an unshaken security!* The impressive and simple beauty of this peroration has won the admiration of all critics. "The music of the closing passage," says Lord B., "is almost as fine as the sense is impressive and grand, and the manner dignified and calm." In marked contrast with most of this criticism is the peroration of Æsch., which alone by itself justifies the famous comparison of Æsch. style with that of Dem. given by Quintilian: "Plenior Æschines, et magis fusus, et grandiori similis, quominus strictus est; carnis tamen plus habet, minus lacertorum."

APPENDIX.

ABSTRACT OF THE ORATION OF ÆSCHINES.

Exordium. (§§ 1 – 8.) Æschines complains of the frequent disregard of the ancient regulations concerning the conduct of affairs in the popular Assembly and in the courts, and warns the jurors to maintain well the institution of the γραφὴ παρανόμων as the safeguard of popular government, and to remember in this trial that the liberties of all the citizens are committed to their care.

I. Ctesiphon has violated the law in proposing to crown Demosthenes while he was still accountable for his offices as Commissioner of Walls and Treasurer of the Theoric Fund. (§§ 9 – 31.)

§§ 9 – 12. The law of *accountability* provides that no public officer shall be honored with crowns or declarations of praise until he shall have passed the legal examination at the expiration of his term of office. This law was aimed at those who, previous to this examination, managed to have preliminary votes of praise or public honors proclaimed for them. It was sometimes evaded by a proposal made prior to the examination, to crown a public official "when his accounts shall have been approved." But Ctesiphon manifests his utter contempt of law in that he proposes to crown Demosthenes without adding any such proviso.

§§ 13 – 16. But there is another evasion of the law to which the defence will have recourse. The offices to which Demosthenes was appointed, they will claim, are simply *commissions* or *agencies*, not *magistracies;* and the law applies only to *magistracies* properly so called. But the law declares that all offices whatsoever shall be accounted magistracies; hence this claim is a wretched piece of sophistry.

§§ 17–24. The argument upon which Demosthenes relies as unanswerable is, that he made donations of his own means to the public, and that he cannot be held to an account, unless one is to be made responsible for his benefactions. But the law exempts from giving account no one who has the smallest part in the affairs of the state. This is shown in the case of different officials. The law also forbids the man who has not passed the accounts to dedicate any part of his effects to religious purposes, or in any way to alienate his property. If Demosthenes's claim of having made a donation to the state in the expenditure of money upon the fortifications is valid, why did he not give the customary opportunity of scrutinizing his accounts? It is proved that Demosthenes was actually in office at the time that this decree was proposed.

§§ 25–27. While the laws expressly forbid the crowning of one in any office, even of the smallest consequence, before his accounts have been approved, Ctesiphon presumes to confer this honor on Demosthenes when, by virtue of his offices, he was responsible for every kind of public magistracy.

§§ 28–31. By defining the various kinds of magistracies, it is shown that those officials also who are appointed by the tribes come within the intent of the law. Demosthenes was appointed by his tribe; and therefore this case is clearly a violation of the law.

II. Ctesiphon has violated the law in ordering the crown to be proclaimed in the theatre at the great Dionysia. (§§ 32–48.)

§§ 32–40. The law of *proclamation* provides that a crown granted by the people shall be proclaimed in the Pnyx at the meeting of the Ecclesia, never in any other place. But the defence will quote the so-called Dionysiac law, which permits the proclamation of such a crown in the theatre when the new tragedies are exhibited, provided the people so determine by vote. On this law, the defence will plead, Ctesiphon has founded his decree. But this is directly contradictory to the former law; and with our regulations for inspecting laws, two that are contradictory cannot coexist.

§§ 41 – 45. The purpose of this Dionysiac law was to do away with the abuse of proclaiming in the theatre crowns that were conferred by a tribe or by a deme, and also of announcing the manumission of slaves. But this law provides that crowns conferred upon Athenian citizens by *foreign states* may be proclaimed in the theatre, after first obtaining the consent of the Athenian Assembly. The Dionysiac law, therefore, has nothing to do with the law of proclamation in the case of crowns conferred by the Athenian people.

§§ 46 – 48. That this interpretation of the Dionysiac law is correct, is confirmed by the distinction made between the crown proclaimed in the theatre and that proclaimed in the Assembly, since the former must be dedicated to Athena, while the latter may be retained by the possessor as a memorial for his family.

III. CTESIPHON HAS VIOLATED THE LAW IN PROPOSING TO CROWN DEMOSTHENES ON THE GROUND THAT HE AIMS CONSTANTLY IN ALL HIS WORDS AND DEEDS AT THE BEST INTERESTS OF THE STATE, BECAUSE THIS GROUND IS FALSE, AND IT IS CONTRARY TO THE LAWS TO INSERT FALSE STATEMENTS IN THE PUBLIC DECREES. EXAMINATION OF THE CHARACTER AND CAREER OF DEMOSTHENES. (§§ 49 – 176.)

A. §§ 51 – 53. INSINUATIONS AGAINST THE PERSONAL CHARACTER OF DEMOSTHENES.

B. §§ 54 – 176. THE PUBLIC CAREER OF DEMOSTHENES EXAMINED AND CONDEMNED.

(*a.*) First period of Demosthenes's career, from the war about Amphipolis, 358 b. c., to the peace of Philocrates, 346 b. c. (§§ 58 – 78.)

§§ 58 – 61. Demosthenes is responsible for the peace of Philocrates. By precipitating the negotiations connected with this peace, without waiting for the return of our deputies, he prevented the allies of Athens from being parties to the peace, and betrayed Cersobleptes, king of Thrace, the friend and ally of this state, into the hands of Philip.

§§ 62 – 74. A more particular description of the manner and means by which these results were secured, through the co-operation of Demosthenes with Philocrates.

§§ 75 – 78. The conduct of Demosthenes is disgraceful in flattering the envoys of Philip; is shameless in pretending that the death of Philip was foretold him by a divine vision; is heartless in so speedily forgetting his grief for the loss of a child.

(*b.*) Examination of the second period of the career of Demosthenes, from the beginning of the peace of Philocrates, 346 b. c., until its end, 340 b. c. (§§ 79 – 105.)

§§ 79 – 83. The disastrous results of the peace of Philocrates are chargeable to Demosthenes, since he and Philocrates were the first movers and supporters of the peace. In order to free himself from this charge, he inveighs against his colleagues in the embassy and against Philip, thus procuring the condemnation of Philocrates, and gaining for himself the reputation of being a patriot.

Demosthenes is disposed to cavil about small points.

§§ 84 – 105. Examination of the boast of Demosthenes, that in gaining the Eubœans and Thebans as allies he surrounded the city as with walls of adamant. First, as to the alliance with the Eubœans. The generous conduct of Athens in freeing Eubœa from the occupation of the Thebans was basely requited by the inhabitants of Chalcis in attempting tc destroy the Athenian forces that came to assist Plutarch, the tyrant of Eretria. This attempt was headed by Callias (whose praises Demosthenes is bribed to sing), and was a failure. Callias, with whom we became reconciled again, afterwards contrives (by lavishing gold on Demosthenes) to obtain an alliance for Chalcis with Athens, by which Athens was obliged to take up arms on every occasion in defence of the Chalcidians. Callias and Demosthenes contrive to defraud the state of the contributions from Oreus and from Eretria, amounting to ten talents. This fraud was perpetrated under pretence that great preparations were in progress for a general attack of all the Peloponnesian states upon Philip, and that these Eubœan cities should use the tribute ordinarily paid to Athens to equip themselves for participation in this attack. Bribes influenced Demosthenes to aid these schemes of Callias.

(*c.*) Third period of the career of Demosthenes examined, from the close of the peace, 340 b. c., to the battle of Chæronea, 338 b. c. (§§ 106 – 158.)

§§ 106 – 136. The offence of Demosthenes against the sanctuary of Delphi in the affair of the Locrians of Amphissa. (1.) The account of the destruction of the port of Cirrha and of the consecration of the Cirrhæan plain. (2.) The Locrians of Amphissa restore the harbor and cultivate this district, in violation of the mandate of the god. Demosthenes is bribed by the Amphissians to defend their impiety before the Amphictyonic Council. (3.) In this Council the Amphissians charge Athens with sacrilege in depositing certain shields in a new temple at Delphi before it was finished. Æschines, as the Athenian deputy, defends the city, and in turn charges the Amphissians with sacrilege. (4.) The Amphictyonic Council resolves on the spot to punish the Amphissians. A conflict between them ensues, in which the latter come off victorious. A resolution is passed by the Council calling a special session to provide means for punishing them. (5.) Demosthenes contrived to have a decree passed by which the Athenian deputies were forbidden to meet with the Amphictyons at this extraordinary session. (6.) In this session it was resolved to undertake a war against the Amphissians. A fine was imposed upon them; but since it was not paid, a second expedition was made, when Philip was on his return from the Scythian campaign. Of the leadership in this holy war Athens was deprived by the corruption of Demosthenes. (7.) Demosthenes has involved the state in numerous calamities. Since he first assumed the administration of affairs, Thebes has been destroyed, the Lacedæmonians brought under the subjection of Alexander, and Athens, once the common refuge of the Greeks, forced to contend for her existence.

§§ 137–158. The alliance with Thebes considered. (1.) It was not Demosthenes, but the common danger from the proximity of Philip, that united Athens and Thebes. (2.) In the negotiations for this alliance Demosthenes committed three capital offences against the state: First, he made Athens assist in placing all Bœotia in the power of Thebes, caused Athens to bear two thirds of the expenses of the war conjointly waged, gave the command of the land force entirely to Thebes, and divided the control of the fleet. His second offence consists in taking away the proper authority of our Assembly and Senate, by giving the magistrates of Bœotia a share in all councils. His third and most heinous offence is that, by opposing the Theban magistrates in their desire to conclude a peace with Philip, to which the latter was also himself inclined, he is responsible for the disastrous results of the battle of Chæronea. In crowning Demosthenes you crown the author of this slaughter, you perpetuate your own disgrace, and you recall to mind the misfortunes and sufferings of the wretched Thebans.

(*d.*) Fourth period of the career of Demosthenes exam-

INED, FROM CHÆRONEA, 338 B. C., DOWN TO THE PRESENT MOMENT, 330 B. C. (§§ 159 – 176.)

§§ 159 – 167. After the battle Demosthenes fled from the city, under pretence of collecting taxes. Upon his return he was full of fear. While he was not allowed by you to append his own name to any decree, he procured through others the passage of decrees honoring the murderer of Philip. He ridiculed Alexander, when at a distance; but when sent on an embassy to him, while he was investing Thebes, afraid to proceed farther than Mount Cithæron, he ran back to Athens. And finally he sold himself to Alexander, as is shown from his neglect to improve three occasions for opposing him.

§§ 168 – 176. Demosthenes is shown to be neither a friend of free government nor a patriot, when the proper tests are applied to his life and character.

IV. CONSIDERATIONS DRAWN FROM PRECEDENTS WITH REFERENCE TO THE CROWNING AND TO THE MODE OF CONDUCTING THIS TRIAL. (§§ 177 – 214.)

§§ 177 – 190. In the most illustrious period of the republic, when the citizens displayed the greatest merit, public honors were sparingly bestowed. To confer honors frequently is to make them cheap.

§§ 191 – 214. In former times there was much greater reverence paid the laws, and much greater severity in trying indictments for illegal decrees. Precedents were not cited by way of justifying violations of law. Even friends brought prosecutions against friends, in every case in which the state was injured. The question how far a citizen may honestly and regularly plead for an offender is considered.

A law should be passed forbidding the employment of advocates in suits for illegality, as the merits of such suits are not vague. The jurors are cautioned against any attempt on the part of Ctesiphon to evade the real issue. Æschines reviews the order he has pursued in his speech, and charges the jurors to oblige Demosthenes to follow the same method in his defence, and to hold him rigidly to the points in question. Demosthenes will wail, revile, and swear, and all for the sake of a crown and proclamation. Ctesiphon and Demosthenes, while pretending to have no concern for themselves, express grave apprehensions for each other, and ought therefore not to be acquitted by their common judges.

V. Anticipations of certain charges about to be made by his opponent. (§§ 215 – 229.)

Demosthenes will charge me with criminal silence, and with bringing a prosecution against his whole administration at this late day, after having neglected to impeach him at the time of his misdeeds. My silence has been owing to my life of abstinence, while, on the contrary, his speaking has been prompted by a desire for money to expend upon his extravagant indulgences. Besides, to speak occasionally is a proof that a man engages in public life as necessity requires; but to harangue from day to day shows that he makes debating a trade. As to the second charge, he cannot have forgotten how publicly I convicted him of impious conduct with respect to the Amphissians, and of corrupt practices in the affairs of Eubœa; and we can never forget how, as was shown by me at the time, he defrauded the city of sixty-five ships, when the armament of three hundred had been intrusted to him. His comparing me with the Sirens would come with better grace from a man whose only instrument is not his tongue.

VI. Recapitulation of the main points of the argument. (§§ 230 – 259.)

(1.) §§ 230 – 235. The illegality of the decree, the character of Demosthenes, the reputation of the judges for consistency and honesty, and the safety of the republic, demand the conviction of the defendant.

(2.) §§ 236 – 240. Neither the clause that he surrounded the city with excellent fortifications, nor the general statement of his merits as a statesman, furnishes good reason for crowning him. For in building the fortifications he did the city no genuine service, since it was he who made them necessary. And the general statement is untrue; of which fact new proof is furnished by his diverting the seventy talents sent by Persia from the public service into his own coffers.

(3.) §§ 241 – 254. Demosthenes should not be suffered to speak his own praises. To crown him would be to disgrace the brave men of old who were crowned for their valor, and the memory of those who fell in battle; and would corrupt the youth by setting a pernicious example before them. Men who are so ready to lay claim to loyalty and patriotism must be required to produce evidence of their merit. The republic is endangered by the pretensions of these men, which serve them as a cloak for their schemes.

(4.) §§ 255 – 259. The judges are exhorted to confer their honors with a scrupulous delicacy, and not to be influenced by the arrogant pretensions of Demosthenes. Solon, Aristides, Themistocles, and the heroes of Marathon and Platæa, are appealed to as arrayed against the villany of Demosthenes and of his associates.

VII. Peroration. (§ 260.)

If I have not spoken as I wished, I have spoken as I could. Do ye decide what is just and beneficial to the state, not only from what has been said, but also from what has been left unsaid.

Cambridge: Electrotyped and Printed by Welch, Bigelow, & Co.

www.ingramcontent.com/pod-product-compliance
Lightning Source LLC
LaVergne TN
LVHW010233110826
845151LV00004B/1282

* 9 7 8 1 4 2 5 5 2 5 3 7 8 *